KB131270

꼬마 한스와 도라

꼬마 한스와 도라

지크문트 프로이트 김재혁·권세훈 옮김

일러두기

1. 열린책들의 『프로이트 전집』 2020년 신판은 기존의 『프로이트 전집』(전15권, 제2판, 2003)을 다시 한 번 교열 대조하여 펴낸 것이다. 일부 작품은 전체를 재번역했다. 권별 구성은 제2판과 동일하다.

2. 번역 대본은 독일 피셔 출판사 S. Fischer Verlag 간행의 『지크문트 프로이트 전집 *Sigmund Freud Gesammelte Werke*』과 현재까지 발간된 프로이트 전집 가운데 가장 충실하고 권위 있는 전집으로 알려진 제임스 스트레이치 James Strachey 편집의 『표준판 프로이트 전집 *The Standard Edition of the Complete Psychological Works of Sigmund Freud*』을 사용했다. 그러나 각 권별 수록 내용은 프로이트 저술의 발간 연대기순을 따른 피셔판 『전집』이나 주제별 편집과 연대기적 편집을 절충한 『표준판 전집』보다는, 『표준판 전집』을 토대로 주제별로 다시 엮어 발간된 『펭귄판』을 참고했다.

3. 본 전집에는 프로이트의 주요 저술들이 모두 수록되어 있다. 다만, (1) 〈정신분석〉이란 용어가 채 구상되기 이전의 신경학에 관한 글과 초기의 저술, (2) 정신분석 치료 전문가들을 위한 치료 기법에 관한 글, (3) 개인 서신, (4) 서평이나 다른 저작물에 실린 서문 등은 제외했다. (이들 미수록 저작 중 일부는 열린책들에서 2005년 두 권의 별권으로 발행되었다.)

4. 논문이나 저서에 이어 (　) 속에 표시한 연도는 각 저술의 최초 발간 시기를 나타내며, 집필 연도와 발간 연도가 다를 경우에는 [　] 속에 집필 연도를 병기했다.

5. 주석의 경우, 프로이트 자신이 붙인 원주는 각주 뒤에 〈 — 원주〉라고 표시했으며, 옮긴이주는 별도 표시 없이 각주 처리했다.

6. 본문 중에 용어의 원어가 필요할 때는 독일어를 병기했다.

이 책은 실로 꿰매어 제본하는 정통적인 사철 방식으로 만들어졌습니다.
사철 방식으로 제본된 책은 오랫동안 보관해도 손상되지 않습니다.

차례

다섯 살배기 꼬마 한스의 공포증 분석

다섯 살배기 꼬마 한스의 공포증 분석

Analyse der Phobie eines fünfjährigen Knaben(1909)

꼬마 한스의 사례는 이미 1907년 프로이트의 「어린아이의 성교육」에서 소개되었으며, 이 사례의 중요한 이론적 주제는 「어린아이의 성 이론에 관하여」에서 논의되었다. 이 사례는 「억압, 증상 그리고 불안」에서 불안의 본질을 논의하는 과정에서도 언급되었으며, 「토템과 터부」에서도 토테미즘 및 동물 공포증과 연관하여 거론되고 있다.

꼬마 한스의 연표는 다음과 같다.

1903년 4월 한스 출생.

1906년 (세 살~세 살 9개월) 첫 번째 보고.

    (세 살 3개월~6개월) 여름. 첫 번째 그문덴 방문.

    (세 살 6개월) 거세 문제를 다룸.

    (세 살 6개월) 가을. 한나 태어남.

1907년 (세 살 9개월) 첫 번째 꿈.

    (네 살) 새집으로 이사.

    (네 살 3개월~6개월) 여름. 두 번째 그문덴 방문.

말을 때리는 이야기.

1908년 (네 살 9개월) 1월. 말이 쓰러지는 것에 대한 이야기.

공포증 표출.

(다섯 살) 5월. 분석 마침.

이 논문은 1909년『정신분석과 정신 병리학 연구 연보』제1권 1호에 처음 발표되었으며,『신경증에 관한 논문집 Sammlung kleiner Schriften zur Neurosenlehre』제3권(1913),『저작집 Gesammelte Schriften』제8권(1924),『전집 Gesammelte Werke』제7권(1941)에 실렸고,『네 가지 정신분석적 병력 Vier psychoanalytische Kranken-geschichten』(1932)이라는 프로이트의 저서에도 수록되었다.「꼬마 한스 분석에 대한 추기(追記) Nach-schrift zur Analyse des kleinen Hans」는 1922년『국제 정신분석학지』제8권에 실렸으며, 이후『저작집』제8권(1924),『네 가지 정신분석적 병력』(1932),『전집』제13권(1940)에 실렸다. 영어 번역본은 1925년 앨릭스 스트레이치 A. Strachey와 제임스 스트레이치 J. Strachey가 번역하여 "Analysis of a Phobia in a Five-Year-Old Boy"라는 제목으로『논문집 Collected Paper』제3권에 실렸으며, 후기는 1922년 같은 책에 실렸다. 또한『표준판 전집 The Standard Edition of the Complete Psychological Works of Sigmund Freud』제10권(1955)에도 실렸다.

머리말

　다음에서 이야기하는 어린 환자의 병에 대한 기록과 치료 과정
은 엄밀하게 말해서 내가 직접 관여한 것은 아니다. 물론 내가 치
료 계획을 전체적으로 주도하고 또 그 소년을 만나 개인적으로
대화를 나눈 것은 사실이다. 그러나 치료 자체는 소년의 아버지
가 직접 했다. 나는 자신이 기록한 메모들을 이렇게 출판할 수 있
도록 내게 넘겨준 데 대해 그분에게 진심으로 감사드린다. 그 소
년의 아버지가 한 일은 이것뿐만이 아니다. 다른 사람 같았으면
그러한 이야기들을 털어놓도록 어린 남자아이의 마음을 움직이
지 못했을 것이다. 또 다섯 살 난 아들의 말을 해석해 낸 그의 전
문가다운 지식은 어느 누구도 흉내 낼 수 없는 것이었다. 또한 그
처럼 나이 어린 아이를 정신분석으로 치료할 때 생기는 기술적인
여러 가지 어려움은 그분이 아니라면 극복하지 못했을 것이다.
그가 아버지로서의 권위와 의사로서의 권위를 동시에 구현했고,
또 아들에 대한 애정 어린 관심과 학문적인 관심을 한꺼번에 실
현했기 때문에, 그렇지 않았더라면 적합하지 않았을 방법을 이번
경우에는 적용할 수 있었다.[1]

　1　프로이트는 이후에 이러한 제한이 불필요하다는 것을 밝혔다. 프로이트의 「늑
대 인간 ─ 유아기 신경증에 관하여」(프로이트 전집 9, 열린책들)에 나오는 어린아이

그러나 그가 관찰한 사항의 진정한 가치는 다음과 같다. 즉 신경증에 걸린 성인 환자를 정신분석으로 치료하는 의사는, 그 사람의 심리적 층위들을 한 꺼풀씩 벗겨 나가는 작업을 통해 궁극적으로는 어린아이의 성(性)에 대한 일정한 가정에 도달할 수 있다는 것이다. 즉 그는 어린아이의 성을 구성하는 성분 속에 이후의 삶에서 나타날 수 있는 모든 신경증적 징후의 동인(動因)들이 들어 있다고 가정한다. 나는 이러한 가정들에 대해서 1905년에 발표한 「성욕에 관한 세 편의 에세이」에서 이미 논의한 바 있다. 나는 그 가정들이 정신분석 의사에게 거부할 수 없는 것으로 여겨지는 만큼이나 일반인들에게는 의아하게 여겨졌으리라고 생각한다. 그러나 정신분석가도 그러한 기본적인 명제들을 어떻게 하면 에둘러 말하지 않고 더욱 직접적인 방법을 통해 증명할 수 있을까 하는 소망을 품을 수 있다. 우리는 성인의 경우 깊이 묻혀 있는 상태에서 우리가 힘들게 파내야 하는 성적인 충동과 소망을 이 세상에 태어난 지 얼마 안 되는 어린아이에게서는 직접적으로 알아낼 수 있지 않을까? 더 나아가 우리는 그러한 성적인 충동과 소망이 모든 인간의 체질적인 공유 재산이며, 그것이 신경증 환자에게서는 특히 강하게 또는 일그러진 모습으로 나타나는 것이라고 주장할 수 있지 않을까?

그러한 의도에서 나는 지난 몇 년 동안 나의 제자들과 친구들로 하여금 사람들이 일부러 못 본 체해 버렸거나 고의로 부정해 온 어린아이들의 성생활에 대한 관찰 자료들을 수집하도록 했다. 그 결과 내 수중에 들어온 자료들 중에서 꼬마 한스에 대한 지속적인 보고가 금방 돋보였다. 나의 절친한 신봉자들 중 한 사람이었던 그의 부모는 인간으로서 기본적인 훌륭한 태도를 유지하는

분석의 이론적 가치를 주목하라.

데 꼭 필요한 정도를 넘어서는 강요를 하지 않고 그들의 첫아이를 키우기로 나와 약속한 상태였다. 그리고 그 아이가 쾌활하고 온순하며 영리한 소년으로 자랐기 때문에, 그에게 어떠한 위협도 가하지 않고 키우면서 자신의 생각을 자유롭게 말하게 하려는 우리 시도는 순조롭게 진행되었다. 이제 나는 꼬마 한스의 아버지가 내게 전해 준 대로 아들에 대한 그의 기록을 여러분에게 그대로 보여 주겠다. 그리고 당연히 이 어린아이의 순박함과 솔직함을 일그러뜨리는 어떠한 관습적인 왜곡도 범하지 않겠다.

한스에 대한 첫 번째 기록은 그가 세 살이 채 되지 않았던 때로 거슬러 올라간다. 당시 그 아이는 여러 가지 말과 질문을 통해서 자기 몸의 한 부위에 대해 특히 강한 관심을 표명했다. 아이는 몸의 그 부분을 〈고추〉라고 불렀다. 언젠가 한번 그는 엄마한테 이런 질문을 했다.

한스 엄마, 엄마한테도 고추가 달려 있어?

엄마 그럼! 그런데 그건 왜 묻니?

한스 그냥 한번 생각해 본 거야.

같은 나이에 그는 외양간에 가서 소의 젖을 짜는 광경을 보았다.

「저것 좀 봐, 고추에서 우유가 나온다.」

이러한 첫 번째 관찰이 벌써부터 꼬마 한스가 우리에게 보여 주는 것들 중 다수가 — 대부분은 아니더라도 — 어린아이의 성적 발전의 전형적인 모습일 것이라는 흥분된 기대감을 갖게 한다. 예전에 나는 여성이 남성의 성기를 빠는 환상을 가진다는 사실을 알고서 너무 놀랄 필요가 없다고 밝힌 바 있다.[2] 이러한 외설스러운 충동이 사실은 전혀 무해한 것에서 유래한다고 나는 말한 바

2 「도라의 히스테리 분석」(프로이트 전집 8, 열린책들) — 원주.

있다. 왜냐하면 그것이 어머니의 젖을 빠는 행위에서 나온 것이기 때문이다. 이러한 관점에서 젖소의 젖통은 적합한 이미지의 중개 역할을 한다. 즉 젖소의 젖꼭지는 그 성격으로는 어머니를, 모양이나 위치상으로는 고추를 연상케 한다. 꼬마 한스의 발견은 내 주장의 후자 부분을 뒷받침해 준다.

한편, 고추에 대한 그의 관심은 단순히 이론적인 것에만 머무르지 않았다. 추측할 수 있듯이 그는 고추를 만져 보고 싶은 충동까지도 느끼게 된다. 세 살 6개월이 되었을 때 그 아이는 손으로 고추를 만지다가 어머니한테 들킨다. 그러자 어머니가 이렇게 위협했다.

엄마 또 그 짓을 하면 A 박사님을 불러서 네 고추를 떼어 버리라고 할 거야. 그러면 너 어떻게 오줌을 눌래?

한스 엉덩이로 누면 되지.

그는 아직 아무런 죄의식*Schuldbewußtsein*을 느끼지 않고 이렇게 대답했다. 그러나 그 아이는 이것을 계기로 〈거세 콤플렉스*Kastrationskomplex*〉[3]를 얻게 된다. 이러한 거세 콤플렉스는 신경증 환자들을 분석할 때 아주 자주 발견된다. 물론 이들은 한결같이 자신들에게 이러한 증세가 있다는 것을 완강하게 부인한다. 이러한 거세 콤플렉스의 요소는 어린아이의 삶에서 매우 중요하다. 〈거세 콤플렉스〉는 신화(물론 그리스 신화만을 이야기하는 것은 아니다)에 그 뚜렷한 흔적을 남겨 놓았다. 나는 거세 콤플렉스의 역할에 대해서 『꿈의 해석』[4]뿐만 아니라 다른 글에서도 다룬 바 있다.[5]

---

3 프로이트는 「어린아이의 성 이론에 관하여」(프로이트 전집 7, 열린책들)에서 〈거세 콤플렉스〉라는 단어를 처음으로 사용했다.
4 『꿈의 해석』(프로이트 전집 4, 열린책들) 참조.
5 (1923년에 추가된 각주) 거세 콤플렉스 학설은 루 안드레아스-살로메L.

거의 같은 시기(세 살 6개월)에 그 아이는 쉰브룬 동물원의 한 사자 우리 앞에서 신이 나서 이렇게 소리쳤다.

「나는 사자 고추를 봤다!」

동물들이 신화나 동화에서 나름대로 상당한 의미를 갖게 된 것은, 동물들이 호기심 많은 어린아이들에게 서슴없이 그들의 성기와 성 기능을 보여 준 덕분이다. 꼬마 한스가 상당한 성적 호기심을 보이고 있다는 사실은 의심의 여지가 없다. 그렇지만 그러한 호기심이 그의 가슴에 탐구 정신을 불러일으켰으며, 또 그에게 진정한 추상적인 인식을 가능케 해주었다.

세 살 9개월이 되었을 때, 그는 정거장에서 기관차 밖으로 물이 나오는 광경을 목격한다.

「저것 좀 봐, 기관차가 오줌을 눈다. 기관차 고추는 어디에 달

Andreas-Salomé, 슈테르케A. Stärcke, 알렉산더F. Alexander 등이 쓴 기고문들을 통해서 더 탄탄해졌다. 그 결과 젖먹이는 엄마가 젖을 먹이다가 그만 먹일 때마다 그것을 거세로, 다시 말해 자기 것이라고 생각했던 중요한 몸의 일부를 상실하는 것으로 느낄 수밖에 없다는 것, 젖먹이는 규칙적인 대변의 배설도 이와 같이 생각한다는 것, 특히 이 세상에 태어나는 것을 그때까지 자신과 한 몸이었던 어머니로부터 분리되는 것으로, 즉 모든 거세의 원형으로 여긴다는 것 등의 주장이 제기되었다. 하지만 나는 거세 콤플렉스에 대한 이 같은 모든 뿌리들을 인정하면서도 거세 콤플렉스라는 명칭은 음경의 상실과 연관된 흥분이나 영향에 국한해야 한다고 주장했다. 어른들에 대한 분석을 통해 거세 콤플렉스의 존재에 대해 확신을 갖게 된 사람은 물론 거세 콤플렉스의 발생 원인을 일반적으로 나타나는 위협이 아닌 우연한 위협에서 찾는 것을 옳지 않다고 생각할 것이다. 또한 그는 어린아이가 이러한 위협을 일상에서 언제나 도사리고 있는 아주 작은 암시적인 말에서도 감지한다는 사실을 가정하지 않을 수 없다. 이것이 또한 일반적으로 존재하는 거세 콤플렉스의 좀 더 깊은 뿌리를 찾도록 만든 계기가 되었다. 그러나 꼬마 한스의 경우 그의 부모가 거세의 위협에 대한 이야기를 내게 직접 알렸고, 그것도 아직 공포심을 느끼지 못할 나이의 아이를 상대로 했다는 사실이 내게는 그만큼 더 소중하다 — 원주. 안드레아스-살로메의 「〈항문적인 것〉과 〈성적인 것〉 'Anal' und 'Sexual'」(1916), 슈테르케의 「거세 콤플렉스Der Kastrationskomplex」(1921), 알렉산더의 「거세 콤플렉스와 성격Kastrationskomplex und Charakter」(1922) 참조. 『정신분석 강의』(프로이트 전집 1, 열린책들)의 스물세 번째 강의에서 논한 〈일차적 환상〉을 참조하라. 또한 「오이디푸스 콤플렉스의 소멸」(프로이트 전집 7, 열린책들)도 참조할 것.

렸지?」

그로부터 얼마 뒤 그는 생각하는 투로 이렇게 덧붙인다.

「개나 말한테는 고추가 달려 있고, 책상이나 안락의자는 고추가 없어.」이렇게 해서 그 아이는 무생물과 생물을 구별하는 본질적인 특징을 알아낸 것이다.

지적 호기심과 성적 호기심은 서로 나눌 수 없는 것 같다. 한스의 호기심은 특히 부모에게 향해 있다.

세 살 9개월이 되었을 때.

한스 아빠, 아빠한테도 고추가 달려 있어?

아버지 그럼 있고말고.

한스 하지만 아빠가 옷 벗을 때도 난 아빠 고추를 한번도 못
　　　 봤는데.

또 한 번은, 한스가 잠자리에 들기 전에 옷을 벗는 엄마의 모습을 유심히 쳐다보았다. 그러자 엄마가 물었다.

엄마 뭘 그렇게 쳐다보니?

한스 엄마한테도 고추가 달려 있나 보는 거야.

엄마 물론이지. 너 여태껏 그걸 몰랐니?

한스 아니. 난 엄마가 덩치가 크니까 말한테 달려 있는 것만
　　　 한 고추가 달렸을 걸로 생각했어.

우리는 여기서 꼬마 한스의 이러한 기대감을 기억해 두어야겠다. 이것이 나중에 가서 큰 의미를 가지게 되기 때문이다.

그러나 한스의 인생에서 중대한 사건은 그가 정확히 세 살 6개월(1906년 10월)이 되던 해에 여동생 하나가 태어난 것이다. 한스의 아버지는 그때 한스가 보인 행동을 이렇게 기록해 놓았다.

새벽 5시, 진통이 시작되자 한스의 침대는 옆방으로 옮겨졌다. 그곳에서 그는 7시에 깨어나 진통 중인 엄마의 신음 소리를 듣고는 이렇게 물었다.

「엄마가 왜 기침하지?」

잠시 후 그는 이렇게 말했다.

「오늘 분명히 황새가 찾아올 거야.」

물론 우리는 지난 며칠 동안 기회가 있을 때마다 황새가 여자아이나 남자아이를 우리 집으로 데려올 거라고 말했다. 그런데 한스는 평소와 다른 엄마의 신음 소리를 아주 정확하게 황새의 도래와 연결시킨 것이다.

그로부터 얼마 뒤 한스는 부엌으로 옮겨졌다. 한스는 대기실에 있는 의사의 가방을 발견하고는 이렇게 물었다.

「이게 뭐지?」

그의 질문에 나는 이렇게 대답했다.

「가방이지.」

그러자 그가 확신에 찬 목소리로 말했다.

「오늘 황새가 찾아올 거야.」

해산 후 산파가 부엌으로 나와서 차를 끓이라고 지시하는 소리를 듣고 한스는 이렇게 말한다.

「아하, 엄마가 기침하니까 차를 끓이는 거구나.」

그다음 그는 엄마가 있는 방으로 들어갔다. 그러나 그는 엄마를 쳐다보지도 않고 아직도 방에 있던 핏물이 담긴 그릇만 쳐다보더니, 그것을 손가락으로 가리키면서 이상하다는 듯이 이렇게 말했다.

「내 고추에서는 피가 안 나오는데.」

그가 한 모든 말들은, 평소와는 다른 상황을 그가 황새의 도래와 연결시키고 있음을 보여 준다. 그는 자신의 눈에 보이는 모든 것을 불신과 호기심 어린 눈으로 바라보았다. 그러므로 〈의심할 여지 없이 황새에 대한 불신이 그의 가슴에 확고하게 자리 잡게 된 것이다.〉

한스는 갓 태어난 아이에게 몹시 질투심을 느껴, 누가 그 갓난 아이를 칭찬하거나 예쁘다고 말하면 조롱조로 금방 이렇게 말했다.

「하지만 걔는 아직 이빨도 안 났는 걸.」[6]

즉 여동생을 처음 본 순간 한스는 아이가 말을 못 한다는 사실을 알고 몹시 놀라워했다. 그러고는 자신의 여동생이 아직 이가 나지 않아서 말을 못 하는 것이라고 단정지었다. 아이가 태어난 후 며칠 동안 한스는 주위 사람들에게 당연히 등한시될 수밖에 없었다. 그 무렵 한스는 갑자기 후두염에 걸렸다. 열병을 앓을 때 그는 이렇게 말했다.

「나는 여동생을 갖고 싶지 않아!」

6개월쯤 지나자 한스는 시기심을 극복하고 다정한 오빠가 되었다. 그러나 그의 사랑은 동생에 대한 우월감에서 나오는 것이었다.[7]

그 후 한스는 생후 1주일 된 여동생을 목욕시키는 광경을 목격한다. 그는 이렇게 말했다.

「하지만 얘 고추는 아직 쪼그매.」

---

6 이것 역시 전형적인 행동이다. 동생보다 두 살밖에 많지 않은 한 남자아이는 이와 동일한 상황에서 화가 나 〈너무 작아, 너무 작다고〉라고 외치면서 어른의 말을 부정하려고 했다 — 원주.

7 한스보다 나이가 좀 더 많은 다른 아이는 동생에 대한 애정의 표시로 〈황새가 애를 다시 데려가면 어쩌지〉라고 말했다. 여기에 관해서는 『꿈의 해석』에서 소중한 친척의 죽음에 대한 꿈을 다룬 부분을 참조할 것 — 원주.

이어서 위안조로 이렇게 덧붙인다.

「앞으로 자라면서 고추도 훨씬 커질 거야.」[8]

같은 나이, 그러니까 세 살 9개월이 되던 어느 날 한스는 처음으로 꿈 이야기를 한다.

「오늘 잠을 잘 때 나는 마리들과 그문덴[9]에 함께 있는 것 같았어.」

마리들은 한스와 함께 놀곤 하던 열세 살 난 주인집 딸의 이

---

8 어린 여동생의 몸을 호기심 어린 눈길로 처음 본 한스와 똑같은 말로 똑같은 기대를 표현한 또 다른 두 남자아이에 대한 이야기도 보고되었다. 우리는 어린아이의 지력이 이렇게 일찌감치 타락한다는 사실에 놀라지 않을 수 없다. 도대체 왜 이 어린 탐구자들은 자신들이 실제로 본 것, 즉 여자아이에게는 고추가 없다는 것을 사실대로 말하지 않는가? 물론 우리의 꼬마 한스의 경우에는 그에 대한 설명을 전적으로 한스의 감지 행위에 부족함이 있다는 사실에서 찾아야 할 것이다. 그가 지금까지 세심한 귀납적 추론을 통해서 무생물과 달리 모든 생물에게는 고추가 달려 있다는 보편적인 명제를 이끌어 냈다는 사실을 우리는 알고 있다. 더욱이 한스가 직접 관찰하지 못한 사람들에 대해서 물었을 때 엄마가 그의 생각과 같은 대답을 해주었기 때문에 이러한 확신은 더욱 강화되었다. 그렇기 때문에 그는 이렇게 습득한 지식을 여동생을 단 한번 관찰한 결과로 다시 버릴 수는 없었던 것이다. 그 결과 그는 여동생에게도 고추가 달려 있다고 판단한 것이다. 여동생의 고추는 아직 조그마할 뿐이며, 앞으로 자꾸만 커져서 나중에는 말의 것처럼 될 거라고 그는 생각한다. 꼬마 한스의 명예를 살리기 위해서 다른 이야기를 해보자. 사실 그는 분트Wundt 학파의 철학자보다 더 나쁘게 행동한 것은 아니다. 왜냐하면 한스가 모든 생명체에는 고추가 달려 있다고 보았듯이 분트 학파 철학자들은 모든 정신에는 틀림없이 의식이 있다고 보기 때문이다. 이 학파의 사람들은 몇몇 정신적 과정들에 대한 탐구를 시작했다가 거기서 의식의 조짐이라고는 전혀 발견하지 못할 경우 그것을 미지의 정신적 과정들이라고 말하지 않고 오히려 〈어두운 의식의〉 정신적 과정이라고 말한다. 실제 이러한 정신적 과정에 대해서는 알려진 것이 없기 때문에 탐구하지 않을 수 없다. 고추가 아직 너무 작기 때문일 뿐이다! 그리고 이 비교에서 더 유리한 쪽은 우리의 꼬마 한스이다. 왜냐하면 어린아이들을 대상으로 한 성(性) 연구에서 자주 밝혀지듯이 한스의 경우에도 그와 같은 오류의 배후에는 어느 정도 올바른 인식이 숨겨져 있기 때문이다. 어린 여자아이에게도 물론 아주 조그만 고추가 달려 있다. 그것을 우리는 클리토리스라고 부른다. 다만 그것은 자라지 않고 생장이 멈춘 채 있을 뿐이다(이에 대해서는 나의 소논문 「어린아이의 성 이론에 관하여」를 참조할 것) — 원주. 또한 「성욕에 관한 세 편의 에세이」(프로이트 전집 7, 열린책들)에서 〈어린아이의 성욕〉 부분을 참조할 것.

9 어느 해 여름에 함께 갔던 오스트리아 북부의 호수. 마리들, 프란츨, 프리츨은 마리, 프란츠, 프리츠 등의 애정 어린 호칭이다.

름이다.

그의 아버지가 한스 앞에서 그 꿈 이야기를 엄마한테 하자, 그는 아버지의 말을 바로잡으면서 이렇게 말했다.

「그냥 마리들하고가 아니라, 마리들하고 단둘이서야.」

이것과 관련해서 언급할 사항이 있다.

한스는 1906년 여름에 그문덴에 가서 하루 종일 그곳 주인집 아이들과 뛰어다니며 놀았다. 우리가 그문덴을 떠날 때, 우리는 그곳을 떠나 도시로 이사 가는 것을 한스가 고통스럽게 여길 것으로 생각했다. 그러나 놀랍게도 그런 일은 일어나지 않았다. 그는 이사한 것에 대해서 좋아하는 기색이 역력했으며, 수 주일 동안 그문덴 이야기는 거의 꺼내지 않았다. 그러다가 얼마 더 지나자 비로소 그문덴에서 보냈던 시절에 대한 기억들이 아주 생생하고 다채로운 모습으로 그의 가슴속에서 자주 떠오르곤 했다. 한 달 정도가 지나고 나서 그는 그때를 상상하기 시작했다. 그는 베르타, 올가 그리고 프리츨 등 아이들과 노는 것을 상상하면서 마치 그 아이들이 자기 앞에 있는 것처럼 그들과 이야기를 나누었다. 그는 몇 시간씩 그렇게 이야기를 했다. 그에게 여동생이 태어나고 아이 낳는 문제가 그의 호기심을 잔뜩 자극하고 있는 지금 그는 베르타와 올가를 이제 그저 그의 〈아이들〉이라고 부르고, 한번은 이런 말까지 덧붙였다.

「베르타와 올가 같은 나의 아이들도 황새가 이 세상에 데려왔어.」

그문덴을 떠난 지 여섯 달 만에 꾼 그 꿈은 분명 그문덴으로 돌아가고 싶어 하는 한스의 그리움의 표현으로 이해해야 할 것 같다.

이상은 한스 아버지의 말이다. 미리 밝혀 두건대 한스는 자기

고추

그림 1

놀이 친구들도 황새가 이 세상에 데려왔다고 말함으로써 그 가슴
속에 맺혀 있는 의혹과 근본적으로 대치되는 말을 하고 있는 것
이다. 한스의 아버지는 나중에 뜻하지 않게 중요한 가치를 지니
게 될 많은 것들을 기록해 놓았다.

　나는 최근에 자주 쇤브룬에 갔다 온 한스에게 기린 한 마리를
그려서 보여 주었다. 그러자 그 아이가 말했다.

　「고추도 그려.」

　그의 말에 내가 말했다.

　「네가 직접 그려 넣어 보렴.」

　그러자 아이는 기린의 그림에 다음과 같은 선을 하나 덧붙였다
(그림 1 참조).

　아이는 그 선을 처음에는 짧게 그었다가 〈고추는 이것보다 길

어〉 하고 말하면서 고추[10]를 좀 더 길게 덧붙였다.

한스와 함께 나는 마침 오줌을 누고 있는 말 옆을 지나가게 되었다. 그가 말했다.

「말도 나처럼 고추가 밑에 달렸어.」

그는 3개월 된 그의 누이동생을 목욕시키는 장면을 바라보고 있다가 안타깝다는 듯이 말했다.

「얘는 고추가 정말 쪼그매.」

장난감 인형을 받은 그는 인형의 옷을 벗기더니 샅샅이 살펴보면서 이렇게 말했다.

「이 인형 고추도 정말 쪼그매.」

이 한마디 말로 한스가 자신이 발견한 사실[11]을 계속해서 믿을 수 있게 되었음은 분명하다.

무언가를 탐구하려는 사람은 때때로 오류를 범한다. 이때 그는 한스의 경우처럼 실수를 범하면서 그 실수에 대해 변명하는 조로 같은 말을 엉뚱하게 다른 곳에 사용함으로써 위안을 받을 수 있다. 즉 한스는 그림책에 나오는 원숭이의 위로 돌돌 말려 올라간 꼬리를 손가락으로 가리키면서 〈이것 좀 봐, 아빠. 고추잖아〉라고 말했다.

한스는 고추에 대한 관심 속에서 아주 독특한 놀이 하나를 고안해 냈다.

---

10 이 그림에는 아무런 설명이 없는 선이 옆으로 그어져 있다. 그러나 처음으로 발표된 이 글의 그림에는 수평으로 그어져 있는 이 선의 끝에 〈고추〉라는 말이 적혀 있다. 그러므로 이 선과 말은 설명을 위하여 덧붙여진 것이다. 이 설명을 여기서는 다시 집어넣었다.

11 생물과 무생물의 차이는 고추가 있느냐 없느냐라는 사실.

현관 입구에는 화장실과 장작을 쌓아 놓은 어두컴컴한 방이 하나 있다. 얼마 전부터 한스는 그 목재실로 들어가면서 이렇게 말했다.

「나, 내 화장실에 들어갈래.」

한번은 한스가 그 안에서 무엇을 하나 보려고 안쪽을 살펴보았다. 그는 떳떳하게 보여 주면서 내게 말했다.

「아이를 만들고 있는 중이야(오줌을 누고 있는 중이야).」

그것은 그가 그동안 소변 보기 〈놀이〉를 하고 있었다는 뜻이다. 그가 하는 행동이 놀이라는 사실은, 그가 진짜로 소변을 보는 것이 아니라 그냥 그러는 척한다는 사실뿐만 아니라 소변 보기 놀이를 훨씬 더 쉽게 할 수 있는 화장실로 직접 가지 않고 스스로 〈나의 화장실〉이라고 부르는 목재실로 들어갔다는 사실에서 밝혀진다.

우리가 만일 한스의 성생활에서 자가 성애*Autoerotismus*적인 특징만을 발견하려 한다면, 우리는 한스에게 잘못을 저지르는 것이 된다. 다시 말해 한스의 아버지는 다른 아이들에 대한 그의 애정 관계에 대해서 상세하게 관찰했다. 그의 이런 애정 관계에서 우리는 성인들에게서 나타나는 〈대상 선택*Objektwahl*〉의 경우를 발견한다. 여기에 덧붙여 고백하건대 상대를 자주 바꾸려는 특성과 여러 상대와 성관계를 가지려는 속성도 그에게서 발견된다.

나는 한스가 세 살 9개월 되던 겨울에 그 아이를 스케이트장으로 데려가 거기서 나의 동료인 N 씨의 열 살가량 된 두 딸에게 소개했다. 한스는 그들 옆에 앉았다. 그들은 자기들의 성숙한 나이를 의식하고는 그 애송이를 경멸스러운 표정으로 쳐다보았고, 반면 한스는 그들을 사모하는 눈길로 쳐다보았다. 그러나 이것이 그들에게 큰 인상을 주지는 못했다. 하지만 한스는 그런 것에 개의치 않고 그들을 〈나의 꼬마 소녀들〉이라고 불렀다. 〈나의 꼬마 소녀들은 도대체 어디 있는 거지? 나의 꼬마 소녀들은 도대체 언제 오는 거야?〉 그리고 몇 주 동안이나 나를 같은 질문으로 괴롭혔다. 〈나의 꼬마 소녀들을 만나러 언제 또 스케이트장에 가지?〉

한스의 다섯 살 난 사촌형이 한스에게 놀러 왔다. 한스가 막 네 살이 되었을 때였다. 한스는 그를 자꾸만 포옹했으며, 그렇게 다정스럽게 포옹하던 중 한번은 〈난 널 정말 사랑해〉라는 말도 했다.

이것은 우리가 한스에게서 발견하게 되는 동성애*Homosexualität*의 첫 번째 징후이다. 그러나 마지막 징후는 아니다. 우리의 꼬마 한스는 정말로 모든 악의 전형인 것 같다!

한스가 네 살 때 우리는 새집으로 이사를 했다. 부엌 문을 열면 발코니로 나갈 수 있었고, 거기에서 맞은편 집의 안쪽이 들여다보였다. 그곳에서 한스는 일고여덟 살가량 된 어린 소녀를 발견했다. 그는 아예 발코니로 통하는 계단에 앉아서 그 소녀를 흠모하는 눈빛으로 바라보았다. 그리고 그런 자세로 그곳에 몇 시간이고 앉아 있었다. 특히 꼬마 아가씨가 학교에서 돌아오는 네 시가 되면, 한스는 방 안에 가만히 있지 못하고 발코니로 나갔다. 그 무엇도 그가 건너편 소녀를 바라보는 일을 그만두게 할 수는 없었다. 언젠가 한번 소녀가 그 시간에 창가에 나타나지 않자, 한스는 마음이 심란해져서 〈꼬마 아가씨는 언제 와? 꼬마 아가씨는 어디 있는 거지?〉라는 질문으로 집안 사람들을 괴롭혔다. 그러다가 여자아이가 나타나면 그는 아주 행복한 기분이 되어서는 건너편으로 던진 눈길을 한 번도 떼지 않았다. 이처럼 한스가 보인 〈멀리서 바라보는 사랑〉[12]의 격정은, 한스에게 남자든 여자든 놀이친구가 하나도 없었다는 사실로부터 설명된다. 어린아이가 정상적으로 자라기 위해서는 다른 아이들과의 많은 교제가 필수적임은 분명한 사실이다.

얼마 후 여름휴가를 보내기 위해서(한스가 네 살 6개월[13] 되던 여름) 우리가 그문덴으로 갔을 때 이 문제는 해결된다. 그 집에서 한스의 놀이 친구는 그 집주인의 아이들이다. 즉 그들은 프란츨(약 열두 살), 프리츨(여덟 살), 올가(일곱 살), 베르타(다섯 살) 그리고 그 외에 아나(열 살)와 내가 이름을 기억하지 못하는 각각 아홉 살과 일곱 살 난 이웃집 꼬마 소녀들이었다. 한스가 가장 좋아하는 아이는 프리츨이었는데, 그는 기회가 있을 때마다 그 아이를 포옹하면서 자신의 사랑을 확인시키곤 했다. 언젠가 〈여자아이 중 누가 제일 좋니?〉라는 질문에 한스는 〈프리츨〉이라고 대답했다. 동시에 그는 여자애들에게 아주 공격적이고 남성적이며 정복자적인 태도를 취했다. 한스는 여자애들을 껴안고 과감하게 뽀뽀를 했다. 거기에 아무 저항도 하지 않는 아이는 베르타였다. 어느 날 저녁 베르타가 방에서 나오자, 그는 그녀의 목을 끌어안으며 아주 다정한 목소리로 〈베르타, 넌 내 사랑이야〉라고 속삭였다. 그렇다고 해서 그가 다른 여자아이들에게 키스를 하면서 자신의 사랑을 확신시키는 일을 그만둔 것은 아니었다. 한스는 그와 종종 함께 놀아 준, 역시 그 집주인의 딸인 열네 살쯤 된 소녀

12 멀리서 바라보는 사랑 같은 건, / 간단히 말해, 나는 너무 싫어(부슈W. Busch)
―원주.
13 네 살 3개월을 잘못 쓴 것이다.

를 좋아했다. 그래서 어느 날 저녁 잠자리로 옮겨진 그는 〈그 꼬마 소녀와 같이 자고 싶어〉하고 말했다. 〈그건 안 돼〉라는 대답에 그는 〈그러니까 그 꼬마 소녀는 우리 엄마나 아빠와 함께 자야 되는 거구나〉라고 말했다. 한스의 그 말에 대해 〈그것도 안 된단다. 그 아이는 자기 부모와 함께 자야 해〉라고 대답해 주었다. 여기에 이어서 다음과 같은 대화가 이루어졌다.

한스 나 지금 아래층에 가서 여자애하고 잘래.

엄마 너 정말로 엄마하고 안 자고, 아래층에 가서 잘 거니?

한스 그럼, 내일 아침 일찍 올라와서 아침도 먹고 소변도 볼게.

엄마 정말 엄마 아빠하고 안 잘 거면, 윗도리하고 바지를 가지고 가거라. 그럼, 안녕.

한스는 정말로 옷을 챙겨 들고 그 여자아이와 자기 위해 아래층으로 내려갔다. 그러나 그는 곧 다시 위층으로 올려 보내졌다.

(〈그 여자애는 우리하고 같이 자야 해〉라는 소망 뒤에는 물론[14] 다른 소망이 숨어 있다. 즉 그가 그토록 함께 있고 싶어 하는 그 여자아이를 그의 가족으로 맞아들여야 한다는 것이다. 그러나 자주 그런 것은 아니지만, 아빠와 엄마가 한스를 그들의 잠자리에 함께 재움으로써, 즉 함께 잠자리에 누움으로써 한스의 가슴에 에로틱한 감정을 불러일으켰다는 사실에는 의심의 여지가 없다. 그리고 여자애와 함께 자고 싶다는 그의 소망 역시 에로틱한 분위기를 담고 있다. 아빠나 엄마와 함께 침대에 누워 있는 것이 한스에게는 다른 모든 아이들에게서와 마찬가지로 에로틱한 감정의 원천이었다.)

---

14 이 말은 제1판에는 있으나 이후의 판에는 아마 실수인 듯 빠져 있다.

동성애적인 발작을 보이긴 했지만, 우리의 꼬마 한스는 어머니의 도발적인 태도에 대해 한 사람의 당당한 남자처럼 행동했다.

다음의 경우에서도 한스는 엄마한테 이렇게 말했다.
「엄마, 나도 한번 정말 그 여자애와 자고 싶어.」
이번 경우는 우리에게 많은 이야깃거리를 제공한다. 왜냐하면 한스는 정말로 마치 사랑에 빠진 성인 남자처럼 행동했기 때문이다. 우리가 점심 식사를 하는 음식점에 며칠 전부터 여덟 살쯤 된 예쁘장하게 생긴 여자아이가 왔다. 한스는 당연히 그 여자애에게 금방 홀딱 반했다. 한스는 자꾸만 의자에서 몸을 돌려 그 아이 쪽을 힐끔힐끔 훔쳐보았다. 식사가 끝난 후에 그는 그녀에게 농담조로 말을 건네 볼 양으로 그 아이 쪽으로 다가갔다. 그러나 그는 우리가 자신을 쳐다보고 있다는 사실을 알아차리고는 얼굴이 새빨개졌다. 그리고 그의 눈길에 대해 그 여자아이가 응답을 하면, 한스는 금방 부끄러운 듯이 다른 곳을 쳐다보았다. 그의 행동은 물론 그곳에 온 모든 손님들에게 큰 즐거움이 되었다. 음식점으로 갈 때마다 그는 이렇게 물었다. 〈그 여자애가 오늘도 거기 올까?〉 실제로 그 여자애가 나타나면, 같은 경우에 성인 남자가 그러듯이 얼굴이 온통 새빨개졌다. 한번은 그가 행복에 듬뿍 취한 표정으로 와서는 내 귀에 대고 이렇게 속삭였다. 〈아빠, 그 여자애가 어디 사는지 알아냈어. 거기서 그 애가 계단을 올라가는 걸 봤거든.〉 그는 집에 있는 여자애들한테는 아주 공격적으로 행동했지만, 그 여자애한테는 정신적 사랑으로 야위어 가는 숭배자가 되었다. 이것은 아마도 집안의 여자애들은 촌아이들이고 그 여자애는 아주 세련된 숙녀였기 때문인 것 같다. 그가 그 애와 한번 자고 싶다는 말을 했다는 사실은 이미 앞에서 언급한 바 있다.

그 여자애에 대한 사랑으로 인해 생겨난 심적인 긴장 상태에 한스를 더 이상 내버려 두지 않기 위하여 나는 두 아이 사이에 다리를 놓아 오후에 그 여자애를 우리 집 뜰로 놀러 오라고 초대했다. 물론 한스가 낮잠을 잔 후에. 한스는 그 여자애가 자기를 찾아온다는 기대감에 어찌나 들떠 있었던지 생전 처음으로 낮잠을 자지 못하고 침대에서 이리저리 초조하게 뒤척였다. 엄마가 그에게 물었다. 〈왜 잠을 자지 않니? 혹시 너 그 여자애 생각하고 있는 거니?〉 그 물음에 대해 그는 행복한 듯이 〈응〉이라고 대답했다. 그는 또 음식점에서 집으로 돌아와서는 모든 사람들에게 이렇게 말했다. 〈내 얘기 좀 들어 봐, 오늘 나의 여자아이가 나한테 오기로 했어.〉 그리고 열네 살 난 마리들은 한스가 그녀에게 자꾸만 이렇게 물었다고 내게 전했다. 〈그 여자애가 나를 좋아할까? 내가 그 여자아이한테 키스를 하면, 그 아이도 나한테 키스해 줄까?〉 등등.

그러나 오후에 비가 오는 바람에 그녀는 우리를 방문하지 못했다. 한스는 대신 베르타와 올가로 위안을 삼아야 했다.

한스의 가족이 그곳에 머무르던 여름에 한 다른 관찰들도 꼬마 한스의 마음속에서 여러 가지 새로운 발전이 진행되고 있음을 짐작하게 해준다.

한스의 나이 네 살 3개월. 아침 일찍 한스는 매일 하던 대로 엄마의 도움으로 목욕을 한 후, 물기를 말린 다음 몸에 분을 발랐다. 엄마가 분칠을 하면서 그의 고추 부분에 이르러 그것을 건드리지 않기 위해 조심하자, 한스가 물었다.

한스 엄마는 왜 거기에는 손을 대지 않는 거야?

엄마 그게 지지라서 그렇지.

한스   지지? 그게 뭔데? 왜 그러는 거야?

엄마   그건 좀 점잖치 못한 것이거든.

한스   (웃으면서) 정말 재미있다.[15]

거의 같은 시기에 한스가 꾼 꿈은 그가 엄마한테 보여 주었던 뻔뻔스러움과는 현격한 대조를 이룬다. 그것은 그 아이가 꾼 꿈 중 왜곡되어 내용 파악이 힘들게 된 첫 번째 꿈이다. 그러나 명석한 그의 아버지는 그 꿈의 의미를 알아내는 데 성공했다.

한스. 네 살 3개월. 〈꿈.〉 오늘 아침 한스는 잠에서 깨자 이렇게 말했다.

「아빠, 어젯밤에 이런 꿈을 꾸었어. 〈한 아이가 말했어. 《누가 나한테 올 거지?》 그러자 누군가 말했어. 《내가 갈게.》 그래서 그 아이는 걔가 오줌 누는 걸 도와주어야 했어.〉」

그 밖의 질문을 해본 결과 그 꿈에는 시각적인 요소가 결여되어 있으며, 순전히 〈청각적인 종류〉의 꿈임이 밝혀졌다. 한스는 며칠 전부터 집주인의 아이들과 놀았다. 그중에는 여자 친구인 올가(일곱 살)와 베르타(다섯 살)도 포함되어 있었다. 그들은 소꿉장난뿐만 아니라 벌금 놀이도 했다(벌금 놀이는 이렇게 하는 것이다. A: 여기 내 손에 있는 물건은 누구 거지? B: 그거 내 건데. 그러면 B가 해야 할 벌칙이 정해지는 것이다). 한스의 꿈은 이 벌

---

15   유아의 자위행위를 믿지 않으려는, 자신도 신경병을 앓고 있는 한 어머니가 그녀의 세 살 반 된 딸의 이와 유사한 유혹하는 행동에 대해 내게 전한 적이 있다. 그녀는 어린 딸의 속바지를 만들어 입히고는, 그것이 걸을 때 꽉 끼지 않는가를 알아보기 위해 아이의 허벅지 안쪽으로 손을 갖다 대고 위로 슬쩍 쓰다듬었다. 그러자 여자아이는 갑자기 엄마 손을 양다리로 꽉 압박하면서 이렇게 말했다. 〈엄마, 손 치우지 마. 정말 느낌이 좋아〉 ─ 원주.

금 놀이를 모범으로 하고 있다. 한스는 벌을 받아야 할 사람이 그 놀이에서 늘 하는 것처럼 키스나 따귀 맞는 것이 아닌 오줌 누기 벌을 받기를 바랐다. 아니 좀 더 정확히 말한다면 어떤 사람이 그가 오줌 누는 일을 도와주기를 바랐다.

나는 한스에게 그 꿈을 다시 한번 들려달라고 했다. 그는 꿈 이야기를 똑같은 말로 반복했다. 그는 다만 이번에는 〈그러자 누군가 말했어〉라는 말 대신에 〈그러자 그 여자애가 말했어〉라고 말을 바꾸었을 뿐이다. 〈그 여자애〉는 같이 놀았던 베르타나 올가임이 분명하다. 그 꿈은 다음과 같이 해석할 수 있다. 〈나는 여자애들과 벌금 놀이를 했다. 내가 물었다. 《누가 나한테 올 거니?》 여자애(베르타 아니면 올가)가 대답했다. 《나.》 그다음 그 여자애는 내가 오줌 누는 일을 도와주어야 했다.〉 (오줌 눌 때 남의 도움을 받는 것이 한스는 무척 즐거웠던 것 같다.)

오줌을 눌 때 다른 사람이 한스의 바지 단추를 끄르고 고추를 꺼내 주는 과정 자체가 그에게 큰 즐거움을 주었음에 틀림없다. 산책을 할 때 한스에게 이 일을 해주는 사람은 대개의 경우 아버지이다. 이것이 아이에게 동성애적인 성향이 고착*Fixierung*되는 기회를 제공한다.

앞서 말했듯이 이틀 전에 한스는 엄마가 그의 몸을 씻겨 준 다음 성기 부분에 분을 바를 때 이렇게 물었다. 〈엄마는 왜 거기에는 손을 대지 않는 거야?〉 어제 내가 한스를 데리고 산책을 나갔을 때, 그 아이는 내게 생전 처음으로 아무도 보지 못하도록 자기를 집 뒤로 데리고 가달라고 말했다. 그러고는 이렇게 덧붙였다. 〈작년에는 내가 오줌을 눌 때 베르타와 올가가 구경을 했어.〉 그 말은 작년까지만 해도 자기가 오줌을 눌 때 여자아이들이 쳐다보는 것이 기분 좋았지만, 이제는 그렇지 않다는 것이다. 노출 욕구가 이제는 억압Verdrängung에 굴복하고 만 것이다. 오줌을 눌 때 베르타와 올가가 보아 주거나 그의 바지 단추를 끌러 주었으면 하던 바람이 이제 그의 삶에서 억압됨으로써 벌금 놀이라는 그럴듯한 치장을 하고 그의 꿈에 등장하게 되는 것이다. 나는 그 뒤로 그가 오줌을 눌 때 남이 곁에 있는 것을 싫어하는 것을 자주 목격했다.

나는 여기서 이 꿈 역시 내가 『꿈의 해석』에서 제시한 원칙에 부합된다는 사실을 덧붙이려 한다. 그 원칙이란 꿈속에 등장하는 말들은 얼마 전에 남에게서 듣거나 스스로 한 말에서 연유한다는 것이다.

빈으로 돌아간 지 얼마 안 되어 한스의 아버지는 또 다음과 같은 관찰을 기록했다.

한스(네 살 6개월)는 또다시 그의 어린 여동생이 목욕하는 광경을 구경했다. 그러더니 그는 마구 웃기 시작했다. 사람들이 물었다.

「왜 웃니?」

「한나의 고추 때문에 웃는 거야.」

「왜?」

「한나의 고추가 너무 예뻐서.」

그의 대답은 물론 거짓이다. 한나의 고추는 그에게 정말 우스꽝스럽게 보였던 것이다. 그가 남자의 성기와 여자의 성기가 다르다는 사실을 부정하지 않고 그렇게라도 인정한 것은 처음 있는 일이었다.

병력과 분석

친애하는 교수님! 여기에 한스에 대한 이야기를 다시 한 토막 보내 드립니다. 그러나 유감스럽게도 이번에는 병력(病歷)에 대한 것입니다. 읽어 보면 아시겠지만, 지난 며칠간 그 아이는 정신적인 혼돈을 겪고 있습니다. 그 때문에 저와 제 아내는 무척 불안합니다. 그것을 퇴치할 방법을 모르기 때문입니다. 내일 교수님을 찾아뵐까 하는데 괜찮겠습니까? 우선 여기에 필요한 자료를 동봉합니다.

엄마의 애정 어린 태도가 지나쳐 아이가 성적으로 극히 민감해진 것이 그 원인인 듯합니다. 하지만 혼란을 일으킨 것이 무엇인지 구체적으로 말씀드릴 수는 없습니다. 〈거리에서 말이 자기를 물지도 모른다〉는 한스의 두려움은 예전에 그가 거대한 성기를 보고 놀랐던 일과 관계가 있는 것 같습니다. 이전 기록을 통해 아시겠지만, 그 아이는 아주 어릴 적에 말의 거대한 성기를 보고는, 엄마도 덩치가 크니까 말만 한 고추를 달고 있을 것이라는 결론을 내렸습니다.

그렇지만 현재로서는 저는 어떻게 해야 할지 모르겠습니다. 혹시 그 아이가 어디서 노출증*Exhibitionismus* 환자를 본 것은 아닐까요? 아니면 그 모든 것은 순전히 그의 엄마하고만 관계가 있는 걸까요? 아이가 벌써부터 우리에게 이런 고민거리를 던지는 것이 그리 기분 좋지는 않습니다. 거리로 나가는 것을 꺼린다는 점과 저녁이 되면 기분이 침울해진다는 점을 제외하고는 그 아이는 예전의 한스 그대로입니다. 밝고 명랑하지요.

우리는 여기서 충분히 이해할 수 있는 한스 아버지의 걱정이나, 아들의 혼란을 해명해 보려 한 그의 첫 시도를 따르지는 않을 것이다. 우리는 먼저 한스의 아버지로부터 전달받은 자료를 검토하는 것으로 시작하려 한다. 그의 병명이 〈무엇인지〉를 알아내는 것이 우리의 목표는 아니다. 이것은 나중에 우리가 그것에 대해 충분한 인상을 갖게 되었을 때에나 가능한 일이다. 당분간 우리는 우리의 판단을 유보하고 이용할 수 있는 모든 자료를 한쪽에 치우침이 없이 공정하게 살펴볼 것이다.

올해, 즉 1908년 정월 초순에 관찰된 첫 기록은 다음과 같다.

한스(네 살 9개월)가 아침에 울면서 잠자리에서 일어났다. 왜 우느냐는 엄마의 물음에 그는 이렇게 대답했다. 〈자다가 꿈을 꾸었는데, 엄마가 떠나 버렸어. 그러면 나는 쓰다듬을 엄마가 없잖아.〉[1]

한마디로 흉몽이다.

나는 이미 이와 비슷한 일을 여름에 그문덴에서 목격했다. 한스는 밤에 잠자리에 들 때마다 자꾸 기분이 울적해졌으며, 한번은 이렇게 말했다(대략 이렇게 말했던 것 같다). 〈엄마가 가버리면 나한테 엄마가 없게 되잖아〉 정도가 아니었나 싶다. 나는 한스

---

1 한스는 〈애무하다schmeicheln〉라는 표현을 썼다 — 한스 아버지의 주.

가 했던 말을 정확히는 기억하지 못하겠다. 유감스럽게도 그가 그런 서글픈 마음에 사로잡혀 있을 때마다 엄마는 그를 자기 침대로 끌어들였다.

1월 5일경 아침에 한스는 엄마의 침대로 올라왔다. 그때 그는 엄마한테 이렇게 말했다. 〈M 아줌마가 뭐라고 그랬는지 알아? 아줌마가 이렇게 말했어.《애 잠지^{2}가 정말 예뻐요.》〉(M 아주머니는 한 달 전에 잠시 우리 집에 와서 묵은 적이 있다. 그때 그녀는 내 아내가 한스를 목욕시키는 장면을 보고는 실제로 위에서 말한 것과 같은 내용을 아내의 귀에 대고 속삭였다. 한스는 그것을 들었고, 이제 그 말을 자신의 목적을 위해 이용하려고 하는 것이다.)

1월 7일에 한스는 여느 때처럼 보모와 함께 시립 공원으로 산보를 갔다. 거리로 나가자 그는 갑자기 울음을 터뜨리면서 집에 가서 엄마를 〈만지며〉 있겠다고 말했다. 집에 돌아온 그는 왜 더 가지 않고서 울음을 터뜨렸느냐는 물음에 대해 아무런 대답도 하지 않으려 했다. 저녁때까지 그는 여느 때와 다름없이 명랑했다. 그러나 저녁이 되자 그의 얼굴엔 불안해하는 기색이 역력히 나타났다. 그는 울음을 터뜨리고는 엄마와 한시도 떨어지지 않으려고 했으며, 다시 엄마를 어루만지겠다고 말했다. 이윽고 그는 다시 기분이 좋아져 잠을 잘 잤다.

1월 8일, 아내는 한스에게 무슨 문제가 있는지 확인하기 위하여 직접 그를 데리고 산책을 나섰다. 그들은 한스가 가장 좋아하는 쇤브룬으로 갔다. 그는 다시 울기 시작하더니 가지 않겠다고 버텼다. 그는 겁을 먹고 있었다. 마침내 출발하기는 했는데, 도로

2 성기를 말한다. 절친한 친척들이 — 때로는 부모 자신까지 포함하여 — 이런 말이나 실제 행동으로 아이들의 성기를 애무하는 일은 아주 흔하다. 그런 것들이 자주 정신분석의 대상이 된다 — 원주.

로 나가자 그의 얼굴에 두려워하는 빛이 떠올랐다. 쇤브룬에서 돌아오는 길에 한스는 왜 그러느냐는 몇 번의 물음에 무척 망설이다가 엄마한테 이렇게 말했다. 〈말이 나를 물까 봐 겁이 났어〉 (실제로 쇤브룬에서 말과 마주치자 아이는 불안해했다). 저녁에 그 아이는 엄마를 어루만지겠다고 우겨 대면서 며칠 전과 같은 발작을 일으켰다고 한다. 사람들이 그를 진정시켰다. 그는 울면서 이렇게 말했다. 〈내가 내일 또다시 산책하러 나가야 한다는 걸 알아.〉 그리고 잠시 후 이렇게 덧붙였다. 〈말이 내 방으로 들어올 것 같아.〉

같은 날 엄마가 그에게 물었다. 〈혹시 너 손으로 고추 만지는 거 아니니?〉 그러자 그가 말했다. 〈응, 매일 밤 잠자리에 들면 고추를 만져.〉 다음 날인 1월 9일 오후, 낮잠을 자기 전에 한스는 손으로 고추를 만지지 말라는 주의를 받았다. 낮잠을 다 자고 일어났을 때 우리가 그에게 묻자, 그래도 그는 잠깐 거기에 손을 갖다 댔다고 대답했다.

이것은 불안뿐만 아니라 공포가 시작된 것이라고 할 수 있다. 그러나 우리는 여기서 보는 바와 같이 이 두 가지를 구분할 충분한 근거를 갖고 있다. 더욱이 우리의 논의를 전개시키도록 확보되어 있는 자료는 더없이 충분하다고 여겨진다. 불안과 공포를 이해하는 데 우리가 지금 대하고 있는 인생의 초기 단계보다 더 유효한 때는 없다. 그러나 유감스럽게도 이러한 인생의 초기 단계는 등한시되거나 거의 의식하지 못한 채 그냥 지나쳐 버리는 것이 일반적이다. 아이의 혼란은 불안스러운 생각과 애정에 대한 생각으로 시작된다. 그다음 악몽이 시작된다. 꿈의 내용은 엄마를 잃어버려 이제 그녀를 어루만질 수 없게 된다는 것이다. 이것은 엄마에 대한 아이의 애정이 어마어마하게 커졌음을 말해 준다. 이것이 당시 한스의 기본 상태이다. 이 점을 보강하기 위하여 우리는 한스가 엄마를 유혹하려 했던 두 가지 시도를 회상할 수 있다. 첫 번째 시도는 시점이 그해 여름으로 거슬러 올라가고, 두 번째는 거리로 나가는 것에 대한 불안이 발생하기 바로 직전에 일어났다. 즉 엄마가 자신의 성기에는 왜 손을 대지 않느냐고 했던 부분이다. 엄마에 대한 고조된 애정이 갑자기 불안으로 바뀌고, 그 불안이 다시 억압의 심리로 나아간 것이라고 할 수 있다. 억압의 계기가 어디에서 나오는지 나는 아직 파악하지 못했다. 억압의 심리는 아마도 아이로서는 극복할 수 없는 격심한 흥분에서 유래한 것 같다. 아마도 여기에는 아직까지 우리에게 알려지지 않은 다른 힘들이 작용했는지도 모른다. 논의를 전개하는 과정에서 우리는 그것을 파악하게 될 것이다. 억압된 애정에 대한 동경(憧憬)이라고 할 수 있는 한스의 불안은 처음에는 다른 아이들의 불안과 마찬가지로 대상이 없었다. 다시 말해 그것은 아직 불안이지 공포는 아니었다. 아이는 처음에는 자신이 무엇을 두려워하는지 알지 못했다. 그러므로 한스가 보모와 함께 나갔던 첫 산책길에서 두려움의 이유를 대지 않은 것은 그 자신이 공포의 대상을 아직 정확히 알지 못했기 때문이다. 그는 자신이 아는 사실을 모두 대답했다. 그것은 거리로 나오니까 어루만질 엄마가 보고 싶다는 것과, 엄마와 떨어지고 싶지 않다는 것이다. 이렇게 말하는 가운데 한스는 그가 왜 도로를 좋아하지 않는지 아주 솔직하게 그 첫 번째 의미를 드러내 보인 것이다.

그리고 또 한스는 이틀 밤 연속으로 잠자리에 들기 전에 불안해하면서도 애정이 혼합된 흔적이 뚜렷한 심적 상태를 보였다. 이러한 상태는 그의 병세 초기에는 거리나 산책, 또 말에 대한 공포가 아직은 전혀 존재하지 않았음을 보여 준다. 만약 그런 공포가 있었다면, 한스가 저녁에 보인 심적 상태를 설명할 길이 없다. 도대체 그 누가 잠자리에 들기 전에 거리나 산책을 생각하겠는가? 이에 반해 한스가 잠자리에 들기 전에 엄마를 대상으로 삼고 있는, 그리고 그녀와 같이 자는 것을 목표로 하는 그의 리비도 *Libido*가 그를 강하게 덮쳤을 가능성을 고려한다면, 그가 저녁마다 그렇게 불안해하는 이유를 명확히 파악할 수 있을 것이다. 한스는 〈그문덴에 있을 때〉 자신의 울적한 기분 상태를 통해 엄마의 마음을 움직여 그녀와 함께 잠자리에 들 수 있었다. 그런 경험이 있는 그는 이제 똑같은 것을 이곳 빈에서 다시 얻어 내고자 한 것이다. 그리고 여기에 덧붙여 그문덴에 있을 때에는 아버지가 휴가 기간 동안 내내 그곳에 함께 있을 수 없었기 때문에 때로는 한스가 엄마하고 단둘이만 지냈다는 사실을 잊어서는 안 될 것이다. 게다가 그곳에 있을 때에는 그의 애정이 여러 남녀 놀이 친구들에게로 분산되었지만, 그들이 없는 이곳에서는 그의 리비도가 다시 오로지 엄마에게만 향해졌다는 사실도 염두에 두어야 한다.

그러므로 그의 불안은 억압된 동경과 일치한다. 그러나 동경과 똑같은 것은 아니다. 억압이라는 측면을 고려해야 하기 때문이다. 동경은 그 동경의 대상이 자기 손에 들어옴으로써 완전히 만족으로 바뀔 수 있다. 그러나 불안의 경우에는 이러한 요법이 더 이상 도움이 되지 않는다. 동경이 만족되었을지라도 불안은 남아 있기 때문이다. 불안이 완전히 리비도로 바뀔 수는 없다. 왜냐하면 리비도를 억압하는 어떤 요소가 있기 때문이다.[3] 이것은 엄마와 한

3   솔직히 이제 우리는 동경의 대상을 손에 쥐게 되어도 제거되지 않는 그와 같은 불안스러운 동경의 느낌을 병리학적 불안*die pathologische Angst*이라고 부르고자 한다 — 원주.

스의 다음 산책에서 나타난다. 지금 엄마와 같이 있지만 아직도 한스는 불안을 느끼고 있다. 즉 그는 엄마에 대한 충족되지 않은 동경을 갖고 있다. 물론 그의 불안은 전보다 적어졌다. 지난번 보모와 산책했을 때에는 돌아가자고 졸랐지만, 이번에는 기꺼이 산책 길에 따라나섰기 때문이다. 그렇지만 길거리는 엄마를 〈어루만지기〉에는 결코 적당한 장소가 아니다. 사랑에 빠진 그 어린아이가 그 밖의 다른 무엇을 원했든 간에. 그러나 그의 불안은 시험을 견디어 냈다. 그다음 단계는 대상을 찾아내는 일이다. 이번 산책 길에서 그는 처음에는 말이 자기를 물지도 모른다는 두려움을 나타냈다. 이러한 공포심은 어디에서 유래하는 것일까? 아마도 우리에게 아직 알려지지는 않았지만, 한스의 마음에 억압 심리를 형성하는 데 한몫하고 또 엄마에 대한 그의 리비도를 억압 상태에 두는 데도 일정한 역할을 했을 콤플렉스에서 유래하는 것은 아닌지 모르겠다. 이것이 풀리지 않은 문제이며, 우리는 이것을 풀기 위하여 한스의 심리 상태가 계속적으로 발전하는 과정을 추적할 것이다. 이를 풀기 위한 믿을 만한 실마리는 이미 한스의 아버지가 우리에게 제공한 바 있다.

한스가 말들을 그 큰 성기 때문에 늘 호기심 어린 눈으로 관찰했다는 것과, 엄마도 말만 한 성기를 갖고 있을 거라고 생각했다는 것 등이 그것이다. 그러므로 우리는 말이 엄마의 대리 표상에 불과하다고 생각할 수도 있다. 하지만 그렇다면, 저녁 무렵 한스는 왜 말이 방 안으로 들어올지도 모른다고 두려워하는 것일까? 사람들은 그것을 어린아이가 느끼는 어리석은 두려움에 불과하다고 말할지도 모른다. 그러나 신경증은 그렇게 바보스러운 것만을 말하는 것이 아니다. 이것은 꿈도 마찬가지이다. 우리는 뭔가 이해할 수 없는 것과 맞부딪치면 늘 그것을 욕하면서 넘어간다.

이것은 자신에게 주어진 과제에서 벗어나는 노련한 방법이다.

우리가 이러한 유혹에 넘어가지 말아야 할 또 다른 근거가 있다. 한스는 매일 밤 잠들기 전에 자기 고추를 만지작거리면서 즐긴다고 고백한 적이 있다. 가정의(家庭醫)라면 이 말을 듣고 금방 이렇게 말할 것이다. 〈아, 알았습니다. 아이가 자위를 해서 불안감을 느끼는 거죠.〉 자, 침착하게 생각해 보자. 한스가 자위행위를 통해서 쾌감을 맛본다는 사실은 그의 불안감을 설명해 주기는커녕 오히려 더욱 복잡하게 만든다. 불안 상태는 결코 자위행위라든가 그 밖의 다른 형태의 자기만족에 의해서 생기지 않는다. 우리는 네 살 9개월 된 한스가 1년 전부터 매일 저녁 자위행위를 해왔고, 이제는 이 습관을 버리려고 고심하고 있다고 가정할 수 있다. 이러한 가정이 억압과 불안 심리의 형성을 잘 설명할 수 있다.

우리는 훌륭하고 헌신적인 한스의 어머니를 위해서 몇 마디 하지 않을 수 없다. 한스의 아버지는 ― 물론 무조건 잘못된 것은 아니지만 ― 한스의 엄마가 아이에게 너무 애정을 쏟은 나머지 한스를 너무 쉽게, 그리고 자주 침대로 끌어들임으로써 그의 신경증을 유발시켰다는 책임을 물었다. 또한 우리도 한스의 아버지와 마찬가지로 그녀가 아이의 부탁을 강하게 뿌리침으로써(〈그건 지지야〉) 억압 심리의 출현을 재촉했다고 비난할 수 있을 것이다. 그러나 사실 그녀는 운명적으로 분담된 역할을 했을 뿐이며, 처신하기 곤란한 입장에 있었던 것이다.

나는 한스의 아버지에게, 말들과 관련된 그 모든 것은 의미가 없는 일이며 그 이상의 것은 아니라는 점을 아이에게 말해 주라고 했다. 사실은 한스가 엄마를 너무 사랑해서 엄마와 같은 침대에서 자고 싶기 때문에 그런 일이 있는 것이라고 한스 아버지에게 말하도록 했다. 한스가 말의 성기에 대해 너무 관심을 갖다 보니, 심지어 말을 두려워하게 된 것이라는 말도 해주라고 했다. 한 스는 고추에 지나치게 신경을 쓰는 것은 — 고추를 만지작거리는 것을 포함하여 — 좋은 일이 아니라는 사실을 알게 되었는데, 그 것은 아주 올바른 생각이라는 점을 말해 주라고 했다. 더 나아가 나는 그 아이에게 성(性)에 대해 깨우쳐 줄 것을 그의 아버지에게 제안했다. 지금까지 한스가 보인 태도로 미루어 볼 때 그의 리비 도는 엄마의 성기를 보려는 소망에 몰려 있었다. 그래서 나는 한 스 아버지에게 엄마를 포함한 모든 여자들에게는 — 한나에게서 보았듯이 — 고추가 달려 있지 않다는 말을 해줌으로써 한스가 그 목표를 추구하는 것을 단념하게끔 하라고 부탁했다. 이 마지 막 말은 한스가 그런 종류의 질문이나 말을 해오는 적당한 기회 를 포착해서 전달해 주라고 했다.

한스에 대한 다음 기록은 3월 1일부터 17일까지의 것이다. 한 달 이상 기록이 빠진 이유는 다음을 통해 금방 해명된다.

이야기[4]를 해준 후로 예전보다 평온한 날이 이어졌다. 한스는 특별한 어려움 없이 매일매일 공원 산책 길에 나섰다. 말들에 대 한 그의 두려움은 점점 말들을 보지 않으면 안 된다는 강박증 *Zwang*으로 바뀌어 갔다. 그는 〈나는 꼭 말들을 보고 싶어. 좀 두렵 기는 하지만〉이라고 말했다.

감기에 걸려 2주 동안 침대에서 꼼짝 못 하고 누워 있은 후 그 의 공포심은 다시 커졌다. 그래서 그는 도무지 외출을 하려고 하 지 않았다. 기껏해야 발코니까지 나가는 것이 고작이었다. 매주 일요일마다 그는 나와 함께 라인츠[5]로 갔다. 일요일에는 거리에

---

4 그의 불안이 갖는 의미에 대한 이야기. 여자들의 고추에 대한 이야기는 아직 하지 않았다 — 원주.

마차들도 별로 보이지 않았고, 역까지는 거리가 가까웠기 때문이다. 라인츠에 갔을 때 한번은 그가 정원 밖으로 산책 나가는 것을 거부했다. 마차 한 대가 정원 앞에 서 있었기 때문이다. 편도선 수술을 받은 후에 그는 또 한 주일을 집에만 있어야 했다. 그 후로 그의 공포증*Phobie*은 심각할 정도로 커졌다. 기껏해야 발코니까지만 갔으며, 산책하러 가지는 않았다. 그는 대문까지 갔다가 얼른 돌아섰다.

3월 1일 일요일. 정거장까지 가는 길에 한스와 나는 다음과 같은 대화를 나누었다. 나는 다시 한스에게 말은 절대로 사람을 물지 않는다는 사실을 이해시키려고 했다.

한스 그렇지만 흰 말들은 물어. 내가 그문덴에 갔을 때 사람을 무는 흰 말을 봤어. 손가락을 내밀면 물어.

(나는 그가 여기서 손 대신 손가락이라고 말하는 점에 주목했다.) 그리고 한스는 다음과 같은 이야기를 했다. 그것을 여기에 다시 엮어서 기술해 보겠다.

한스 리치가 떠나게 되었을 때 그 아이의 짐을 역까지 실어다 주려고 흰 말이 끄는 마차 한 대가 그 애 집 앞에 서 있었어 (리치는 한스의 말에 따르면 이웃집에 사는 여자애이다). 그 애 아버지는 마차 옆에 서 있었고, 말이 고개를 들었어 (그 아이의 아버지를 건드리려고). 그러자 그 애 아버지가 리치에게 이렇게 말했어. 〈흰 말에게 손가락을 내밀지 마라. 손가락을 내밀면 무니까.〉

그 말에 대해서 나는 이렇게 대꾸했다.

나 얘야, 내가 보기에는 손을 갖다 대면 안 되는 것은 말이 아니라 고추 같구나.

5 빈 근교. 그곳에 한스의 할아버지와 할머니가 살고 있다 — 원주.

한스 하지만 고추는 물지 않잖아.

나 아냐, 고추도 물어.

그러자 한스는 그가 본 것이 실제로 흰 말이었다는 사실을 내게 입증해 보이려고 무진 애를 썼다.[6]

3월 2일. 한스가 다시 두려워하는 것을 보고 그에게 이렇게 말했다.

나 애야, 네가 자주 산책을 나가면, 그 〈멍청한 것〉이 — 한스는 자기의 공포증을 그렇게 불렀다 — 훨씬 줄어들 거야. 지금 그 〈멍청한 것〉이 기세가 등등한 이유는 그동안 네가 아파서 집 밖으로 나가지 못했기 때문이란다.

한스 아냐, 〈멍청한 것〉이 그렇게 힘이 센 까닭은 내가 매일 밤 손으로 자꾸만 고추를 만지기 때문이야.

아버지와 아들이자 의사와 환자의 관계에 있는 이들은 모두 한스가 보이는 현재의 병리적 상태의 주원인을 그의 습관적인 자위 행위[7]에서 찾고 있다. 그렇지만 그 밖의 다른 요소들이 지니는 중요성을 알려 주는 징후들도 없지는 않다.

3월 3일. 우리 집에 새 보모가 들어왔다. 그녀를 보자 한스는 무척 기뻐했다. 그녀는 방 청소를 할 때 한스를 자기 등에 태워 주었다. 그런 까닭에 그는 그녀를 늘 〈나의 말〉이라고 불렀다. 그는 그녀의 옷에 매달리면서 〈이랴〉 하고 외쳤다. 3월 10일경 그는 새 보모에게 이렇게 말했다.

---

6 한스의 아버지로서는 여기서 한스가 실제 있었던 일을 이야기했다는 사실을 의심할 이유가 없었다. 그런데 귀두 부분의 간지러움 — 이때 아이들은 그곳을 손으로 만지게 되는데 — 을 아이들은 보통 이렇게 말한다. 〈뭐가 나를 물어〉 — 원주.

7 1924년 이전의 판에는 〈자위 습관의 교정〉이라고 되어 있다.

한스 누나가 만약 이러이러하게 하면, 누나는 옷을 몽땅 벗어
   야 해. 속옷까지 말야.

(벌로써 그렇게 하겠다는 뜻이다. 그렇지만 그 뒤에 숨어 있는
그의 의도를 간파하기는 어렵지 않다.)

보모 아니, 어떻게 책임지려고? 난 정말 옷을 사 입을 돈이
   없어.

한스 부끄러워서 그러지? 사람들이 누나 고추를 볼까 봐.

우리는 여기서 한스가 예전에 보였던 호기심을 다시 마주하고
있다. 그러나 그의 호기심은 이번에는 새로운 대상을 향하고 있
으며, 당시의 억압 심리의 시기에 걸맞게 도덕적인 성향에 의해
가려져 있다.

3월 13일 아침에 나는 한스에게 말했다.

나 네가 앞으로 고추 만지는 짓을 그만두면, 너의 그 〈멍청한
   것〉의 힘이 훨씬 약해질 것이란다.

한스 하지만 난 요사이는 더 이상 손으로 고추를 만지지 않
   는걸.

나 그렇지만 지금도 자꾸 만지고 싶지.

한스 응, 그렇지만 〈만지고 싶다〉는 것하고 진짜 〈만지는 것〉
   하고는 같은 게 아니야. 그리고 〈하고 싶다〉는 것은 〈한다〉
   는 것이 아니잖아.

나 그러면 이제 만지고 싶은 생각도 들지 않도록, 오늘은 침
   낭에서 자도록 하려무나.

이런 대화를 나눈 후 우리는 집 앞으로 나갔다. 한스는 아직 겁
을 내고 있었다. 그렇지만 그는 앞으로는 두려운 마음이 훨씬 나

아질 것이라는 기대감에서인지 눈에 띄게 즐거운 기분으로 말했다. 〈침낭에서 자고 내일 일어나면 나의 그《멍청한 것》이 모두 사라질 거야.〉 실제로 그는 말들과 마주쳐도 예전보다 〈훨씬〉 덜 두려워했으며, 마차가 옆으로 지나갈 때에도 상당히 침착한 태도를 보였다.

한스는 다음 일요일인 3월 15일에 나와 함께 라인츠로 가기로 약속했다. 그날 한스는 처음에는 좀 거부하다가 마침내 나와 함께 그곳으로 갔다. 거리로 나온 그는 마차들이 별로 보이지 않자, 눈에 띄게 즐거워하면서 이렇게 말했다. 〈정말 잘한 일이야! 하느님이 말들을 모두 거두어 간 것 말야.〉 가는 도중에 나는 한스에게 여동생한테는 그의 것과 같은 고추가 달려 있지 않다는 말을 했다. 어린아이든 어른이든 여자들은 고추를 달고 있지 않다고 말해 주었다. 엄마도 고추가 없고, 아나도 고추가 없다고.

한스   아빠는 고추가 있어?

나   그럼 물론이지, 넌 어떻게 생각했는데?

한스   (잠시 후) 고추가 없으면, 여자애들은 어떻게 오줌을
　　　누지?

나   여자애들은 너와 같은 고추가 없어. 한나가 목욕할 때 넌
　　　못 봤니?

그는 그날 하루 종일 무척 기분이 좋았고, 썰매를 타면서 놀았다. 저녁 무렵에만 다시 기분이 침울해졌으며, 말을 두려워하는 것 같았다.

그날 저녁 아이의 두려움과 엄마를 어루만지겠다는 말은 예전보다 훨씬 줄어들었다. 다음 날 그는 엄마와 함께 시내에 나갔다. 큰길로 나서자 그는 몹시 두려워하는 듯했다. 그다음 날 그는 집에만 있었고 아주 유쾌해했다. 다음 날 아침 6시쯤에 그는 몹시

겁먹은 표정으로 잠자리에서 일어났다. 왜 그러느냐고 묻자, 아이는 이렇게 대답했다. 〈손가락으로 고추를 잠깐 만졌어. 엄마가 슈미즈 차림으로 거의 벌거벗고 있는 걸 봤어. 엄마는 나한테 엄마 고추를 보여 주었어. 나는 그레테[8]에게, 나의 그레테에게 엄마가 어떻게 했는지 보여 주고, 내 고추도 보여 주었어. 그러다가 나는 얼른 고추에서 손을 치웠어.〉 엄마가 슈미즈를 입었는지 아니면 완전히 벗은 상태였는지에 대해서 묻자, 한스는 이렇게 말했다. 〈엄마는 슈미즈를 입고 있었어. 하지만 슈미즈가 아주 짧았기 때문에 고추가 다 보였어.〉

이 모두는 꿈이 아니다. 오히려 수음(手淫)과 관련된 환상이다. 다만 그것이 꿈과 비슷한 형태를 띤 것이다. 여기서 그가 엄마의 행동으로 그려 보인 것은 분명 자신의 소망을 정당화시키기 위한 것으로 여겨진다. 〈만약 엄마가 고추를 보여 주면, 나도 내 고추를 보여 줄 텐데〉 하는.

우리는 그의 환상에서 두 가지 사항을 추론할 수 있다. 첫째로 엄마가 한 위협조의 말[9]이 그 말을 들었을 당시 그의 마음에 강한 인상을 남겨 놓았다는 것, 둘째로 여자들은 고추가 없다는 말을 그가 당장은 수용하려 하지 않는다는 것 등이다. 그는 여자들에게 고추가 없다는 사실을 받아들이지 않고 예전 자신의 생각을 고집하려 한다. 그 아이가 아버지의 말을 당장 믿으려고 하지 않는 데는 그 나름의 이유가 있을 수도 있다.

8 그레테는 그문덴에서 사귄 여자이다. 한스는 그레테를 상상하면서 그 아이와 말하며 놀고 있다 — 한스 아버지의 주.
9 자꾸 고추를 만지면 떼어 버리겠다는 말.

〈한스 아버지의 1주일 동안의 관찰 보고〉

친애하는 교수님! 계속되는 우리 한스에 대한 이야기를 동봉합니다. 이번 것은 아주 흥미롭습니다. 다가오는 월요일 진료 시간에 교수님을 만나 뵐까 합니다. 한스도 데리고 갈 생각입니다. 그 아이가 간다고 하면 말입니다. 오늘 그 아이에게 이렇게 물어보았습니다.

나　월요일에 아빠하고 교수님한테 가볼까? 가면 교수님이 너
　　의 그 멍청한 것을 낫게 해줄 텐데.

한스　난 안 가.

나　교수님 집에는 예쁜 여자애가 있어.

그러자 그 아이는 기꺼이 가겠다고 승낙했습니다.

3월 22일 일요일. 한스와 함께할 일요일의 계획을 늘리기 위해서 나는 한스에게 먼저 쉰브룬으로 가서 거기서 점심을 먹고 라인츠로 가자고 제안했다. 그래서 한스는 우선 집에서 나와 세관 본관 역까지 걸어가야 했고, 그다음에는 히칭 역에서 기차를 타고 쉰브룬까지 갔다가 그곳에서 다시 히칭 증기 기관차 역으로 돌아와야 했다.[10] 그리고 한스는 이 모든 것을 해냈다. 그는 가는 도중에 말들이 다가오는 게 보이면 얼른 다른 쪽을 쳐다보았다. 겁이 나서 그러는 게 분명했다. 그렇게 다른 쪽을 보는 것은 엄마의 충고에 따른 것이었다.

쉰브룬 동물원에서 한스는 평소에 전혀 두려워하지 않던 동물들을 보고 겁을 냈다. 그래서 기린 우리가 있는 쪽으로는 도무지

10　세관 본관 역은 빈에 있는 교외선 역이고, 히칭은 쉰브룬과 연결시켜 주는 간이역이다.

가려고 하지 않았다. 그리고 평소에 그가 아주 좋아하던 코끼리 구경도 하지 않겠다고 우겼다. 그는 덩치가 큰 모든 동물들을 겁냈다. 반면에 작은 동물들을 보면서 무척 즐거워했다. 새들 중에서 펠리칸을 보자 또다시 겁을 냈다. 예전에는 전혀 그런 적이 없었다. 펠리칸이 덩치가 컸기 때문에 그런 것이 분명했다.

그래서 나는 그에게 말했다.

나 네가 큰 동물들을 보고 겁을 내는 이유를 넌 알고 있니? 큰 동물들은 고추도 크지. 그리고 사실 너는 그 큰 고추를 두려워하는 거야.

한스 하지만 난 그 큰 동물들의 고추를 본 적이 없는걸.[11]

나 아냐, 너는 말의 고추를 본 적이 있어. 말도 덩치가 큰 동물이잖아.

한스 아, 맞아, 말의 고추는 몇 번 보았어. 한번은 그문덴에서 마차가 집 앞에 서 있을 때였고, 또 한 번은 세관 본관 앞에 서였어.

나 넌 지금보다 더 어렸을 때 그문덴에서 마구간에 자주 갔던 것 같은데…….

한스 (나의 말을 가로막으면서) 그래, 그문덴에 있을 때 말들이 우리 집으로 오는 날이면 나는 빼놓지 않고 마구간에 가 보았어.

나 그때 너는 말의 큰 고추를 보고 겁을 먹었던 것 같구나. 그런 것 때문에 두려워할 필요는 없단다. 큰 동물들은 큰 고추를 갖고 있고, 작은 동물들은 조그만 고추를 갖고 있는 거야.

한스 사람들은 누구나 고추를 갖고 있어. 그리고 내가 자라면

---

11 이것은 사실이 아니다. 한스가 사자 우리 앞에서 소리 지르던 모습을 생각해보자. 이것은 억압 심리의 결과로 생긴 기억 상실의 초기 증세인 것 같다 — 원주.

내 고추도 따라서 커지는 거야. 맞아, 내 고추는 내 몸에 확
실하게 붙어 있는 거야.[12]

여기에서 우리의 대화는 끊겼다. 다음 며칠 동안 그의 두려움
은 다시 더욱 커진 것 같았다. 식사 후에 어디든 데리고 나가려고
해도 그는 거의 현관 밖으로 나가려고 하지 않았다.

한스가 끝에 가서 덧붙인 위안조의 말은 당시의 상황을 밝혀
줄 뿐만 아니라 그의 아버지가 한 주장에 대한 약간의 수정을 가
능케 해준다. 큰 동물들의 고추가 크리라는 생각 때문에 그가 큰
동물들을 두려워한다는 것은 사실이다. 그러나 그가 큰 고추 자체
를 두려워하는 것은 아니다. 예전에는 동물들의 큰 고추를 생각하
는 것이 그에겐 큰 즐거움이었다. 그렇기 때문에 그는 어떻게든
동물들의 큰 고추를 직접 보려고 애를 썼었다. 그러나 그 후로 그
의 그 즐거움은 망가지고 말았다. 그 이유들 중 하나는 성에 대한
그의 탐구와 관련된 모든 것이 — 아직 밝혀지지 않은 이유로 —
즐거움에서 불쾌함으로 바뀌었기 때문이고, 또 다른 이유는 —
이것은 앞으로 더욱 분명해질 터인데 — 참기 어려운 결말로까지
치닫는 몇 가지 경험과 생각 때문이다. 〈내가 자라면 고추도 따라
서 커지는 거야〉라는 위안의 말을 통해 우리는 그가 동물들의 고
추를 보면서 늘 자기 것과 비교했으며, 자신의 고추 크기 때문에
아주 불만족스러워했다는 사실을 추론할 수 있다. 큰 동물들은 그
에게 그의 약점을 상기시켜 준 것이다. 바로 이 이유 때문에 그는
큰 동물들이 싫어졌던 것이다. 그렇지만 그 스스로 이러한 것을

12 누구도 떼어 갈 수 없도록(〈고추를 떼어 버리겠다〉는 엄마의 위협과 관련
하여).

48

분명하게 의식할 수 없었던 까닭에 이 같은 고통스러운 느낌 역시 불안으로 바뀌었다. 그렇기 때문에 현재 그의 불안은 예전의 즐거움뿐만 아니라 현재의 불쾌감에 그 근거를 두고 있는 것이다. 불안의 상태가 일단 형성되고 나면, 그것은 다른 모든 기분을 침해한다. 억압이 진행되고, 또 이에 대한 의식*Bewußtsein*에 감정적인 면이 곁들여지며, 이것이 무의식*das Unbewußte*의 영역으로까지 점점 확장될수록 모든 정서*Affekt*는 불안으로 바뀔 가능성이 있다.

〈물론 고추는 확실하게 내 몸에 붙어 있는 거야〉라는 한스의 독특한 말은 스스로에 대한 위안의 측면에서 볼 때 그가 말로 표현할 수 없었고, 또 그에 대한 정신분석 과정에서도 언급하지 않은 많은 것을 추측케 해준다. 나는 어른들에 대한 정신분석 경험에서 얻은 바를 통해 한스의 경우에 생긴 상이점을 조금이라도 메워 보려 한다. 그러나 이러한 접목이 무리하고 자의적인 것으로 평가받지 않기를 바랄 뿐이다. 〈고추는 내 몸에 확실하게 붙어 있는 거야.〉 만약에 한스가 이 말을 반항과 위안의 의도를 갖고서 한 것이라면, 우리는 예전에 고추를 가지고 또 장난을 치면 떼어 버리겠다고 했던 엄마의 위협을 생각할 수 있다. 이러한 위협은 한스의 나이가 세 살 6개월이던 당시에는 별로 영향을 발휘하지 못했다. 고추를 떼어 버리겠다는 엄마의 위협에 대해 한스는 아무렇지도 않게 〈그러면 엉덩이로 오줌을 누면 되지〉라고 대답했다. 거세 위협*Kastrationsdrohung*에 대한 반응이 이제야 나타나, 위협의 말이 있은 지 1년 3개월이 지난 후 한스가 자기 몸의 중요한 부분을 잃게 될지도 모른다는 불안에 시달리고 있다면, 이것은 아주 전형적인 행동 방식이라고 할 수 있다. 우리는 어린 시절에 받은 훈계와 위협의 영향이 나중에 가서 나타나는 경우를 다른 정신병들에서도 관찰할 수 있다. 사람에 따라서는 그 영향이 수

십 년이 지난 후에 나타나는 경우도 있다. 나는 억압의 작용하에서 〈지연된 복종(服從)〉[13]이 병의 증세를 결정짓는 데 근본적인 역할을 하는 경우를 여러 번 보았다.

얼마 전 여자들은 정말로 고추가 없다는 성에 대한 한스의 깨우침이 그의 자신감을 뒤흔들어 놓고, 또 거세 콤플렉스를 일깨워 준 것 같다. 바로 이러한 이유 때문에 그는 그 정보에 대해 반항한 것이고, 그러한 까닭에 그 말이 아무런 치료 효과를 거두지 못한 것이다. 고추가 없는 생물이 정말 이 세상에 있을까? 만약에 그렇다면 사람들이 그의 고추를 떼어 내, 그를 이른바 여자로 만들어 버리는 것이 이제 불가능한 일도 아닐 터였다![14]

27일 밤, 한스는 한밤중 어둠 속에서 자기 침대에서 벌떡 일어나 우리 침대로 들어와 우리를 놀라게 했다. 그의 방은 우리 침실과 작은 방 하나를 사이에 두고 있었다. 우리는 그에게 〈왜, 무서워서 그러니?〉 하고 물었다. 그는 〈아냐, 내일 말해 줄게〉라고 대

---

13 「편집증 환자 슈레버 ─ 자서전적 기록에 의한 정신분석」(프로이트 전집 9, 열린책들)에서 〈지연된 복종〉에 대한 언급을 찾을 수 있을 것이다. 「토템과 터부」(프로이트 전집 13, 열린책들)도 참조할 것.

14 여기서 전체 논의의 흐름을 깨뜨리지 않는 범위 내에서 몇 가지 언급하겠다. 내가 다루고 있는 이 사례에서 나타나는 꼬마 한스의 무의식적인 사고 과정 속에는 몇 가지 전형적인 측면이 포함되어 있다. 거세 콤플렉스는 반유대주의에 그 깊디깊은 무의식적 뿌리를 두고 있다. 왜냐하면 소년들은 아주 어릴 때부터 어른들을 통해서 유대인들의 남근은 일부분이 잘려 있다는 소리를 들으면서 자라기 때문이다. 그리고 이러한 사실이 소년들에게 유대인을 경멸할 권리를 부여한다. 여자들에 대한 남성의 우월 의식 역시 다른 어느 곳보다 바로 이곳에 그 깊은 무의식적인 뿌리를 두고 있다. 타고난 재능의 소유자로서 성적인 장애자였던 젊은 철학자 바이닝거O. Weininger는 그의 주목할 만한 저서 『성과 성격Geschlecht und Charakter』(1903)을 완성한 후 자살로 생을 마감했는데, 사람들의 관심을 끌었던 그 책의 한 장에서 유대인과 여성을 동일한 적대감으로 대했으며, 이들에 대해 동일한 비방의 말을 퍼부었다. 바이닝거는 신경증 환자로서 완전히 유아기 콤플렉스의 지배를 받고 있었다. 이러한 관점에서 보아 유대인과 여성들의 공통점은 거세 콤플렉스에 대한 그들의 관계에서 찾을 수 있다 ─ 원주. 반유대주의에 대한 좀 더 상세한 분석은 프로이트의 후기 저작의 하나인 「인간 모세와 유일신교」(프로이트 전집 13, 열린책들)에서 볼 수 있다.

답했다. 그러고 나서 그는 우리 침대에서 잠이 들었다. 우리는 그를 안아다 다시 그의 방에 눕혔다.

다음 날 나는 간밤에 한스가 왜 우리 침대로 왔는지 자세히 알아보기 위해 그에게 질문을 던졌다. 그는 처음에는 말을 하려 들지 않았다. 조금 있자 다음과 같은 대화가 오갔고, 나는 그것을 즉시 속기로 받아 적었다.

한스 〈어젯밤에 기린 두 마리가 내 방에 들어왔어. 그중 하나는 키가 컸고, 또 다른 하나는 구겨진 모습이었어. 내가 그 구겨진 놈을 빼앗자 큰 놈이 소리치며 울부짖기 시작했어. 그러다가 이윽고 소리치는 일을 그쳤어. 그래서 나는 그 구겨진 놈 위에 올라탔어.〉

나 (좀 의아하게) 뭐라고? 구겨진 기린이라고? 도대체 어떻게 생겼는데?

한스 응(그는 재빨리 종이 한 장을 집어 들더니 그것을 구겨 보이며 내게 말했다), 바로 이렇게 구겨진 모습이었어.

나 그러면 네가 그 구겨진 기린 위에 올라탔다는 말이니? 어떻게?

그는 방바닥에 앉으면서 그 모양을 내게 보여 주었다.

나 그런데 너는 왜 우리 방으로 들어왔니?

한스 그건 나도 모르겠어.

나 겁이 나서 그랬니?

한스 아냐, 그건 절대 아니야.

나 기린 꿈을 꾼 거니?

한스 아냐, 꿈을 꾼 게 아냐. 그냥 생각한 거야. 그건 모두 생각한 거야. 그 전부터 침대에서 일어나 앉아 있었는걸.

나 그런데 구겨진 기린이라니, 도대체 그게 뭐니? 기린을 종이처럼 간단히 구길 수 없다는 걸 너는 잘 알고 있지?

한스 알고 있어. 나는 그냥 생각해 본 거야. 그런 것은 정말로 이 세상에 없어.[15] 구겨진 놈은 배를 완전히 바닥에 깔고 누워 있었어. 그래서 나는 그놈을 들어 올렸어. 이 두 손으로.

나 뭐라고? 그렇게 큰 기린을 그처럼 두 손으로 든다고?

한스 나는 구겨진 놈을 내 손으로 들었어.

나 그동안 큰 놈은 어디 있었는데?

한스 큰 놈은 좀 떨어진 곳에 있었어.

나 너는 구겨진 놈을 어떻게 했니?

한스 나는 그놈을 잠시 손에 들고 있었어. 큰 놈이 울부짖는 것을 멈출 때까지 말야. 그리고 큰 놈이 울부짖기를 그쳤을 때 나는 구겨진 놈 위에 올라탔어.

나 그런데 큰 놈은 왜 그렇게 울부짖었지?

한스 내가 그놈에게서 작은 기린을 빼앗았기 때문이지. (내가 우리의 대화 내용을 모두 적고 있는 것을 보고는 그가 물었다. 〈아빠는 왜 그걸 다 적고 있어?〉)

나 너의 그 〈멍청한 것〉을 고쳐 주실 교수님한테 보내려고.

한스 아하, 그래서 전에도 엄마가 속옷을 벗었다는 걸 적었구나. 그러면 이번 것도 교수님한테 주겠네.

나 그래. 그렇지만 교수님은 너처럼 이 세상에 구겨진 기린이 있다는 것을 이해하지 못할 거야.

한스 교수님한테 나도 그걸 모른다고 꼭 말해 줘. 그러면 교수님은 묻지 않을 거야. 그러나 만약에 교수님이 구겨진 기린이 뭔지 궁금하시면, 우리한테 편지를 쓰면 돼. 그러면 우리가 답장을 쓰는 거야. 아니면 나도 그것을 모른다고 당장

---

15 한스는 자신의 어투로 그것은 오로지 상상이었다는 점을 강조했다 — 원주.

편지를 쓸까?

나 왜 한밤중에 우리한테로 넘어왔니?

한스 나도 모르겠어.

나 네가 지금 무슨 생각을 하고 있는지, 어서 말해 보렴.

한스 (좀 익살스럽게) 나무딸기 주스.⌉

나 그 밖에 또?   그의 소망들

한스 사람을 쏴 죽이는 무기.[16]⌋

나 너 그걸 분명히 꿈으로 꾼 건 아니지?

한스 그럼, 아냐, 말할 필요도 없어.

그가 말을 계속했다.

한스 엄마는 나한테 왜 내가 한밤중에 엄마 아빠 침대로 왔는
지 말해 보라고 오랫동안 재촉했어. 하지만 난 그것을 말하
고 싶지 않았어. 왜냐하면 엄마 얼굴을 쳐다보니까 좀 부끄
러웠거든.

나 왜?

한스 그건 모르겠어.

실제로 나의 아내는 그날 오전 내내 한스에게 캐물었다. 한스
가 기린 이야기를 할 때까지.

그날이 지나기 전에 한스의 아버지는 아들의 기린 환상 수수께
끼를 해결했다.

큰 기린은 나, 혹은 나의 큰 남근이다(기린의 긴 목과 관련해

---

16 여기서 한스의 아버지는 당황한 나머지 고전적인 정신분석 방법을 적용하려
하고 있다. 이 방법이 꼭 심도가 있는 것은 아니다. 그러나 이 방법을 적용함으로써 얻
은 결과는, 나중에 가서 많은 것을 밝혀내는 촉매제로서 중요성을 지닌다 — 원주.

서). 구겨진 기린은 나의 아내, 혹은 그녀의 음부이다. 그러므로 이것은 한스가 얻은 성에 대한 깨우침의 성과라고 할 수 있다.

기린에 대해서는 쇤브룬 동물원 산책을 참조하기 바람. 게다가 그의 침대 위에는 기린과 코끼리가 그려진 그림 하나가 걸려 있다.

지금까지 말한 이 모든 것은 최근 며칠 동안 거의 아침마다 벌어진 장면의 재현이다. 한스는 아침마다 일찍 우리 침대로 찾아왔다. 그러면 아내는 그때마다 한 번도 빠뜨리지 않고 한스를 자기 쪽으로 끌어 올려 몇 분 동안 함께 누워 있었다. 그럴 때마다 나는 그녀를 향해 아이를 침대로 끌어들이지 말라는 경고의 말을 했다(《큰 놈이 울부짖기 시작했어. 내가 그놈한테서 구겨진 놈을 빼앗았기 때문이야》). 그러면 그녀는 쓸데없는 소리 좀 하지 말라면서 잠깐 동안 같이 있는 것은 아무 상관 없다고 화난 듯한 목소리로 말했다. 그러고 나면 한스는 그녀 곁에 잠시 누워 있을 수 있었다(《그리고 큰 놈이 울부짖기를 그쳤을 때 나는 구겨진 놈 위에 올라탔어》).

기린들의 모습으로 바뀌어 나타난 부부 관계 장면은 다음을 의미하는 것 같다. 한스는 밤중에 엄마가 보고 싶었으며, 그녀를 어루만지고 싶었다. 다시 말해 그녀의 음부를 만지고 싶어졌다. 그래서 그는 엄마 아빠의 침실로 왔다. 모든 것은 말에 대한 그의 공포의 연속이다.

나는 한스 아버지의 예리한 해석에 다음 몇 가지만을 덧붙인다.
〈올라타는 것das Draufsetzen〉은 상대를 소유Besitz[17]하는 것에 대한 한스식 표현이라고 할 수 있다. 그러나 이 모든 것은 도전에

17 〈소유〉라는 독일어 단어는 한스가 사용한 문구 〈올라타는 것〉과 어원적으로 연관이 있다.

대한 상상으로 아버지의 저항에 대해 승리를 거둔 만족감과 연결된다. 〈소리칠 테면 쳐봐. 아무리 소리쳐도 엄마는 나를 침대로 끌어들일 테니까. 엄마는 내 거야.〉 그러므로 한스의 상상 뒤에서 우리는 그의 아버지가 추측한 내용을 읽어 낼 수 있다. 즉 그것은 그의 고추가 아버지의 것보다 훨씬 작기 때문에 엄마가 그를 좋아하지 않을지도 모른다는 것이다.

다음 날 아침 한스의 아버지는 자신의 해석이 옳았음을 직접 확인하게 된다.

3월 29일 일요일. 나는 한스를 데리고 라인츠로 갔다. 아내와 현관에서 작별을 하면서 나는 농담조로 이렇게 말했다.

「안녕, 큰 기린.」

그러자 한스가 물었다.

「왜 기린이야?」

이에 대해서 내가 말했다.

「엄마는 큰 기린이잖아.」

그러자 한스가 말했다.

「맞아, 그리고 한나는 구겨진 기린이지?」

기차를 타고 가면서 나는 그에게 기린 상상 이야기를 설명해 주었다. 그러자 그는 말했다.

「그래, 맞아.」

그러고 나서 내가 바로 큰 기린이며, 나의 긴 목이 그에게 고추를 연상시켰을 거라고 말하자, 그는 이렇게 말했다.

「엄마도 기린 같은 목을 갖고 있어. 나는 엄마가 흰 목덜미를 씻을 때 보았어.」[18]

18 한스는 여기서 두 마리의 기린을 각각 아버지와 어머니로 해석하는 것에 그

3월 30일 월요일. 이른 아침, 한스가 내게로 와서 말했다. 〈아빠, 나 오늘 아침에 두 가지를 생각했어. 첫 번째 것이 뭐냐고? 아빠하고 쇤브룬 동물원에 갔는데, 우리는 양들이 있는 곳에 있었어. 그다음 우리는 로프 밑으로 기어 들어갔어. 그것을 우리는 동물원 입구에 있는 경찰에게 말했어. 그러자 그 사람은 갑자기 우리를 체포했어.〉 그는 두 번째 것을 잊어버렸다.

이 부분에 대해서 몇 마디 덧붙여 보겠다. 지난 일요일에 양들을 보러 갔더니, 양들이 있는 안쪽으로 다가갈 수 없도록 로프가 쳐져 있었다. 한스는 당장 밑으로 기어 들어갈 수 있는 로프로 그곳 출입을 차단해 놓은 것이 이상했던 모양이다. 나는 그에게 품위 있는 사람들은 로프 밑으로 기어 들어가지 않는 법이라고 말해 주었다. 그러나 한스는 너무나 간단한 일이라고 말했다. 그 말에 나는 경찰 아저씨가 와서 끌고갈지도 모른다고 말했다. 쇤브룬 동물원의 입구에는 초병이 서 있었다. 언젠가 나는 한스에게 그 아저씨가 나쁜 아이들을 잡아간다고 말한 적이 있었다.

같은 날 교수님을 방문하고 온 후로 한스는 또다시 금지된 것을 하고 싶어 했다.

「아빠, 오늘 새벽에 나 또 무언가 생각을 했어.」

「그게 뭔데?」

「아빠하고 기차를 타고 있었는데, 내가 유리창을 깼거든. 그랬더니 경찰관 아저씨가 와서 우리를 잡아갔어.」

위 글은 기린 환상*Phantasie*을 제대로 이어받고 있다. 한스는 엄마를 자기 것으로 만드는 일이 금지되어 있다는 사실을 알아채고

친다. 다시 말해서 그는 기린 자체를 남근으로 보는 성적 상징*die sexuelle Symbolik*까지는 모르고 있다. 이러한 상징 해석이 올바른 것임에는 거의 틀림없으나, 우리는 한스에게 너무 무리한 것을 요구할 수는 없다 — 원주.

있다. 다시 말해 그는 근친상간Inzest 금지의 벽에 부딪친 것이다.[19] 그러나 그는 그것을 원래부터 금지된 것으로 여겼다. 한스가 상상 속에서 금지된 행동을 할 때마다, 그의 아버지가 그 자리에 있다가 그와 함께 골방에 갇히곤 한다. 한스는 아버지도 어머니와 함께 그 수수께끼 같은 금지된 일을 한다고 생각했다. 그것을 한스는 열차의 유리창을 깬다든가, 금지된 공간 속으로 쳐들어가는 것 따위로 대체하고 있는 것이다.

그날 오후에 한스를 데리고 그의 아버지가 내게 진료를 받으러 왔다. 나는 그 귀여운 꼬마를 진작부터 알고 있었다. 늘 자신감에 차 있는 그의 모습이 너무 사랑스러웠기 때문에 나는 그 아이를 볼 때마다 기분이 좋았다. 그가 나를 기억하고 있는지 여부는 알 수 없었지만, 그는 인간 공동체의 아주 이성적인 구성원처럼 흠잡을 데 없이 행동했다. 진찰은 얼마 걸리지 않았다. 한스의 아버지는 그동안 성에 대한 많은 깨우침을 주었는데도 말에 대한 아들의 공포심이 아직도 줄어들지 않았다며 이야기를 시작했다. 따라서 우리는 그가 무서워하는 말과 겉으로 드러난 어머니에 대한 그의 애정 사이의 연관성이 그리 크지 않음을 인정하지 않을 수 없었다. 이제야 알게 된 몇몇 사항들, 이를테면 말의 눈앞에 댄 가리개와 거뭇거뭇한 말의 입언저리가 한스에게 끼친, 특히 고통스러운 영향들은 우리가 현재 알고 있는 사실들을 통해서는 해명할 수 없음이 명백했다. 그러나 그 두 사람이 내 앞에 앉아 있는 것을 보면서 그를 불안하게 만드는 말에 대한 아이의 설명을 듣는 순간 또 다른 해답 한 가지가 나의 뇌리를 스쳤다. 내가 지금 알아차린 그것을 한스의 아버지는 포착하지 못했던 것이다. 나는 한스에게 농담조로 그의 말들이 안경을 끼고 있느냐고 물어보았다.

19 「성욕에 관한 세 편의 에세이」에서 마지막 부분을 참조하라.

그러자 그는 아니라고 대답했다. 나는 다시 아버지는 안경을 쓰느냐고 물어보았다. 그러자 그는 증거가 명백한데도 다시 아니라고 대답했다. 끝으로 나는 〈입언저리의 거뭇한 것〉이 수염을 말하는 거냐고 물어보았다. 그런 다음 나는 그에게 너는 지금 아버지를 두려워하고 있으며, 그 까닭은 다름 아니라 네가 엄마를 너무 사랑하기 때문이라고 알려 주었다. 바로 그 때문에 아버지가 자기에게 화를 내고 있다고 생각하는 것이라고 말해 주었다. 그러나 실제로는 그렇지 않으며, 아버지는 너를 무척 사랑하고 있다고 말했다. 그러므로 아버지에게 모든 것을 거리낌없이 털어놓으라고 그에게 말했다. 나는 그가 태어나기 이미 오래전부터 꼬마한스가 세상에 나오리라는 것, 또 그가 어머니를 너무 사랑하다가 아버지를 두려워하게 될 것임을 알고 있었다고 말해 주었다. 그리고 그것을 아버지에게 벌써 이야기했노라고 말했다. 여기서 한스의 아버지가 내 말을 가로막았다.

「도대체 너는 왜 내가 네게 화를 낸다고 생각하는 거니? 내가 네게 욕을 하거나 때린 적이라도 있니?」

「그래, 아빠가 나를 때린 적이 있어.」

한스가 아버지의 말을 수정했다.

「그럴 리가 없어. 내가 도대체 언제 그랬니?」

「오늘 아침에.」

꼬마 한스가 대꾸했다. 그때 아버지는, 한스가 느닷없이 그의 배를 머리로 들이받는 바람에 엉겁결에 그를 한 대 쥐어박았던 일을 기억해 냈다. 나는 그가 이런 사항을 한스의 신경증과 연관시키지 않았다는 사실이 이상할 따름이다. 그러나 한스의 아버지는 이제 그것을 자신에 대한 아들의 적대 감정의 표현, 혹은 그렇게 해놓고서 차라리 벌을 받고자 하는 욕구의 표명으로 이해하게 되었다.[20] 집으로 오는 길에 한스가 아버지에게 물었다.

「교수님은 하느님하고 말을 하는가 봐? 그래서 교수님은 그 모든 것을 미리 알고 있는 거지?」

만약에 내가 어린아이에 대한 나의 장난기 어린 우월감을 통하지 않고서 꼬마의 입에서 이러한 인정의 말을 얻어 냈다면 나는 너무나 기뻤을 것이다. 나는 진찰을 한 뒤로 거의 매일 그 어린 환자의 심리 상태 변화에 대한 보고를 받았다. 나의 말 한마디를 통해서 한스가 단숨에 불안에서 벗어나기를 기대할 수는 없었다. 그렇지만 그가 점차 그의 무의식의 산물들을 외부로 제시하고 공포의 내용을 풀어놓을 조짐을 보이는 것은 분명했다. 한스는 그때부터 내가 그의 아버지에게 미리 부탁해 놓은 프로그램을 수행했다.

4월 2일. 〈처음으로 눈에 띄게 증세가 호전된 것〉이 확인되었다. 지금까지 한스는 오랫동안 집 밖에 있으려고 하지 않았고, 또 말들이 다가오면 온갖 놀란 표정을 지으면서 집 안으로 달려 들어갔지만, 이제 말들이 옆으로 지나가도 — 우리 집 옆으로는 마차들이 자주 지나다닌다 — 한 시간 동안이나 대문 앞에 서 있었다. 그는 때때로 멀리서 마차가 다가오는 것이 보이면, 얼른 집 안으로 달려 들어갔다가도 생각을 고쳐먹은 듯 금방 제자리로 돌아왔다. 어쨌든 불안의 흔적이 남아 있기는 했지만, 성에 대해 몇 가지 깨우쳐 준 후로 나타난 진전을 간과할 수 없다.

저녁에 그는 이렇게 말했다.

20 소년은 그 후로 여러 번에 걸쳐 아버지에 대한 이러한 반발심을 더욱 뚜렷하고 완벽하게 보여 주었다. 즉 그는 우선 아버지의 손을 때리고 나서 그 손에다 다정하게 입을 맞추는 것이었다 — 원주. 「정신분석에 의해서 드러난 몇 가지 인물 유형」(프로이트 전집 14, 열린책들)을 참조하라.

「대문까지만 나갈 수 있으면, 시립 공원까지도 갈 수 있어.」

4월 3일. 그는 아침 일찍 내 침대로 찾아왔다. 한스는 지난 며
칠 동안 우리에게 오지 않았으며, 심지어 그것을 자랑스럽게 생
각하는 것 같았다. 그래서 물었다.

나   오늘은 어쩌다가 이렇게 찾아왔니?

한스   무섭지 않으면, 난 안 올 거야.

나   그러니까 무서워서 나한테 온 거구나?

한스   아빠가 내 옆에 없으면 나는 무서워. 아빠 침대에 같이 있
      지 않으면 무섭다고. 무섭지 않으면 나는 더 이상 안 올 거야.

나   그러니까 넌 나를 좋아하고 있구나? 아침에 네 침대에 혼
      자 누워 있으면 무서워서 나한테 오는 거지?

한스   응. 그런데 아빠가 그랬지, 내가 엄마를 사랑하기 때문에
      아빠를 사랑하려고 하면 무서움을 느끼는 거라고. 왜 그런
      말을 한 거야?

꼬마 한스는 여기서 이루 말할 수 없는 명확성을 보여 준다. 즉
그는 마음속에서 아버지에 대한 사랑이 어머니를 가운데 놓은 연
적 관계로 인해 아버지에 대한 적대감과 충돌을 일으키고 있다는
사실을 보여 주고 있을 뿐만 아니라, 자신에게 무서움으로 나타
날 수밖에 없었던 그와 같은 힘들의 상호 작용에 대해 왜 진작 알
려 주지 않았느냐고 아버지를 비난하고 있는 것이다. 아버지는
지금까지 아들을 아직 완전히 이해하지 못하고 있었다. 왜냐하면
한스의 아버지는 내가 상담 중에 이미 주장했던 사실, 즉 그 자신
에 대한 꼬마의 적대감을 한스와 이야기를 나누면서 비로소 확인
했기 때문이다. 다음에 보여 줄 대화 내용은 — 내가 조금도 손을

대지 않은 것인데 — 꼬마 환자가 아니라 아버지가 깨우쳐 가는 과정을 보여 준다는 측면에서 더 의미가 있다.

유감스럽게도 나는 그가 한 항변의 말뜻을 금방 알아차리지 못했다. 한스는 엄마를 좋아했기 때문에 내가 없어져 주기를 바라는 것이 분명했다. 그러면 그 자신이 아버지의 자리를 차지할 수 있다는 계산이었다. 이렇게 속으로 감추고 있던 적대적인 소망이 이제는 아버지에 〈대한〉 걱정으로 바뀌었다. 그래서 그는 내가 정말로 사라졌는지를 확인하기 위하여 아침 일찍 내게로 온 것이었다. 그러나 나는 유감스럽게도 그 당시에 상황을 아직 제대로 파악하지 못하고 그에게 이렇게 말했다.

나 넌 혼자 있으면 자꾸만 내가 보고 싶어서 나한테 오는
   거지?

한스 아빠가 집 밖에 나가 있으면, 난 자꾸만 아빠가 다시는
   집에 오지 않을 것 같은 생각이 들어.

나 내가 언제 집에 돌아오지 않겠다고 엄포라도 놓은 적이
   있니?

한스 아빠는 그런 적 없지만, 엄마가 그랬어. 엄마가 다시는
   집에 돌아오지 않을 거라고 말한 적이 있어(한스가 말을 잘
   듣지 않아서 그녀가 집에서 나가 버리겠다고 위협의 말을
   한 것 같다).

나 그건 네가 말을 듣지 않아서 한 말일 거야.

한스 맞아.

나 네가 말을 듣지 않기 때문에 내가 집에서 나가 버릴까 봐
   두려운가 보구나? 그래서 자꾸 나를 찾아오는 것이고.

아침 식사 후 내가 식탁에서 일어나자 한스가 말했다.

「아빠, 나를 두고 〈달려가면〉 안 돼!」

나는 그가 〈뛰어가다*laufen*〉라고 말하지 않고 〈(말처럼) 달려가다*rennen*〉라고 말한 것에 주목했다. 그러면서 나는 이렇게 대답했다.

「오, 그러니까 너는 말이 네게서 도망칠까 봐 겁나는 모양이구나.」

그러자 그는 웃었다.

우리는 한스의 이러한 두려움이 이중적임을 알고 있다. 즉 그것은 아버지에 〈대한〉 두려움인 동시에 아버지를 〈위한〉 두려움인 것이다. 첫 번째 것은 아버지에 대한 적대감에서 유래하는 것이고, 두 번째 것은 한스에 의해 오히려 반발적으로 과장되게 표현된 아버지에 대한 애정과 적대감 사이의 갈등에서 연유하는 것이다.

그의 아버지는 보고를 계속했다.

이것은 의심할 여지 없이 중요한 단계의 시작이다. 한스는 집 앞까지 나가기는 해도 집을 떠나지 못했으며, 갑자기 불안을 느끼면 뒤도 돌아보지 않고 금방 발걸음을 돌렸는데, 그것은 모두 혹시 엄마 아빠가 집을 떠나면 다시는 만나지 못하게 되지 않을까 하는 두려움에서 연유한 행동이었다. 그는 엄마에 대한 사랑 때문에 집에 붙어 있었으며, 혹시 자기가 나를 못살게 굴어서 내가 집을 나가지 않을까 두려워하고 있었다. 그렇게 되면 그가 아버지가 되어야 했기 때문이다.

여름에 나는 직업상의 이유로 여러 번 그문덴을 떠나 빈으로 가야 했다. 그때마다 그는 아버지가 되었다. 교수님은 말에 대한 한스의 공포증이 그가 그문덴에서 리치의 짐을 역까지 날라다

줄 말을 보았을 때 생겼다는 사실을 기억하고 있을 것이다. 내가 기차를 타고 떠나 버리면(〈말은 떠나 버리면 좋겠어〉라는 소망) 엄마와 단둘이 남게 되리라는 그의 억눌린 소망이 이제는 말들이 떠나 버리면 어쩌나 하는 불안으로 바뀐 것이다. 그리고 실제로 우리 집 앞에 위치한 세관 본관 마당에서 마차가 떠날 때, 다시 말해 말들이 움직이기 시작할 때 그는 가장 큰 두려움을 느끼곤 했다.

이러한 새로운 단계, 즉 아버지에 대한 그의 양가감정적인 적대 의식은 그가 엄마를 좋아한다는 이유로 내가 그를 미워하지 않는다는 사실을 깨닫고 나서야 드러났다.

오후에 나는 다시 한스를 데리고 대문 앞까지 갔다. 그는 다시 집 앞까지 가서는 마차들이 지나갈 때에도 그 자리에 그냥 서 있었다. 몇몇 마차에 대해서만 그는 공포심을 느꼈고, 그때마다 현관으로 뛰어 들어갔다. 그는 내게 이런 말도 했다. 〈흰 말이 다 무는 건 아냐.〉 이것을 풀어서 말하면 다음과 같다. 즉 분석 결과 몇몇 흰 말은 〈아빠〉로 판명되었고, 이에 따라 그것들은 물지 않지만 아직도 무는 말들이 남아 있다.

우리 집 대문 앞 풍경은 이렇다. 맞은편에는 소비세 세무서의 창고와 거기에 딸린, 마차가 짐을 싣고 내리는 장소가 있으며, 그곳에는 하루 종일 상자 따위를 운반하기 위해 말이 드나들었다. 하나의 격자 울타리가 창고의 마당을 도로와 구분하고 있다. 우리 집 맞은편에는 이 마당으로 들어가는 입구가 있다(그림 2 참조). 벌써 며칠 전부터 나는 마차가 그곳으로 드나들기 위해 방향 전환을 할 때마다 한스가 몹시 놀라는 것을 목격했다. 그때 나는 그에게 왜 무서워하느냐고 물어보았다. 그러자 그는 이렇게 대답했다. 〈마차가 방향을 바꿀 때 말이 쓰러질까 봐 겁이 나서 그래〉

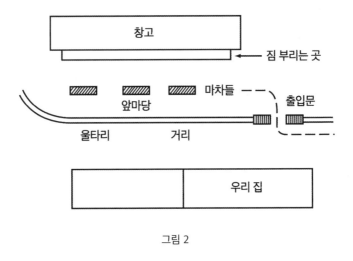

그림 2

(a). 짐을 부리는 곳에 있던 마차들이 출발하기 위해 갑자기 움직일 때에도 그는 두려워했다(b). 나아가(c) 그는 작은 말보다 덩치가 큰 짐을 나르는 말을 더 두려워했고, 우아한 말(이를테면 승합마차용 말)보다는 농사일용 말을 두려워했다. 그리고 말이 천천히 걸어갈 때보다 빨리 달릴 때 더 두려워했다(d). 이 같은 차이는 물론 지난 며칠 동안 두드러지게 나타났다.

분석 결과 환자뿐만 아니라 그의 공포증도 더욱 과감해져 외부로 자신을 나타내려는 경향이 강해졌다.

4월 5일. 한스가 다시 우리 침실로 왔다가 되돌려 보내졌다. 나는 그에게 이렇게 말했다.

「네가 아침마다 자꾸 우리한테 찾아오면, 너의 말 무섬증은 절대 낫지 않을 거야.」

그러나 그는 나의 말에 반항하면서 이렇게 대답했다.

「무섬증이 낫지 않더라도 나는 찾아올 거야.」

그러니까 그는 엄마에게 찾아오는 일을 금지당하고 싶어 하지 않는 것이다.

우리는 아침 식사를 한 뒤에 아래층으로 내려가기로 되어 있었다. 한스는 그 말을 듣고 무척 기뻐하면서, 예전처럼 대문 앞까지만 가지 않고 이번에는 도로를 건너서 창고 앞마당까지 가겠다고 말했다. 한스는 동네 아이들이 그 창고 앞 마당에서 노는 모습을 여러 번 보았던 것이다. 나는 그에게 그가 도로를 건너서 그곳까지 가면 정말 기쁘겠다고 말했다. 그리고 그 기회를 틈타서 나는 그에게 짐을 실은 말들이 짐 부리는 곳에서 움직이기 시작하면 왜 무서움을 느끼는지에 대해서 물어보았다(b).

한스 나는 내가 마차 옆에 서 있는데 마차가 빠른 속도로 출발하는 것이 무섭고, 또 마차를 타고 넘어서 짐 부리는 곳까지 가려고 하는데 내가 마차에 탄 채로 마차가 떠나 버릴까 봐 무서운 거야.

나 마차가 서 있으면? 그러면 무섭지 않니? 왜 그렇지?

한스 마차가 서 있으면 내가 재빨리 마차로 올라가, 그다음에 짐 부리는 곳으로 갈 수 있으니까.

(그러니까 한스는 마차 위로 통과해서 짐 부리는 곳까지 갈 계획을 갖고 있는 것이다(그림 3 참조). 그렇기 때문에 그가 마차 위에 있는 상태에서 마차가 떠날까 봐 두려워하는 것이다.)

나 너 혹시 마차가 너를 싣고 떠나 버리면 집에 되돌아오지 못하게 될까 봐 겁내는 거 아니니?

한스 아니, 그건 아냐. 난 언제든지 마차나 승합 마차를 타고 엄마한테로 돌아올 수 있어. 사람들한테 우리 집 주소를 말해 줄 수도 있거든.

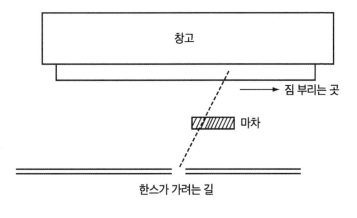

창고

짐 부리는 곳

마차

한스가 가려는 길

그림 3

나   그렇다면 도대체 넌 무엇 때문에 두려워하는 거니?

한스   그건 나도 모르겠어. 하지만 교수님은 아실 거야. 아빠도
　　그렇게 생각하지?

나   그런데 무엇 하러 마차를 타고 넘어서 짐 부리는 곳까지
　　가려고 그러는 거니?

한스   내가 한 번도 그곳까지 가보지 못해서 그래. 전부터 그곳
　　에 꼭 가보고 싶었거든. 아빠는 왜 내가 그곳에 가고 싶어 하
　　는지 알아? 그곳에 가서 상자를 싣고 내리는 일을 해보고 싶
　　어서야. 그리고 또 거기 있는 상자들 위로 올라가 보고 싶어.
　　나는 그런 곳에 올라가는 것을 좋아하거든. 그런 곳에 올라
　　가는 것을 누구한테서 배웠는지 알아? 전에 보니까 아이들이
　　상자 위로 올라가던걸. 그래서 나도 그렇게 해보고 싶었어.

　　그러나 그의 소원은 이루어지지 않았다. 왜냐하면 한스가 용기
를 내서 다시 한번 대문 밖까지 나가긴 했지만, 도로를 건너 창고

앞마당까지 몇 걸음 되지 않는 거리가 그의 마음속에 엄청난 거부감을 불러일으켰기 때문이다. 창고 앞마당에는 계속해서 마차들이 드나들었던 것이다.

정신분석을 전공하는 교수로서도 한스가 짐마차를 상대로 해보고 싶어 한 이 놀이가 그 스스로 아직은 말로 직접 표현하지 않은 그 무언가 다른 소망의 상징적인 대리 표상이란 사실을 어림짐작할 뿐이다. 그렇지만 너무 무모하지 않다면 그의 이 소망을 이 단계에서 추측해 볼 수 있을 것이다.

오후에 우리는 다시 대문 앞까지 갔다. 그리고 집으로 돌아왔을 때 나는 한스에게 물어보았다.

나　그런데 너는 어떤 말이 가장 무섭니?

한스　모든 말이 다 무서워.

나　그건 거짓말이야.

한스　사실 말 중에서 입에다 뭔가를 단 말이 가장 무서워.

나　그게 뭔데? 입에 달고 있는 게 쇠니?

한스　아니, 그 말은 입가에 뭔가 시커먼 걸 달고 있어(그러면서 그는 손으로 입을 가렸다).

나　그러면, 혹시 콧수염 같은 거 아니니?

한스　(웃으면서) 그건 아냐.

나　말은 전부 그런 걸 달고 있니?

한스　아니, 몇 마리만 그래.

나　그 말이 입에 하고 있는 게 뭐니?

한스　뭔가 시커먼 거야(내 생각으로는 그것은 짐마차 말들의 주둥이에 두른 두꺼운 가죽 마구[馬具] 중 하나인 것 같다). 가구 운반용 마차도 정말 무서워(그림 4 참조).

그림 4

나 왜?

한스 말들이 무거운 가구 운반 마차를 끌다가 꼭 쓰러질 것 같아서 그래.

나 그러니까 너는 조그만 마차는 무서워하지 않는구나?

한스 응. 난 조그만 마차나 우편 마차 따위는 무섭지 않아. 승합 마차는 무서워.

나 왜, 승합 마차가 크기 때문에 그러니?

한스 아니. 예전에 그런 승합 마차를 끌던 말이 쓰러지는 것을 본 적이 있거든.

나 언제?

한스 예전에, 그러니까 내가 나의 그 〈멍청한 것〉을 무릅쓰고 엄마하고 조끼를 사러 갔을 때야.

(이것은 나중에 그의 엄마가 사실임을 증명해 주었다.)

나 말이 쓰러졌을 때 너는 무슨 생각을 했니?

한스 언제든지 그런 일이 일어날 수 있다고 생각했어. 승합 마차를 끄는 말은 언제든지 쓰러질 것 같아.

나 승합 마차를 끄는 모든 말이 그럴 것 같니?

한스 응. 가구를 운반하는 말도 그럴 것 같아. 하지만 가구 운반 말은 자주 그럴 것 같지는 않아.

나 그때 너는 그 〈멍청한 것〉을 이미 느끼고 있었니?

한스 아냐. 난 그때 처음으로 그 〈멍청한 것〉을 갖게 됐어. 승합 마차의 말이 쓰러지는 것을 보고 나는 무척 놀랐어. 정말이야! 그때 나는 그 〈멍청한 것〉을 얻게 된 거야.

나 너의 그 〈멍청한 것〉은 원래 말이 혹시 너를 물지도 모른다는 거였잖아. 그런데 넌 지금은 말이 쓰러질까 봐 무서웠다고 말하고 있어.

한스 쓰러지고 물 것 같아.[21]

나 그런데 왜 그렇게 놀랐니?

한스 말이 두 발로 이렇게 했거든(그는 바닥에 드러눕더니 내게 두 발을 마구 버둥거리는 모습을 보여 주었다). 〈그 말이 두 발을 《버둥거렸기》 때문에〉 나는 놀란 거야.

나 그때 넌 엄마하고 어디에 갔었지?

한스 맨 먼저 스케이트장에 갔고, 그다음에는 커피숍, 그리고 그다음에는 조끼를 샀고, 그러고 나서 엄마와 함께 제과점에 들어갔고, 저녁때 집으로 돌아왔어. 그때 우리는 시립 공원을 가로질러서 왔어.

(그 모든 것은 나의 아내에 의해 사실로 확인되었다. 그것도 한스의 공포증이 시작된 바로 직후에.)

나 그러면 그 말은 쓰러져서 죽었니?

한스 응!

---

21 이 두 가지를 연결시키는 것이 좀 황당무계하게 들릴지도 모르지만, 사실 한스의 말이 맞다. 그 두 가지의 연관 관계는 앞으로 증명되겠지만 다음과 같다. 즉 한스가 말(아버지)이 쓰러지기를 바라기 때문에 말이 자기를 물지도 모른다는 것이다 — 원주.

나　그걸 어떻게 알았지?

한스　내 눈으로 봤으니까(그가 웃었다). 아냐. 절대 죽지 않
　　았어.

나　넌 그 말이 죽었다고 생각한 거지?

한스　아냐. 분명히 죽지는 않았어. 그냥 장난삼아 말해 본 거
　　야(그 말을 할 때 그의 태도는 진지했다).

　　그가 피곤해하는 것 같았기 때문에 나는 그가 하고 싶어 하는
대로 내버려 두었다. 그래서 그는 내게 맨 처음에는 승합 마차가,
그다음에는 다른 모든 마차가, 그리고 마지막으로는 가구 운반용
마차가 무서웠다고 말했을 뿐이다.

　　라인츠로 돌아오는 도중에 나는 그에게 몇 가지 질문을 더 던
져 보았다.

나　전에 쓰러졌다는 그 승합 마차의 말 말이야, 그 말이 무슨
　　색이었니? 흰색, 붉은색, 갈색, 아니면 회색?

한스　검은색이야. 두 마리 다 검은색이었어.

나　말의 덩치가 컸니, 아니면 작았니?

한스　컸어.

나　뚱뚱했니, 아니면 말랐니?

한스　뚱뚱했어. 아주 크고 뚱뚱했어.

나　말이 쓰러졌을 때 넌 아빠를 생각했니?

한스　글쎄. 그래 맞아. 그랬던 것 같아.

　　한스 아버지의 탐구는 어느 면에서는 아무런 성과를 거두지 못
했다고 말할 수 있다. 그러나 그와 같은 공포증을 아주 가까이서
접하는 것이 전혀 득이 없는 것은 아니다. 나는 이러한 공포증에
대해 이것의 새로운 대상을 따서 이름을 붙여 주고 싶은 생각이

간절하다. 왜냐하면 우리는 관찰을 통해서 그와 같은 공포증의 정체가 상당히 불분명하다는 사실을 알게 되었기 때문이다. 한스의 공포증은 먼저 말들과 마차와 연관되었다가, 말들이 쓰러지는 것과 말들이 무는 것에 연관되었고, 특별한 모양의 말들과 무겁게 짐을 실은 마차들과 연관되었다. 이렇게 다양한 속성이 나오게 된 데에는, 그의 공포증이 원래는 말과는 아무런 연관이 없고 이것들 속으로 나중에 부차적으로 전이*Übertragung*[22]되어 이제는 공포의 속성을 표현하기에 적당한 말[馬] 콤플렉스*Pferdekomplex*의 여러 요소 속에 고정되었다는 사실이 배후에 자리 잡고 있다는 점을 밝혀 두고 싶다. 아들에 대한 조사를 통해 한스의 아버지가 이루어 낸 한 가지 중요한 성과를 우리는 특별히 인정해야 한다. 우리는 한스의 공포가 커지게 된 실제적인 동기를 알아냈다. 그 동기란 소년이 크고 육중한 말이 쓰러지는 것을 목격한 것이다. 그리고 한스의 아버지는 이 인상을 나름대로 적절하게 해석했다. 그것은 바로 한스가 당시에 아버지가 쓰러져서 죽었으면 하는 소망을 품고 있었다는 것이다. 그리고 한스가 그 이야기를 할 때 지은 진지한 표정은 이러한 무의식적인 의도의 타당성을 말해 주는 것이라고 할 수 있다. 그런데 이러한 모든 것의 배후에 숨겨진 또 다른 의미는 없을까? 말이 두 발을 〈버둥거린다〉는 의미는 도대체 무엇일까?

얼마 전부터 한스는 방에서 말놀이를 하면서 이리저리 뛰어다니다가 쓰러져서는 두 다리를 버둥대며 말 울음소리를 흉내 냈다. 한번은 몸에다 조그만 자루를 마치 여물 주머니처럼 묶은 적이

---

22   여기서 사용한 〈전이〉라는 용어는 프로이트가 후기 저술에서 사용한 것보다 넓은 의미를 가지고 있다.

있었다. 그는 자꾸만 나를 향해 달려들면서 나를 깨물었다.

이런 식으로 그는 아버지가 내린 최근의 해석들을 그가 말로 할 수 있는 것보다 훨씬 더 결연하게 수용하고 있는 것이다. 그렇지만 역할을 바꾸어서 수행하고 있는데, 놀이는 그의 소망의 차원에서 행해지는 것이기 때문이다. 그러므로 〈그가〉 말이 되어 아버지를 물고, 또 그렇게 함으로써 그는 자신을 아버지와 동일시 *Identifizierung*하는 것이다.

이틀 전부터 한스는 예전보다 내게 훨씬 단호한 태도로 대들었다. 물론 무례하지는 않고 아주 쾌활했다. 그것은 그가 나, 즉 말을 이제 더 이상 무서워하지 않기 때문일까?

4월 6일. 오후에 나는 한스를 데리고 집 앞으로 나갔다. 나는 말들이 지나갈 때마다 〈입언저리의 시커먼 것〉을 한 말을 보았는지 그에게 물어보았다. 그는 그때마다 아니라고 대답했다. 나는 그에게 그 시커먼 것이 어떻게 생겼는지 물어보았다. 그러자 그는 검은 쇠라고 대답했다. 그러므로 그것이 짐 부리는 말들의 입에 한 띠 모양의 두꺼운 가죽 마구일 것이라는 나의 첫 번째 추측은 빗나간 셈이다. 나는 그에게 그 〈시커먼 것〉이 수염을 연상시키는지 물어보았다. 그러자 그는 이렇게 대답했다. 〈색깔은 그래.〉 그래서 나는 그것이 무엇인지 아직 알아내지 못했다.

그의 공포심은 점차 줄어들었다. 그래서 그는 이번에는 용기를 내서 이웃집까지 갔다. 그러나 멀리서 말발굽 소리가 들리자 그는 재빨리 몸을 돌렸다. 마차 한 대가 우리 집 대문 앞에 멈추어서자 그는 겁에 질려 집 안으로 뛰어 들어갔다. 말이 발굽으로 땅을 파헤치기 시작했기 때문이다. 나는 그에게 왜 무서워하느냐고 물었다. 혹시 말이 그렇게 했기 때문에(발굽으로 땅을 긁었기 때문에) 겁이 났느냐고 물어보았다. 그는 말했다. 〈두 발을 그렇게 차지 좀 마!〉 그의 이 표현과 쓰러진 승합 마차의 말에 대한 표현을 비교해 보라.

특히 그는 가구 운반용 마차가 지나갈 때 엄청난 두려움을 느꼈다. 그때마다 그는 집 안으로 뛰어 들어갔다. 나는 그에게 아무렇지도 않은 듯이 물어보았다.

「저렇게 생긴 가구 운반용 마차는 정말 승합 마차처럼 보이지 않니?」

그는 아무런 대꾸도 하지 않았다. 그래서 나는 다시 물어보았다. 그러자 그가 대답했다.

「그럼. 그렇지 않으면 왜 내가 가구 운반용 마차를 보고 그렇게 무서워하겠어?」

4월 7일. 오늘도 나는 말 〈입언저리의 시커먼 것〉이 어떻게 생겼는지 물어보았다. 한스가 말했다. 〈입마개처럼 생겼어.〉 그러나 이상하게도 사흘이 지나도록 한스가 말한 이 〈입마개〉를 확인할 만한 말은 한 마리도 지나가지 않았다. 나 자신도 산책 길에서 그런 말을 본 적은 한 번도 없었다. 물론 한스가 그런 말이 있다고 공언했지만. 나는 말에게 착용시키는 일종의 머리용 장구가 ─ 입가에 하는 두꺼운 천으로 된 띠 같은 것 ─ 그에게 실제로 수염을 연상*Assoziation*시켰던 것이며, 나의 암시*Suggestion*로 인해 그러한 공포 〈역시〉 사라진 것이 아닌가 추측했다.

한스는 점점 더 나아졌다. 그리하여 그의 행동반경은 대문을 중심으로 점점 더 커져 갔다. 그는 드디어 훌륭한 일까지 해냈다.

즉 그가 지금까지 해내지 못했던 일, 다시 말해 반대편 보도까지 달려서 건너가는 일을 해낸 것이다. 그에게 아직도 남아 있는 공포는 승합 마차 장면과 관련이 있다. 그러나 승합 마차 장면의 의미는 나로서도 아직 분명히 파악할 수가 없다.

4월 9일. 오늘 아침 일찍 한스가 내게 찾아왔다. 그때 마침 나는 웃통을 벗은 채 세수를 하고 있었다.

한스　아빠, 아빠 정말 멋져. 너무 하얘!

나　그래. 꼭 흰 말 같지.

한스　꼭 한 군데 수염만 시커멓고 (계속해서 말을 이으면서)
　　　그건 시커먼 입마개 같다고 할 수도 있겠지?

그러고 나서 나는 그에게 어제 저녁에 교수님을 만나고 왔다는 이야기를 해주었다. 그리고 이렇게 말했다.

「교수님이 너에 대해 몇 가지 알고 싶어 하시더라.」

그러자 한스가 대답했다.

「그게 뭔지 어서 말해 줘.」

「나는 교수님한테 언제 네가 두 발을 〈마구 발버둥 치는지〉 알아냈다고 말했어.」

그가 내 말을 가로막았다.

「아, 그거! 내가 〈골〉을 낼 때나, 놀고 싶은데 〈똥〉을 누어야 할 때 그러지.」

(그는 화가 나면 두 발을 마구 버둥거리는 버릇이 있었다. 즉 발을 동동 굴렀다. 그가 하는 〈Lumpf machen〉이라는 말은 〈똥을 누러 간다〉는 뜻이다. 한스가 어릴 적, 어느 날 그는 요강에서 일어나면서 〈양말 좀 봐〉라고 말했다. 〈생긴 모양이나 색깔 때문에《양말 Strumpf》[23]이라고 말한 것 같다.〉 이 표현을 한스는 지금까지

쓰고 있는 것이다. 한스는 아주 어릴 적에 요강에 앉히려고 하면 하던 놀이를 끝까지 하겠다고 우기면서 화가 나 두 발로 방바닥을 차면서 버둥거렸고, 경우에 따라서는 방바닥에 뒹굴기도 했다.)

「너는 우리가 놀던 일을 중단시키고 똥을 누라고 하면 하기 싫어서 발을 마구 버둥대지.」

「아빠, 나 가서 오줌 눌래.」

그렇게 말하고 그는 방에서 나갔다. 그것은 그가 내 말을 인정한다는 것과 다름없었다.

한스의 아버지가 나를 방문했을 때, 말이 땅바닥에 쓰러져서 두 다리를 버둥대는 것을 보고 한스가 무엇을 연상했을 것 같으냐는 질문을 내게 던졌다. 아마도 그가 오줌을 참으면서 버둥거릴 때의 자신의 모습을 연상했을 것이라고 나는 일러 주었다. 한스는 여기서 아버지와 이야기를 나누는 도중에 또다시 오줌을 누러 가겠다는 말을 함으로써 이 사실을 확인해 주었으며, 두 발로 버둥대는 것이 지니는 또 다른 의미들에 대해서도 덧붙여 말했다.

그런 다음 우리는 대문 앞으로 나갔다. 그때 석탄을 실은 마차가 다가왔다. 그러자 그는 이렇게 말했다.

한스   아빠, 난 석탄 마차를 보아도 너무 무서워.

나   그건 아마도 석탄 마차가 승합 마차만큼 크기 때문이겠지.

한스   맞아. 그리고 또 마차에 짐을 너무 많이 실어서 말들이 힘에 부쳐 넘어질 것 같아서 그래. 나는 빈 마차를 볼 때는 무섭지 않아.

앞에서 언급했듯이 실제로 한스를 공포 속으로 몰아넣은 것은

23   이 괄호는 프로이트가 붙인 것이다.

짐을 잔뜩 실은 큰 마차들뿐이다.

그럼에도 상황은 상당히 불투명하다. 분석에 별로 진척이 없
다. 이 분석을 읽는 독자들이 너무 쉽게 지루해할까 두렵다. 하지
만 정신분석을 하다 보면 그러한 암흑의 시간이 있게 마련이다.
그러나 이제 한스는 바야흐로 우리를 전혀 뜻밖의 영역으로 이끌
것이다.

나는 집으로 돌아와 아내와 이야기를 나누었다. 아내는 그사이
에 장을 봐온 물건들을 내게 보여 주었다. 그중에는 숙녀용 노란
색 속바지도 들어 있었다. 그것을 보자 한스는 몇 번이나 〈퉤, 퉤〉
하고 침을 뱉으며 바닥을 뒹굴었다. 아내는 한스가 전에도 속바
지를 보고서 그런 적이 서너 번 있다고 내게 말해 주었다.

내가 물었다.

나   왜 퉤퉤하고 침을 뱉는 거니?

한스   속바지 때문에.

나   왜? 색깔 때문에 그러니? 노란색이라 고추나 똥을 생각나
　　게 해서?

한스   오줌은 노란색이 아냐. 똥은 희거나 검거든.

이어서 다음과 같이 말했다.

한스   아빠, 치즈를 먹으면 똥이 잘 나와? (언젠가 내가 치즈를
　　먹고 있을 때 한스가 왜 그런 것을 먹느냐고 묻기에 그렇게
　　말해 준 적이 있었다.)

나   그래.

한스   그래서 아빠는 잠자리에서 일어나자마자 똥을 눌 수 있
　　나 보구나? 나도 버터 빵에다 치즈를 끼워서 먹어야지.

이미 어제도 그는 골목에서 껑충껑충 뛰어다니면서 나한테 이

렇게 물었다.

「아빠, 이렇게 뛰어다니면 똥을 잘 눌 수 있다는 말, 정말이지?」

한스는 아주 어릴 적부터 대변을 보는 데 어려움이 있었다. 자주 완하제나 관장제를 써야 했다. 언젠가 그의 만성 변비가 너무 심해져서 아내가 L의사에게 가서 조언을 구해야 했다. 그 의사는 한스가 너무 많이 먹어서 그렇다고 말하면서 — 사실 이것은 맞는 말이다 — 음식물을 적당히 섭취시킬 것을 충고했다. 그러자 상태가 일시적으로 호전되었다. 그러나 최근 들어 그의 변비는 다시 빈번해졌다.

나는 식사를 하고 나서 그에게 말했다.

나 우리 교수님한테 다시 한번 편지를 쓰자꾸나.

그러자 그는 내게 받아쓰라며 불러 주었다.

한스 노란색 속바지를 볼 때마다 나는 퉤, 하고 말했어. 그러고 나서 나는 침을 뱉고 바닥에 뒹굴면서 그것을 쳐다보지 않았어.

나 왜?

한스 노란색 속바지를 보았으니까. 검은색 속바지[24]를 보아도 나는 그렇게 했어. 검은색도 모양은 마찬가지였어. 색깔만 검은색이니까. (잠깐 말을 멈추었다가) 아빠, 나는 기분이 좋아. 교수님한테 편지를 쓸 때면 난 언제나 기분이 좋아.

나 그런데 너는 왜 퉤, 라고 말했니? 욕지기가 나서 그랬니?

한스 응. 그것을 보았기 때문에 그래. 그것을 보면 똥을 누어야 한다는 생각이 들거든.

24 아내는 몇 주 전에 자전거 경주용의 검은색 개량 바지를 구입했다 — 한스 아버지의 주.

나 왜?

한스 그건 모르겠어.

나 넌 언제 검은색 속바지를 보았니?

한스 예전에 아나(우리 집 가정부)가 우리 집에 있었을 때 엄마한테서. 엄마가 그 검은색 속바지를 시장에서 막 사가지고 온 적이 있어. (그의 이 말은 아내에 의해 사실로 확인되었다.)

나 그때도 구역질이 났니?

한스 응.

나 〈엄마〉가 그런 모양의 속바지를 입고 있는 것을 본 적이 있니?

한스 아니.

나 엄마가 그것을 입을 때 보았니?

한스 엄마가 예전에 노란색 속바지를 사왔을 때 본 적이 있어. (이것은 모순되는 말이다. 엄마가 사온 노란색 속바지를 그는 지금 처음 보았다.) 엄마는 오늘 검은색 속바지를 입었어. (맞는 말이다!) 아침에 엄마가 그것을 벗는 걸 보았거든.

나 뭐라고? 오늘 아침에 엄마가 검은색 속바지를 벗었다고?

한스 오늘 아침 엄마가 바깥에 나갈 때 검은색 속바지를 벗었고, 집에 돌아와서 검은색 속바지를 다시 입었어.

나는 그의 말이 터무니없었기 때문에 아내에게 물어보았다. 그녀도 한스의 말이 전혀 사실이 아니라고 대답했다. 그녀는 오늘 외출할 때 속바지를 갈아입지 않았던 것이다.

나는 한스에게 곧장 물어보았다.

나 네 이야기로는, 엄마가 검은색 속바지를 입고 있다가 외출할 때 검은색 속바지를 벗었고, 집에 돌아와서 그 검은색 속바지를 다시 입었다는 것인데, 엄마는 그게 사실이 아니라고 하는구나. 어떻게 된 거니?

한스 엄마가 그 검은색 속바지를 벗지 않았다는 걸 내가 까먹은 것 같아. (지겹다는 표정을 지으면서) 이젠 나 좀 제발 내버려 둬.

속바지 이야기와 관련하여 몇 가지 말할 것이 있다. 속바지 이야기에 대해서 한스가 즐거운 척하면서 해명을 늘어놓은 것은 위선에 지나지 않았다. 그러나 한스는 결국에 가서는 가면을 집어던지고 아버지에게 거칠게 대들었다. 지금 문제가 되고 있는 것이 예전에는 그에게 〈커다란 기쁨〉을 주었다. 그러나 억압 심리가 그의 마음속에 들어선 지금에 와서는 그것에 대해서 수줍어하며 구역질난다는 듯한 행동을 보이고 있는 것이다. 그는 엄마가 속바지를 갈아입는 것을 본 상황을 보지 못했던 것처럼 가장하기 위해 새빨간 거짓말을 하고 있다. 사실, 속바지를 입고 벗고 하는 것은 〈대변 *Lumpf*〉을 보는 것과 관련이 있다. 아버지는 지금 여기서 무엇이 문제가 되고 있는지, 그리고 한스가 무엇을 숨기려고 하는지 훤히 꿰뚫어 보고 있다.

나는 아내에게 화장실에 갈 때 한스도 자주 같이 갔느냐고 물어보았다. 그녀가 말했다.

「그래요. 자주 그랬죠. 안 그러면 한스는 내가 말을 들어 줄 때까지 떼를 썼어요. 아이들은 다 그래요.」

그러나 우리는 엄마가 대변 보는 모습을 보고 싶어 하는, 이제는 억압된 그의 욕망을 제대로 살펴보고자 한다.

우리는 집 앞으로 갔다. 한스는 기분이 매우 좋았다. 줄곧 말처럼 껑충껑충 뛰어다니고 있는 그에게 내가 물었다.

「자, 누가 실제로 승합 마차의 말이니? 나니 너니, 아니면 엄마니?」

「(주저없이) 나, 나는 새끼 말이야.」

그의 공포증이 극에 달해 있던 시절, 말들이 뛰어다니는 것을 보고 놀라면서 말들이 왜 그러는 거냐고 그가 물었을 때, 나는 그를 안심시키기 위하여 이렇게 대답했다.

「알겠니, 저 말들은 새끼 말들이라서 꼭 어린아이들처럼 뛰어다니는 거란다. 너도 껑충껑충 뛰어다니지. 너도 어린애니까 그래.」

그 뒤로 말이 뛰어다니는 것을 볼 때마다 그는 이렇게 말했다.

「맞아, 저건 어린 말들이라서 그래!」

위층으로 올라가는 계단 위에서 나는 거의 아무 생각 없이 그에게 물었다.

나　너 그문덴에 있을 때 다른 애들하고 말놀이를 했었니?

한스　응! (생각에 잠기더니) 내 생각으로는 그때 〈그 멍청한 것〉이 시작된 것 같아.

나　누가 말이었니?

한스　내가 말이었어, 그리고 베르타는 마부를 했어.

나　네가 말 역할을 할 때, 혹시 너 쓰러진 적 있니?

한스　아니! 베르타가 이럇! 하고 말하면, 나는 말처럼 빨리 달렸어.[25]

나　승합 마차 놀이는 하지 않았니?

한스　했어. 일반 마차 놀이도 했고, 마차가 딸리지 않은 말놀이도 했어. 말에 마차가 딸려 있으면, 마차를 떼놓고 갈 수도

25　한스는 작은 종을 비롯한 장난감 마구를 갖고 있었다 — 한스 아버지의 주.

있어. 마차는 집에다 두고서.

나 그러니까 너희들은 자주 말놀이를 했다, 이 말이지?

한스 아주 자주 했어. 프리츨(앞에서 나왔듯이 프리츨 역시 집주인의 아들이다)도 한 번 말 역할을 한 적이 있어. 그리고 프란츨은 마부 노릇을 했어. 그런데 프리츨은 너무 세게 달리다가 갑자기 돌에 걸려서 피를 흘린 적이 있어.

나 혹시 그때 그 아이가 넘어지지 않았니?

한스 아니. 그 아이는 발을 물에 집어넣었다가, 그곳을 헝겊으로 묶었어.[26]

나 네가 자주 말 노릇을 했니?

한스 아, 그래.

나 그러면 넌 그때 〈그 멍청한 것〉을 얻게 됐구나.

한스 그 아이들이 자꾸만 〈말 때문에*wegen dem Pferd*〉, 〈말 때문에〉(그는 〈때문에*wegen*〉라는 말을 특히 강조했다)라고 말하는 바람에, 그래서 그때 아마 그 아이들이 그 말을 자꾸 하는 바람에 그 멍청한 것을 얻게 된 것 같아.[27]

한스의 아버지는 이어서 잠시 동안 다른 방향으로 탐색을 계속했다. 그러나 그는 아무런 성과도 얻지 못했다.

26 이에 대해서는 뒷장을 참조할 것. 프리츨이 그때 넘어졌을 것이라는 아버지의 추측은 정확하다 ─ 원주.

27 내 생각으로는 한스가 그 당시에 그 〈멍청한 것〉을 얻지 않았으며, 그것이 당시의 일과 〈관련 있음〉을 말하려는 것 같다. 또 실제로도 그랬음에 틀림없는 듯하다. 왜냐하면 논리적으로 생각해 볼 때 지금 공포의 대상이 되어 버린 것이 그 당시에는 그에게 커다란 즐거움의 원천이었기 때문이다. 그리고 어린애로서 설명할 수 없는 것이 있기에 그를 위해 몇 마디 덧붙이겠다. 즉 〈*wegen*(때문에)〉이라는 단어가 말에 대한 공포를 〈*Wagen*(마차)〉(아니면 한스가 보통 말하고 들을 때 쓰던 〈*Wägen*〉(〈*wegen*〉과 발음이 같다) 쪽으로 확장시키는 길을 열어 주었다는 것이다. 여기서 우리는 어린아이들이 말을 사용할 때 어른들보다 훨씬 더 구체적으로 사용한다는 사실, 그리고 그에 따라서 그들에게는 낱말의 한 음의 유사성이 상당한 중요성을 지닌다는 사실을 잊어서는 안 될 것이다 ─ 원주. 프로이트는 『꿈의 해석』에서 이에 대하여 고찰하고 있다.

나 그 아이들이 말에 대해서 무슨 이야기를 했니?

한스 응!

나 무슨 이야기를 했는데?

한스 무슨 이야기인지 잊어버렸어.

나 혹시 그 아이들이 고추에 대한 이야기를 하지 않았니?

한스 아, 아냐!

나 넌 그곳에 있을 때부터 말을 무서워하기 시작했니?

한스 아, 아냐. 나는 그때 말을 전혀 무서워하지 않았어.

나 혹시 베르타가 무슨 이야기를 하지 않았니? 가령 말이……

한스 (내 말을 가로막으면서) 오줌 눈다고? 아니야!

4월 10일. 나는 어제의 대화를 계속했다. 그리고 〈말 때문에〉
라는 말이 무슨 뜻인지 알고 싶었다. 한스는 아무것도 기억해 내
지 못했다. 그는 단지 아침 일찍 꽤 많은 아이들이 대문 앞에 서
있었다는 것과 〈말 때문에〉, 〈말 때문에〉라는 말을 했다는 사실만
을 알고 있었다. 그도 그 자리에 있었다. 내가 좀 더 자세히 말하
라고 채근하자, 그는 그들이 〈말 때문에〉라는 말을 전혀 하지 않
았으며, 그의 기억이 잘못된 것이라고 털어놓았다.

나 너희들은 마구간에 자주 갔잖아. 그렇다면 말 이야기를 분
명히 했을 텐데.

한스 우린 말 이야기는 하지 않았어.

나 그럼 무슨 얘기를 했니?

한스 아무 얘기도 안 했어.

나 그렇게 많은 아이들이 같이 있으면서도 아무 이야기도 하
지 않았다고?

한스 무슨 이야기를 하긴 했는데, 말에 대한 이야기는 아니

었어.

나 도대체 무슨 이야기를 했는데?

한스 지금은 생각이 안 나.

그의 저항*Widerstand*이 너무 큰 것 같았기 때문에, 나는 그 부분에 대해 더 이상 캐묻지 않고[28] 다음 질문으로 넘어갔다.

나 너는 베르타하고 노는 것을 좋아했지?

한스 응, 무척 좋아했어. 하지만 올가하고는 아니야. 올가가 무슨 짓을 했는지 알아? 내가 그문덴에 있을 때 언젠가 그레테가 내게 종이로 만든 공을 선물한 적이 있었어. 그런데 그 공을 올가가 갈기갈기 찢어 버렸어. 베르타 같았으면 내 공을 절대 찢지 않았을 거야. 나는 베르타하고 노는 것이 정말 좋았어.

나 베르타의 고추가 어떻게 생겼는지 본 적 있니?

한스 아니. 그렇지만 말의 고추는 보았어. 마구간에 자주 갔거든. 그래서 말의 고추를 보았어.

나 그래서 너는 베르타와 엄마의 고추가 어떻게 생겼을까 궁금해했지?

한스 응.

나는 언젠가 자기가 오줌을 눌 때마다 여자애들이 쳐다보려고 한다고 불평했던 일을 한스에게 상기시켜 주었다.

한스 베르타도 내가 오줌 누는 것을 많이 구경했어. (기분 나쁘지 않고, 오히려 몹시 만족한 표정으로) 자주. 나는 작은 정원의 무 밭에서 자주 쉬를 했어. 그때 그 아이는 현관 앞에

---

28 사실 여기서는 한스가 하는 말들을 유추해서 해석하는 방법밖에는 없었다. 그러나 한스의 아버지는 그것을 해내지 못했다. 이것은 정신분석가의 노력을 수포로 돌아가게 만드는 조건들의 적절한 예이다 — 원주.

서서 내 쪽을 쳐다보았어.

나 그러면 그 여자애가 오줌을 눌 때 네가 구경을 한 적 있니?

한스 그 여자애는 화장실에 가서 오줌을 누었어.

나 넌 궁금하지 않았니?

한스 그 여자애가 화장실에 가면 나도 따라 들어갔어.

(그것은 맞는 말이다. 집안일을 돌보는 사람들이 언젠가 그 사실을 우리에게 일러 주어서, 우리가 한스에게 그 짓을 못 하도록 타일렀던 일이 생각난다.)

나 그 여자애에게 너도 들어가고 싶다고 말했니?

한스 나는 혼자만 들어갔어. 베르타가 그것을 허락했거든. 그건 부끄러운 일이 아니야.

나 넌 그러면 그 여자애의 고추를 보고 싶었니?

한스 응. 하지만 보지 못했어.

나는 한스에게 그가 그문덴에서 꾼 벌금 놀이 꿈을 상기시켜 주면서 이렇게 말했다.

나 너는 그문덴에 있을 때 네가 오줌 누는 일을 베르타가 거들어 주기를 바랐니?

한스 그 애에게 그런 말은 한 번도 한 적 없어.

나 왜 그런 말을 한 번도 하지 않았니?

한스 내가 그런 생각을 한 적이 없으니까. (잠시 멈추었다가) 이 모든 것을 교수님한테 편지로 쓰면, 〈그 멍청한 것〉이 금방 나을 거야, 그렇지?

나 왜 베르타가 네가 오줌 누는 일을 도와주었으면 좋겠다고 생각했니?

한스 나도 모르겠어. 아마 내가 오줌 누는 것을 그 애가 구경했기 때문에 그랬던 것 같아.

나 그 애가 네 고추를 만져 주었으면 좋겠다는 생각을 해본 적 있니?

한스 응. (화제를 돌리면서) 그문덴에 있을 땐 정말 재미있었어. 무들이 심어져 있는 작은 정원에는 작은 모래더미가 있었는데, 나는 거기서 삽을 가지고 놀았거든.

(바로 그 정원에서 그는 늘 오줌을 누었다.)

나 너, 그문덴에 있을 때 잠자리에서 고추에 손을 갖다 대곤 했니?

한스 아직은 아냐. 난 그문덴에 있을 때 너무 잠을 잘 잤기 때문에 그런 일은 생각하지도 않았어. 그 거리[29]에 살았을 때 처음으로 그랬고, 요즘 들어와서 그런 거야.

나 그러면 베르타는 한 번도 네 고추에 손을 갖다 대지 않았니?

한스 그 애는 한 번도 그러지 않았어. 그렇게 해달라고 내가 말하지 않았거든.

나 그러면 그 애에게 네가 마음속으로 그런 것을 원했던 적이 언제였니?

한스 그문덴에 있을 때 어느 날 딱 한 번.

나 딱 한 번?

한스 글쎄, 가끔 그랬던 것 같아.

나 네가 오줌을 눌 때마다 그 애가 쳐다보았다면, 그 애도 네가 어떻게 오줌을 누는지 궁금했던 모양이구나.

한스 내 고추가 어떻게 생겼는지 궁금했던 모양이야.

나 하지만 너도 궁금했지. 그런데 베르타 것만 궁금했니?

한스 베르타 것 그리고 올가 것도.

29 이사하기 전에 살던 예전의 집 — 원주.

나 그리고 또?

한스 그것 말고는 없어.

나 그게 사실이 아닌 건 너도 알지. 엄마 것도 궁금했지?

한스 그래, 엄마 것도.

나 하지만 이젠 궁금하지 않지? 한나의 고추가 어떻게 생겼는지 보았으니까 말야, 그렇지 않니?

한스 한나 고추도 커질 거야, 그렇지?[30]

나 물론이지. 하지만 한나 것은 자라도 네 것과 같은 모양은 되지 않을 거야.

한스 나도 알고 있어. 모양은 (지금 있는) 그대로이고, 크기만 좀 더 커지는 거야.

나 우리가 그문덴에 있을 때, 너 엄마가 옷을 벗으면 궁금했지?

한스 응. 한나가 목욕할 때 나 그 애 고추를 봤어.

나 엄마 것도 보았니?

한스 아니!

나 너 엄마 속바지를 보고서 구역질을 했지?

한스 검은색 속바지를 보았을 때만 그래. 엄마가 사온 그 검은색 속바지 말야. 그걸 보면 침을 뱉게 돼. 하지만 엄마가 속바지를 입거나 벗을 때는 침을 뱉지 않아. 〈내가 침을 뱉는 이유는 검은색 속바지는 똥처럼 검은색이고 노란 속바지는 오줌 같은 색깔이기 때문이야. 그리고 그런 것을 보고 있으면 오줌이 자꾸 마렵거든.〉 엄마가 속바지를 입고 있으면, 나는 속바지를 볼 수 없어. 엄마는 그 위에다가 겉옷을 입고

---

30 한스는 자기의 고추도 자라면 커질 것이라는 사실을 확신할 수 있기를 바랐다—원주.

있거든.

나 그러면 엄마가 겉옷을 벗으면?

한스 그래도 나는 침을 뱉지 않아. 그러나 엄마 속바지가 새 것이면, 그것은 꼭 똥처럼 보여. 오래되면 색깔이 바래고 또 지저분해지지. 새로 샀을 때에는 아주 깨끗하다가, 집에서 좀 쓰면 지저분해져. 새로 산 거는 새 거고, 새로 사지 않은 것은 오래된 거야.

나 그러니까 넌 오래된 속바지는 구역질이 나지 않는다는 말이니?

한스 오래된 속바지는 똥보다 훨씬 더 검거든, 그렇지 않아? 그것은 똥보다 좀 검어.[31]

나 너 엄마하고 화장실에 자주 갔니?

한스 아주 자주 갔어.

나 그때 구역질이 났니?

한스 응…… 아니!

나 너는 엄마가 오줌이나 똥을 눌 때 같이 있는 것이 좋니?

한스 응, 무척 좋아.

나 왜 그렇게 좋니?

한스 그건 모르겠어.

나 엄마의 고추를 볼 수 있다고 생각하기 때문 아니니?

한스 맞아. 나도 그렇게 생각해.

나 그런데 너 왜 라인츠에 있을 때는 화장실에 가려고 하지

---

31 우리의 한스는 지금 자기 능력으로는 뚜렷하게 설명하기 힘든 테마를 상대로 낑낑대고 있다. 그렇기 때문에 그의 말을 이해하는 데는 좀 어려움이 따른다. 아마도 그는 속바지를 속바지 자체로만 볼 때 구역질이 난다고 말하고 싶어 하는 것 같다. 엄마가 속바지를 몸에다 걸치면 똥이라든가 오줌과의 연관성은 곧 사라진다는 것이다. 그때의 속바지는 또 다른 방식으로 그의 흥미를 끈다 — 원주.

않았니?

(라인츠에 있을 때 그는 자기를 제발 화장실에 좀 데리고 가지 말라고 애원했다. 그는 한번 변기의 물 내리는 소리에 놀란 적이 있다.)

한스 물이 내려갈 때 무척 시끄러운 소리가 나서 그래.

나 그래서 무서워하는구나!

한스 응!

나 그러면 지금 우리 집 화장실은 어떤데?

한스 여기서는 안 그래. 라인츠에 있을 때 나는 아빠가 물을
내릴 때 놀랐어. 화장실에 있을 때 물을 내리면 무서워.

우리 집에서는 무섭지 않다는 것을 보여 주기 위해서 그는 내
게 화장실에 가서 물을 내려 보자고 했다. 그런 다음 그는 이렇게
설명했다.

한스 (물이 내려갈 때) 처음에는 세찬 소리가 나다가, 점점 소
리가 약해져. 세찬 소리가 나면 나는 화장실 안에 있고 싶고,
약한 소리가 날 때에는 밖으로 나가고 싶어.

나 무서워서?

한스 나는 언제나 세찬 물줄기를 보는 것이(그는 말을 수정했
다), 아니 듣는 것이 좋거든. 그때 나는 그 소리를 좀 더 확실
하게 듣기 위해서 화장실 안에 있고 싶어.

나 세찬 물소리를 들으면 무슨 생각이 나니?

한스 화장실에서 똥을 누어야 한다는 생각. (그러니까 이것은
그에게 검은색 속바지와 똑같은 것을 연상시킨다.)

나 왜?

한스 그건 모르겠어. 세찬 물소리는 꼭 똥을 눌 때 나는 소리
같아. 세찬 물소리는 똥 누는 소리 같고, 약한 물소리는 오줌

누는 소리 같아(검은색 속바지와 노란색 속바지 참조).

나 그렇다면 그 승합 마차의 말도 똥 같은 색깔이지 않았니? (한스의 말에 따르면 그 말은 검은색이었다.)

한스 (몹시 놀란 표정으로) 맞아!

나는 여기서 몇 마디 하지 않을 수 없다. 한스의 아버지는 너무 많은 질문을 했으며, 아이가 자기 의사를 자유롭게 밝히도록 만들어 주지 않고 자신의 의도에 따라 이야기를 끌어 갔다. 그 때문에 한스에 대한 분석이 불투명하고 불분명해지기 시작했다. 그러나 한스는 자신의 길만을 갔으며, 그를 그 길로부터 꾀어내려는 시도가 행해지면 아무것도 하지 않았다. 현재 그의 관심사는 분명히 똥과 오줌이다. 우리는 그 이유를 알지 못한다. 노란색 속바지와 검은색 속바지 이야기와 마찬가지로 물소리 이야기 역시 만족스럽게 해명되지 못했다. 내 생각으로는 남자가 오줌 눌 때와 여자가 오줌 눌 때 나는 소리의 차이를 한스가 예리하게 포착한 것 같다. 그러나 한스 아버지의 분석은 좀 인위적으로 한스로 하여금 그 두 가지 욕구의 차이가 무엇인지 어서 말하라는 식으로 진행되었다. 이에 대해서 아직 최종적인 분석을 내리지 않은 독자에게 나는 이렇게 충고하고 싶다. 즉 모든 것을 한꺼번에 이해하려 들지 말고 나타나는 모든 것에 대해 편견을 버린 눈길을 던지면서 사태의 추이를 지켜보라고.

4월 11일. 오늘 아침 일찍 한스는 또다시 우리 침실로 왔다. 그러나 최근 며칠 동안 늘 그랬듯이 그는 곧 그의 방으로 되돌려 보내졌다.

그 후 그는 이렇게 이야기했다.

「아빠, 나 뭐 생각한 게 있어. 〈내가 욕조 안에 있는데[32] 설비공 아저씨가 와서는 욕조의 나사를 풀었어.[33] 그다음 그는 커다란 드릴을 집어 들더니 그걸로 내 배를 찔렀어.〉」

아버지는 한스의 이 같은 환상을 다음과 같이 해석했다.
〈내가 침대에 엄마와 함께 누워 있는데, 아빠가 와서 나를 침대 밖으로 내쫓는다. 아빠는 자신의 큰 남근으로 나를 엄마에게서 쫓아 버린다.〉
우리는 이에 대한 판단을 당분간 유보하려고 한다.
한스는 이어서 그가 생각한 또 다른 것을 이야기했다.
「우리는 기차를 타고 그문덴 역에 도착해서 내리기 위해 옷을 입고 있었어. 그런데 그 일을 채 마치지 못한 상태에서 기차는 우리를 태우고 떠나 버렸어.」

나중에 내가 물었다.
나   너 전에 말이 똥 누는 걸 본 적 있니?
한스   응, 아주 많이 봤어.
나   말이 똥을 눌 때 세찬 소리가 나니?
한스   응!
나   그 소리를 들으면 무엇이 연상되지?
한스   똥이 변기 속으로 떨어질 때 나는 소리 같은 거.
쓰러져서 두 발을 버둥거린 승합 마차의 말은 분명히 떨어지면서 소리를 내는 똥인 것 같다. 배변에 대한 두려움, 짐을 잔뜩 실은 마차에 대한 두려움은 가득 차서 더부룩한 배에 대한 두려움

32   한스의 엄마가 그를 목욕시켰다 — 한스 아버지의 주.
33   욕조를 수선하기 위해서이다 — 한스 아버지의 주.

과 흡사한 것 같다.

이렇게 우회해 가면서 한스의 아버지는 사건의 실상에 대해 눈을 뜨기 시작했다.

4월 11일. 점심을 먹을 때 한스가 말했다.
「그문덴에 있을 때 우리 집에 욕조가 있었으면, 내가 목욕탕에 가지 않아도 됐을 텐데.」

그문덴에 있을 때 우리는 그를 따뜻한 물로 목욕시키기 위해서 근처에 있는 목욕탕으로 데려가곤 했다. 그때마다 그는 가지 않겠다고 울며불며 난리를 쳤다. 빈에서도 여전히 목욕을 시키기 위해서 우리가 그를 큰 욕조 속에다 집어넣거나 눕히면 그는 마구 소리를 질렀다. 우리는 할 수 없이 그를 무릎 꿇린 상태나 서 있는 상태로 목욕을 시켜야 했다.

한스는 이제 자신의 직접적인 언급을 통해서 우리의 분석에 활기를 불어넣고 있다. 그의 이 언급은 그가 최근에 한두 가지 환상, 즉 욕조의 나사를 푸는 설비공에 대한 것과 실패한 그문덴 여행에 대한 것 사이에 하나의 연관성을 만들어 주었다. 아버지는 후자의 사실에서 그문덴에 대한 한스의 혐오감을 정확히 유추해 냈다. 이것은, 무의식에서 떠오르는 사실은 앞서 있었던 일이 아니라 앞으로 일어날 일과 관련하여 이해해야 한다는 것을 보여 주는 좋은 예이다.

나는 그에게 무서운지, 무섭다면 무엇 때문에 무서운지에 대해서 물어보았다.
한스 물에 빠지는 거.

나 그러면 예전에 조그만 욕조에서 목욕할 때는 조금도 무서
　워하지 않았니?

한스 그때엔 앉아서 목욕했어. 욕조가 너무 작아서 누울 수가
　없었거든.

나 그문덴에서 보트 탈 때, 물에 빠질까 봐 무섭지 않았니?

한스 꼭 붙잡고 있었기 때문에 물에 빠질 염려가 없었어. 나
　는 큰 욕조 속에서만 물에 빠질까 봐 무서워해.

나 너를 욕조에다 넣고 목욕을 시켜 준 사람이 엄마인데, 그
　러면 너는 엄마가 너를 물속에다 빠뜨릴까 봐 무서웠니?

한스 엄마가 갑자기 내 몸에서 손을 떼면, 내가 물속으로 곤
　두박질칠까 봐 무서워.

나 엄마가 너를 사랑하고 있다는 걸 너도 알고 있잖아. 엄마
　는 절대 네 몸에서 손을 떼지 않을 거야.

한스 난 엄마가 꼭 그럴 것만 같았어.

나 왜?

한스 그건 정말 모르겠어.

나 혹시 너, 네가 엄마 말을 잘 안 들으니까 엄마가 이제 너를
　싫어할 거라고 생각한 거 아니니?

한스 맞아!

나 그리고 너, 엄마가 한나를 목욕시키는 것을 보면서 엄마가
　손을 떼어 버려 한나가 물속으로 곤두박질쳤으면 하고 바
　랐지?

한스 응.

내 생각으로는 한스 아버지의 이 같은 추측은 상당히 정확한
것 같다.

4월 12일. 열차 이등칸을 타고 라인츠에서 돌아오는 길에 한스는 열차 좌석의 검은색 가죽 쿠션을 보자 이렇게 말했다.

「퉤, 구역질 나. 검은색 속바지나 검은 말을 봐도 그래. 그런 걸 보면 자꾸 똥이 마렵거든.」

나 너 혹시 엄마 몸에서 시커먼 것을 보고 놀란 적 없니?

한스 있어!

나 그게 뭔데?

한스 모르겠어. 검은색 블라우스 아니면 검은색 양말일 거야.

나 네가 호기심에서 본 것은 아마도 엄마의 고추 주변에 난 시커먼 털일 거야.

한스 (겸연쩍은 표정을 지으면서) 하지만 엄마 고추는 보지 못했어.

맞은편 창고 앞마당의 대문 밖으로 마차가 한 대 빠져나오는 것을 보고 그가 다시 무서워했을 때 나는 이렇게 물었다.

나 저 문이 혹시 엉덩이처럼 보이지 않니?

한스 그러면 말들은 똥이겠네!

그 뒤로 창고 앞마당의 대문에서 마차가 밖으로 나오면 한스는 그때마다 이렇게 말했다.

「저것 좀 봐. 〈똥 덩어리*Lumpfi*〉가 나온다.」

〈*Lumpfi*〉는 한스가 평소에는 거의 쓰지 않는 표현이다. 이 표현은 애칭인 것 같다. 내 처제는 그녀의 아이를 늘 〈*Wumpfi*〉라고 불렀다.

4월 13일. 한스는 수프의 간을 보면서 이렇게 말했다.

「퉤, 똥 같아.」

그는 잘게 다진 고기도 잘 먹으려 하지 않았다. 그 모양과 색깔이 똥을 연상시켰기 때문이다.

저녁에 아내는 한스와 발코니에 같이 있었다. 그때 그가 이런 말을 했다고 그녀는 내게 이야기했다.

「나는 한나가 발코니에 나와 있다가 떨어지는 장면을 생각해 봤어.」

예전에 한두 번 나는 한스에게 한나가 발코니에 나와 있을 땐 그 아이가 난간 근처까지 바싹 다가가지 못하도록 조심하라고 말한 적이 있었다. 우리 집의 난간은 분리파 예술을 추종하는 한 금속 공예가에 의해 조잡하게 만들어져서 틈새가 아주 넓었기 때문이다. 나는 그 큰 틈새들을 우선 철망으로 막아 놓았던 것이다. 한스의 억압된 소망이 이제 아주 투명해졌다. 한나가 없었으면 좋겠느냐는 엄마의 물음에 그는 늘 이렇게 대답했다. 〈응.〉

4월 14일. 한나 이야기가 전면에 대두되었다. 앞의 기록들을 읽어서 알겠지만, 한스는 엄마 아빠의 사랑의 일부를 빼앗아 가 버린 새로 태어난 아이에게 큰 혐오감을 갖고 있었다. 그의 이 같은 혐오감은 완전히 사라지지 않았으며, 엄마 아빠의 과장된 애정 표현을 통해서 부분적으로만 보상되었다.[34] 그는 이미 오래전부터 황새가 더 이상 아이를 데려오지 않았으면 좋겠다, 즉 황새가 아이들이 들어 있는 〈큰 상자에서〉 아이를 더 이상 데려오지 않도록 황새에게 돈을 주었으면 좋겠다는 말을 자주 했다(가구 운반용 마차에 대한 공포증 참조. 승합 마차의 생김새가 커다란 상자처럼 보이지 않는가?). 또 한스는 한나가 자꾸만 울기 때문에 신경질이 난다고 말했다.

34 〈한나〉 이야기가 〈똥〉 이야기를 곧장 이어받았다. 그리고 그 이유가 마침내 분명해지기 시작했다. 즉 한나 자체가 〈똥〉인 것이다. 아기들은 똥이다! ─ 원주.

한번은 그가 갑자기 이렇게 말했다.

「아빠는 한나가 어떻게 이 세상에 나왔는지 기억해? 엄마와 함께 침대에 누워 있는 한나의 모습이 너무 귀엽고 예뻐.」

(그의 이 같은 칭찬은 빈말처럼 들린다.)

다음은 아래층, 집 앞에서의 일이다. 다시 한번 큰 진전이 보고되었다. 이제 짐마차들을 보아도 한스는 전에 비해 공포를 많이 느끼지 않았다. 한번은 거의 기쁨에 가까운 목소리로 그가 이렇게 외쳤다.

「저기 입가가 거무스레한 말이 온다.」

그래서 그때 나는 드디어 입가가 거무스레한 말이라는 것이 가죽 입마개를 한 말임을 확인할 수 있었다. 그러나 한스는 이 말을 보고도 전혀 무서워하지 않았다.

한번은 그가 들고 있던 막대기로 보도를 두드리면서 물었다.

「이 땅 밑에 사람이 있어? …… 땅속에 묻힌 사람 말야. 아니면 그런 사람은 공동묘지에만 있는 거야?」

실로 한스는 생명의 수수께끼뿐만 아니라, 죽음의 수수께끼에 대해서도 몰두하기 시작한 것이다.

집에 돌아와 보니 현관 옆방에 상자가 하나 놓여 있었다. 그것을 보자 한스는 이렇게 말했다.

한스 그문덴에 갈 때 우리는 한나도 저렇게 생긴 상자에 담아서 갔었어. 그문덴에 갈 때마다 우리는 한나를 상자에 담아서 데려갔어. 내 말을 또 못 믿겠어? 정말이야, 아빠. 내 말을 믿어 봐. 우리는 큰 상자를 하나 구했는데, 그 안에는 아이들이 바글바글했어. 아이들은 욕조 안에 앉아 있었어. (상자 속에는 작은 욕조가 들어 있었다.) 나는 아이들을 욕조 속에다 집어넣었지. 이건 정말이야. 나는 지금도 뚜렷이 기억할

수 있어.[35]

나 무엇을 기억할 수 있다는 말이니?

한스 한나를 상자에 담아서 데려간 것 말야. 난 지금도 그것
을 잊지 않았거든. 이건 맹세코 하는 말이야.

나 하지만 작년에 우리는 한나를 열차의 객차에 태워서 데려
갔는데.

한스 〈하지만 그전에는 상자에 담아서 데려갔어.〉

나 혹시 엄마가 상자를 갖고 있지 않았니?

한스 맞아, 엄마는 상자를 갖고 있었어.

나 도대체 어디에?

한스 집 다락방에.

나 혹시 엄마가 그것을 몸에 지니고 다녔니?[36]

한스 아니. 이번에도 우리가 그문덴에 간다면, 한나를 상자에
담아서 데리고 갈 거야.

나 그런데 한나는 어떻게 상자에서 밖으로 나왔지?

한스 끄집어냈지.

나 엄마가?

한스 나하고 엄마가. 그런 다음 우리는 마차에 올라탔고, 한나
는 말을 타고 달렸어. 그리고 마부는 〈이랴〉 하고 소리쳤지.
마부는 마차 앞의 마부석에 앉았어. 아빠도 함께 갔어? 엄마

---

35 한스는 다시 환상 속에 빠지기 시작했다. 그에게는 상자와 욕조가 동일한 것
을 의미함을 알 수 있다. 즉 상자와 욕조는 똑같이 아이들을 담는 공간을 말한다. 우리
는 여기서 이것에 대한 한스의 거듭된 강조의 말을 주목해야 한다 — 원주.

36 그가 말하는 상자는 물론 자궁이다. 한스의 아버지는 자신이 그것을 알아들
었다는 사실을 그에게 알리려고 하고 있다. 아가데의 사르곤왕 시절부터 신화에 나오
는 영웅들을 담은 작은 상자들 역시 이와 다르지 않다. (1923년에 추가된 각주) 랑크
O. Rank의 연구서 『영웅 탄생의 신화 Der Mythus von der Geburt des Helden』(1909) 참조
— 원주.

가 모든 걸 잘 알고 있을 거야. 엄마가 모를지도 몰라. 그 모든 걸 다 잊어버렸을 수도 있으니까. 하지만 엄마한테 이런 말 하면 안 돼!

나는 한스에게 다시 한번 그 모든 것을 말하도록 시켰다.

한스 그런 다음 한나가 말에서 내렸어.

나 그때 한나는 아직 걷지 못했을 텐데.

한스 그렇다면 좋아, 우리가 한나를 아래로 끌어 내렸어.

나 그런데 한나가 어떻게 말 위에 앉았지? 작년에 그 애는 아직 앉지도 못했는데.

한스 아냐, 한나는 벌써 앉을 줄 알았어. 말 위에 앉아서 〈이 럇, 이럇〉 하며 채찍을 휘둘렀어. 그 채찍은 예전에 내가 갖고 있던 것이었어. 그 말에는 등자(鐙子)라고는 없었어. 그렇지만 한나는 그 말을 타고 달렸어. 아빠, 나 지금 장난치는 게 아냐.

이 소년이 이렇게 얼토당토않은 이야기를 끈질기게 고집하는 이유는 무엇일까? 아니다, 이것은 얼토당토않은 이야기가 아니다. 이것은 패러디이며, 한스가 자기 아버지에게 하는 복수이다. 이것의 의미는 다음과 같다. 〈우리가 그문덴으로 여행했던 그해 여름에 이미 엄마의 배가 산더미처럼 부른 것을 보았는데도 10월에 황새가 한나를 데려왔다고 아빠가 내게 믿으라고 요구한다면, 나도 아빠한테 나의 거짓말을 믿으라고 요구할 수 있어.〉 재작년 여름에 이미 한나가 〈상자에 담겨〉 그들과 함께 그문덴으로 갔다는 주장은 그가 엄마의 임신 사실을 모두 알고 있다는 것 외에 무엇을 의미할까? 한스가 〈상자〉 여행이 매년 반복될 수도 있다고 예견하는 것은 무의식적인 사고가 과거에서 불쑥 떠오르는 일반적인 경우를 보여 준다. 아니면 여기에는 나름의 이유가 있을 수 있다. 그것은 엄마가 임신한 모습을 다음 해 여름 여행 때에도 또 다시 보게 될까 봐 두려워하는 것이다. 또한 우리는 그의 두 번째 환상이 암시하는 것을 통해 그가 그문덴 여행을 그토록 싫어하는 이유를 알게 되었다.

나중에 나는 그에게 한나가 이 세상에 태어난 뒤 실제로 어떻게 엄마의 침대로 들어갔는지에 대해 물어보았다.

그러자 그는 기회를 만난 듯 마구 떠들어 대며 아버지를 〈우롱하기〉 시작했다.

한스 한나가 정말로 왔어. 크라우스 부인(산파)이 한나를 침대에다 눕혔어. 한나는 물론 아직 걷지 못했어. 하지만 황새는 한나를 부리로 물고 왔어. 한나는 물론 걷지 못했어. (그는 쉬지 않고 말을 이었다.) 황새는 계단을 밟고 올라와 층계참까지 왔어. 그리고 문을 두드렸지만 모두들 잠들어 있었어. 황새는 문에 맞는 열쇠를 갖고 있었기 때문에 문을 열고 방으로 들어와 한나를 〈아빠〉[37] 침대에다 눕힐 수 있었어. 엄마는 잠들어 있었어. 아냐. 황새는 한나를 〈엄마 침대〉에다 눕혔어. 이미 한밤중이었어. 그래서 황새는 조심조심 소리나지 않게 한나를 침대에다 눕혔어. 황새는 전혀 허둥대지 않았어. 일이 끝나자 그는 모자를 집어 들고 다시 가버렸어. 아냐, 모자는 가져가지 않았어.

나 그러면 누가 그의 모자를 차지했을까? 혹시 의사 선생님

37 이것은 물론 조롱이다! 엄마한테 절대 이 비밀을 알리지 말라는 나중의 부탁도 마찬가지이다 ─ 원주.

일까?

한스 그다음 황새는 가버렸어. 집을 향해. 가서 종을 치기 시작했어. 집 안에 있던 사람들은 더 이상 잘 수가 없었어. 하지만 이 이야기를 엄마나 티니(요리사 아줌마)에게는 하지 마. 이건 비밀이야!

나 너 한나를 좋아하니?

한스 그럼, 무척 좋아해.

나 한나가 있는 게 좋니, 아니면 없는 게 좋니?

한스 없는 게 좋아.

나 왜?

한스 그러면 한나가 적어도 그렇게 소리를 지르지 못할 테니까. 난 정말 소리 지르는 건 못 참아.

나 너도 소리 지르잖아.

한스 한나도 소리 질러.

나 소리 지르는 걸 왜 못 참겠다는 거니?

한스 한나는 너무 시끄럽게 소리를 지르잖아.

나 한나는 소리 지르지 않아.

한스 하지만 한나의 벌거벗은 엉덩이를 때려 봐. 그러면 소리를 마구 지른다고.

나 한나의 엉덩이를 때려 준 적 있니?

한스 엄마가 엉덩이를 때리니까, 한나가 마구 소리 지르며 울었어.

나 넌 그게 싫으니?

한스 그래…… 왜냐고? 한나가 소리 지르면서 두 다리를 버둥거리니까.

나 한나가 없으면 좋겠다는 말로 보아, 너는 한나를 전혀 좋아하지 않아.

한스 음, 음. (동의의 표시로.)

나 그 때문에 너는 엄마가 한나를 목욕시킬 때 손을 놓아 버려 한나가 물속에 빠졌으면 하고 생각한 거야……

한스 (나의 말을 보충하면서) 그리고 죽어 버렸으면.

나 그러고 나면 네가 엄마를 독차지할 수 있을 테니까. 하지만 착한 어린이는 그런 것을 바라지 않는 거야.

한스 〈그래도 속으로 생각은 할 수 있는 거야.〉

나 하지만 그건 좋은 것이 아냐.

한스 〈어린아이가 그런 생각을 하면 좋은 거야. 그래야 그것에 대해서 교수님한테 편지를 쓸 수 있으니까.〉[38]

나는 그 후 그에게 이렇게 말했다.

나 이다음에 한나가 커서 말을 할 수 있게 되면 너도 한나를 좋아하게 될 거야.

한스 아니야. 나는 지금도 한나를 무척 좋아해. 가을이 되어서 한나가 좀 더 자라면, 나는 한나와 단둘이 시립 공원으로 가서, 한나에게 모든 것을 이야기해 줄 거야.

내가 그를 깨우쳐 주기 위한 말을 계속하려는데, 그가 나의 말을 가로막았다. 한나가 죽었으면 하는 그 자신의 소원이 그렇게 나쁜 것이 아니라는 사실을 내게 설명하려는 것이 분명했다.

한스 아빠, 한나는 이곳으로 오기 전에도 이미 오래전부터 이 세상에 살고 있었어. 황새와 함께 살고 있었던 거야.

나 그렇지 않단다. 한나는 아마 황새와 함께 살고 있지는 않았을 거야.

---

38 참 잘했다. 꼬마 한스야! 나는 어른에게서는 정신분석에 대해 너와 같은 이해심을 바랄 수가 없단다 — 원주.

한스 그러면 도대체 누가 한나를 이리로 데려왔어? 황새가 한나를 데리고 있었던 거야.

나 그러면 황새는 한나를 어디서 데려왔는데?

한스 그야, 자기 집에서 데리고 왔지.

나 황새는 한나를 어디에 두고 있었지?

한스 상자 속에다. 〈황새 상자 속에다.〉

나 그렇다면 상자는 어떻게 생겼지?

한스 빨간색이야. 빨간 페인트칠이 되어 있었어.

(피를 말하는가?)

나 너 그런 소리를 누구한테서 들었니?

한스 엄마한테서, 아니, 나 혼자 생각한 거야, 아니 책에 나와.

나 무슨 책에?

한스 그림책에.

(나는 그의 첫 번째 그림책을 가져와 보라고 했다. 거기에는 빨간 굴뚝 위에 황새들과 황새 둥지 하나가 그려져 있었다. 그게 바로 상자였다. 그런데 교묘하게도 같은 페이지에 편자를 박고[39] 있는 말 그림이 있었다. 둥지 속에는 아이들이 없었기 때문에 한스는 아이들을 상자 속에다 위치시켰다.)

나 그러면 황새는 한나를 어떻게 했지?

한스 황새는 한나를 이리로 데리고 왔지. 부리로 물고서. 쉰브룬 동물원에 갔을 때, 왜 황새 봤잖아. 부리로 우산을 물었던 그 황새 말야.

(이것은 쉰브룬 동물원에서 있었던 일에 대한 추억이다.)

나 너는 황새가 한나를 데리고 오는 걸 보았니?

---

39 *beschlagen*(편자를 박다)라는 독일어 단어가 *geschlagen*(두들기다)에서 단 한 글자만 달라진 것이라는 사실은 주목할 만한 가치가 있다.

한스 그때 나는 아직 자고 있었어. 황새는 아침에 여자아이나 남자아이를 데려오는 법이 없어.

나 왜?

한스 황새는 그렇게 할 수 없어. 어떤 황새도 그렇게 하지 못해. 아빠는 그 이유를 알아? 사람들이 보지 못하게 하려고 그러는 거야. 그렇게 해서 어느 날 아침에 일어나 보면 여자아이 하나가 갑자기 이 세상에 있게 되는 거야.[40]

나 하지만 어쨌든 그때 너는 황새가 어떻게 그렇게 했는지 궁금해했잖니?

한스 아, 그래!

나 한나가 이곳으로 왔을 때 한나의 모습이 어땠지?

한스 (가장[假裝]하여) 아주 하얗고 사랑스러웠어. 너무 귀여웠어.

나 하지만 넌 한나를 처음 보았을 때 한나를 좋아하지 않았어.

한스 맞아. 정말 싫었어!

나 넌 한나가 너무 작아서 놀랐니?

한스 응!

나 한나가 얼마나 작았는데?

한스 새끼 황새만 했어.

나 그 밖에 또? 혹시 똥만 하지는 않았니?

한스 그건 아냐. 똥은 한나보다 훨씬 커……. 아니, 약간 작아.

---

40 우리는 한스의 말에 일관성이 없다고 흥분할 필요가 없다. 바로 직전의 대화에서 드러난 황새에 대한 그의 불신은 그의 무의식에서 나온 것으로, 자기에게 너무 많은 수수께끼를 만들어 놓은 아버지에 대한 분노와 연결되어 있었다. 그러나 이제 그는 마음이 좀 더 안정되어 아버지의 질문에 대해서 냉정한 태도로 대답하고 있다. 여기서 그는 황새에 대한 가정과 연결된 많은 난문제들을 풀어 주는 설명을 하고 있는 것이다—원주.

나는 한스의 아버지에게 꼬마의 공포증은 여동생이 태어나면서 생긴 한스의 여러 가지 생각이나 소망과 연관될 수 있다고 말한 바 있다. 그러나 나는 한스의 아버지에게 유아의 성 이론에 따르면 아기는 〈똥〉이며, 이에 따라 한스 역시 배뇨 콤플렉스 *Exkrementalkomplex*를 통과해야 한다는 사실을 지적해 주는 일을 깜박 잊었다. 내가 그런 사실을 적시에 일러 주는 일을 소홀히 함으로써 한스에 대한 분석이 잠시 소강상태를 맞기도 했다. 이제 이러한 문제가 해결되었으므로 한스의 아버지는 이 중요한 점에 대해서 소년을 상대로 다시 조사를 시도했다.

다음 날 나는 한스에게 어제 했던 이야기를 다시 한번 해보라고 했다. 그러자 한스는 이렇게 이야기했다.

「한나는 커다란 상자에 실려서 그문덴으로 갔어. 엄마는 열차의 칸막이 객석에 앉아 갔고, 한나는 상자와 함께 화물칸에 실려 갔지. 이윽고 그문덴에 도착했을 때, 엄마와 나는 한나를 열차에서 내린 다음 말 등에 태웠어. 마부는 마부석에 앉았고, 한나는 낡은 (한스가 작년에 갖고 놀던) 채찍을 손에 들고 말을 향해 휘두르면서 계속 〈이랏, 이랏〉 하면서 소리쳤어. 그건 정말 재미있었어. 그러자 마부도 덩달아서 채찍을 휘둘렀어. 한나가 채찍을 가지고 있었기 때문에 마부는 채찍을 한번도 휘두르지 않았어. (우리는 기차역에서 집까지 가는 길에 늘 마차를 이용했다. 한스는 여기서 실제 있었던 일과 자신의 환상을 조화시키려 하고 있다.) 그문덴에 도착하여 우리는 한나를 말에서 내려 주었어. 그러자 한나는 혼자 힘으로 계단을 걸어 올라갔어.」

(지난해 그문덴에 갔을 때 한나는 겨우 생후 8개월이었다. 그리고 그로부터 1년 전 — 한스의 환상은 분명 이 시기와 연관이

있다 — 우리가 그문덴에 도착했을 때는 한스의 엄마가 임신 5개
월이 되었을 때이다.)

나 작년에 이미 한나가 태어났어.

한스 작년에 한나는 마차를 타고 갔어. 하지만 그 1년 전에 한
  나가 이 세상에 우리와 함께 있었을 때는…….

나 한나가 그때 벌써 우리와 함께 있었니?

한스 응, 아빠는 나하고 자주 보트 타러 갔잖아. 그리고 아나
  가 우리 시중을 들었고.

나 그건 작년의 일이 아니란다. 그땐 한나가 아직 이 세상에
  태어나지 않았어.

한스 〈아냐, 그때 벌써 한나는 이 세상에 있었어.〉 상자에 실
  려 다닐 때에도 이미 한나는 뛰어다니고, 또 〈아나〉라고 말
  할 줄도 알았어.

(한나가 그렇게 된 것은 고작 4개월밖에 되지 않은 일이다.)

나 아니란다, 그때 한나는 아직 우리하고 같이 있지 않았단다.

한스 그래 맞아, 그 애는 황새하고 같이 있었어.

나 지금 한나가 몇 살인 줄 아니?

한스 가을이면 두 살이 돼. 한나는 그때 이미 이 세상에 있었
  어. 그건 아빠도 아는 거야.

나 그러면 한나는 언제부터 황새 상자 속에서 황새와 함께 있
  었니?

한스 상자에 담긴 채 기차를 타고 다니기 아주 오래전부터.
  정말 아주 오래전부터.

나 그렇다면 한나는 언제부터 걸을 줄 알았니? 그문덴에 있
  을 때 한나는 아직 걷지 못했단다.

한스 작년에만 못 걸은 거야. 그때를 빼놓곤 이미 걸을 줄 알

았어.

나 그건 그렇고, 한나는 그문덴에 한 번밖에 가지 않았어.

한스 아냐! 한나는 그문덴에 두 번 갔어. 틀림없어. 나는 지금
도 분명히 기억하고 있어. 엄마한테 한번 물어봐. 엄마가 그
것에 대해 확실하게 말해 줄 거야.

나 그럴 리가 없어.

한스 아냐, 사실이야. 〈처음 그문덴에 갔을 때 한나는 걷고 또
말을 탈 줄 알았어. 그 후로 우리는 한나를 안고 다녀야 했
어.〉— 아냐, 말을 탄 것은 나중의 일이고, 작년에는 한나를
우리가 안고 다녀야 했어.

나 한나는 걷기 시작한 지 얼마 되지 않았단다. 그문덴에 갔
을 땐 아직 걷지 못했지.

한스 아빠는 받아 적기나 해. 나는 아주 뚜렷하게 기억할 수
있어. 왜 웃는 거야?

나 네가 사기꾼처럼 말하니까 그렇지. 넌 한나가 그문덴에 단
한 번밖에 가지 않았다는 걸 알고 있어.

한스 아냐, 그건 사실이 아냐. 맨 처음 갔을 때는 말을 타고 갔
고, 두 번째로 갔을 땐.

(그는 헷갈리기 시작하는 것이 분명했다.)

나 혹시 네가 말하는 말[馬]이라는 게 엄마 아니었니?

한스 아냐, 진짜 말이었어. 말 한 마리가 끄는 마차였어.

나 우리는 늘 두 마리가 끄는 마차를 타고 갔단다.

한스 틀림없이 승합 마차였어.

나 그러면 한나는 상자 속에서 무얼 먹었니?

한스 사람들은 한나에게 먹으라고 버터 빵과 청어, 그리고 무
(이것은 우리가 그문덴에 있을 때 즐겨 먹었던 저녁 식사 메

뉴이다)를 넣어 주었어. 마차를 타고 가는 동안 한나는 버터 빵에 버터를 발라서 50번 정도 뜯어 먹었어.

나   한나는 소리를 지르지 않았니?

한스   아니!

나   한나는 어떻게 하고 있었지?

한스   한나는 그냥 가만히 상자 안에 앉아 있었어.

나   한나가 발버둥 치지 않았니?

한스   아니, 한나는 계속해서 먹기만 했고, 조금도 움직이지 않았어. 한나는 큰 통에 든 커피를 두 개나 다 마셨어. 아침이 되자 남은 것이라고는 하나도 없었어. 한나가 상자 속에다 남긴 것이라고는 지저분한 음식 조각들과 두 개의 무 이파리, 그리고 무를 자를 때 쓰는 칼이었어. 그녀는 모든 음식물들을 채 1분도 안 되어 마치 토끼처럼 깨끗하게 해치웠어. 그건 아무것도 아니었어. 나와 한나는 한 상자에 같이 타기도 했어. 나는 상자 속에서 밤새도록 잤어. (우리는 2년 전에 실제로 한밤중에 그문덴으로 갔다.) 그리고 엄마는 칸막이 객차를 타고 갔어. 마차에 실려 가는 동안 우리는 줄곧 먹었어. 그건 정말 신나는 일이었어. 한나는 말을 타고 가지 않았어. (그는 헷갈리기 시작했다. 왜냐하면 그는 우리가 두 마리의 말이 끄는 마차를 타고 갔다는 사실을 이제 알았기 때문이다.) 그녀는 마차 속에 앉아 있었어. 그게 맞아. 하지만 한나하고 나하고 단둘이서만 마차를 타고 갔어. 엄마는 말을 타고 갔고, 카롤린(작년에 우리 집에서 일하던 가정부) 역시 다른 말을 타고 갔어⋯⋯. 아빠, 그런데 내가 지금 하고 있는 이야기는 전혀 사실이 아니야.

나   뭐가 사실이 아니니?

한스 전부 사실이 아니야. 아빠, 나 한나하고 그 상자에 들어 갈래.[41] 나 상자 속에다 오줌 누고 싶어. 바지에다 오줌을 쌀 지도 몰라. 그까짓 것은 아무것도 아니야. 상자 안에서는 창 피한 것은 아무것도 없어. 아빠, 이건 농담이 아니야. 정말 재미있다고!

그다음 그는 황새가 어떻게 왔는지에 대한 이야기를 했다. 어 제와 똑같은 이야기였다. 다만 그는 황새가 떠나갈 때 모자를 가 져갔다는 이야기는 하지 않았다.

나 황새는 문 열쇠를 어디에 갖고 있었니?

한스 주머니에.

나 황새의 주머니는 어디에 달렸는데?

한스 부리에.

나 부리라고? 나는 여태껏 열쇠를 부리에 갖고 다니는 황새 는 보지 못했는걸!

한스 어떻게 집 안으로 들어올 수 있었느냐고? 황새가 어떻게 문을 열고 들어왔느냐고? 이건 사실이 아니야. 내가 잠깐 착 각했어. 황새는 현관에 와서 종을 울렸고, 누군가가 문을 열 어 주었어.

나 황새는 어떻게 종소리를 냈지?

한스 벨을 누른 거야.

나 황새가 어떻게 그렇게 했지?

한스 부리로 벨을 눌렀어.

나 그러면 황새가 안으로 들어가서 다시 문을 닫았니?

한스 아니. 그건 가정부가 했어. 아빠도 알지, 가정부는 벌써

---

41 우리가 그문덴에 갈 때 짐을 넣어 갔던 상자. 지금은 현관 옆방에 있다 — 한 스 아버지의 주.

부터 일어나 있었어. 그래서 황새를 위해 문을 열고 닫아 준 거야.

나 황새는 어디에 살고 있는데?

한스 어디에 사느냐고? 어린 소녀들과 함께 상자 속에 살고 있지. 아마 쇤브룬에.

나 나는 쇤브룬에서 상자라고는 보지 못했는데.

한스 그때는 그 상자가 다른 곳에 있었을 거야. 아빠는 황새 가 어떻게 상자를 여는지 알아? 황새는 부리를 사용해서 — 그 상자에도 열쇠가 있거든 — 위쪽 부리를 벌려 이렇게 (그 는 책상에 달린 자물쇠를 가지고 내게 그 장면을 연출했다) 여는 거야. 상자에는 손잡이도 달려 있어.

나 황새가 여자아이를 들기에는 좀 힘들지 않을까?

한스 아니, 전혀 그렇지 않아!

나 얘야, 승합 마차가 혹시 황새 상자처럼 생기지 않았니?

한스 맞아!

나 그러면 가구 운반용 마차는?

한스 망나니 마차도 마찬가지야.

4월 17일. 어제 한스는 드디어 오래전부터 마음먹었던 길 건너 편 창고 마당까지 갔다 오는 계획을 수행했다. 오늘 같으면 그는 그 일을 하지 않았을 것이다. 왜냐하면 오늘은 정확히 반대편 창 고 마당 정문 곁에 있는 짐 부리는 곳에 마차 한 대가 서 있었기 때문이다. 그는 내게 말했다.

한스 저쪽에 말들이 서 있는 걸 보면 나는 〈내가 말들을 괴롭 혀〉 말들이 땅에 엎어져 두 발을 버둥거릴까 봐 겁나.

나 어떻게 말들을 괴롭히지?

한스 욕을 퍼부으면서 〈이랴! 이랴!〉 하면 말을 괴롭히는 거야.[42]

나 너도 말들을 괴롭혀 본 적 있니?

한스 응, 아주 자주. 하기 전에는 좀 겁이 나다가도 막상 하면 전혀 그렇지 않아.

나 그러면 그문덴에 있을 때 말들을 괴롭혀 본 적 있니?

한스 아니!

나 하지만 말들을 괴롭히는 게 재미있니?

한스 그럼, 아주 재미있어.

나 말들을 채찍으로 때려 보고 싶니?

한스 응.

나 엄마가 한나의 엉덩이를 때릴 때처럼 말들을 때리고 싶니? 너도 그걸 좋아하지.

한스 말들은 맞아도 괜찮아. (나는 언젠가 채찍으로 맞는 말들을 보고 겁을 내는 한스를 진정시키기 위해서 이 같은 말을 한 적이 있었다.) 나도 한번 직접 그렇게 해본 적이 있어. 나도 언젠가 채찍을 들고 말을 호되게 때렸어. 그러자 말은 땅바닥에 엎어져 두 발로 발버둥을 쳤어.

나 언제?

한스 그문덴에 있을 때.

나 진짜 말이었니? 마차에 매여 있는 말이었니?

한스 마차에 매여 있는 말은 아니었어.

나 말은 어디에 있었지?

한스 나는 말이 도망치지 못하도록 꼭 붙잡고 있었어.

(물론 이 모든 것은 가능성이 있는 것처럼 들리지는 않는다.)

---

42 마부가 채찍으로 말을 때리며 이랴! 하고 소리칠 때마다 한스는 엄청난 두려움을 느끼곤 했다 — 한스 아버지의 주.

나　그게 어디였는데?

한스　우물가였어.

나　누가 네게 그렇게 하도록 놔뒀니? 혹시 마부가 말을 우물
　　가에 세워 둔 것은 아니니?

한스　그것은 마구간에 있던 말이야.

나　그게 어떻게 우물가까지 가게 되었지?

한스　내가 끌고 갔어.

나　어디서? 마구간에서?

한스　내가 꺼내 왔어. 말을 때리고 싶었거든.

나　마구간에는 아무도 없었니?

한스　있었어. 로이슬 아저씨가.

(그 사람은 그문덴에 사는 마부였다.)

나　그 사람이 네게 그것을 허락했니?

한스　내가 그 아저씨한테 상냥하게 말했더니, 그렇게 해도 된
　　다고 했어.

나　그 사람한테 뭐라고 했는데?

한스　말을 끌고 가서 채찍으로 때려 말이 울부짖는 것을 들
　　어도 좋으냐고 물었어. 그랬더니 아저씨가 그래도 된다고
　　했어.

나　그래서 채찍으로 마구 때렸니?

한스　〈내가 아빠한테 한 이야기는 거짓말이야.〉

나　그러면 그중 진짜는 어떤 거니?

한스　몽땅 다 거짓말이야. 그냥 재미삼아서 해본 거야.

나　너는 말을 마구간에서 꺼내지 않았지?

한스　응.

나　너는 그렇게 되기를 바랐던 거야.

한스 맞아, 속으로 바랐던 거야. 그냥 생각해 본 거야.

나 그문덴에 있을 때?

한스 아니, 이곳에 와서. 아침에 옷을 다 입고 났을 때 그 생각이 났어. 아냐, 아침에 침대 속에 있을 때였어.

나 왜 그런 이야기를 지금까지 나한테 한 번도 하지 않았니?

한스 지금까지는 그런 생각을 하지 못했거든.

나 너, 도로 반대편을 보자 그런 생각이 난 거구나.

한스 응.

나 그런데 도대체 너는 누구를 때리고 싶니? 엄마니? 한나니? 아니면 나니?

한스 엄마야.

나 왜?

한스 나는 엄마를 꼭 때리고 싶어.

나 너 누가 자기 엄마를 때리는 장면을 본 적이 있니?

한스 지금까지 그런 것은 못 봤어.

나 그렇지만 너는 지금 그렇게 하고 싶지? 무엇으로 때리고 싶니?

한스 카펫 터는 막대기로.

(한스의 엄마는 자주 카펫 터는 막대기로 한스를 때릴 것처럼 위협했다.)

오늘은 이것으로 대화를 끝내야 했다.

거리에서 한스는 승합 마차, 가구 운반용 마차, 석탄 마차 따위가 모두 황새 상자 마차라고 내게 말해 주었다.

즉 임신한 여자들이다. 바로 직전에 한스가 보인 사디즘적인 발작은 우리의 테마와 무관하지 않다.

4월 21일. 오늘 아침에 한스는 다음과 같은 것을 생각했다고 말했다.

「라인츠에 기차가 하나 있었고, 나는 라인츠에 사시는 할머니와 함께 세관 본관 역까지 기차를 타고 갔어. 아빠는 육교에서 아직 밑으로 내려오지 못했어. 두 번째 기차가 벌써 장크트 파이트에 들어와 있었어. 아빠가 내려왔을 때 기차는 벌써 와 서 있었고, 우리는 기차에 올라탔어.」

(어제 한스는 라인츠에 있었다. 출발 플랫폼으로 가기 위해서는 육교를 하나 건너야 한다. 플랫폼에서 선로를 따라 바라보면 장크트 파이트 역이 보인다. 전체적인 상황은 좀 모호하다. 한스의 원래 생각은 이런 것 같다. 즉 내가 타지 못한 채로 그가 첫 번째 기차를 타고 떠나고, 다음에 두 번째 기차가 운터 장크트 파이트에서 도착하여 내가 그것을 타고 그의 뒤를 따라갔다는 것이다. 한스는 이러한 탈주 환상을 좀 변형하여 마지막에 이렇게 말했다. 〈우리 둘은 두 번째 기차를 타고 비로소 출발할 수 있었어.〉)

한스의 이 환상은 바로 얼마 전의 해석되지 않은 환상과 관련이 있다. 그것은 우리가 그문덴 역에 도착하여 옷을 입느라 시간을 너무 지체해서 기차가 우리를 싣고 그냥 떠났다는 내용의 환상이었다.

오후, 집 앞. 한스는 두 마리의 말이 끄는 마차가 자기 쪽으로 다가오는 것을 보고 황급히 집 안으로 뛰어 들어왔다. 내가 보기에 별다를 게 없는 마차였다. 그래서 나는 그에게 왜 그러느냐고 물어보았다. 그러자 그가 말했다.

「말들이 너무 거만해 보였어. 그러다가 그 말들이 쓰러지지 않을까 나는 겁이 났어.」

(마부가 고삐를 꼭 움켜잡고 있었기 때문에 말들은 머리를 높

이 쳐든 채 짧은 걸음걸이로 걸었다. 그 때문에 말들이 정말로 거만한 것처럼 보였다.)

나는 그에게 실제로 누가 그렇게 거만한지 물었다.

한스 그건 아빠야, 내가 엄마 침대로 갈 때마다 그래.

나 그래서 너는 내가 쓰러졌으면 좋겠지?

한스 응. 아빠가 맨발로 뛰어가다가 (그는 예전의 프리츨을 생각하고 있다) 돌부리에 부딪쳐서 피를 흘렸으면 좋겠어. 그러면 내가 엄마하고 단둘이서 잠깐이라도 있을 수 있을 테니까. 아빠가 집에 돌아와 위층으로 올라오는 소리가 들리면 그때 얼른 엄마 침대에서 도망치면 되지. 아빠가 보지 못하도록.

나 옛날에 누가 돌부리에 부딪쳤는지, 너 기억나니?

한스 응, 프리츨이야.

나 프리츨이 넘어졌을 때, 너는 무슨 생각을 했니?[43]

한스 아빠가 돌부리에 걸려서 넘어지는 거.

나 그러니까 넌 엄마한테 가고 싶은 거지?

한스 그래!

나 그런데 왜 내가 너를 꾸짖는다고 생각하지?

한스 그건 모르겠어.

나 왜 그렇지?

한스 그건 아빠가 질투하니까 그렇지.

나 그렇지 않아!

한스 아냐, 아빠가 질투한다는 건 사실이야. 난 알고 있어. 그건 틀림없어.

43 그러니까 그때 프리츨은 정말 넘어진 것이다. 한스는 이것을 부인했다 — 원주.

말을 〈괴롭히는 것〉, 즉 말을 때리고 호통치고 싶다는 그의 소망은 엄마가 아니라 — 그는 엄마를 때리고 싶다고 말했지만 — 나와 관련되는 것 같다는 생각이 들었다. 그가 나 대신 엄마를 앞에 내세운 것은 내게 자신의 속뜻을 드러내지 않기 위해서였음이 분명했다. 지난 며칠 동안 그는 내게 지나칠 정도로 다정한 태도를 보였다.

지금까지 모든 것을 다 들은 우리가 쉽게 확보할 수 있는, (한스의 아버지보다) 우월한 입장을 이용하여 우리는 그의 견해를 수정하여, 말을 〈괴롭히고〉 싶어 하는 한스의 소망에는 두 가지 측면이 숨겨져 있다고 설명할 수 있다. 그중 하나는 어머니에 대한 모호한 사디즘적인 욕망이고, 또 하나는 아버지에 대한 뚜렷한 복수욕이다. 후자는 임신 콤플렉스*Graviditätskomplex*와 관련되어 전자가 다시 나타날 때까지는 재생되지 않았다. 무의식적인 생각들이 모여서 하나의 공포증이 형성되는 과정에는 압축 현상이 일어나는 것이다. 그렇기 때문에 이에 대한 분석 과정은 절대 신경증에 대한 분석 과정을 따르지 않는다.

4월 22일. 오늘 아침에 한스는 마음속으로 다시 무언가를 생각했다.
「한 장난꾸러기 골목대장이 조그만 궤도차에 올라탔어. 그러자 열차 차장이 와서 소년의 옷을 홀랑 벗겨 다음 날 아침까지 그곳에 서 있게 했어. 그날 아침에 소년은 궤도차를 계속 타는 대가로 차장에게 5만 굴덴을 주었어.」
(우리 집 앞쪽으로 북부 철도가 지나갔다. 그곳의 한 대피 선로에는 소형 궤도차44가 있었는데, 한스는 언젠가 그 궤도차에 한

소년이 올라타는 것을 보고서 자기도 그렇게 하고 싶어 했다. 그때 나는 한스에게 그런 짓을 해서는 안 되며, 만약에 그렇게 하면 차장이 쫓아올 것이라고 말해 주었다. 이 환상에서 나타난 두 번째 요소는 남에 의해 발가벗김을 당하고 싶은 억눌린 욕망이다.)

우리는 이미 얼마 전부터 한스의 상상력에 〈교통과 관련된 이미지〉가 가미되었다는 사실뿐만 아니라, 결과적으로 한스의 환상이 마차를 끄는 말에서 철도 쪽으로 체계적으로 진전되고 있음을 알 수 있다. 같은 방식으로 결국 도로에 대한 공포에다 철도에 대한 공포가 덧붙여졌다.

점심때 나는 한스가 〈오전 내내 고무 인형을 가지고 놀았다는 소리를 들었다. 한스는 그 인형을 그레테라고 불렀다. 그는 원래 조그만 금속 피리가 달려 있던 인형의 구멍에 조그만 주머니칼을 집어넣은 다음, 인형의 두 다리를 쫙 벌렸다. 그 바람에 칼이 아래쪽으로 떨어졌다. 한스는 보모에게 인형의 두 다리 사이를 가리키면서 이렇게 말했다.《이것 좀 봐, 여기에 고추가 달렸어!》

나 너 오늘 인형을 가지고 어떻게 놀았니?

한스 난 인형의 두 다리를 찢어 놓았어. 왜 그랬는지 알아? 인형 안에 엄마 칼이 들어갔기 때문이야. 내가 그 칼을 삑삑거리는 단추[45]가 달린 쪽으로 집어넣었던 거지. 그다음 나는 인형의 두 다리를 양쪽으로 찢었어. 그러자 칼이 아래쪽으로 빠져나왔어.

나 왜 다리를 찢어 놓았니? 고추가 보고 싶어서 그랬니?

---

44 선로 공사용 궤도차.
45 초판에는 〈단추Knopf〉로 되어 있다. 그 밖의 판에는 〈머리Kopf〉로 되어 있는데, 잘못 표기된 것으로 추정된다.

한스   원래는 그 인형에도 고추가 거기에 달려 있었어. 그래서 고추를 그냥도 볼 수 있었어.

나   그러면 왜 칼을 집어넣었니?

한스   모르겠어.

나   그런데 칼은 어떻게 생겼지?

한스는 내게 칼을 가져왔다.

나   혹시 너 그 인형을 어린아이로 생각했니?

한스   아니, 그런 생각은 전혀 안 했어. 하지만 내 생각으로는 황새가 언젠가 어린아이를 데려온 것 같아. 아니면 다른 누군가가.

나   언제?

한스   언젠가. 사람들한테서 그런 이야기를 들었어. 아냐, 들은 것 같지 않아. 내가 얘기를 잘못했나?

나   얘기를 잘못했다니, 그게 무슨 소리니?

한스   그건 사실이 아냐.

나   사람이 하는 말속에는 조금은 진실이 들어 있게 마련이란다.

한스   아, 그래, 약간은.

나   (화제를 바꾸어서) 너는 닭이 어떻게 이 세상에 나온다고 생각하니?

한스   황새가 닭을 키우는 거야. 아냐, 하느님이 키우는 거야.

나는 그에게 닭이 알을 낳으면 알에서 다시 병아리가 나오는 것이라고 설명해 주었다.

그러자 한스가 웃었다.

나   왜 웃니?

한스   아빠가 하는 이야기가 마음에 들어서.

그는 그것을 벌써 본 적이 있다고 말했다.

나 어디서 봤는데?

한스 아빠한테서!

나 내가 어디서 알을 낳았는데?

한스 그문덴에서. 아빠는 풀밭에다 알을 낳았어. 그러자 거기서 병아리 한 마리가 깡충 뛰어나왔어. 아빠는 한 번 알을 낳았어. 난 알고 있어. 그건 확실해. 엄마가 그 이야기를 내게 해주었거든.

나 엄마한테 그게 사실인지 물어봐야겠다.

한스 아냐, 그건 거짓말이었어. 하지만 예전에 내가 알을 낳은 적이 있어. 그러자 병아리 한 마리가 깡충 뛰어나왔어.

나 어디서?

한스 그문덴에서 나는 풀밭에 누웠어. 아냐, 풀밭에 쪼그리고 앉았어. 그때 그걸 구경하는 아이들은 하나도 없었어. 그다음 날 아침 일찍 나는 이렇게 말했어. 〈얘들아, 찾아봐라. 어제 내가 알을 낳았다!〉 그러자 아이들은 얼른 찾아보았고, 알을 발견했어. 그때 알에서 꼬마 한스가 나왔어. 그런데 아빠는 왜 웃어? 엄마도 그걸 알지 못하고, 칼로린도 알지 못해. 왜냐하면 아무도 보는 사람이 없는 데서 내가 알을 낳아서 알이 느닷없이 이 세상에 있게 되었거든. 정말이야. 아빠, 언제 알에서 병아리가 생겨 나와? 그냥 내버려 두면 되나? 먹어야 되나?

나는 그것에 대해서 설명해 주었다.

한스 그러면 좋아. 알을 암탉에게 주자. 그러면 병아리가 태어날 거야. 그다음에 그것을 상자에 싸들고서 그문덴으로 가는 거야.

엄마 아빠가 이미 오래전에 자신에게 해야 했을 성적 깨우침의 작업을 주저하고 있자, 꼬마 한스는 과감하게 자신에 대한 정신 분석을 직접 수행하고 나선 것이다. 그래서 그는 뛰어난 상징적인 행동을 통해서 이렇게 말한 것이다. 〈그것 좀 봐! 나는 생명이 바로 그렇게 태어난다고 생각했어.〉 그가 가정부에게 말한 인형놀이의 의미는 솔직하지 못한 것이었다. 아버지에게 그는 자신이 꼭 고추만을 보고 싶어 한 것은 아니라는 사실을 분명히 밝혔다. 아버지가 마치 할부금을 갚듯이 감질나게 그에게 알에서 병아리가 태어나는 과정을 설명하자, 그는 그의 불만과 불신 그리고 우월한 지식[46]을 합쳐 하나의 빼어난 조롱으로 표현했다. 그의 조롱은 다음에 한 그의 말에서 여동생의 출생에 대한 분명한 암시로까지 상승되고 있다.

나　너 인형을 가지고 어떻게 놀았니?

한스　난 인형을 〈그레테〉라고 불렀어.

나　왜?

한스　왜는 뭐가 왜야? 그냥 〈그레테〉라고 부른 거지.

나　너는 어떻게 놀았니?

한스　나는 인형을 진짜 아기처럼 돌보았어.

나　너 여자아이를 갖고 싶니?

한스　응. 그래. 정말 그래. 내게 여자아이가 있었으면 좋겠어. 하지만 엄마가 여자애를 갖는 건 싫어.

(그는 그런 말을 이미 전에도 많이 했다. 그는 집에 아이가 또 태어나 자신의 지위를 더더욱 잃어버리게 될까 봐 두려워하고 있는 것이다.)

46　아버지는 성과 생명의 탄생에 대해 한스가 아직 잘 모르고 있다고 생각하지만, 한스는 이미 많은 부분을 알고 있다. 그런 뜻에서의 〈우월한 지식〉이라는 것이다.

나 하지만 여자들만 아이를 가질 수 있는 거란다.

한스 나도 여자아이를 가질 테야.

나 도대체 여자아이를 어디서 얻겠다는 얘기니?

한스 그야, 황새에게 얻을 수 있지. 〈황새가 여자아이를 꺼내 놓으면〉, 그 여자아이는 느닷없이 알을 낳고, 알에서 또 다른 한나가 나오는 거야. 또 다른 한나가. 그 한나에게서 또 다른 한나가 태어나는 거야. 아냐, 〈어떤〉 한나가.

나 너 여자아이를 정말 갖고 싶어 하는구나.

한스 〈응, 내년에 나도 여자아이를 갖게 될 거야.〉 그 아이 이름도 역시 한나야.

나 그런데 엄마가 여자아이를 가져서는 안 되는 이유는 뭐지?

한스 그건 내가 한번 여자아이를 갖고 싶어서지.

나 하지만 넌 여자아이를 가질 수 없어.

한스 아니야. 남자아이는 여자아이를, 여자아이는 남자아이를 갖는 거야.[47]

나 남자아이는 아이를 못 낳는 거야. 여자들, 그러니까 엄마들만이 아이를 낳을 수 있어.

한스 왜 나는 아이를 못 낳는 거야?

나 하느님이 그렇게 만들어 놓으셨으니까.

한스 그렇다면 아빠는 왜 아이를 못 낳는 거야? 아, 아빠도 앞으로 아이를 낳을 거야. 그러니까 지금은 기다리고 있는 중이지.

나 나는 앞으로도 많이 기다려야 할 것 같다.

한스 나는 아빠 것이잖아.

47 여기에 예기치 않게 또다시 유아의 성 이론이 등장하고 있다 — 원주.

나 그렇지만 너를 낳은 사람은 엄마야. 그러니까 너는 엄마와
 아빠 공동의 것이지.

한스 한나는 내 거야, 아니면 엄마 거야?

나 엄마 거지.

한스 아냐, 내 거야. 〈왜 나와 엄마 것이 아닌 거야?〉

나 한나는 나와 엄마 그리고 너의 것이란다.

한스 그것 봐!

아이가 여성의 성기를 주목하지 않는 한, 성 문제에 대한 그 아
이의 이해에는 상당한 부분의 간극이 존재하게 된다.

4월 24일. 나와 아내는 한스에게 어느 정도의 깨우침을 주었
다. 즉 우리는 아이들이 엄마 뱃속에서 자라다가 〈똥〉을 눌 때처
럼 힘을 줌으로써 이 세상에 나오며, 이때 많은 고통이 따른다고
이야기해 주었다.

 오후에 우리는 집 앞으로 나갔다. 한스의 마음 상태가 눈에 띄
게 좋아진 것 같았다. 그는 마차 뒤를 쫓아가기도 했다. 다만 그가
대문 근처를 벗어나려고 하지 않았다는 점과 조금이라도 긴 산책
은 하지 않으려고 했다는 사실은 그에게 아직 불안의 흔적이 남
아 있음을 보여 주는 것이었다.

4월 25일. 한스는 자신의 머리로 나의 배를 들이받았다. 그는
예전에도 그런 적이 있었다. 나는 그에게 〈네가 양이냐?〉라고 물
었다.

 그가 말했다. 〈그래, 숫양이야.〉 나는 그에게 어디서 숫양을 보
았느냐고 물어보았다.

한스 그문덴에서 봤어. 프리츨이 갖고 있었거든.

(프리츨은 놀이용으로 진짜 살아 있는 작은 양을 갖고 있었다.)

나 그 어린 양 이야기 좀 해주렴. 양이 어떻게 했니?

한스 아빠도 알 거야. 미시 누나(그 집에 살던 여선생)는 한나를 자꾸만 양에다 태웠어. 그렇지만 양은 일어서지도 못했고 뿔로 들이받지도 못했어. 사실 그 양은 자기한테 다가오는 사람을 늘 뿔로 들이받곤 했었어. 뿔이 있었으니까. 프리츨은 그 양의 목에 줄을 매서 끌고 다니다가 나무에다 묶어 놓곤 했어. 그 아이는 양을 늘 나무에다 묶어 놓았어.

나 양이 너를 들이받은 적 있니?

한스 양이 나를 향해 펄쩍 뛰었어. 프리츨이 나를 양 있는 데로 데리고 갔을 때 말야. 나는 뭐가 뭔지 모르고서 한번 가본 거였어. 그런데 그때 양이 나를 향해 펄쩍 뛰었어. 정말 재미있었어. 난 전혀 무섭지 않았어.

이것은 분명 사실이 아니다.

나 너 아빠를 좋아하니?

한스 응.

나 싫기도 하지?

한스는 그때 작은 장난감 말을 가지고 놀고 있었다. 그 순간 말이 넘어졌다. 그러자 한스는 이렇게 소리쳤다. 〈말이 쓰러졌어! 버둥거리는 것 좀 봐!〉

나 너 아빠한테 조금 불만 있지? 엄마가 아빠를 좋아해서 말야.

한스 아니.

나 그러면 너 왜 엄마가 아빠한테 뽀뽀할 때마다 우는 거니? 그건 네가 질투심을 느끼기 때문이야.

한스 그건 그래.

나 네가 아빠라면 넌 무슨 일을 하고 싶니?

한스 그리고 아빠가 한스라면? 나는 아빠를 일요일마다 라인츠로 데리고 갈 거야. 아니 평일에도. 내가 아빠라면 나는 정말 멋지게 행동할 거야.

나 엄마와 무엇을 하고 싶니?

한스 엄마도 라인츠로 데리고 갈 거야.

나 그리고 또?

한스 그 이상은 없어.

나 너는 무엇 때문에 그렇게 질투심을 느끼니?

한스 모르겠어.

나 너는 그문덴에 있을 때에도 질투심을 느꼈니?

한스 그땐 그렇지 않았어. (이것은 사실이 아니다.) 그문덴에 있을 때는 나름대로 내 것이 있었어. 뛰어놀 정원도 있었고, 아이들도 있었어.

나 너 소가 송아지를 낳던 일 기억하니?

한스 응. 송아지는 마차에 실려 왔어. (이 말을 그는 분명 그문덴에서 사람들로부터 들은 것 같다. 이것 역시 아버지의 황새 이론에 대한 공격이다.) 그리고 또 다른 소는 엉덩이로 송아지를 낳았어. (이것은 이미 그에 대한 성적 깨우침의 결과이다. 그는 이것을 마차 이론과 조화시키려고 애쓰고 있다.)

나 송아지가 마차를 타고 왔다는 말은 사실이 아니야. 외양간에 있던 소가 송아지를 낳은 거야.

한스는 소가 송아지를 낳던 그날 아침에 마차를 보았다고 주장하면서 나의 말을 반박하고 나섰다. 나는 마차에 실려 온 송아지

이야기를 그가 사람들에게서 들었음에 거의 틀림없다고 지적했다. 마침내 그는 그것을 시인했다.

한스 그 이야기를 베르타가 한 것 같기도 하고, 아니면 집주인이 한 것 같기도 해. 그 사람은 그날 그 자리에 있었어, 그리고 밤이었어. 그렇기 때문에 지금 내 이야기는 사실이야. 아니면 어떤 사람도 그 이야기를 내게 해준 것 같지 않아. 그냥 한밤중에 나 혼자서 생각한 것 같기도 해.

내 생각이 틀리지 않다면, 송아지가 마차에 실려 다른 곳으로 간 것 같다. 따라서 한스는 지금 혼동을 하고 있는 것이다.

나 너는 왜 황새가 송아지를 데리고 왔다고 생각하지 않았니?

한스 그런 것은 생각조차 하지 않았어.

나 하지만 넌 한나를 황새가 데려왔다고 생각했잖아?

한스 (해산하던) 그날 아침에 나는 그렇게 생각했어. 그런데 아빠, 소가 송아지를 낳을 때 라이젠비힐러 씨(집주인)가 그 자리에 있었나?[48]

나 모르겠다. 넌 그렇게 생각하니?

한스 나는 그렇게 생각해……. 아빠, 아빠는 입언저리에 시커먼 것을 한 말을 자주 보았지?

나 그래, 그문덴 도로에서 가끔 보았지.[49]

나 그문덴에 있을 때 너 자주 엄마와 함께 잤지?

한스 응.

나 그러면 너는 네 스스로가 아빠라는 생각을 해보았니?

48 어른들이 하는 말에 대해서 불신감을 갖고 있는 한스는 여기서 집주인이 아버지보다 더 믿을 만하지 않을까 생각하고 있다 ─ 원주.

49 이 말의 문맥은 다음과 같다. 즉 한스의 아버지는 입가에 시커먼 것을 한 말들을 마침내 눈으로 확인할 때까지 한스의 말을 믿으려 하지 않았다는 것이다 ─ 원주.

한스 응.

나 그러면 너 아빠가 무섭지 않았니?

한스 〈아빠는 모든 것을 다 알아. 하지만 나는 아무것도 아는 게 없었어.〉

나 프리츨이 넘어졌을 때 너는 〈아빠도 저렇게 넘어졌으면〉 하고 생각했어. 그리고 양이 너를 들이받았을 때 〈양이 아빠를 들이받았으면〉 하고 생각했어. 그문덴에서 보았던 장례식 기억하니?

(그것은 한스가 본 첫 번째 장례식이었다. 가끔 그는 그것을 회상하곤 했다. 그것은 물론 의심할 여지 없이 덮개-기억 *Deckerinnerung*이다.)

한스 응. 그런데?

나 너는 〈아빠가 죽으면 내가 아빠가 될 텐데〉라고 생각했어.

한스 맞아.

나 그런데 말 중에서 어떤 말이 아직도 무섭니?

한스 모두 다 무서워.

나 그게 거짓말인 줄은 너도 알고 있지?

한스 두 마리의 말이 끄는 마차나 한 마리의 말이 끄는 마차는 무섭지 않아. 승합 마차나 짐마차가 무서워. 하지만 사람이나 짐이 실려 있을 때 무섭고, 그렇지 않을 때에는 무섭지 않아. 한 마리의 말이 끄는 마차에 사람들이 잔뜩 타고 있으면 무서워. 하지만 두 마리의 말이 끄는 마차에 사람들이 가득 타고 있으면 무섭지 않아.

나 너는 마차에 사람들이 많이 타고 있어서 무서운 거니?

한스 아니, 마차 지붕에 짐이 너무 많이 실려 있어서.

나 엄마가 한나를 뱃속에 가졌을 때에도 바로 그와 같은 모습이었니?

한스 엄마가 다시 아이를 가져서, 아이가 엄마 뱃속에서 자라
나기 시작하면 엄마는 다시 짐을 잔뜩 실은 마차 같은 모습
이 될 거야.

나 너는 그게 좋니?

한스 응.

나 너는 엄마가 아이를 또 갖는 것을 원치 않는다고 했잖아.

한스 엄마는 다시는 그렇게 배가 부르지 않을 거야. 엄마는
엄마가 아이를 원치 않으면 하느님도 마찬가지로 원치 않
는다고 말했어. 엄마가 원치 않으면, 엄마는 아이를 갖지 않
게 돼.

(물론 한스는 어제 내게도 이런 질문을 던졌었다. 즉 엄마 뱃속
에 아기가 더 들어 있느냐고. 나는 한스에게 그렇지 않다고 말해
주었다. 그러고 나서 나는 하느님이 원치 않으면 더 이상 엄마 뱃
속에서 아이가 자라지 않을 거라고 말했다.)

한스 하지만 엄마는 엄마가 원치 않으면 더 이상 아이가 뱃속
에서 자라지 않을 거라고 말했어. 그런데 아빠는 하느님이
원치 않으면 그럴 거라고 말했잖아.

그래서 나는 그에게 내가 한 말이 맞다고 말해 주었다. 그러자
그는 이렇게 말했다.

한스 그렇지만 아빠도 그 자리에 있었잖아? 그건 아빠가 더
잘 알 거야.

그때 한스는 엄마에게 해명을 요구했고, 엄마는 그녀가 원치
않으면 하느님도 원치 않는다[50]는 표현을 통해 두 진술 사이의 화

---

50 *Ce que femme veut Dieu veut*. 한스는 여기서 다시 그의 예리한 감각으로 아주
진지한 문제점 하나를 발견했다 — 원주.

해를 시도했다.

나   그래도 내가 보기에 너는 엄마가 아이를 갖기를 원하는 것
     같은데, 그렇지 않니?

한스   엄마가 실제로 그렇게 되는 것은 싫어.

나   그렇지만 원하기는 하지?

한스   응, 원하기는 해.

나   그러면 왜 네가 그걸 원하는지 알고 있니? 그건 네가 아빠
     가 되고 싶어서란다.

한스   맞아……. 어떻게 해야 그렇게 되는 거야?

나   무슨 말이니?

한스   아빠들은 아이를 가질 수 없다고 아빠가 말했잖아. 그렇
     다면 아빠가 되려면 어떻게 해야 되는 거냐고.

나   너는 아빠가 되고 싶고 엄마와 결혼하고 싶고, 또 나처럼
     키가 커지고 싶고 콧수염도 갖고 싶고, 그리고 엄마와 아이
     를 낳고 싶은 거야.

한스   그리고 아빠, 나는 결혼하면 아이를 하나만 낳을 거야.
     엄마하고 결혼하면 말야. 내가 결혼했을 때, 아이를 원치 않
     으면, 하느님도 원치 않을 거야.

나   넌 그렇게 엄마랑 결혼하고 싶니?

한스   응!

우리는 여기서 한스가 마음속으로 느끼는 즐거움이 아버지의
역할을 잘할 수 있을까 하는 불안감 때문에, 그리고 스스로 아이
를 낳는 일을 통제할 수 있을까 하는 의구심 때문에 많은 부분이
상실되고 있음을 파악할 수 있다.

같은 날 저녁 한스는 잠자리에 들 때 내게 이렇게 말했다.

「아빠, 내가 지금 무엇을 하려고 하는지 알아? 열 시까지 그레테와 이야기를 할 거야. 그 아이는 지금 나와 같은 침대에 누워 있어. 나의 아이들은 늘 나와 같은 침대에 있어. 왜 그런지 아빠가 말해 줄래?」

그가 너무 졸린 것 같았기 때문에, 나는 그것에 대해 다음 날 함께 글로 적기로 약속했다. 그는 곧 잠들었다.

초기의 기록들을 통해서 우리는 한스가 그문덴에서 돌아온 뒤로 늘 그의 〈아이들〉에 대해서 상상하고 그들과 대화를 나누기도 한다는 것을 알고 있다.[51]

4월 26일. 나는 한스에게 왜 늘 그의 아이들 이야기를 하는 건지 물어보았다.

한스 왜냐고? 〈그건 아이들이 갖고 싶어서야. 그렇지만 그것을 정말 원하지 않아. 나는 아이들을 갖고 싶지는 않아.〉[52]

나 너는 늘 베르타와 올가 그리고 그 밖의 아이들을 네 아이들이라고 생각했니?

한스 응. 프란츨, 프리츨, 파울(라인츠에 사는 그의 놀이 친구), 그리고 로디도.

이 여자아이의 이름은 꾸며 낸 것이다. 로디는 그가 좋아하는 아이로서, 그 아이 이야기를 아주 자주 했다. 내가 여기서 강조하

---

51 이 자리에서 한스에게 아이를 갖고 싶어 하는 여성적인 성향이 있다고 가정하는 것은 불필요하다. 한스가 아이로서 가장 행복한 체험을 한 것은 엄마와 함께할 때였다. 그래서 그는 지금 그것을 반복하고자 하는 것이다. 그는 지금 스스로 적극적인 역할을 맡으려 하며, 그것을 위해 어머니 역할이 필요한 것이다 — 원주.

52 이것은 상상과 현실 사이에서 생기는 너무나 뚜렷한 모순이다. 즉 소망과 소유 사이의 모순이다. 한스는 자신이 실제로는 아이이며, 또 다른 아이들이 자신에게 방해만 될 뿐이라는 사실을 알고 있었다. 그렇지만 상상 속에서 그는 엄마였고, 스스로 체험한 애정을 다시 한번 함께 반복할 아이들이 필요했다 — 원주.

고 싶은 점은 〈로디〉라는 인물이 불과 며칠 전에 생겨난 것이 아니라, 가장 최근에 성적 깨우침을 주었던 날인 4월 24일 이전에도 이미 존재했다는 사실이다.

나　로디가 누구니? 그문덴에 사는 여자아이니?

한스　아니.

나　로디라는 아이가 있기는 한 거니?

한스　그럼. 난 그 아이를 벌써부터 알고 있었어.

나　도대체 그 아이가 누군데?

한스　내가 여기에 데리고 있는 아이야.

나　어떻게 생겼는데?

한스　어떻게 생겼냐고? 눈도 검고, 머리카락도 검고……. (그 문덴에 있을 때) 마리들과 함께 시내에 나갔다가 한 번 만난 적이 있어.

내가 더 자세히 캐묻자, 꾸며 낸 것임이 드러났다.[53]

나　그러니까 너는 네가 그 아이들의 엄마라고 생각했니?

한스　나는 정말로 그 애들의 엄마였어.

나　그런데 넌 그 아이들을 데리고 무엇을 했니?

한스　나는 그 아이들, 그러니까 남자애들과 여자애들을 내 옆에다 재웠어.

나　매일?

한스　그야 물론이지.

나　그 아이들과 이야기도 했니?

한스　아이들이 모두 잠들어 있지 않을 때에는 그중에 몇몇은

53　물론 한스가 그문덴에서 우연히 만난 여자아이를 자신의 이상형으로 고양시켰을 가능성도 존재한다. 그런데 그는 이 이상형의 눈과 머리 색깔을 엄마와 같다고 설정했다 —원주.

소파에다 눕히고, 몇몇은 유모차에다 태우고, 남은 아이들은 다락방으로 데리고 가서 상자 속에다 넣었어. 그러고 나서도 아이들이 남으면, 나는 그 아이들을 다른 상자에다 넣었어.

나 그러니까 황새의 아이들 상자는 다락방에 있었구나?

한스 응.

나 넌 아이들을 언제 얻었니? 그때 이미 한나가 이 세상에 있었니?

한스 응. 한나는 이 세상에 나온 지 벌써 오래됐어.

나 너는 그 아이들을 누구에게서 얻은 것이라고 생각했니?

한스 〈그야 내가 낳은 거지.〉[54]

나 하지만 그 당시에 넌 어린아이가 사람에게서 나온다는 사실을 전혀 알지 못하고 있었잖아.

한스 나는 황새가 그 아이들을 데려왔다고 생각했어. (이것은 분명히 거짓말이자 핑계이다.)[55]

나 너는 어제 그레테와 함께 잤지? 하지만 넌 남자아이는 아이를 낳지 못한다는 사실을 아주 잘 알고 있잖아.

한스 응. 하지만 나는 남자아이들도 아이를 낳을 수 있다고 생각해.

나 넌 어떻게 로디라는 이름을 생각해 냈니? 여자애들은 그런 이름을 쓰지 않는데. 혹시 로티 아니니?

한스 아니야. 로디야. 나는 그런 건 몰라. 하지만 로디는 정말 예쁜 이름이야.

---

54 한스는 자가 성애적인 관점에서 대답할 수밖에 없다 — 원주.
55 그 아이들은 그의 상상력의 아이들, 다시 말해 자위행위에 의해 얻은 아이들이다 — 원주.

나 (농담조로) 혹시 너 쇼코로디[56]를 말하는 거 아니니?

한스 (재빨리) 아냐, 자팔로디야······.[57] 나는 소시지를 잘 먹으니까. 살라미 소시지도 나는 잘 먹어.

나 그런데 혹시 자팔로디가 똥처럼 생기지 않았니?

한스 맞아!

나 그러면 똥은 어떻게 생겼는데?

한스 검은색이야. 아빠도 알잖아. (나의 눈썹과 수염을 가리키면서) 바로 그런 색깔이야.

나 그리고 또? 자팔라디처럼 둥글게 생겼니?

한스 응.

나 네가 변기에 앉아서 똥을 눌 때, 너는 혹시 네가 아이를 낳고 있다고 생각하지 않았니?

한스 (웃으면서) 맞아. 옛날에 그 거리에 살았을 때도 그랬고 지금도 그래.

나 너 승합 마차가 넘어졌을 때의 장면 기억나지? 그때 마차는 아이 상자처럼 보였을 테고, 그리고 검은색 말이 넘어졌을 때, 그 말은 또······.

한스 (나의 말을 보충하면서) 아이를 낳을 때의 모습 같았어.

나 그리고 말이 두 발을 버둥거리며 소란을 피웠을 때 너는 무슨 생각을 했니?

한스 아, 화장실에 가지 않고 그냥 계속해서 놀고 싶을 때 나도 그렇게 두 발을 버둥거려.

(그는 두 발로 바닥을 굴러 보였다.)

---

56 〈쇼코로디Schokolodi〉는 원래 독일어의 〈Schokolade〉, 즉 초콜릿을 의미한다.

57 〈자팔라디Saffaladi〉는 〈Zervelatwurst〉, 새빌로이 소시지, 즉 조미가 잘된 건조 소시지를 말한다. 내 아내는 그녀의 이모가 늘 〈조필로디Soffilodi〉라고 말했다는 이야기를 자주 하곤 했다. 이 말을 한스가 들었을지도 모른다 — 한스 아버지의 주.

그래서 그는 여자들이 아이를 낳을 때 〈좋아하는지 좋아하지 않는지〉에 대해서 그렇게 큰 관심을 보이는 것이다.

한스는 오늘 하루 종일 포장용 상자를 싣고 내리는 놀이를 했다. 그는 그렇게 생긴 장난감 마차와 상자들이 있었으면 좋겠다고 말했다. 맞은편 세관 본관 건물 마당에서 벌어지는 일들 중 그의 관심을 가장 많이 끈 것은 마차에 짐을 싣고 내리는 일이었다. 또한 그는 짐을 다 실은 마차가 막 떠나려고 할 때 가장 무서워했다. 〈말들이 쓰러질 것 같아〉[58] 하고 그는 말했다. 세관 본관 창고의 문들을 그는 〈구멍〉(첫 번째, 두 번째, 세 번째…… 구멍)이라고 불렀다. 이제 그는 그냥 〈구멍〉이라고 하지 않고 〈엉덩이에 난 구멍〉이라고 부른다.

한스의 불안은 거의 다 사라졌다. 다만 그는 불안을 느낄 경우 얼른 대피할 수 있도록 집 근처에만 머물려고 했다. 그렇지만 그는 이제 결코 집 안으로 도망치지 않았으며 늘 도로에 나가 있었다. 우리가 알고 있듯이 그의 공포증 질환은 그가 산책에서 울면서 돌아오는 것과 함께 시작되었다. 우리가 다시 그를 산책 길에 억지로 끌고 나갔을 때, 그는 우리 집이 보이는 〈세관 본관〉 역까지밖에 가지 못했다. 내 아내가 해산을 할 때, 그는 물론 그녀와 떨어져 있어야 했다. 그리고 그가 집 근처를 벗어나지 못하게 만드는 현재의 불안감은 원래 그녀를 향한 그리움이었다.

4월 30일. 속으로 상상해 낸 그의 아이들과 놀고 있는 한스에게 나는 이렇게 말했다.

나 애야, 너의 아이들은 아직도 살아 있니? 남자아이는 아이

---

58 우리는 여자가 아이를 낳을 때 〈*niederkommen*(분만하다)〉이라고 말하지 않는가? — 원주. 〈*niederkommen*〉에는 〈내려오다〉라는 뜻도 있다.

들을 가질 수 없다는 사실을 너는 잘 알고 있을 텐데.

한스 그건 나도 알아. 예전에는 내가 그 아이들의 엄마였는데,
〈이제 나는〉 그 아이들의 〈아빠야.〉

나 그러면 그 아이들의 엄마는 누구니?

한스 그건 엄마야. 그리고 아빠는 그 아이들의 〈할아버지〉고.

나 그러고 보니 너는 아빠처럼 커지고 싶고, 또 엄마와 결혼
하고 싶어 하는 거구나. 그러면 엄마가 아이들을 갖겠지.

한스 그래, 그렇게 하고 싶어. 그러면 나의 라인츠 할머니(나
의 어머니)는 그 아이들의 할머니가 되는 거야.

모든 일은 잘 되어 갔다. 꼬마 오이디푸스는 운명에 의해 정해
진 것보다 훨씬 행복한 해결책을 찾아냈다. 그는 아버지를 제거
하는 대신 자기가 원하는 것과 똑같은 행복을 아버지에게도 허락
했다. 즉 그는 아버지를 할아버지라고 부르고, 아버지 역시 자신
의 어머니와 결혼시킨 것이다.

5월 1일. 한스는 점심때 나한테 와서 이렇게 말했다.

한스 아빠 있잖아. 우리 교수님을 위해서 종이에다 적자.

나 무엇을 적는다는 거니?

한스 나는 오늘 아침에 나의 아이들을 모두 데리고 화장실에
갔어. 가는 똥을 눈 다음에 오줌을 누었어. 그것을 그 아이들
이 쳐다보았어. 그런 다음 나는 아이들을 변기에 앉혔어. 그
러자 아이들도 똥과 오줌을 누었어. 나는 아이들의 밑을 종
이로 깨끗하게 닦아 주었어. 왜 그랬는지 알아? 그건 내가
아이들을 갖고 싶기 때문이야. 그렇게 되면 나는 아이들을
위해 무슨 일이든 할 거야. 아이들을 화장실에 데려가는 일,
그들의 밑을 닦아 주는 일, 그리고 그 밖에 아이들을 위해 할

수 있는 모든 일을 말야.

이러한 상상을 했다는 한스의 고백이 이루어진 마당에 한스의 마음속에는 배설 기능과 관련된 쾌감이 자리 잡고 있다는 사실을 반박하기는 거의 불가능할 것이다.

오후에 그는 생전 처음으로 시립 공원까지 가는 모험을 감행했다. 5월 1일이었기 때문에 거리에는 평소보다 마차들의 통행이 적었다. 하지만 지금까지 그랬던 것처럼 그것은 그를 겁먹게 하기에 충분한 숫자였다. 그는 자신이 그 일을 해냈다는 사실에 대해 무척 뿌듯해했다. 그래서 나는 오후에 커피를 한잔 마신 뒤 한스와 함께 시립 공원으로 다시 한번 가지 않을 수 없었다. 가는 도중에 우리는 승합 마차 한 대와 마주쳤다. 그는 그것을 손가락으로 가리키며 말했다.
「저것 좀 봐! 황새 상자 마차다!」
우리가 계획한 대로 내일 한스가 나와 함께 시립 공원에 다시 한번 가게 된다면, 우리는 그의 병을 나은 것으로 보아도 무방할 것이다.

5월 2일. 아침에 한스가 내게 왔다.
「아빠, 나 오늘 아침에 무언가를 생각했어.」
처음에 그는 그것을 잘 기억해 내지 못했다. 그러다가 나중에야 상당한 어려움을 느끼면서 이렇게 이야기했다.
「〈설비공이 와서 집게로 먼저 내 엉덩이를 떼어 내고서 다른 것을 주었어. 그다음에는 내 고추를 떼어 내고 다른 고추를 달아 주었어.〉 그는 이렇게 말했어. 〈어디 엉덩이 좀 보자.〉 나는 그를 위해 몸을 돌렸어. 그러자 그는 내 엉덩이를 떼어 갔어. 그러고 나서 그는 또 이렇게 말했어. 〈어디 고추 좀 보자.〉」

한스의 아버지는 꼬마의 이 소망 어린 환상의 성격을 잘 파악했으며, 이것이 담고 있는 유일한 해석을 내리는 데 한순간도 주저하지 않았다.

나 그 사람이 너한테 〈엄청나게 큰 고추와 엄청나게 큰〉 엉덩이를 달아 주었다고?

한스 응.

나 아빠 것만 한 거지? 네가 아빠가 되고 싶으니까.

한스 응. 아빠 것 같은 수염도 가지고 싶어. 그런 털도. (그는 손가락으로 내 가슴에 난 털을 가리켰다.)

이에 따라 우리는 얼마 전에 언급한 한스의 환상, 즉 〈설비공이 와서 욕조의 나사를 풀고 드릴로 한스의 배를 찔렀다〉는 환상에 대한 예전의 해석을 이렇게 수정할 수 있겠다. 즉 커다란 욕조는 〈엉덩이〉를 뜻하고, 드릴이나 드라이버는 예전에 해석했던 것처럼 고추[59]를 뜻한다. 두 개의 상상은 동일한 내용을 담고 있다. 나아가 큰 욕조에 대한 한스의 공포심의 원인을 캐낼 수 있는 근거가 마련되었다. 물론 그의 공포심은 이미 많이 누그러진 게 사실이다. 그는 커다란 욕조에 비해서 그의 〈엉덩이〉가 너무 작은 것

---

59 〈드릴*Bohrer*〉이라는 낱말이 독일어 〈*geboren*(태어나다)〉이나 〈*Geburt*(탄생)〉와의 연관 관계에 대한 고려 없이 선택된 것 같지는 않다. 어린아이들은 〈*gebort*(드릴로 뚫다)〉와 〈*geboren*(태어나다)〉을 정확하게 구별하지 못할 수도 있다. 나는 경험 많은 동료가 나를 위해 해준 이 같은 추측을 수용한다. 하지만 나는 이 두 가지 사이에 깊고 일반적인 관계가 존재하는 건지, 아니면 단순히 독일어 특유의 언어상의 일치점이 사용된 것인지에 대해서까지 말할 수 있는 입장은 못 된다. 인간을 만든 〈프로메테우스(프라만타)〉 역시 어원상으로는 〈*Bohrer*〉이다(아브라함 K. Abraham, 『꿈과 신화 *Traum und Mythus*』, 1909를 참조할 것).

이 마음에 들지 않은 것이다.

　그다음 며칠 동안 한스의 어머니는 어린 한스의 병이 낫게 되어 기쁘다는 내용의 편지를 내게 몇 번에 걸쳐 보내왔다.
　그로부터 1주일 뒤 한스의 아버지에게서 다음과 같은 내용의 추신이 왔다.

　친애하는 교수님! 한스의 병력에 다음 사항을 추가하고자 합니다.
　(1) 첫 번째 깨우침이 있은 후의 치료가 일전에 제가 편지에서 말씀드렸던 것처럼 그렇게 완벽하지는 못했습니다. 한스가 산책을 나간 것은 사실입니다만, 그것은 우리의 강요에 못 이겨 간 것이었고, 그때마다 그는 엄청난 불안을 느꼈습니다. 한번은 한스가 나와 함께 〈세관 본관〉 역까지 갔습니다. 그곳에서는 우리 집이 보입니다. 그는 그 이상은 가려고 들지 않았습니다.
　(2) 나무딸기 주스와 장난감 총에 대해서 말씀드리겠습니다. 한스는 변비에 걸리면 나무딸기 주스를 먹습니다. 그 아이는 또한 〈schießen(총을 쏘다)〉과 〈scheißen(똥을 누다)〉을 자주 혼동합니다.
　(3) 우리가 한스를 우리의 침실에서 그만의 방으로 옮긴 것은 그 애가 네 살 때의 일입니다.
　(4) 그의 정신적 혼돈의 흔적은 아직 남아 있습니다. 물론 그것이 이제는 더 이상 공포가 아니라 정상적인 질문 공세의 성향으로 나타나기는 하지만 말입니다. 그의 질문들은 대체로 물건들이 무엇으로 만들어졌느냐(전차, 기계 등), 그 물건들은 누가 만들었느냐 따위와 관련된 것들입니다. 한스가 하는 질문들의 특징은,

그가 그 질문들에 대해 스스로 답을 이미 해놓고서 묻는다는 데 있습니다. 그러니까 그는 확인해 보고 싶은 것입니다. 한번은 그가 질문 공세로 나를 피곤하게 하기에 그에게 물어보았습니다. 〈너는 네가 묻는 모든 질문에 대해 아빠가 대답할 수 있다고 생각하니?〉 그러자 그는 이렇게 말했습니다. 〈나는 아빠가 말에 관해서 잘 아니까 이것도 잘 알고 있을 걸로 생각했어.〉

(5) 한스는 자신의 병에 대해서 이제는 과거의 일로 이야기하고 있습니다. 〈내가 예전에 《멍청한 것》에 걸렸을 때.〉

(6) 아직 풀지 못한 문제가 남아 있습니다. 아기를 낳는 사람은 분명히 엄마인데 아버지가 아기하고 무슨 상관이 있을까를 밝혀 내려고 한스는 골똘히 생각하고 있습니다. 우리는 그것을 그가 하는 질문들을 통해 알 수 있습니다. 〈나는 아빠 것이기도 하지, 그렇지?〉(그는 〈엄마만의 것이 아니라〉는 뜻으로 말한 것입니다.) 그러므로 그는 어떻게 자신이 나의 것이 될 수 있는지 잘 알지 못하고 있는 겁니다. 반면에 나는 교수님께서 생각하듯이 그가 부부 관계를 엿들었다는 직접적인 증거를 갖고 있지 못합니다.

(7) 한스의 질환의 경우를 기술할 때 그가 지닌 불안의 격한 정도를 강조해야 할 것 같습니다. 그렇지 않으면 혹시 이렇게 말할 사람이 있을 수도 있기 때문입니다. 〈한번 실컷 두들겨 팼으면, 그 아이는 진작부터 산책을 하러 나섰을 거야.〉

끝으로 나는 다음과 같은 말을 덧붙이고 싶다. 한스의 마지막 환상과 함께 거세 콤플렉스에서 기인한 불안감은 극복되었으며, 그의 고통스러운 기대는 행복한 쪽으로 결말지어졌다. 다시 말해 의사(설비공)가 와서 그의 고추를 떼어 내기는 했지만, 이것은 그것 대신에 더 큰 고추를 달아 주기 위해서였다. 그 밖에 덧붙이자

면, 우리의 어린 탐구자는 모든 지식은 불완전하며, 앞으로 나아
가는 단계마다 풀리지 않은 잔여물을 뒤에다 남겨 놓는다는 사실
을 아주 일찍 경험했을 것이다.

정밀 판별

이제 나는 아직 다섯 살이 안 된 한 소년에게 나타난 공포증의 전개 양상과 그 해결 과정에 대한 지금까지의 관찰을 세 가지 관점에서 검토해 보려고 한다. 첫 번째로 나는 이 사례가 1905년에 「성욕에 관한 세 편의 에세이」에서 제시한 나의 주장을 얼마만큼 뒷받침해 줄 수 있는지를 살펴볼 것이다. 두 번째로 나는 이와 같이 자주 나타나는 질병의 형태를 이해하는 데 나의 관찰이 어떠한 공헌을 할 수 있는지 여부를 파악할 것이며, 마지막으로 그것이 어린아이의 정신적 삶을 조명하고 또 우리의 교육 방식을 비판하는 데 어떠한 도움을 줄 수 있는지 논술해 볼 것이다.

1

내가 받은 인상은, 꼬마 한스에 대한 관찰 결과로 얻은 어린아이의 성생활에 대한 양상이 내가 「성욕에 관한 세 편의 에세이」에서 어른들에 대한 정신분석적 조사를 토대로 한 서술과 놀라울 정도로 일치한다는 것이다. 그러나 이 같은 구체적인 일치점들을 논하기에 앞서 나는 한스에 대한 분석 결과를 이와 같은 목적으로 이용하는 데 대해 제기된 두 가지 이의를 언급하지 않을 수 없다. 그 첫 번째 이의는, 꼬마 한스는 정상적인 아이가 아니라 실제로 일어난 사건, 즉 그의 공포증 질환에서 알 수 있듯이 신경증의 성향을 타고난 어린 〈병약자〉이며, 그러므로 한스의 경우에나 타당성을 지닐지 모르는 결론들을 다른 정상적인 아이들에게 적용하는 것은 부적절하다는 것이다. 나는 이 같은 이의에 대해서는 뒤에 가서 다룰까 한다. 그 까닭은, 그 같은 이의가 나의 관찰의 가치를 일부 제한할 뿐 완전히 무효화시키지는 못하기 때문이다. 이보다 더 강한 두 번째 이의에 따르면, 〈나의〉 이론적 관점에 사로잡혀 있고 또한 〈나의〉 편견의 포로가 되어 있는 아이의 아버지가 주도하는 아들에 대한 정신분석은 절대로 객관적 가치를 지닐 수 없다는 것이다. 어린아이는 필연적으로 그 누구보다도 자신의 아버지로부터 많은 영향을 받는다. 그 아이는 자신에 대해 그토록 많은 관심을 보이는 아버지에게 감사하는 뜻에서라도 아버지가 하는 모든 요구를 들어줄 것이고, 이에 따라 아이가 하는 말은 그 어느 것도 증거력을 지니지 못하며 연상, 상상 그리고 꿈의 형태로 보여 주는 그의 모든 사고는 당연히 주위의 모든 수단에 의해 강요된 방향으로 나아갈 수밖에 없다는 것이다. 간단히 말해서 그 모든 것은 그러니까 (주위의 자극에 의한) 〈암시〉에 불과할 뿐이며, 어린아이의 경우는 이것을 벗겨 내는 것이 어른과 비교하여 훨씬 쉽다는 사실이다.

이러한 상황에서 예전에 있었던 일을 떠올리면 참으로 희한하다고 하지 않을 수 없다. 지금으로부터 22년 전 나는 처음으로 학술 논쟁에 개입하기 시작했다. 그때 나는 암시와 그 작용에 대한 주장을 제시했고, 그것은 나이 든 세대의 신경과와 정신과 의사들의 조롱거리가 되었다.[1] 그 이후로 상황은 완전히 바뀌었다. 즉

1 『정신분석 강의』 참조.

예전의 반감이 이제는 너무나 쉽게 수용하려는 태도로 바뀐 것이다. 이것은 리에보, 베르넴 그리고 그들의 제자들이 지난 20년 동안 이루어 낸 업적의 결과로 가능했다. 그뿐만 아니라 그것은 〈암시〉라는 낱말의 사용으로 얼마만큼 사고의 절약이 이루어질 수 있는가를 사람들이 인식함으로써 가능했다. 따라서 암시가 무엇인지, 그것이 어디에서 유래하는지, 또 언제 그것이 나타나는지에 대해서는 누구도 알지 못하고 신경도 쓰지 않는다. 사람들은 그냥 심리 영역에서 나타나는 다루기 힘든 모든 것에 대해 〈암시〉라는 명칭을 붙여서 쓰고 있다.

아이들이 하는 말은 너무나 자의적이어서 믿을 수 없다는, 현재 유행하고 있는 견해에 대해 나는 찬동하지 않는다. 심리 영역에서는 절대 자의적인 것이란 있을 수 없다. 아이들이 하는 말에 신뢰성이 결여되는 까닭은, 여기에 그들의 상상력이 많이 개입되기 때문이다. 이것은 어른들이 하는 말에 편견이 개입됨으로써 그 신뢰성이 떨어지는 것과 마찬가지이다. 아이들이라도 까닭 없이 거짓말을 하지는 않는다. 오히려 전체적으로 볼 때 아이들이 어른들보다 진실을 사랑하는 경향이 강하다. 따라서 한스의 말을 모조리 무시하고 거부하는 것은 그에게 커다란 잘못을 저지르는 것이 된다. 오히려 우리는 그가 반항심에서 사실을 왜곡하거나 말을 하지 않는 경우, 스스로 결정을 내리지 못한 상태에서 아버지의 말에 동조하는 경우 — 그 결과 그의 말은 증거로 택할 수 없다 — 그리고 그가 압박감에서 벗어나 속에 간직했던 이야기와 자신만 알고 있던 이야기를 샘솟듯이 마구 지껄여 대는 경우를 각각 구별해야 한다. 어른들이 하는 말도 이보다 더 확실성을 제공하지는 못한다. 정신분석의 어떠한 묘사도 분석가가 분석을 수행할 때 받은 인상들을 그대로 재생할 수는 없으며, 그 결과 궁극적인 확신은 분석에 대한 글을 읽는 것으로는 전혀 이루어질 수 없고 직접적인 체험에 의해서만 가능하다는 것은 안타까운 사실이다. 그러나 이러한 결점은 어른들에 대한 분석의 경우에도 마찬가지이다.

꼬마 한스는 그의 부모에 의해 명랑하고 솔직한 아이로 묘사되고 있는데, 그것은 그의 부모가 그에게 행한 교육, 즉 우리가 늘 범하는 교육상의 죄악을 배제하는 데 주안점을 둔 양친의 교육에 의해 그렇게 되었는지도 모른다. 그가 쾌활하고 순진한 상태에서 자신에 대한 탐구를 수행하던 동안은 — 그로부터 파생되는 갈등에 대해서 의식하지 못한 채 — 그는 자신의 속마음을 아무 거리낌 없이 털어놓았다. 따라서 그의 공포증이 나타나기 이전에 이루어진 관찰들에 대해서는 의심이나 이의를 달 구석이 없다. 그에게는 말하는 것과 생각하는 것 사이의 불일치가 공포증과 이에 대한 분석의 개시(開始)와 더불어 나타났다. 그 이유는, 한편으로는 그가 한번에 소화할 수 없는 무의식적인 자료들이 그에게 강요되었기 때문이고, 다른 한편으로는 그의 사고의 내용들이 엄마와 아버지에 대한 관계로 인해 유보적 성격을 띠었기 때문이다. 그리고 이러한 어려움들이 어른들을 상대로 분석할 때보다 더 크지 않았다는 것이 나의 솔직한 생각이다.

정신분석을 하는 동안 한스는 그 스스로는 할 수 없는 많은 말을 들었고, 그의 나이로서는 할 수 없는 사고들을 접했으며, 그의 주의력이 아버지가 무언가 은근히 기대하는 쪽을 향했음은 사실이다. 이것이 분석의 증거력을 떨어뜨렸다. 하지만 모든 분석에서 우리는 똑같은 절차를 밟는다. 정신분석은 공평무사한 과학적 탐구가 아니라 하나의 치료 방법이기 때문이다. 정신분석의 요체(要諦)는 무엇을 증명하는 데 있지 않고 무언가를 변화시키는 데 있다. 정신분석을 행할 때마다 의사는 때로는 많이, 그리고 때로는 적게 환자에게 무의식적인 자료를 재인식하고 포착할 수 있는 의식적인 기대 표상들을 부여한다. 어떤 환자들은 그러한 도움을 많이 필요로 하고, 어떤 환자들은 적게 필요로 한다. 그렇지만 그러한 도움 없이 정신 치료를 받을 수 있는 사람은 없다. 가벼운 정신 질환은 주변의 도움 없이 환자 자신의 노력에 의해 극복될 수 있지만, 신경증은 절대 그렇지 않다. 신경증은 환자에게 마치 낯선 그 무엇으로 다가서기 때문이다. 그와 같은 질환을 극복하기 위해서는 다른 사람이 개입해야만 하고, 그 다른 사람이 도움이 되는 한 신경증은 치료가 가능하다. 〈다른 사람들〉을 멀리하는 것이 신경증의 본질적 특징이라면 — 이것은 조발성 치매Dementia praecox로 통칭되는 상태의 특징인데 — 바로 그 이유 때문에 그러한 질환은 우리의 노력으로도 치료할 수가 없다. 어린아이는 아직 지적인 체계가 제대로 발달되어 있지 않기 때문에, 특히 집중적인 도움을 필요로 한다는 것은 사실이다. 그러나 정신분석 의사가 환자에게 주는 정보는 결국 정신분석적인 경험에서 생긴 것들이다. 그리고 정신과 의사의 개입을 통해서 우리가 병리적 자료의 구조를 발견하고, 또 동시에 그것을 와해시킬 수 있다면 그 가치는 충분히 증명되는 셈이다.

그렇지만 우리의 어린 환자는 분석을 행하는 동안에도 〈암시〉라는 혐의에서 벗어날 만큼 충분한 독자성을 보여 주었다. 다른 모든 아이들과 마찬가지로, 그는 외부로부터 그렇게 하라는 아무런 자극도 받은 바 없이 자기 앞에 주어진 자료에 대해 어린애다운 성 이론을 적용했다. 이러한 성 이론은 어른의 정신과는 극히 동떨어져 있다. 그래서 사실 나는 이 경우에서 한스의 아버지에게 한스는 배설 콤플렉스Exkretionkomplex를 거쳐서 아기 낳기의 테마에 이르게 될 것이라는 점을 주지시키는 일을 생략했다. 내가 그러한 사실을 알리는 것을 회피한 것이 — 물론 그 때문에 분석 과정에서 모호성이 발생하기도 했지만 — 궁극적으로는 한스의 사고 과정의 진실성과 독자성의 훌륭한 증거를 만들어 내는 수단이 되었다. 한스는 갑자기 〈똥〉에 대해 이야기하기 시작했다. 그 결과 한스에게 암시를 주는 역할을 하는 아버지는 도대체 왜 한스가 그런 이야기를 꺼내게 되었는지, 거기에서 어떠한 결과가 나올 것인지 종잡을 수 없었다. 마찬가지로 한스가 만들어 낸 두 번의 설비공 환상에도 아버지의 관여는 전혀 없었다. 이 두 번의 환상은 한스가 일찍 습득한 〈거세 콤플렉스〉에서 유래한 것이었다. 여기서 나는 한스 아버지에게 내가 이 두 가지 사이에 연관성이 있을지도 모른다는 일말의 기대감을 갖고 있다는 사실에 대해 입을 꾹 다물고 있음을 고백해야겠다. 그것은 다른 방법으로는 얻기 힘든 이번 증거물의 증거력에 흠집을 내지 않기 위한 이론적인 배려에서였다.

이번 분석의 세부 사항들 속으로 더욱 깊이 들어가면, 한스가 〈암시〉의 영향에서 독립되어 있다는 새로운 증거들을 더욱 많이 제시할 수 있을 것이다. 그러나 나는 여기서 첫 번째 이의에 대한 논의를 중단하려고 한다. 나는 아무리 설득하려고 해도 설득당하려 하지 않는 사람에 대해서는 이번의 분석으로도 나의 주장을 결코 납득시킬 수 없다는 사실을 알고 있다. 내가 나의 관찰에 대한 논의를 계속하는 것은 무의식적인 병원성 자료가 지니는 객관성을 이미 확신하고 있는 독자들을 위해서이다. 나는 여기서 이러한 독자들의 숫자가 꾸준히 늘어 가고 있다는 사실을 기분 좋게 강조하고 싶다.

한스의 성생활의 일부로 간주될 수 있는 첫 징후는 자신의 〈고추〉에 대한 특별한 관심이었다. 여기서 〈고추〉(한스는 이것을 〈Wiwimacher〉라고 불렀다)는, 그것이 가진 두 가지 기능 중 한 기능 — 다른 기능과 마찬가지로 중요하며 육아 시에 도외시할 수 없는 기능 — 에 따라 붙여진 명칭이다. 이런 관심이 그의 가슴에 탐구욕을 불어넣었다. 그렇게 해서 그는 고추가 있느냐 없느냐에 따라 생물과 무생물을 구별할 수 있다고 생각했다. 그는 자신과 유사하다고 생각하는 모든 생명체에 이런 중요한 신체 기관이 있음을 전제하고, 그것을 덩치가 큰 동물들에게서 관찰했으며, 엄마 아빠에게 모두 그것이 있으리라고 생각했다. 그리하여 그는 자신의 눈으로 직접 목격하고서도 새로 태어난 여동생에게도 그것이 있다는 주장을 버리지 않았다. 여기서 우리는 만약에 그가 자신과 비슷하게 생긴 생물에게 그 기관이 없다는 사실을 인정해야 했을 경우, 그것이 그의 〈세계관Weltanschauung〉에 엄청난 충격이 되었으리라고 말할 수 있다. 그런 사실을 인정했을 경우, 그는 마치 그 기관이 자신의 몸에서 떨어져 나간 듯한 느낌을 받았을 것이다. 바로 이 때문에 고추를 떼어 버리겠다는 엄마의 위협이 그의 사고에서 금방 지워졌다가 나중에야 그 위력을 발휘한 것이 아닌가 싶다. 그의 엄마가 개입한 까닭은 그가 평소에 고추를 만지면서 쾌감을 느꼈기 때문이다. 사실 꼬마 한스는 아주 평범하고 정상적인 자가 성애적 성행위를 시작했던 것이다.

자신의 성기를 만짐으로써 느끼는 쾌감은, 아들러가 〈본능Trieb의 교차(交叉)〉라는 말로 아주 적절하게 표현했듯이[2] 적극적인 형태나 소극적인 형태의 관음증과 연결된다. 그래서 꼬마 한스는 다른 사람들의 고추를 보려고 애쓰기 시작했다. 성적 호기심이

2 아들러A. Adler, 「삶과 신경증에서 나타나는 공격 본능Der Aggressionstrieb im Leben und in der Neurose」(1908) 참조 — 원주.

커졌고, 동시에 그는 자신의 고추를 남에게 보여 주는 것을 좋아했다. 억압 심리의 초기에 꾼 꿈 중의 하나에서 한스는 여자 친구가 자신이 오줌 누는 일을 도와주기를 바란다. 다시 말해 그는 자신이 오줌 누는 광경을 여자 친구가 보아 주기를 바란 것이다. 그러므로 이 꿈은 당시까지 그의 소망이 아직 억압되지 않은 상태로 존속하고 있었음을 보여 준다. 그리고 나중의 여러 가지 정보는 한스가 그러한 소망을 충족하려 했음을 확인시켜 주었다. 그의 적극적인 성적 호기심은 곧 그의 내면에서 특정한 주제와 연결되었다. 그는 엄마와 아빠에게 거듭해서 아직까지 그들의 고추를 보지 못했다고 아쉬움을 표현했다. 이것은 아마도 자신의 고추와 엄마 아빠의 것을 〈비교해〉 보려는 욕망의 표현이었을 것이다. 자아das Ich는 언제 어디서고 외부 세계를 재는 척도이다. 사람은 외부 세계와 자신을 끊임없이 비교함으로써 그 세계를 이해하게 된다. 한스는 덩치가 큰 동물들은 그만큼 자기 것보다 훨씬 큰 고추를 갖고 있음을 목격했다. 그래서 그는 엄마 아빠도 그럴 것으로 생각했으며, 또 그것을 확인해 보고 싶었다. 그는 엄마가 분명히 〈말의 것과 같은 크기의〉 고추를 갖고 있을 것으로 생각했다. 그때 그는 몸이 자라면 고추도 따라서 자랄 것이라는 생각으로 스스로 위안받았다. 그리하여 마치 더욱더 커지고 싶은 어린 아이의 소망이 성기 부분에만 집중된 것 같은 인상을 주었다.

그런 식으로 생식기 부위는 꼬마 한스의 성적인 체질에서 처음부터 그에게 가장 큰 쾌감을 주는 성감대 중 하나가 되었다. 그가 말한 것 중 이와 비견될 수 있는 유일한 쾌감은 배설을 통한 쾌감이었다. 즉 그것은 배뇨나 배변 시 구멍과 관련된 쾌감이다. 그는 마지막의 행복한 환상에서 — 그는 이 환상을 계기로 공포증 질환을 극복하게 된다 — 자신의 아이들을 갖고 있다고 상상하며

이들을 화장실에 데려가고, 오줌을 누이고, 그들의 밑을 닦아 준
다. 간단히 말해 그는 〈아이들에게 해줄 수 있는 모든 것〉을 해준
다. 그러므로 우리는 그가 갓난아이로서 엄마의 보살핌을 받았을
때 이러한 것에서 많은 쾌감을 느꼈음을 가정하지 않을 수 없다.
자기의 성감대에 대한 이 같은 쾌감을 실제로 그는 자신을 돌보
아 주던 사람, 즉 엄마를 통해 알게 되었다. 그렇게 그 쾌감은 이
미 그의 성적 대상을 가리키고 있었다. 그러나 그가 아주 어렸을
때부터 이 같은 쾌감을 자가 성애적으로 만들어 내는 데 익숙해
져 있었는지도 모른다. 즉 그가 대변을 될 수 있는 대로 꾹 참고
있다가 일시에 그것을 비움으로써 쾌감을 느끼는 그런 부류의 아
이들에게 속했는지도 모른다. 나는 이에 대한 가능성만을 말하고
있다. 왜냐하면 분석 과정에서 이에 대해 밝혀진 명확한 사실이
없기 때문이다. 반면에 〈두 발을 버둥거리는 것〉은 — 그는 나중
에 이것을 보고 무척 두려워했는데 — 이 가능성을 알려 준다. 그
러나 이 같은 쾌감이 한스의 경우엔 다른 아이들의 경우처럼 그
렇게 심각한 중요성을 지니지는 않는다. 그의 습관은 이미 일찍
부터 깨끗했다. 그리하여 야뇨증이나 실금(失禁)이 초창기에는
별 중요성을 지니지 못했다. 자신의 대변을 가지고 노는 성향이
그에게서는 전혀 발견되지 않았다. 어른이 그럴 경우 우리는 상
당히 역겨움을 느낀다. 그런데 이러한 성향은 보통 정신적인 퇴
화 과정의 말기에 다시 나타나는 경향이 있다.

이 자리에서 우리는 그의 공포증 기간 동안 성행위의 이 두 가
지 잘 발달된 구성 요소에 대한 분명한 억압이 있었다는 사실을
강조하지 않을 수 없다. 그는 다른 사람들이 보는 앞에서 오줌 누
는 것을 부끄러워했고, 손가락으로 자신의 고추를 만지는 것도
스스로 꾸짖었으며, 자위행위를 그만두려고 노력했고, 〈똥〉과

〈오줌〉 그리고 이것들을 연상시키는 것을 보면 구역질을 했다. 그는 자신의 아이들을 돌보는 환상을 하는 가운데 후자의 억압을 다시 극복했다.

한스와 같은 체질의 성적 성향은 성도착증Perversion이나 이것의 소극적 현상(우리는 여기서 이야기를 히스테리Hysterie에 국한하려 한다) 쪽으로 발전될 소질을 갖고 있지 않은 것 같다.[3]

지금까지 내가 경험한 바에 따르면(사실 이 점은 아직 조심스럽게 말할 필요가 있다), 히스테리 환자들의 타고난 체질의 특징은 — 이것은 성도착증 환자들에게도 당연한 해당 사항이다 — 다른 성감대에 비해 성기 부위가 상대적으로 덜 우세하다는 데 있다. 그러나 우리는 이러한 일반적인 규칙에서 한 가지 특별한 성생활 중 단 하나의 〈변이〉를 제외해야 한다. 나중에 동성애자가 된 남자들의 경우에서 — 나의 예상대로, 그리고 자드거I. Sadger[4]의 관찰에서 보여 주듯이 이들은 어렸을 때 양성 생식의 단계를 거쳤다 — 우리는 그들이 유아기에 성기 부위(특히 남근)에 대해 정상적인 사람들과 마찬가지로 우월감이 있음을 알게 된다. 남성 성기에 대한 동성애자의 이 같은 높은 평가가 자신의 운명을 결정짓는다. 동성애자가 어린 시절 여자들을 그들의 성적 대상으로 선택하는 것은 여자들에게도 그의 관점에서 없어서는 안 된다고 생각되는 육체의 한 부분, 즉 남근이 있다고 생각하기 때문이다. 그러나 여자들이 이 부분에서 그를 속였음을 확인하게 되면서 여자들은 더 이상 그의 성적 대상으로 수용되지 않는다. 남근이 없는 사람은 그들에게 성교에 대한 아무런 자극도 주지 못한다. 사정이

---

3 「성욕에 관한 세 편의 에세이」의 첫 번째 에세이 참조.

4 자드거의 「동성애자 분석에 대한 단편(斷片)Fragment der Analyse eines Homosexuellen」(1908)과 「반대 성감(性感)의 병인학Zur Ätiologie der konträren Sexualempfindung」(1909) 참조.

허락할 경우 그들은 〈남근을 가진 여성〉, 즉 여자처럼 생긴 소년을 향해 그들의 리비도를 쏟아붓는다. 그러므로 동성애자들이란 자기 성기의 중요성을 강조한 나머지 자신과 유사성이 없는 성적 대상과는 성교를 하지 않는 사람을 이른다. 자가 성애에서 대상에 대한 사랑으로 발전해 가는 과정에서 그들은 그 두 가지 사이의 한 지점에 머물러 있다. 이 지점은 자가 성애 쪽에 더 가깝다.[5]

특별한 동성애적인 성 본능Sexualtrieb을 구별해 낸다는 것은 절대 불가능하다. 왜냐하면 동성애를 결정짓는 것은 성생활의 특이성이 아니라 대상 선택의 특이성이기 때문이다. 여기서 우리가 성생활에서 성 본능과 대상의 관계를 실제보다 훨씬 친밀한 것으로 잘못 생각해 왔다는, 「성욕에 관한 세 편의 에세이」에서 내가 상술한 사실을 상기해 보자. 동성애자는 정상적인 성 본능을 갖고 있을 수도 있지만, 특정한 조건을 지닌 대상에서 벗어나지 못한다. 그리고 어릴 때는 그러한 조건이 도처에 충족된 것으로 여기기 때문에 동성애자는 꼬마 한스처럼 행동할 수 있다. 꼬마 한스는 남녀 구별 없이 아이들에게 애정을 보였으며, 한번은 프리츨을 〈자신이 가장 좋아하는 여자애〉라고 말하기도 했다. 한스는 다른 아이들처럼 동성애 경향을 가지고 있었다. 이때 우리는 그가 단 〈한 가지 종류의 성기〉, 즉 자기 것처럼 생긴 성기만을 알고 있었다는 점을 명심해야 한다.[6]

그러나 우리의 꼬마 난봉꾼의 성향은 그 후 동성애 쪽으로 발

5 〈남근을 가진 여성〉에 대한 이야기는 이미 프로이트의 「어린아이의 성 이론에 관하여」에 실려 있다. 또한 반대의 성 대상에 대하여는 「성욕에 관한 세 편의 에세이」를 참조할 것.
6 (1923년에 추가된 각주) 나는 나중에(1923년에) 한스 역시 통과한 성 발전의 이 시기는 단 한 가지의 성기, 즉 남성의 성기만을 안다는 보편적인 특징이 있다는 사실을 강조했다. 나중의 어른의 시기와는 달리 이 시기는 성기의 우위가 아니라 남성 성기의 우위에 의해 특징지어진다 — 원주.

전하지 않고 오히려 정력적이고 일부다처를 추구하는 남성의 성향 쪽으로 전개되었다. 그 결과 그는 상대에 따라 그때그때 행동을 달리했다. 즉 어떤 때에는 상대에게 끈질기게 달라붙고, 또 어떤 때에는 애타게 그리워하기만 했다. 그의 애정은 어머니에게서 다른 대상들로 향했다. 그러나 사랑할 다른 대상들이 없을 때면 그의 이러한 성향은 다시 어머니 쪽으로 향했다. 그러나 어머니 쪽을 향한 그의 애정은 신경증의 성향을 띠면서 좌절할 수밖에 없었다. 이것을 보고서야 비로소 우리는 어머니를 향한 그의 애정이 얼마나 강력했던가, 그리고 그의 애정이 어떠한 우여곡절을 겪었는가를 알게 되었다. 자신의 꼬마 여자 친구들을 상대로 추구했던 성적인 목표, 즉 그들과 〈자고 싶어 하는〉 그의 성향은 어머니와의 관계에서 유래한 것이다. 그것은 말로 표현되었다. 성년이 되어도 그것은 말로 표현되게 마련이다. 물론 이때는 말의 내용이 더욱 함축적으로 풍부해지겠지만 말이다. 꼬마 한스는 아주 평범하게, 즉 어릴 적에 어머니에게서 받은 보살핌을 통해서 상대방에 대한 애정에 이르는 길을 발견했다. 그리고 새로운 쾌감의 체험이 그에게 가장 중요한 것이 되었다. 그것은 어머니와 함께 자는 것이다. 이때 한스는 피부 접촉을 통해서 성적 쾌감을 얻으려 했다. 이것은 우리 모두에게 체질적으로 내재되어 있는 것이다. 내 생각으로 좀 인위적이라고 여겨지는 몰A. Moll의 학술 용어 사전[7]에 따르면, 이것을 〈성적 접촉 욕망의 만족〉이라고 부를 수 있을 것이다.

아버지와 어머니에 대한 태도에서 한스는 내가 『꿈의 해석』과 「성욕에 관한 세 편의 에세이」에서 부모에 대한 아이들의 성관계

7 몰의 『성적 리비도에 대한 연구 Untersuchungen über die Libido sexualis』 제1권 (1898).

에 대해 언급한 모든 것을 아주 구체적이고 뚜렷하게 증명해 보였다. 그는 정말로 아버지를 〈제거하고서〉 아름다운 어머니와 단둘이만 남고 싶어 하는, 다시 말해 그녀와 자고 싶어 하는 어린 오이디푸스였다. 이러한 소망은 여름휴가 때 생겨났다. 아버지가 그들이 함께 묵고 있는 휴가지에 들렀다가 다시 그곳을 떠나곤 함으로써 한스는 어머니와 단둘이서 오붓하게 있을 수 있는 조건에 대해 눈을 뜨게 된 것이다. 그때 취했던 소망의 형식은 단순히 아버지가 멀리 떠나고 없었으면 좋겠다는 것에 불과했다. 그런데 나중에 가서는 이러한 형식에 흰 말이 그를 물지도 모른다는 공포심이 직접적으로 추가되었다. 그것은 어떤 사람이 그곳을 떠날 때 받은 우연한 인상 때문이었다. 그러나 궁극적으로 그의 소망은 아버지가 〈영원히〉 사라졌으면, 즉 〈죽어서〉 없어졌으면 하는 형식을 띠게 되었다. 물론 그러한 바람은 빈에 돌아와서 비로소 생겼다. 왜냐하면 그곳에서는 아버지가 여행을 떠나는 것을 기대할 수 없었기 때문이다. 아버지가 죽어 버렸으면 하는 이 같은 소망에서 기인하는, 다시 말해서 정상적이라고 할 수 있는 아버지에 대한 이 같은 두려움이 한스에 대한 정신분석을 하는 데 가장 큰 걸림돌이 되었다. 그것은 진료실에서 나와 상담을 하는 가운데 점차 제거될 수 있었다.[8]

그러나 사실 우리의 한스는 절대 나쁜 성격의 소유자가 아니다. 그는 이즈음의 시기에 그렇듯이 인간의 천성을 이루는 잔인

8 한스의 두 가지 연상, 즉 나무딸기 주스와 살상용(殺傷用) 총은 그것이 나온 배경이 분명히 너무 한쪽으로만 규정지어졌다고 할 수 있다. 내 생각으로는 이 두 가지가 아버지에 대한 증오심뿐만 아니라 변비 콤플렉스와 관계가 있는 것 같다. 후자의 관계를 추측해 낸 아버지조차도 〈나무딸기 주스〉가 〈피〉와 관련이 있을 것이라고만 생각했다 — 원주.

하고 폭력적인 성향을 아무 거리낌 없이 내보이는 아이가 절대 아니었다. 이와 정반대로 그는 이루 말할 수 없이 선량하고 부드러운 성격의 소유자였다. 한스의 아버지는 한스의 가슴속에서 아주 이른 나이에 공격 성향이 동정심으로 전환되었다고 보고했다. 공포심이 나타나기 이미 오래전에 그는 회전목마의 말들이 맞는 장면을 보면 불안감을 감추지 못했으며, 자기 앞에서 누군가가 울면 냉담하게 결코 가만있지 않았다. 물론 정신분석 과정 중 한 단계에서 그에게 약간의 억압된 사디즘Sadismus 증세가 나타나기는 했다.[9] 그러나 그것은 〈억압된〉 사디즘이었다. 우리는 앞으로 그 맥락에서 그러한 사디즘이 무엇을 의미하는지, 또 그것이 무엇을 대체하는 것인지에 대해서 추론해야 할 것이다. 한스는 아버지가 죽기를 바라면서도 아버지를 진심으로 사랑했다. 그리고 그의 의지력이 그러한 모순에 저항하려는 사이,[10] 그는 그 모순이 존재한다는 사실을 보여 줄 수밖에 없었다. 즉 그는 아버지를 때리고는 곧장 달려들어 때린 부위에다 입을 맞춘 것이다. 우리 역시 그러한 모순된 행동에 빠지지 않도록 조심해야 하겠지만, 사실 우리 인간의 감정적인 삶은 대체로 그와 같은 대립된 쌍으로 조합되어 있다.[11]

사실, 그렇지 않다면 심리적 억압증이나 신경증은 전혀 생기지 않을 것이다. 성인들의 경우에는 이와 같은 대립적인 감정들이 격정적인 애정이 절정에 달한 때를 제외하고는 대체로 동시에 의식되는 경우가 없다. 다른 때에는 이 감정들이 서로 억누르고 있다가 그중 하나가 다른 것을 시야에서 완전히 가려 버린다. 그러

9 말들을 때리고 놀리려 한 것 —원주.
10 아버지에게 한 일련의 비판적인 질문 참조 —원주.
11 사실, 나는 머리를 짜서 써낸 책이 아니다. / 나는 모순으로 가득 찬 인간일 뿐이다(마이어C. F. Meyer, 『후텐의 최후Huttens letzte Tage』) —원주.

나 어린아이들의 정신생활에서는 이와 같은 대립되는 감정들이 꽤 오랫동안 평화롭게 공존할 수 있다.

한스의 성 심리학적 발전 과정에 가장 큰 영향을 끼친 것은 여동생의 출생이다. 그때 그의 나이는 세 살 반이었다. 그 사건은 부모를 통해 체험했던 쾌감에 대해 그에게 풀 수 없는 고민거리를 제공했다. 그리고 그 후 부모가 여동생을 돌보는 광경을 바라보는 가운데 그의 가슴속에는 아주 어릴 적 기억 흔적Erinnerungsspur들이 되살아났다. 이러한 영향 역시 전형적인 것이다. 정상적이든 정상적이지 않든 이루 말할 수 없이 많은 수의 인생사에서 우리는 바로 아래 동생의 탄생과 더불어 활활 타오르는 성적 쾌감과 성적 호기심을 정신분석의 출발점으로 삼을 수밖에 없다. 새로 태어난 동생에 대한 한스의 태도는 『꿈의 해석』에서 내가 서술해 놓은 대로이다. 그로부터 며칠 뒤 그는 열병에 걸린 상태에서 자신은 식구가 느는 것을 별로 좋아하지 않는다는 태도를 드러냈다. 나중에는 여동생에 대해서 애정을 보이긴 했지만,[12] 여동생에 대한 그의 첫 번째 태도는 적대감이었다. 아이가 또 태어날지도 모른다는 두려움이 그 이후로 그의 의식의 한 부분을 차지하게 되었다. 신경증 증상 속에서 이미 억눌린 그의 적대심은 특별한 공포심으로, 즉 욕조에 대한 공포심으로 나타났다. 정신분석 과정에서 그는 누이동생이 죽었으면 하는 소망을 거리낌없이 드러냈다. 그것은 그의 아버지에 의해 보충이 필요한, 암시적인 표현이 아니었다. 그의 내적인 양심은 여동생에 대한 이 소망을 아버지에 대한 암시적인 소망[13]보다 더 나쁘게 받아들이지 않았다. 그러

12 여동생이 말을 제대로 할 수 있는 나이가 되었을 때 그가 무엇을 할 것인가에 대해서 언급한 부분 참조 — 원주.
13 아버지가 죽어서 없어졌으면 하는 소망.

나 그가 두 사람을 무의식 속에서는 동일하게 취급했음은 분명하다. 왜냐하면 그 두 사람이 그에게서 엄마를 빼앗아 갔으며, 그녀와 단둘이 있는 것을 방해했기 때문이다.

더 나아가 여동생의 출생 사건과 이 사건으로 인해서 되살아난 감정들은 그의 소망에 새로운 방향을 제시했다. 승리감에 찬 마지막 환상에서 그는 그의 모든 에로틱한 소망들을 취합한다. 자가 성애적인 단계에서 유추된 소망들뿐만 아니라 대상애 *Objektliebe*와 연관된 소망들까지. 이 마지막 환상 속에서 그는 자신의 아름다운 어머니와 결혼하여 셀 수 없이 많은 아이들을 낳고 그들을 자기 나름의 방식으로 돌본다.

2

어느 날 한스는 거리에 나갔다가 불안감에 휩싸였다. 그때까지만 해도 그는 무엇 때문에 두려운지 그 대상에 대해서는 말할 수 없었다. 그러나 그는 불안 상태의 초기에 자신이 왜 아픈지, 어째서 병을 얻게 되었는지 그 동기에 대해서는 아버지에게 털어놓았다.[14] 그는 바로 엄마 곁에 누워서 그녀를 어루만지고 싶었던 것이다. 새 아이가 태어날 때 엄마에게서 떨어져 있어야 했던 기억이, 그의 아버지 말대로 그에게 이러한 열망을 하도록 만들었는지도 모른다. 그의 불안이 이제 더 이상 그리움으로 바뀔 수 없음은 금세 명백해졌다. 그 때문에 그는 엄마와 함께 산책을 나갔을 때에도 두려움을 느꼈다. 그러는 동안 이제 불안으로 변질된 그의 리비도의 표적이 무엇이었는지를 알려 주는 몇 가지 징후들이

14 병의 동기와 병 때문에 얻을 수 있는 이익은 「도라의 히스테리 분석」을 참조할 것.

나타났다. 그는 흰 말이 그를 물지도 모른다는 아주 구체적인 공포를 표명했다.

우리는 그와 같은 병세를 〈공포증〉이라고 부르며, 꼬마 한스의 경우는 광장 공포증Agoraphobie에 포함시킬 수 있다. 광장을 건너가는 일은 보통 때에는 할 수 없지만, 다른 사람의 도움을 받거나, 극단적인 경우 의사의 도움을 받아서 할 수 있다. 아주 쉽게 가능한 때를 제외하고. 그러나 한스의 공포증은 이 조건을 지속적으로 충족시키지 못했다. 그의 공포증은 금방 공간을 벗어나, 갈수록 뚜렷하게 말에게 집중하는 현상을 보였다. 첫 며칠 동안 그는 극도의 불안 상태에서 다음과 같은 두려움을 표명했다. 〈말이 방 안으로 들어올 것 같아.〉 그런데 그가 한 이 언급이 그의 불안 상태를 쉽게 이해하게 해주었다.

신경증의 분류 체계 내에서 〈공포증〉은 지금까지 어떤 확정된 위치를 갖지 못했다. 여기서 분명한 사실은 이 공포증이 여러 가지 신경증의 증상을 지니고 있는 것으로 간주될 뿐이며, 하나의 독립된 병리학적 과정으로 볼 수 없다는 것이다. 꼬마 한스가 보인 종류의 공포증은 — 이 공포증은 가장 흔한 것이다 — 내 생각으로는 〈불안 히스테리Angsthysterie〉라는 명칭이 적절할 것 같다. 나는 신경증적인 불안 상태에 대한 서술 작업을 하고 있는 슈테켈W. Stekel 박사에게 이 용어를 사용할 것을 제안했다. 그리고 나는 이 용어가 널리 보편화되기를 희망한다.[15]

이 용어의 정당성은 공포증의 심리적 메커니즘과 히스테리의 심리적 메커니즘 사이의 완벽한 유사성에 근거한다. 단 한 가지 점을 제외하고. 그런데 이 한 가지가 결정적인 것으로, 두 증세를

---

15 슈테켈의 『신경증적인 공포 상태와 그 치료법Nervöse Angstzustände und ihre Behandlung』(1908) 참조 — 원주. 프로이트가 이 글의 서문을 썼다.

구별하는 데 이용되기도 한다. 왜냐하면 불안 히스테리의 경우에는 심리적 억압으로 인해 병리학적 자료에서 나온 리비도가 전환 *Konversion*되지 못하고(다시 말해 정신적 영역으로부터 육체적인 자극 전환으로 나아가지 않고) 공포 형태로 나아가기 때문이다. 병리 현상들 중에 우리는 이러한 〈불안 히스테리〉가 〈전환 히스테리*Konversionhysterie*〉와 어느 정도 혼합되는 경우를 만나기도 한다. 어떠한 불안이나 불안 히스테리도 없는 순수한 전환 히스테리도 존재한다. 그뿐만 아니라 순수한 불안 히스테리의 경우도 존재한다. 불안 히스테리는 불안감이나, 약간의 전환 히스테리도 섞이지 않은 공포증 형태로 표현된다. 후자의 경우가 바로 우리의 꼬마 한스의 경우이다.

불안 히스테리는 정신 신경증적 질환 중 가장 빈번한 질환이다. 그러나 무엇보다도 이 질환은 생의 아주 이른 시기에 나타난다. 그러므로 이 질환은 특히 어린이들의 신경증 질환이다. 한 엄마가 자기 아이가 너무 〈신경질적〉이라고 말한다면, 우리는 그 아이가 십중팔구 어떤 한 종류의 불안이나 여러 종류의 불안감을 동시에 겪고 있음을 예상할 수 있다. 그러나 유감스럽게도 이렇게 중요한 질환의 한결 섬세한 메커니즘에 대한 연구가 아직까지 충분히 이루어지지 않았다. 그리고 또 불안 히스테리를 결정지어 주는 조건이 전환 히스테리나 그 밖의 신경증의 경우와 달리 체질적인 요소에 있는 건지, 우연한 체험에 있는 건지, 아니면 두 가지의 결합에 있는 건지도 아직 밝혀지지 않았다.[16] 내가 보기에는

16 (1923년에 추가된 주) 여기에 제기한 질문에 대해 더 이상의 탐구가 이루어지지 못했다. 그러나 불안 히스테리가 일반적인 규칙에서 벗어나는 질환이라고, 즉 이 질환이 발생할 때에는 타고난 체질과 체험이 함께 작용한다고 가정할 아무런 이유가 없다. 출생 외상*Trauma*의 영향에 대한 랑크의 견해가 어린 시기에 그토록 강력한 불안 히스테리 성향의 원인에 대해 특별히 조명하는 것처럼 보인다 — 원주. 랑크의 견해

이러한 질환은 모든 신경증 질환들 중에서 특별한 체질(體質)에 대한 의존도가 가장 적고, 이와 관련해서 생의 어떤 시기에든 아주 쉽게 걸릴 수 있는 질환이라고 생각된다.

불안 히스테리의 본질적인 특징 중의 하나는 아주 쉽게 지적할 수 있다. 즉 불안 히스테리는 시간이 지날수록 〈공포증〉으로 발전하며, 결국에는 환자가 이 불안에서 벗어나게 되는데, 이때 그는 온갖 금지와 제한을 대가로 치른다는 것이다. 불안 히스테리가 시작되고부터 환자의 심리는 일단 발산된 불안을 지속적으로 다시 묶으려는 작업에 열중한다. 그러나 이 작업은 불안을 다시 리비도로 되돌려 놓지 못하며, 리비도의 출원지인 콤플렉스와 아무런 접촉도 하지 못한다. 그러므로 불안이 진전을 초래할 수 있는 모든 가능한 동기를 애초부터 자르는 수밖에 다른 방도가 없다. 그것은 예방의 의미에서 여러 가지 금지나 제한 등의 심리적 장벽을 침으로써 가능하다. 그런데 바로 이렇게 쳐놓은 심리적 보호막들이 우리의 눈에 공포증으로 보이기도 하고, 우리가 느끼기에 환자가 겪고 있는 병의 본질인 것처럼 보이기도 한다.

불안 히스테리에 대한 치료는 지금까지 아주 부정적이었다고 할 수 있다. 지금까지의 경험에 비추어 공포증은 폭력적인 방법으로 치료할 수 없으며, 그것은 상황에 따라 위험하기까지 하다. 여기서의 폭력적인 방법이란 환자가 자신의 보호막으로 사용하고 있던 것을 벗겨 버린 다음 그를 불안의 상황 속으로 몰아넣는 일이다. 결국 우리는 환자가 자신의 보호막으로 사용할 수 있는 것을 어디서든 찾도록 내버려 둘 도리밖에 없다. 그러면 그는 그의 〈이해할 수 없는 비겁함〉 때문에 주위 사람들에게 별로 도움이

에 대한 프로이트의 의견은 「억압, 증상 그리고 불안」(프로이트 전집 10, 열린책들)을 참조할 것.

되지 않는 경멸을 받게 될지도 모른다.

한스의 부모는 한스의 발병 직후부터 그를 비웃거나 폭력적으로 다루지 않고 오로지 정신분석 방법을 통해 그의 억눌린 심리적 소망이 무엇인지를 풀어 보겠다고 마음먹었다. 이를 위한 한스 아버지의 남다른 노력은 결국 성공으로 보상을 받았다. 한스 아버지의 보고는 이와 같은 유형의 공포증의 구조를 탐구하고, 그것에 대해 분석할 수 있는 기회를 주었다.

지금까지 우리의 분석이 너무 확대되고 상세해서 독자들에게 얼마간 모호하게 보인 감이 없지 않을 것이다. 그래서 나는 우선 지금까지의 분석 과정에서 장식적인 요소들을 생략하고, 차례차례 드러나는 결과들에 주목함으로써 분석에 대해 다시 한번 짤막하게 언급하려 한다.

우리는 먼저 불안 상태가 얼핏 볼 때처럼 그렇게 갑작스럽게 나타나는 것이 아님을 알았다. 불안 상태에 들어서기 며칠 전 꼬마 한스는 악몽을 꾸고 깨어났다. 엄마가 멀리 떠나 버려 이제 더이상 어루만질 엄마가 없어졌다는 것이었다. 이미 이 꿈은 억압 심리의 과정이 엄청난 정도로 진행되어 있음을 알려 준다. 우리는 이 꿈을 다른 악몽의 경우와 같이 해석할 수 없다. 다른 악몽의 경우에는 아이가 신체적인 원인으로 꿈에서 불안을 느끼고, 그 불안을 자신의 극히 억눌려 있던 소망을 채우기 위해 무의식적으로 이용한다고 보는 것이 일반적이다.[17] 오히려 한스의 꿈은 실제의 벌이나 억압의 꿈으로 보아야 한다. 이것은 더 나아가 제 기능을 다하지 못한 꿈이라고 할 수 있다. 왜냐하면 아이가 불안의 상태에서 깨어났기 때문이다. 우리는 그의 무의식 속에서 실제로 무슨 일이 있었는지 쉽게 재구성할 수 있다. 꼬마 한스는 어머니와 사

17 『꿈의 해석』을 참조할 것 — 원주.

랑을 나누며 그녀와 함께 잠자는 것을 꿈꾸었다. 그러나 그의 모든 쾌감은 불안으로, 그리고 그의 모든 환상은 그 반대의 것으로 바뀌었다. 억압 심리가 꿈의 메커니즘에 대해 승리를 거둔 것이다.

그러나 이 심리적 상황의 기원은 훨씬 이전으로 거슬러 올라간다. 이미 지난해 여름에도 한스는 이와 유사한 그리움과 불안이 뒤섞인 심리적 상태를 느꼈다. 그때에도 그는 유사한 말들을 했고, 그 당시에 한스의 어머니는 그 말을 듣고 그를 침대로 끌어들였다. 대략 이때부터 우리는 한스에게 높은 성적 흥분 상태가 존재했음을 확인할 수 있다. 물론 그 대상은 어머니이다. 이 성적 흥분의 강도는 엄마를 상대로 한 두 번의 유혹에서 드러났다. 그중 두 번째 것은 불안 심리가 생겨나기 직전에 있었다. 그리고 그의 성적 욕망은 이와 더불어 매일 밤 자위행위를 통해 만족을 얻었다. 그 후 흥분이 이와 같은 불안 때문에 저절로 급변하게 되었는지, 어머니의 거부 결과 때문인지, 아니면 예전에 받은 인상들이 (앞으로 알게 될) 그의 병에 내재된 〈소질〉 때문에 우연히 되살아나서 그런지에 대해서는 결정을 내릴 수 없다. 그리고 또 그것을 알아내는 것은 무의미하다. 왜냐하면 이 세 가지는 서로 대립되는 요소로 여겨지지 않기 때문이다. 어쨌든 부동의 사실은 그의 성적 흥분이 갑자기 불안감으로 바뀌었다는 것이다.

불안의 초기에 한스가 보인 행동뿐만 아니라 그가 느낀 불안의 첫 번째 내용에 대해서 우리는 이미 들어서 알고 있다. 그 내용은 〈말이 자꾸만 물려고 한다〉는 것이었다. 여기서 첫 번째 치료 요법이 개입되었다. 한스의 부모는 그가 불안을 느끼는 이유가 자위행위 때문이라면서, 그에게 그 습관을 버리도록 지도했다. 나는 한스에게 말할 때 어머니에 대한 그의 애정 — 이것을 그는 말에 대한 공포와 바꾸고 싶어 한다 — 에 대해서 아주 강조하도록 한스의 부모에게 주의를 주었다. 이 첫 번째 개입으로 상황이 약간 개선되었다. 그러나 한스가 육체적인 질병에 걸리는 바람에 그것도 금방 상실되고 말았다. 결국 한스의 상태는 전혀 변하지 않았다. 그로부터 얼마 뒤 한스는 말이 자기를 물지도 모른다는 공포가 그문덴에서 받았던 인상에서 시작되었음을 알게 되었다. 어떤 아버지가 마차를 타고 출발하려는 딸에게[18] 〈말 입에 손을 집어넣지 말거라. 손을 집어넣으면 말이 문다〉라고 경고했던 것이다. 그 아버지가 한 경고의 말을 옮길 때 쓴 한스의 어법이 예전에 그의 자위행위에 대해서 경고했을 때 그의 부모가 쓴 어법을 연상시킨다(〈손가락을 거기에 갖다 대지 마라〉). 따라서 한스가 공포를 느끼는 직접적인 원인이 바로 그의 자위행위 탐닉에 있다고 여긴 그의 부모의 가정이 처음에는 타당한 것처럼 보였다. 그러나 전체 연관 관계는 아직 뚜렷하지가 않았고, 말은 우연히 그의 공포의 대상이 된 것처럼 보였다.

나는 한스의 억압된 소망이라는 것이 어떻게 해서든지 엄마의 고추를 보고자 하는 것이라고 추측한 바 있다. 새로 온 가정부에 대해서 한스가 이와 유사한 태도를 보였기 때문에 아버지는 그에게 첫 성적인 깨우침을 주었다. 즉 여자들에게는 고추가 없다고 말이다. 그러자 그는 그를 도와주려는 이 첫 번째 시도에 대해 자신이 만들어 낸 환상을 가지고 즉각 반응했다. 그 내용은 엄마가 전에 자기에게 그녀의 고추를 보여 주었다는 것이다.[19] 이와 같은

18 1924년 이전에는 〈어떤 아버지가 출발하려고 하면서 그의 딸에게······〉로 되어 있다.
19 (1924년에 추가된 각주) 맥락상 다음과 같은 말을 보충할 수 있다. 〈그러면서 고추를 만졌다.〉 한스는 만지지 않고는 자신의 고추를 보여 줄 수 없기 때문에 이런 말을 한 것이다 — 원주. 1924년 이전 판에는 〈보여 주었다〉는 말 대신에 〈만졌다〉라고 적혀 있다.

그의 환상과 대화 중에 그가 한 말, 즉 〈고추는 확실하게 몸에 붙어 있는 거야〉라는 말은 어린 환자의 무의식적인 사고 과정 속에서 무슨 일이 일어나고 있는지 처음으로 어렴풋하게나마 알게 해주었다. 그것은 1년 3개월 전에 엄마가 그에게 한 거세 위협이 그 영향을 드러내고 있음을 보여 준 것이다. 왜냐하면 엄마도 야단을 맞은 아이들처럼 똑같이 〈복수〉를 한다는 그의 환상은 자기 정당화의 한 부분으로 쓰이는 경향이 있기 때문이다. 그것은 보호적인 환상 또는 방어적인 환상이다. 이와 함께 우리는 한스의 내면에서 작용하는 병리학적인 요소를 고추에 대한 그의 관심과 관련시킨 장본인이 그의 부모라는 사실을 짚고 넘어가야 한다. 한스는 그 점에서 그들의 지도를 따랐지만, 아직 정신분석에 직접 개입하지는 않았다. 그 결과 치료상의 성공은 전혀 기대할 수 없었다. 우리의 분석은 말이라는 주제에서 이미 멀리 벗어나 있었다. 게다가 여자들에게는 고추가 없다는 정보는 오히려 그 내용상 그가 자신의 고추를 더욱더 잘 지키려는 그의 걱정만을 부추겼다.

그러나 치료의 성공이 우리가 추구하는 첫 번째 목표는 아니다. 오히려 우리는 환자에게 자신의 무의식적인 소망의 욕구들을 스스로 인식할 수 있게 해주고자 한다. 이 목표는 그가 우리에게 하는 여러 가지 암시적인 발언을 토대로, 우리의 해석 기술을 빌려 〈우리의 말로〉 그에게 그의 무의식적 콤플렉스der unbewußten Komplex를 의식시킴으로써 달성된다. 그가 우리에게서 듣는 이야기와 그가 찾고 있는 것 — 이것은 여러 가지 장애에도 불구하고 결국은 의식되게 마련인데 — 사이에 존재하는 유사성이 그에게 무의식적인 것을 알게 해준다. 의사는 상황을 이해할 때 환자보다 한 걸음 앞서 있다. 반면에 환자는 두 사람이 정해진 목표 지점에서 만날 때까지 자신의 길을 따라갈 뿐이다. 정신분석 초보자들은 이 두 가지 계기를 하나로 보는 경향이 있으며, 그 때문에 환자의 무의식적인 콤플렉스 중 하나가 그들에게 의식되는 순간 환자 자신도 그것을 의식한다고 생각하는 것이다. 이러한 단편적인 정보를 환자에게 제공함으로써 환자를 치료할 수 있다고 생각한다면, 그들은 너무나 지나친 기대를 하는 것이다. 왜냐하면 환자는 주어진 정보를 통해서 무의식중에 자신의 무의식적 콤플렉스가 처해 있는 〈위치〉를 알아낼 뿐이기 때문이다.[20] 이러한 종류의 첫 번째 성공이 한스의 경우에서 이루어졌다. 자신의 거세 콤플렉스를 부분적으로 극복한 후 그는 엄마에 대한 자신의 욕구를 알릴 수 있었던 것이다. 그런데 그는 이것을 〈두 마리 기린에 대한 환상〉을 통해서 위장된 방식으로 알렸다. 두 마리 중 한 마리를 한스가 자기 것으로 만들었기 때문에 나머지 한 마리는 헛되이 소리만 꽥꽥 질러 댔다. 한스는 〈자기 것으로 만든다〉는 말을 〈위에 올라타는〉 것으로 표현했다. 한스의 아버지는 그의 이 환상이 아침마다 침실에서 부모와 아들 사이에 벌어졌던 장면을 재현한 것임을 알아차렸다. 그래서 그는 한스의 마음속에 잠복해 있는, 소망이 쓰고 있는 가면을 재빨리 벗겨 버렸다. 두 마리의 기린은 바로 한스의 아버지와 어머니를 가리킨다. 자신의 소망을 위장하기 위해 한스가 기린 환상을 택한 이유는 며칠 전 쉰브룬 동물원에서 그 큰 짐승들을 보았다는 사실과 그가 더 어렸을 때 그린 기린 그림 — 이것은 아버지가 보관하고 있었다 — 그리고 기린의 길고 뻣뻣한 목에 근거한 무의식적인 비교[21]로 충분히 설명된다. 기린은 덩치가 크고, 큰 생식기로 흥미를 끄는 짐승이기 때문

---

20 「무의식에 관하여」(프로이트 전집 11, 열린책들) 참조.
21 이것은 한스가 나중에 아버지의 목을 보고 경탄한 것과 일치하는 사실이다 — 원주.

에 공포를 주는 역할을 하는 말들의 경쟁 상대가 될 수 있으리라는 점을 우리는 눈여겨봐야 한다. 더욱이 그의 아버지와 어머니가 두 마리의 기린으로 등장했다는 사실은 공포의 말[馬]들을 해석하는 데 아직까지는 추적해 보지 않은 실마리를 제공하는 것이다.

기린에 대한 상상을 한 직후 한스는 이보다 작은 두 가지 환상을 더 만들어 냈다. 그중 하나는 그가 쇤브룬에서 금지된 지역으로 들어가는 것이고, 다른 하나는 교외선 기차의 유리창을 깨는 환상이었다. 각각의 경우에 그런 행위를 하면 벌을 받는다는 점이 강조되었다. 그리고 두 경우 모두 아버지가 공범으로 등장했다. 유감스럽게도 한스의 아버지는 이 두 가지 환상을 해석하는 데 실패했다. 그러므로 한스 역시 그 이야기를 함으로써 얻은 것이 아무것도 없었다. 그러나 이해되지 못한 것은 또다시 나타나는 법이다. 그것은 마치 구원받지 못한 영혼의 경우처럼, 미스터리가 완전히 풀려 구원에 이를 때까지 계속해서 쉬지 않는다.

이 두 가지 범법적인 환상을 이해하는 데는 별로 큰 어려움이 없다. 이것들은 어머니를 소유하려는 콤플렉스에 속한다. 한스의 가슴속에서는 엄마와 함께할 수 있는 그 무엇, 즉 엄마를 완전히 자기 것으로 만들 수 있는 그 무언가에 대한 어렴풋한 생각이 끊임없이 맴돌고 있다. 그래서 그는 그 파악할 수 없는 것을 나타내기 위해 몇 가지 이미지의 대리 표상들을 발견한 것이다. 이 대리 표상들의 공통점은 모두 폭력적이고 금지된 것이라는 데 있다. 그런데 이것들의 내용은 우리가 볼 때 숨겨진 진실과 너무나도 잘 들어맞는 것처럼 보인다. 우리는 다만 그것들이 성교에 대한 상징적인 환상이라고 말할 수 있을 뿐이다. 그리고 이때 아버지가 등장한다는 것은 전혀 부수적이고 쓸데없는 일이 아니다. 즉 그 내용은 다음과 같다. 〈난 엄마하고 무언가 하고 싶어, 금지된

일을 말야. 나는 그게 뭔지 모르겠어. 하지만 난 아빠도 그런 일을 한다는 것을 알고 있어.〉

기린에 대한 환상은 〈말이 자꾸만 내 방으로 들어오려고 그래〉라는 꼬마 한스의 말을 들었을 때부터 이미 나의 마음속에서 형성되어 가던 확신을 더욱 강화시켜 주었다. 나는 그때 한스에게 아버지가 두려운 까닭은 그가 아버지에게 질투심 섞인 적대적인 소망을 품고 있기 때문이라고 알려 줄 적절한 시기가 도래했다고 생각했다. 그의 무의식적 충동에 관해서 이를 가정하는 것은 필연적이다. 이렇게 말하면서 나는 그에게 그가 말을 무서워하는 이유에 대해서 부분적으로 설명해 주었다. 즉 말은 그의 아버지이며, 그가 아버지를 두려워하는 데는 충분한 이유가 있다고. 한스가 무서움을 표한 몇 가지 것들, 이를테면 입가와 눈앞의 시커먼 것(성인 남자의 특권으로서의 코밑수염과 안경)이 내가 보기에는 아버지에게서 직접적으로 말들에게 전이(轉移)된 것처럼 보였다.

이러한 사실을 깨우쳐 줌으로써 나는 자신의 무의식적인 생각들을 의식하는 것에 대한 그의 가장 큰 저항을 제거할 수 있었다. 왜냐하면 그의 아버지 자신이 의사 노릇을 했기 때문이다. 그때부터 한스의 상태는 절정을 넘어섰다. 게다가 자료가 풍부했고, 꼬마 환자는 자기 공포증의 세세한 부분들을 설명하는 용기를 보였다. 그래서 그는 곧 정신분석 치료 과정에 직접 적극적으로 임하기 시작했다.[22]

한스가 어떠한 대상과 인상들을 두려워하는지 우리가 알게 된

22 의사와 환자가 서로 낯선 관계인 정신분석 치료 때에도 아버지에 대한 공포는 무의식적 병리학 자료의 재생을 거부하는 가장 큰 저항의 역할을 한다. 저항들은 부분적으로는 전형화된 〈동기〉에서 나온다. 그러나 이 경우에서처럼, 무의식적 자료 중 하나가 〈그 실제적인 내용〉이 다른 자료의 재생을 방해하는 역할을 할 수도 있다 — 원주.

것은 바로 그때였다. 그는 (그를) 무는 말들뿐만 아니라 ── 그는 곧 이 점에 대해서는 더 이상 말하지 않았다 ── 짐마차들, 가구 운반용 마차들, 그리고 승합 마차들 ── 이것들의 공통점은 모두 무거운 짐을 싣고 있는 것임이 곧 밝혀졌다 ── 과 움직이기 시작하는 말들, 크고 육중해 보이는 말들, 그리고 빨리 달리는 말들을 무서워했다. 한스는 이러한 분류의 의미를 곧 직접 보여 주었다. 즉 그는 말들이 〈넘어질까 봐〉 두려워한 것이며, 또한 말들을 넘어지게 만들 수 있는 것처럼 보이는 모든 요소들이 그의 공포증의 내용이 되었다.

환자에게 어느 정도의 정신분석 작업을 행한 후에야 공포증의 진정한 내용, 즉 억압적인 충동에 대한 환자 자신의 정확한 표현 따위를 알게 되는 경우는 드물지 않다. 억압 심리는 환자의 무의식적 콤플렉스를 공격할 뿐만 아니라, 이 무의식적 콤플렉스의 파생물들까지도 지속적인 공격의 대상으로 삼고 있다. 그리하여 억압은 환자로 하여금 자기의 질환의 산물들조차 알아보지 못하게 만든다. 그러므로 정신분석가는 의사의 신분으로서 환자에게 그의 질환을 상기시키기 위해서 질환 자체를 도와줘야 하는(질환이 덧나게 하는) 묘한 위치에 놓이게 된다.[23] 그러나 정신분석의 본질을 완전히 잘못 알고 있는 사람들은 분석의 이 단계만을 강조하여 마치 정신분석을 통해서 환자가 해를 입을 것처럼 생각한다. 우리는 도둑을 교수형에 처하려면 먼저 도둑을 잡아야 한다는 사실을 명심해야 한다. 즉 병에 걸린 심리적 층위를 파괴하여 고치려면 먼저 많은 대가를 치르고서라도 그 부분에 손을 대야 한다는 말이다.

---

23 강박 신경증Zwangsneurose의 경우와 비슷하다. 「쥐 인간 ── 강박 신경증에 관하여」(프로이트 전집 9, 열린책들) 참조.

나는 한스의 병력에 대한 주해(註解)를 하는 과정에서 이러한 식으로 공포증의 세세한 부분 속으로 침투해 들어가서, 공포와 그러한 공포를 주는 대상 사이의 관계가 부차적으로 형성된 것이라는 확실한 인상을 얻어 내는 것이 바람직하다는 점을 이미 강조한 바 있다. 공포증이 본질적으로 그토록 불분명하고 습득적인 성격을 강하게 지니는 까닭이 바로 여기에 있다.[24] 따라서 우리의 어린 환자가 자신의 공포를 위한 특별한 변장의 재료를 위치상 자연히 그의 집 건너편에 있는 세관 건물에서 매일매일 받은 인상을 통해 구했음은 분명하다. 또한 이러한 연관 관계에서 그는 골목에서 노는 다른 아이들처럼 — 비록 이것이 지금은 공포증으로 인해 제한을 받고 있지만 — 마차에 실린 짐들, 수하물들, 나무통들 그리고 상자들을 가지고 놀고 싶은 욕망을 드러냈다.

바로 이러한 분석 단계에서 그는 그 자체로는 하찮지만, 발병 바로 전에 있었으며 틀림없는 발병 원인으로 간주될 수 있는 한 사건을 떠올렸다. 엄마와 함께 산책을 나갔다가 승합 마차를 끄는 말이 넘어져서 두 발을 버둥거리는 장면을 목격한 것이다. 이것이 그에게 깊은 인상을 남겼다. 그는 깜짝 놀라, 말이 죽었다고 생각했다. 그때부터 그는 모든 말들이 쓰러질 수 있다고 생각했다. 한스의 아버지는 말이 쓰러졌을 때 그가 아버지를 생각했음이 틀림없으며, 아버지가 말처럼 쓰러져서 죽어 버렸으면 하고 소망했을 것이라고 지적했다. 한스는 아버지의 이 같은 해석에 대해서 이의를 제기하지 않았다. 얼마 후 그는 아버지를 깨무는 놀이를 해보였다. 그렇게 해서 그는 아버지와 그가 무서워하던 말들을 동일시했음을 인정한 것이다. 그때부터 아버지에 대한 그의 태도에는 두려움과 주저하는 빛이 사라졌다. 심지어 그는 아

---

24 프로이트는 「토템과 터부」에서 〈조직〉에 대한 논의를 정리했다.

버지를 대할 때 약간 우쭐하는 듯한 태도를 보였다. 그렇지만 말에 대한 그의 공포심은 여전했다. 도대체 어떠한 연상의 고리 때문에 말들이 쓰러지는 것이 그의 무의식적 소망들을 일깨웠는지는 아직 밝혀지지 않았다.

지금까지 나온 결론들을 요약해 보자. 우리는 한스가 보인 첫 번째 불안, 즉 말이 자신을 물지도 모른다는 불안의 배후에는 말들이 쓰러질지도 모른다는 좀 더 깊은 불안이 자리 잡고 있음을 알았다. 그리고 두 가지 종류의 말, 즉 무는 말과 쓰러지는 말 모두 그의 아버지를 대변하기 위해서 등장했다. 아버지는 바로 자신에게 나쁜 소망을 품고 있는 한스를 벌하려 하는 것이다. 다른 한편, 우리의 분석은 그의 어머니 이야기에서는 멀리 벗어났다.

전혀 예상치 않게, 그리고 분명 아버지의 아무런 개입도 없이, 한스는 이제 〈똥 콤플렉스Lumpfkomplex〉에 집착하면서 대변보는 것을 연상시키는 모든 것에 대해 구역질을 하기 시작했다. 한스와 함께 그의 노선 걷기를 탐탁지 않게 생각한 아버지는 아들에 대한 분석을 자신이 원하는 쪽으로만 끌고 갔다. 그리하여 그는 한스로부터 그문덴에서 있었던 한 체험을 이끌어 냈다. 이 인상이 쓰러지는 승합 마차의 말에 대한 인상 배후에 숨어 있었다. 한스의 가장 절친한 놀이 친구이자, 많은 여자 친구들을 상대로 한 경쟁자이기도 한 프리츨이 말놀이를 하다가 발이 돌부리에 걸려 넘어지면서 피가 났다. 쓰러지는 말을 본 것이 그에게 그 사고(事故)를 기억 속에서 되살린 것이다. 여기서 주목할 것은 당시에 다른 일에 관심이 쏠려 있던 한스가 프리츨이 넘어졌다는 사실 — 이것은 두 장면을 연결시켜 주는 고리인데 — 을 처음에는 부인하다가 정신분석이 한참 진행된 뒤에야 시인했다는 점이다. 그러나 어쨌든 리비도의 불안으로의 전환이 그가 가장 무서워하는 공포의 대상인 말들에게 투영되었다는 사실은 무척 흥미로운 일이 아닐 수 없다. 말들은 모든 큰 짐승들 중에서 그의 관심을 가장 많이 끈 짐승이었고, 말놀이는 그가 친구들과 한 놀이 중 가장 즐기던 놀이였다. 나는 한스의 아버지가 한스에게 말로 여겨진 첫 번째 사람일 것이라고 생각했다. 나는 이에 대해서 한스의 아버지에게 물어보았고, 또 그에게서 그렇다는 대답을 들었다. 그리고 그문덴에서 그런 사건이 있었을 때 한스로 하여금 프리츨을 그의 아버지의 대체 인물로 보게 한 것도 바로 여기에 근거가 있다. 억압 심리의 시기가 시작되어 이와 더불어 갑작스럽게 감정의 변화가 일어났을 때, 그때까지 그토록 큰 즐거움과 연관되었던 말들이 어쩔 수 없이 공포의 대상으로 바뀌고 만 것이다. 그러나 우리가 이미 앞에서 밝혔듯이, 한스의 질환을 촉진하게 된 동기에 대한 이 마지막의 중요한 발견이 이루어질 수 있었던 것은 한스 아버지의 개입 덕분이었다. 한스 자신은 계속해서 똥에 집착했고, 마침내 우리도 그가 가는 쪽으로 가지 않을 수 없었다. 앞에서 이미 밝혀졌듯이, 한스는 전에 화장실에 가는 엄마를 굳이 따라가겠다고 떼를 썼으며, 이후로는 당시 그에게 엄마의 대리 역으로 생각되었던 그의 여자 친구 베르타에게 같은 것을 요구했다. 이 것을 알게 된 우리는 한스에게 그렇게 하지 못하도록 금지시켰다. 사랑하는 사람이 용변을 보는 것을 구경함으로써 얻는 쾌감은 또다시 〈본능의 교차 _Triebverschränkung_〉와 일치한다. 이것의 한 가지 예를 우리는 이미 한스에게서 관찰한 바 있다. 결국 한스의 아버지도 대변 상징 _Lumpfsymbolik_ 을 좇게 되었고, 짐을 잔뜩 실은 마차와 대변이 가득 찬 몸 사이의 유사성을, 그리고 마차가 대문 밖으로 나오는 것과 대변이 몸 밖으로 나오는 것 따위의 유사성을 인정하게 되었다.

이즈음 분석에 임하는 한스의 태도는 초기 단계에 비해서 상당히 바뀌었다. 이전에는 한스의 아버지가 앞으로 무엇이 다가올지 그에게 미리 말해 줄 수 있었고, 한스는 단지 아버지의 인도에 따라 그의 뒤를 종종걸음으로 좇아가기만 했다. 그러나 지금은 한스가 앞서서 걸어가는 입장이 되었고, 그의 발걸음이 너무 빠르고 꾸준했기 때문에 뒤를 좇느라 애를 먹었다. 한스는 느닷없이 설비공이 그가 들어 있는 욕조의 나사를 빼낸 다음, 큼직한 드릴로 그의 배를 쿡 찔렀다는 새로운 환상을 제시했다. 그때부터 그가 제시한 분석 자료는 우리의 이해 능력을 훨씬 넘어섰다. 나중에야 우리는 그것이 〈출산에 대한 환상〉이 불안으로 인해 다른 모습으로 나타난 것임을 짐작할 수 있었다. 한스가 자신이 앉아 있다고 생각하는 물이 담긴 커다란 욕조는 어머니의 자궁이었고, 〈드릴Bohrer〉이 언급된 것은 ─ 한스의 아버지는 드릴을 금방 큰 남근으로 이해했다 ─ 〈출산Geborenwerden〉이라는 낱말과의 유사성 때문이었다. 여기서 우리는 이 환상에 대해서 다음과 같이 해석하지 않을 수 없는데, 이것은 아주 이상하게 들릴 것이다. 〈아빠가 아빠의 큰 남근으로 나를《뚫었고gebohrt》(《잉태시켰다》는 뜻), 그렇게 해서 나를 엄마의 자궁 속에다 집어넣었어.〉 잠시 동안 그 환상은 우리의 해석의 한계를 넘어섰고, 한스는 이 환상을 자신의 이야기를 이어 가는 출발점으로 이용했을 뿐이다.

한스는 엄마가 자기를 커다란 욕조에 집어넣고서 목욕시키는 것을 두려워했다. 이 불안 역시 복합적인 것이다. 그가 불안해하는 원인의 일부는 아직은 우리의 이해를 벗어나는 것이다. 그러나 다른 부분은 어린 여동생의 목욕 장면과 관련시켜 보면 금방 해결된다. 한스는 엄마가 어린 여동생을 목욕시키다가 떨어뜨려서 죽게 만들었으면 좋겠다는 소망을 품었음을 고백한 바 있다.

그러므로 그가 목욕할 때 느낀 두려움은 이 같은 나쁜 소망을 품은 데 대해 보복을, 즉 벌을 받을지도 모른다는 데서 연유하는 것이다. 이제 그는 똥에 대한 이야기를 떠나서 곧장 어린 여동생에 대한 이야기로 넘어갔다. 그러나 우리는 이같이 이어지는 환상이 무엇을 뜻하는지 잘 헤아릴 수 있을 것이다. 그것은 어린 한나가 바로 똥이었다는 것, 즉 모든 어린아이들은 똥이며 똥처럼 세상에 나왔다는 뜻이다. 우리는 이제 다음과 같은 사항을 이해하게 되었다. 즉 가구 운반용 마차, 승합 마차 그리고 짐마차 등은 모두 황새의 상자를 운반하는 마차를 뜻하며, 그것들은 임신을 상징적으로 나타내는 것들로서 그의 관심을 끌었고, 무겁게 짐을 실은 말들이 쓰러지는 것에서 그는 오로지 〈분만Niederkommen〉[25]만을 보았던 것이다. 그러므로 쓰러지는 말은 죽어 가는 그의 아버지를 상징할 뿐만 아니라, 아이를 낳는 그의 어머니를 상징하는 것이다.

그런데 이 시점에서 한스는 우리가 전혀 예기치 못한 놀라운 점을 보여 주었다. 즉 그는 어머니의 임신을 알아챘으며 — 어머니의 임신은 그가 세 살 6개월이 되었을 때 어린 여동생의 출생과 더불어 끝났다 — 적어도 분만이 있은 후로는 여러 사실을 토대로 상황을 제대로 파악하기에 이르렀다는 것이다. 비록 그는 그것에 대해서 말하지 않았지만, 아니 그것을 말로 표현할 줄 몰랐지만 말이다. 그리고 또 당시 어머니의 분만 직후에 그는 황새의 존재를 나타내 줄 만한 모든 것들에 대해서 아주 회의적인 태도를 보였다. 〈그러나 그가 무의식적으로 겉으로 하는 말과는 정반대로 아이가 어디서 왔는지 그리고 아이가 전에는 어디에 머물렀는지에 대해서 알고 있었다는 사실〉, 그것은 우리의 분석 과정에

25 이러한 특별한 상징에 대한 프로이트의 견해는 「괴테의 『시와 진실』에 나타난 어린 시절의 추억」(프로이트 전집 14, 열린책들)에서 찾을 수 있다.

서 의심할 여지 없이 분명하게 드러났다. 이것은 우리가 행한 그에 대한 정신분석 중에서 아마도 가장 요지부동의 사실일 것이다.

이것을 강력하게 뒷받침하는 증거는 한나와 관련된, 집요하고도 상세한 한스의 또 다른 환상이다. 즉 그 환상에서 한나는 태어나기 전에 벌써 그들과 함께 그문덴에 있었으며, 그들과 함께 여행을 했고, 태어나서 1년이 지났을 때보다 그 당시에 훨씬 더 많은 것을 할 수 있었다는 것이다. 이러한 환상을 꾸며 대는 한스의 뻔뻔스러운 태도와 이 환상 속에다 집어넣은 수없이 많은 엉뚱한 거짓말들은 결코 무의미한 것이 아니다. 이 모든 것은 황새에 대한 이야기를 들려주어 그를 혼란스럽게 한 그의 아버지에 대한 복수의 일환인 것이다. 그는 다음과 같이 말하고 싶어 한 것 같다. 〈아빠는 나를 바보 취급하고 황새가 한나를 데려왔다는 사실을 내가 믿기를 바랐어. 그렇다면 나도 그 대가로 아빠한테 내가 생각해 낸 것들을 진짜로 믿게 만들 거야.〉 이어서 아버지에 대한 우리의 어린 탐구자의 이 복수 행위와 분명한 연관을 지닌 또 다른 환상이 등장했다. 그것은 말들을 놀리고 두들겨 패는 환상이다. 이 환상 역시 이중 구조를 지녔다. 한편으로 그것은 바로 직전에 했던 것처럼 아버지를 상대로 한 조롱에 토대를 두었고, 다른 한편으로는 엄마를 향한 모호한 사디즘적인 욕망을 다시 표현한 것이다. 그의 이러한 욕망은 이미 금지된 행동을 하는 그의 환상들 속에서 표출된 바 있다(물론 우리는 이것을 처음에는 이해하지 못했지만). 한스는 심지어 엄마를 때리고 싶은 욕망을 품은 적이 있다고 스스로 고백까지 했다.

이제 우리 앞에는 풀지 못한 수수께끼가 그리 많이 남아 있지 않다. 기차를 놓치는 애매모호한 환상은 한스의 아버지가 나중에 한스를 라인츠에 사는 할머니 댁에 데려다준 것에 대한 전조(前

兆)처럼 보인다. 그 까닭은 이 환상이 라인츠 방문을 다루고 있고, 또 거기에 그의 할머니가 등장했기 때문이다. 한 아이가 차장에게 5만 굴덴을 내고 기차를 타게 해달라고 하는 또 다른 환상은 마치 아버지에게서 — 아버지의 힘은 부분적으로는 그가 갖고 있는 부(富)에 있다 — 어머니를 사려는 계획처럼 들린다. 그리고 이즈음에 그는 여태까지 그에게서 발견할 수 없었던 솔직한 태도로 아버지를 제거하고 싶다고 고백했다. 아버지가 엄마와 자신의 은밀한 관계에 방해물이 되기 때문이라고 그는 말했다. 우리는 이와 동일한 소망들이 분석 과정에서 지속적으로 반복해서 나타나는 사실에 놀라서는 안 된다. 단조로움의 원인은 오로지 이 소망들을 해석하는 분석가의 태도에 있다. 한스에게 이러한 소망들은 단순한 반복이 아니라 처음의 좀 수줍어하는 암시적 태도에서 나중의 모든 위장을 벗어던진, 완전히 의식적인 태도로 점진적으로 발전하는 것이다.

이제 남은 일은 우리가 분석 과정에서 이미 얻은 결과들에 대한 한스 자신의 확인 작업이다. 그는 별로 모호하지 않은 상징적인 행동으로 — 그는 보모에게만 이러한 상징적인 태도를 약간 취했을 뿐 아버지에게는 전혀 그렇지 않았다 — 아이가 어떻게 태어나는가에 대한 그의 생각을 보여 주었다. 그러나 이것을 좀 더 자세히 관찰해 보면, 그가 무언가 그 이상의 것을 보여 주었으며 우리의 분석 과정에서 전혀 언급되지 않은 그 무엇을 암시했음을 알게 될 것이다. 그는 고무 인형의 둥근 홈에다 엄마 소유의 작은 주머니칼을 꽂았다가, 인형의 두 다리를 양쪽으로 잡아당겨 칼을 다시 밑으로 떨어뜨렸다. 그 일이 있은 후 금방 그의 부모는 한스에게 아이는 사실 엄마의 몸속에서 크다가 마치 똥처럼 바깥으로 나오는 것이라고 알려 주었지만, 그러한 지식의 전달은 이

미 너무 늦은 것이었다. 그 이야기는 한스에게 어떠한 새로운 것
도 말해 주지 못했다. 그의 우연한 또 다른 상징적인 행동에는 아
버지가 죽기를 바란다는 고백이 담겨져 있었다. 왜냐하면 한스는
아버지가 이러한 죽음에 대한 소망 이야기를 하는 순간 가지고
놀던 말을 떨어뜨리고 넘어뜨렸기 때문이다. 더 나아가 그는 짐
을 잔뜩 실은 말은 그에게 아이를 임신한 엄마를, 말이 넘어지는
것은 아이가 세상에 나오는 것을 연상시킨다고 분명하게 말했다.
이와 관련해서 한스가 확인한 흥미로운 사실 중 하나는 — 이것
이 아이는 〈똥〉이라는 그의 생각에 대한 증명인데 — 그가 가장
좋아하는 아이에게 〈로디Lodi〉라는 이름을 붙여 주었다는 것이
다. 한스는 이 사실을 나중에야 우리에게 이야기했다. 그 까닭은
그의 소시지 아이와 논 것이 그에게 아주 오래전의 일인 것처럼
보였기 때문이다.[26]

　우리는 한스의 질환의 치료를 마무리 지은 마지막 두 가지 환
상에 대해서 이미 앞에서 알아보았다. 그것들 중 하나, 즉 설비공
이 그에게 새로운 (한스 아버지의 추측대로 지금 것보다 훨씬 큰)
고추를 달아 주는 환상은 앞서 있었던 설비공과 욕조에 대한 환
상의 단순한 반복이 아니다. 한스의 새로운 환상은 승리감에 찬
소망의 환상이다. 그리고 이와 함께 한스는 거세 불안을 극복했
다. 그의 또 다른 환상, 즉 엄마와 결혼하여 아이들을 많이 낳는
것에 대한 환상은 말이 쓰러지는 광경을 봄으로써 생긴(그리고

　26　나는 하이네T. T. Heine가 잡지 『짐플리치시무스 *Simplizissimus*』에 그린 한 쌍의
스케치를 기억한다. 여기에 그 유명한 삽화가는 훈제 장인(匠人)의 아이가 소시지 만
드는 기계 속으로 떨어져, 작은 소시지가 되어 부모의 애도 속에 교회에서 축복을 받
으며 하늘나라로 올라가는 장면을 그려 놓았다. 이 예술가의 착상은 처음 보는 순간
우리를 당혹하게 만든다. 그러나 로디 일화를 통해 우리는 그 예술가의 착상이 어린
시절에 뿌리를 두고 있음을 알게 되었다 — 원주.

그에게 불안감을 불어넣은) 무의식적 콤플렉스의 내용물들을 완전히 비워 주었을 뿐만 아니라, 그의 이 마지막 환상은 또한 인간으로서 생각하기 힘든 사고(思考)의 비율을 하향 조정했다. 왜냐하면 그의 마지막 환상은, 아버지를 죽이는 대신 아버지를 할머니와 결혼시킴으로써 자신에게 무해한 대상으로 만들었기 때문이다. 이 환상과 함께 그의 질환과 정신분석, 두 가지는 당연히 끝을 맺게 되었다.

한 가지 정신병 사례를 분석할 때 신경증의 구조와 전개 양상에 대한 분명한 인상을 획득한다는 것은 불가능하다. 이것은 우리가 이어서 수행해야 할 종합적인 작업에 속한다. 꼬마 한스의 공포증에 대해 그와 같은 종합 작업을 시도할 때 우리는 그의 정신적 체질, 그의 주도적인 성적 욕구, 그리고 여동생이 태어날 때까지 그가 체험한 것들에 대한 설명을 우리 분석의 토대로 삼아야 할 것이다. 이에 대해서는 이미 앞에서 서술한 바 있다.

여동생의 출생은 그의 마음을 불안하게 만드는 많은 요소들을 그에게 안겨 주었다. 첫 번째로 그는 어느 정도 박탈감을 맛보아야 했다. 즉 엄마에게서 잠시 떨어져 있는 것에서 시작하여 나중에는 엄마에게 받는 돌봄과 관심의 양이 지속적으로 줄어드는 상황을 맛보아야 했다. 그는 엄마의 관심과 돌봄을 어린 여동생과 나누어 받는 것에 스스로를 길들이지 않으면 안 되었다. 두 번째로 그는 갓난아이였을 때 어머니의 보살핌에서 느낀 쾌감들이 되살아나는 것을 경험했다. 왜냐하면 엄마가 여동생을 돌보는 모든 장면을 바라보는 과정에서 오래전의 쾌감들이 되살아났기 때문이다. 이 두 가지 영향의 결과로 그의 성적 욕구는 더 강력해졌다. 그렇지만 이 성적 욕구를 만족시키는 일은 점점 더 드물어지기 시작했다. 그는 여동생의 출생으로 인하여 생긴 손실을 자신에게도 아이들이 있다는 환상을 통해서 벌충했다. 그리고 그가 그문 덴에 가 있는 동안은 — 그의 두 번째 방문 때 — 실제로 이 아이들과 놀 수 있었던 동안은 그의 애정을 위한 충분한 출구를 찾을 수 있었다. 그러나 빈으로 돌아온 후로 그는 다시 외로워졌고, 그 결과 자신의 모든 희망을 엄마에게 걸었다. 그러는 동안 그는 또 다른 박탈감을 맛보지 않을 수 없었다. 그가 네 살 6개월이 되면서부터 엄마 아빠의 침실에서 쫓겨났기 때문이다. 그의 고양된 성적 흥분은 이제 환상 속에서 표현되었다. 그러한 환상을 통해서 그는 자신의 외로움 속으로 지난여름을 함께 지낸 그의 놀이 동무들을 불러들이곤 했다. 그리고 또 그의 성적 흥분은 성기 부위를 자극하여 느끼는 규칙적인 자가 성애적 만족으로 표현되었다.

그러나 세 번째로 여동생의 출생은 그에게 한 가지 생각에 빠지도록 만들었다. 한편으로 그것은 결론을 내릴 수도 없고, 다른 한편으로는 그를 감정적인 갈등에 빠지게 만드는 생각이었다. 즉 그는 어린아이는 어디에서 오는 것인가 하는 커다란 수수께끼에 직면한 것이다. 그것은 아마도 어린아이가 정신력으로 풀어야 할 생(生)의 첫 번째 문제일 것이다.[27] 이에 비하면 테베 스핑크스의 수수께끼는 한갓 날조에 불과할 뿐이다. 그는 황새가 한나를 데려왔다는 말을 믿지 않았다. 그는 여동생이 태어나기 전 몇 달 동안 엄마의 몸이 많이 불어났다는 것, 그다음 엄마가 침대에 누웠다는 것, 아이를 낳을 때 엄마가 신음 소리를 냈다는 것, 그러고 나서 몸이 홀쭉해져 일어났다는 것 등을 이미 눈여겨본 상태였다. 그러므로 그는 한나가 엄마 뱃속에 있다가 마치 〈똥〉처럼 바깥으로 나온 것이라고 짐작했다. 그는 아이를 낳는 것을 자신이 처음

---

27 프로이트의 「성의 해부학적 차이에 따른 몇 가지 심리적 결과」(프로이트 전집 7, 열린책들) 참조.

으로 대변을 보았을 때의 쾌감과 관련시켜 아주 즐거운 것으로 생각했다. 그리하여 그는 스스로 아이를 갖는 데 대한 두 가지 동기를 내세울 수 있었다. 하나는 아이를 낳을 때의 쾌감이요, 다른 하나는 (자신이 엄마, 아빠에게서 소외된 데 대한 보복 심리 같은 것으로서) 아이들을 돌보는 기쁨이다. 이 모든 것 속에는 그를 잘못 생각하게 하거나 갈등 속으로 끌고 갈 요소들이 하나도 없었다.

그러나 그를 끊임없이 괴롭힌 또 다른 것이 있었다. 즉 그의 아버지가 어린 한나의 〈출생〉과 어느 정도 관련이 있음에 틀림없었다. 왜냐하면 아버지가 한나와 그 자신, 즉 한스를 자기 아이들이라고 주장했기 때문이다. 그러나 그들을 이 세상에 낳아 준 사람은 그가 아니라 분명히 엄마였다. 바로 이 아버지가 한스에게는 엄마를 독차지하는 데 방해물이 되었다. 아버지가 있으면, 그는 엄마와 함께 잘 수가 없었다. 그리고 엄마가 한스를 자기 침대로 끌어 올려 함께 있으려고 하면, 아버지가 마구 소리를 지르곤 했다. 한스는 경험을 통해서 아버지가 없으면 정말 좋을 것이라는 사실을 알았다. 그러므로 그가 아버지를 제거하고 싶어 한 것은 당연한 일이었다. 그런데 그때 아버지에 대한 그의 적대심을 한층 강화시켜 주는 일이 생겼다. 즉 아버지는 그에게 황새가 아이를 이 세상에 데려온다는 거짓말을 했으며, 또 그렇게 함으로써 아이가 어떻게 태어나는지 한스가 알 수 있는 기회를 박탈한 것이다. 아버지는 한스가 엄마와 함께 침대에 있지 못하도록 했을 뿐만 아니라 한스가 알고 싶어 하는 것마저도 알려 주지 않았다. 한스의 아버지는 한스에게 두 가지 방향에서 불이익을 끼친 것이다. 이것은 분명 한스 아버지가 자신의 이익을 도모하기 위한 것이었다. 그러나 한스가 자신의 경쟁자로 증오하지 않을 수 없는 이 아버지는 바로 자신이 늘 사랑했고 또 사랑하지 않을 수 없으며, 그의 모범이자 첫 번째 놀이 친구였고, 자신이 갓난아이였을 때 자신을 돌보아 준 사람이었다. 이것이 한스에게 생의 첫 감정적인 갈등을 부여했다. 그러나 이에 대한 해결책을 금방 찾을 수는 없었다. 한스의 타고난 천성으로 인해 사랑이 우위를 점하여 증오심을 억눌렀다. 그러나 그 사랑이 그의 증오심을 완전히 죽일 수는 없었다. 왜냐하면 그의 증오심은 엄마에 대한 사랑으로 인해 끊임없이 되살아났기 때문이다.

그러나 그의 아버지는 아이들이 어디에서 오는지 알고 있었을 뿐만 아니라 한스가 어렴풋이 짐작할 뿐인 그 일을 실제로 행했다. 그 일에 고추가 관련되어 있음에 틀림없었다. 왜냐하면 그런 일들을 생각할 때마다 그의 고추가 흥분되어 커졌기 때문이다. 그러나 그 일을 할 수 있는 것은 큰 고추, 그러니까 한스의 것보다 훨씬 큰 고추일 것임에 틀림없었다. 만약에 그가 이와 같은 설렘의 느낌만을 따랐더라면, 그는 그것이 엄마에게 행하는 약간의 폭력과 무언가를 찢는 것, 무언가를 열어젖히는 것, 밀폐된 공간속으로 뚫고 들어가는 것의 문제일 따름이라고 생각했을 것이다. 이와 같은 충동을 그는 가슴속에서 느낄 수 있었다. 그러나 고추의 감각이 그에게 질(膣)을 요구하도록 부추겼지만 그는 아직 그 문제를 풀 수 없었다. 왜냐하면 그는 그의 고추가 원하는 것을 아직 알지 못했기 때문이다. 오히려 엄마에게도 그의 것과 같은 고추가 달려 있을 것이라는 확신이 문제 해결에 걸림돌이 되었다. 엄마에게 아이들이 생기도록 하려면 엄마와 무슨 일을 해야 하는지 알아내려는 그의 시도는 무의식 속으로 빠져 들어갔다. 그리고 두 가지 충동, 즉 아버지에 대한 적대적인 충동과 엄마에 대한 가학과 애정의 충동은 직접 실행에 옮겨질 수 없었다. 첫 번째 것은 여기에 증오심과 함께 사랑의 감정이 곁들여 있었기 때문이었고, 두 번째 것은 한스의 경우에도 해당되는, 아동의 성 이론에 따른 당혹감 때문이었다.

다만 이런 식으로 나는, 나의 분석 결과에 기초하여 억압과 소생을 통해 공포증을 빚었던 어린 한스의 무의식적 콤플렉스와 욕망들을 재구성할 수밖에 없다. 나는 이 과정에서 네 살에서 다섯 살 사이의 한 어린아이의 사고 능력에 많은 신세를 졌음을 시인한다. 그러나 나는 내가 최근에 알아낸 사실들에 근거를 두었으며, 나 스스로 무지에서 오는 편견에 사로잡혀 있지 않다고 생각한다. 〈말들이 두 다리를 버둥대는 것〉에 대한 한스의 공포심을 우리의 입증 절차의 편차를 조금이라도 더 메우기 위해서 끌어다 쓸 수 있었을지도 모른다. 한스는 말이 두 다리를 버둥대는 것을 보면, 놀이를 중단하고 똥을 누러 가도록 강요받는 게 싫어서 두 다리를 버둥대던 자신의 모습이 생각난다고 말했다. 그 결과 신경증의 이 요소는 그의 엄마가 좋아서 아이를 가졌는지, 아니면 강요에 못 이겨서 가졌는지에 대한 문제와 연결을 맺게 되는 것이다. 그러나 나는 이것이 〈두 다리를 버둥대는 것〉에 대한 완전한 설명이 될 수 없음을 알고 있다. 혹시 엄마 아빠가 침실에서 성교하는 장면을 본 기억이 아이의 가슴속에서 다시 살아난 것이 아니냐는 나의 추측에 대해서 한스의 아버지는 확답을 하지 못했다. 그러므로 우리는 우리가 알아낸 사실들로 만족할 수밖에 없다.

우리가 방금 기술한 상황에서, 무슨 영향을 받아서 한스의 가슴속에서 급격한 변화가 일어났는지, 즉 음탕한 성적 열망이 불안으로 급변했는지는 쉽게 답할 수 없다. 또한 도대체 어디에서 억압이 시작되었는지도 쉽게 답할 수 없다. 이 질문은 아마도 이번의 정신분석과 다른 여러 가지의 유사한 분석들을 서로 비교해 봄으로써 답할 수 있을 것이다. 아이를 낳는 것에 대한 어려운 문제를 풀지 못하는 한스의 무능력이 결정적인 역할을 했는지, 문제의 해결에 접근하는 과정에서 발산된 공격적 충동*die aggressive Impulse*을 실제로 이용하지 못하는 한스의 지적 무능력이 결정적인 역할을 했는지, 아니면 〈신체적〉 무능력의 결과인지, 그가 규칙적으로 탐닉했던 자위행위에 대한 체질적인 내성 결핍 때문인지, 과도한 성적 흥분 상태가 지속됨으로써 그와 같은 급변이 일어났는지, 이 문제는 우리가 정신분석의 새로운 경험을 쌓을 때까지 답변하지 못하는 상태로 남을 수밖에 없다.

한스의 공포증이 생겨난 원인으로 실제적인 사건들에 너무 많은 비중을 두는 것은 시간적인 연관 관계를 고려해 볼 때 옳지 못하다. 왜냐하면 거리에서 승합 마차의 말이 쓰러지는 것을 보기 이미 오래전부터 한스는 많은 공포증의 징후를 보였기 때문이다.

그럼에도 불구하고 한스의 신경증의 출발점은 바로 이 우연한 체험이었다. 우리는 이 체험의 흔적을 그에게서 말이 공포의 대상으로 격상되는 것에서 찾아볼 수 있다. 그가 우연히 목격한 사건의 인상 자체는 〈외상(外傷)적인 힘〉을 지니지 않았다. 이 사건이 한스에게 그토록 심각한 각인을 남기게 된 것은, 말들이 예전에는 그의 애정과 관심의 대상으로서 그에게 중요성을 지녔다는 사실에서, 한스가 그 사건을 그문덴에서 있었던 사고, 즉 프리츨이 말놀이를 하다가 돌에 걸려 넘어졌던 사고 — 사실 이것이 훨씬 더 외상적인 성격을 띤다 — 와 마음속으로 연결시켰다는 사실에서, 그리고 마지막으로 프리츨과 아버지를 연상적으로 연결시키기가 쉬웠다는 사실에서 그 원인을 찾을 수 있다. 그렇지만 사실, 이 사건에서 받은 인상이 연상 사슬의 용이성과 모호성을 토대로 해서 한스의 무의식 속에 잠재해 있는 제2의 콤플렉스, 즉 임신한 엄마의 출산에 대한 콤플렉스를 자극하지 않았더라면, 앞에서 말한 많은 사실들이 연관되었음에도 이 사건이 한스의 마음 깊이 각인되기에는 충분치 못했을지도 모른다. 이 콤플렉스에 대한 자극이 이루어진 후부터 억압 심리가 반복되기 위한 길은 활짝 열린 것이다. 그리하여 억압 심리는 한스의 〈병리적 자료가 말 콤플렉스로 이식되고 이에 수반된 감정들이 한결같이 공포로 바뀌어 나타나는 차례를 밟는 식으로 다시 돌아왔다.〉

여기서 주목할 사항은, 한스의 공포증의 표상 내용이 당시 그의 의식이 그것을 인식하기 전에 또 다른 가장(假裝)과 대체의 과정을 겪어야 했다는 점이다. 자신의 공포증에 대한 한스의 첫 번째 표현은 〈말이 나를 물려고 그래〉였는데, 사실 이 표현은 그문덴에서 있었던 또 다른 에피소드에서 파생된 것이다. 이 에피소드는 한편으로는 그의 아버지에 대한 적대적인 소망과 관련된 것이었고, 다른 한편으로는 자위행위 때문에 받은 경고의 잔영이었다. 그때 방해적인 영향이 나타났다. 그것은 아마도 그의 부모에게서 나온 것 같다. 나는 그 당시 한스에 대한 보고들이 세심한 고려하에 행해진 것인지 여부에 대해서는 확신할 수 없다. 그렇기 때문에 그가 이런 식으로 공포를 표현한 것이 그의 어머니에게서 자위행위에 대한 경고를 받기 〈전인지〉, 아니면 경고를 받은 〈후인지〉에 대해서 결정하기는 쉽지 않다. 이 병력에서 주어진 설명과 모순되는 것이기는 하지만, 나는 그것이 경고를 받은 후라고 생각한다. 어쨌든 아버지에 대한 한스의 적대적인 콤플렉스가 도처에서 그의 어머니에 대한 욕망의 콤플렉스를 가려 버렸음은 분명하다. 그 때문에 아버지에 대한 한스의 적대적인 콤플렉스가 이 분석에서는 선결 대상이 되었다.

이와 같은 종류의 다른 병력의 경우에는 신경증의 구조와 그것의 발전과 확산에 대해서 말할 거리가 훨씬 더 많을 것이다. 그러나 우리의 어린 한스의 병력은 매우 짧다. 병력이 시작된 지 불과 얼마 안 되어, 그 자리는 치료에 대한 이야기로 대체되었다. 치료를 하는 동안 한스의 공포증은 더 커지는 것처럼 보였고, 새로운 대상들과 새로운 조건들을 끌어들였지만, 직접 치료를 담당한 그의 아버지는 그것들이 이미 존재하는 것들의 출현일 뿐이며 구태여 치료의 책임을 물을 새로운 산물들이 아니라고 판단할 만큼 충분한 통찰력을 지녔다. 다른 경우들을 치료할 때에는 그와 같은 통찰을 기대하기는 힘들다.

한스의 병에 대한 종합 진단의 종료를 선언하기 전에 나는 이번 사례를 다른 측면에서 고찰해 보지 않을 수 없다. 여기서 우리는 신경증 상태를 이해하는 데 어려운 핵심 부분과 마주치게 된다. 우리는 지금까지 우리의 꼬마 환자가 얼마나 억압의 물결에 휩쓸렸는지를 보았다. 그의 억압은 정확하게 그에게 지배적인 성적 요소들과 관련된 것이었다.[28] 그 결과 그는 자위행위를 포기했고, 똥과 다른 사람이 용변 보는 것을 구경하는 것을 연상시키는 모든 것에 대해 구역질을 하며 눈을 돌렸다. 그러나 이것들은 한스의 공포증의 외적 계기(말이 쓰러지는 것을 본 것)로 생겨난 요소들이 아니며, 또한 징후, 즉 공포증의 내용을 위한 자료를 제공한 요소들도 아니다.

그러므로 우리는 여기서 원칙적인 구별을 할 수 있는 계기를 얻는다. 방금 언급한 두 가지 조건을 충족시키는 다른 요소들에 눈을 돌릴 경우 우리는 분석 대상의 병을 더욱 깊이 이해할 수 있을 것이다. 한스의 경우 이것들은 이미 전부터 억압되었고, 우리

---

28 심지어 한스의 아버지는 한스에게 억압 심리와 함께 상당한 정도의 고상한 태도가 시작된 것까지 목격했다. 즉 공포증이 시작된 시점부터 한스는 음악에 대한 관심이 점점 커졌으며, 타고난 음악적 재능을 펼치기 시작했다 — 원주.

가 알 수 있는 한 한 번도 마음껏 외부로 표출되지 못했던 두 가지 성향을 이른다. 즉 아버지에 대한 적대적이며 질투심 어린 감정과 엄마에 대한 (성교에 대해 무엇인가를 예감한 데서 나온) 가학적인 충동이다. 이와 같은 초창기의 억압들 속에 이어서 나타난 그의 공포증의 소질이 배태되어 있었는지도 모른다. 한스의 공격적인 성향들은 아무런 출구도 찾지 못했으며, 결핍과 강화된 성적 흥분의 시기에 접어들자마자 이러한 성향들이 더욱 강화된 힘으로 폭발하려고 했다. 우리가 〈공포증〉이라고 부르는 투쟁이 시작된 것은 바로 그때였다. 그 공포증의 기간 동안 억압된 표상들 중의 일부가 모양을 바꾸어, 그리고 다른 콤플렉스에 전이되어 공포증의 내용으로서 의식 속으로 밀치고 들어왔다. 그러나 그것은 의심할 여지 없이 사소한 승리였다. 진정한 승리는 억압의 힘에 있었다. 즉 〈억압의 힘은 이 기회를 이용하여, 반항을 일으킨 요소들 외에 다른 요소들에 대한 지배권을 확보하려고 했다.〉 이러한 상황으로 인해 한스의 질환의 본질이 전적으로 물리쳐야 할 본능적인 요소들의 성격에 좌우된다는 사실이 바뀌는 것은 아니다. 한스가 겪는 공포증의 의도와 내용은 그의 운동에 상당한 제한을 가하는 데 있다. 그러므로 한스의 공포증은 특히 엄마를 향한 모호한 운동 충동에 대한 강력한 반작용이라고 할 수 있다. 말은 그 소년에게 언제나 운동 욕구의 모범이었다(〈나는 새끼 말이야〉라고 하면서 한스는 이리저리 뛰어다녔다). 그러나 이러한 운동 욕구가 성교에 대한 욕구를 포함함으로써 신경증에 의해 제한되고, 따라서 말이 공포의 상징이 되기에 이른 것이다. 그러므로 신경증에 의해 억압된 모든 본능은 공포가 의식 속으로 등장하는 것을 가리기 위한 가리개를 제공하는 역할을 하는 것처럼 보인다. 그러나 한스의 공포증에서 섹스에 반대하는 힘들의 승리가 명백하기는 했지만, 한스와 같은 질환의 경우에는 타협의 성격이 강하므로, 이것이 모든 획득된 억압 본능에 해당된다고 할 수는 없다. 궁극적으로 말들에 대한 한스의 공포심은 그가 길거리로 나가는 데 장애물이 되었고, 동시에 그가 사랑하는 엄마와 함께 집에 머무를 수 있는 수단으로 이용될 수 있었다. 그러므로 이런 방법을 통해 엄마에 대한 그의 애정은 성공적으로 그 목적을 달성했다. 공포심 때문에 이 어린 구애자는 자신이 사랑하는 대상에 집착했다. 그러면서도 물론 스스로 다치지 않으려는 조치들이 취해졌다. 신경증적 질환의 진정한 성격은 바로 이 이중적인 결과에서 드러난다.

알프레트 아들러는 최근 그의 독창적인 논문에서(나는 이 논문에서 〈본능의 교차〉라는 명칭을 빌려 왔다) 공포는 그가 말하는 〈공격 충동〉의 억압에서 생기며, 이 충동이 종합적으로 실제의 사건, 즉 〈생활이나 신경증에서〉 주된 역할을 맡는다는 사실을 상술했다. 결론적으로 한스의 경우 공포심은 예의 공격 성향(아버지에 대한 적대적인 공격 성향과 엄마에 대한 가학적인 공격 성향)의 억압을 통해 설명된다고 할 때, 우리는 아들러의 견해에 대한 명백한 증거를 하나 만들어 낸 것처럼 보인다. 그럼에도 나는 그의 견해에 동조할 수 없다. 실제로 나는 그의 견해를 그릇된 일반화라고 생각한다. 나는 우리에게 친숙한 자기 보존 본능 *Selbsterhaltungstrieb*이나 성적 본능 외에 이것들과 동등한 뿌리를 지닌 특별한 공격 본능이 존재한다고 단언할 수 없다.[29] 내가 생

---

29 (1923년에 추가된 각주) 위에서 언급한 글은 아들러가 아직은 정신분석을 토대로 하고 있는 것처럼 보인 시절, 즉 그가 남자다운 항의를 제시하고 억압을 부인하기 전에 쓰였다. 그 후로 나 역시 〈공격 본능〉의 존재를 인정하지 않을 수 없었다. 그러나 내가 인정하는 공격 본능은 아들러의 것과는 다르다. 나는 그것을 〈파괴 본능 *Destruktionstrieb*〉 또는 〈죽음 본능 *Todestrieb*〉이라고 부르기를 선호한다(「쾌락 원칙을

각하기로는 아들러가 모든 본능의 일반적이고 필수 불가결한 속성 — 운동을 촉발하는 능력으로 기술될 수 있는 본능적인 〈밀고 나아가려는〉 성격, 즉 우리가 운동 촉발의 능력이라고 이름 붙일 수 있는 것 — 을 부당하게 하나의 충동에만 있는 것으로 가정한 것 같다. 아들러처럼 생각할 경우 다른 본능들에서는 한 가지 목적을 위한 이들 본능과의 관계 외에는 아무것도 남지 않는다. 왜냐하면 이 목표에 도달하기 위한 수단에 대한 본능들의 관계가 〈공격 본능〉으로 인해 이미 박탈되었기 때문이다. 우리의 본능 이론이 지닌 불확실성과 모호성에도 불구하고, 나는 현재로서는 우리에게 보편화된 견해를 따르려 한다. 이 견해는 모든 본능에 대해 자체에 내재해 있는 공격적 특성을 인정하는 것이다. 이에 따라서 나는 한스의 경우에 나타난 억압된 두 가지 본능을 잘 알려진 성적 리비도의 유사 요소로 인식하고 싶다.

3

나는 지금부터 짧게나마 꼬마 한스의 공포증에서 어린아이의 삶과 교육을 위해 보편적으로 가치 있는 것을 추출해 낼 수 있는 가에 대해서 언급하려 한다. 그러나 나는 그 전에 앞에서 제기되었던 이의에 대해서 답해야 한다. 그에 따르면 한스는 신경증 환자이자 나쁜 유전자를 받은 퇴보자이고 정상적인 아이가 아니기

넘어서」(프로이트 전집 11, 열린책들), 「자아와 이드」(프로이트 전집 11, 열린책들) 참조). 성적 본능에 대한 공격 본능의 반대적 특성은 사랑과 증오의 잘 알려진 양극성에서 표현된다. 아들러의 견해에 대한 나의 이견은 지금도 변함이 없다. 아들러의 견해는 단 하나의 본능을 위해 본능 전체의 일반적인 특성을 침해한 것이다 — 원주. 프로이트의 견해와 아들러의 차이는 「정신분석 운동의 역사」(프로이트 전집 15, 열린책들)에서 볼 수 있다.

때문에, 그에 대한 정보를 다른 아이들에게 적용시켜서는 안 된다는 것이다. 〈정상적인 인간〉만을 신뢰하는 사람들이 한스에게 나쁜 유전자가 있다는 사실을 알게 되면 가엾은 그를 괴롭힐지도 모른다는 생각으로 나는 오랫동안 고민해 왔다. 사실 그의 아름다운 엄마는 처녀 시절에 겪은 갈등으로 인해 한동안 신경증 증세를 보였다. 그 당시 나는 그녀에게 도움을 줄 수 있었고, 그것이 나와 한스 부모의 인연의 시작이었다. 나는 여기서 그를 옹호하는 측면에서 몇 가지 사항을 조심스럽게 덧붙이려 한다.

우선 한스는 엄격히 말해서 체질적으로 신경증 유전 인자를 물려받은 퇴보적인 아이가 아니다. 오히려 그는 육체적으로 건강하고 밝고 상냥하며 활달한 성격의 아이로서, 그의 아버지뿐만 아니라 누구에게나 즐거움을 줄 수 있는 마음씨의 소유자였다. 물론 그가 성적으로 조숙했다는 데에는 이의가 없다. 그러나 이 점에 대해서는 올바른 판단을 위해 비교할 만한 다른 자료들이 충분치 못하다. 이를테면 나는 미국에서 행해진 한 집단 연구[30]를 통해서 한스와 비슷한 나이의 어린 남자아이들에게 대상 선택과 사랑의 감정이 결코 드물지 않다는 사실을 알았다. 이것은 나중에 〈위대한〉 인물이 된 남자들의 어린 시절 기록에서도 발견된다. 여기서 나는 성적인 조숙이 지적인 조숙과 밀접한 관련이 있다는 사실을 인정하고 싶다. 그렇기 때문에 이와 같은 경우는 재능 있는 아이들에게서 생각보다 훨씬 많이 발견된다고 말하고 싶다.[31]

더 나아가 솔직히 어린 한스의 편을 들어서 이야기한다면, 한스가 그 나이쯤 언젠가 공포증에 걸리는 유일한 아이가 아니라는

---

30 벨 J. S. Bell의 「양성 간의 사랑의 감정에 대한 기초 연구 A Preliminary Study of the Emotion of Love between the Sexes」(1902) 참조.

31 이러한 〈조숙〉에 대한 프로이트의 견해는 「성욕에 관한 세 편의 에세이」를 참조하라.

것이다. 이러한 질병은 아주 빈번한 것으로 알려져 있다. 이것은 극히 엄격한 교육을 받은 아이들에게도 예외가 아니다. 이와 같은 아이들은 나중에 가서 신경증에 걸리거나 아니면 건강하게 살아간다. 치료가 불가능하거나 쉽지 않은 관계로 그들의 공포증은 대책 없이 넘어가기 일쑤다. 그러다가 몇 개월 또는 몇 년이 지나면서 공포증은 진정된다. 그러면 아이는 다 나은 것처럼 보인다. 그렇지만 그 누구도 그와 같이 회복되는 데 어떠한 심리적 변화가 필요한지, 어떠한 성격의 변화가 거기에 개입되는지 자신 있게 말할 수 없다. 우리가 신경증에 걸린 성인을 상대로 정신분석을 해보면(그의 질환이 성인이 되었을 때 비로소 겉으로 드러났다고 가정하자), 거의 대부분 그의 신경증은 이른바 어린 시절의 공포증과 연결되어 있으며 그것의 연속임을 알게 된다. 그 결과 심리적 활동의 실태는 어린 시절의 갈등에서 출발하여 끊기지 않고 그의 전 생애를 통해 줄기차게 이어지는 것이다. 이때 그와 같은 갈등들의 첫 번째 징후가 지속되었는지, 아니면 상황의 요구에 의해 안으로 들어갔었는지는 아무 상관 없다. 나는 우리의 한스가 〈퇴보된 아이〉의 낙인이 찍히지 않은 아이들보다 훨씬 더 큰 공포증에 걸렸다고는 생각하지 않는다. 그러나 그가 부모에게서 아무런 위협도 받지 않고 세밀한 배려 속에서 되도록 외적인 강압 없이 자랐기 때문에 그의 공포증이 그만큼 대담하게 제 모습을 드러내 보였다고 생각한다. 그에게는 다른 아이들의 경우처럼 공포심을 줄여 줄 죄책감이나 벌에 대한 두려움이 개입될 자리가 없었던 것이다. 우리는 외적으로 나타난 징후들에 대해 너무 많은 비중을 두고 그것들이 나온 출처에 대해서는 별로 신경을 쓰지 않는 것 같다. 우리는 아이를 키울 때 평화롭고 아무 문제만 없기를 바란다. 간단히 말해서 우리는 모범적인 아이만을 만들어 내려고 한다. 그렇지만 우리는 이러한 발전 과정이 아이에게도 유익한 것인지에 대해서는 거의 신경을 쓰지 않는다. 그러므로 한스가 이와 같은 공포증을 만들어 낸 것은 그에게 큰 이득이 되었다고 나는 생각한다. 왜냐하면 이를 계기로 그의 부모는, 우리가 어린아이에 대한 문화화 과정에서 타고난 본능적 요소들을 극복하도록 요구할 때 아이가 직면하는 피할 수 없는 어려움에 관심을 기울이게 되었기 때문이다. 그리고 또 한 가지 이유는 이러한 고통을 통해 그가 아버지의 도움을 받는 결과를 낳았기 때문이다. 이제 한스는 다른 아이들에 비해 이점을 누린다고 할 수 있다. 왜냐하면 그는 이제 가슴속에다 그의 삶에서 억압된 콤플렉스 형태로 언젠가 중요성을 지니게 될 씨앗을, 그리고 신경증의 소질이 아니라면 분명히 어느 정도 성격의 왜곡을 가져올 씨앗을 더 이상 품지 않게 되었기 때문이다. 나는 이렇게 생각하고 싶다. 그러나 얼마나 많은 사람들이 나의 의견에 동조할지 나는 모르겠다. 내 생각이 옳다는 것을 실제 경험으로 증명할 수 있을지도 나는 알지 못한다.

그러나 나는 이제 어린아이들에 의해서 억압되고 부모들에게는 두려움의 대상이 된 콤플렉스들을 한스의 경우 명백하게 드러냄으로써 그에게 어떠한 해가 발생했는지에 대해서 물어보지 않을 수 없다. 꼬마 한스는 엄마에 대한 그의 소망을 실제로 진지하게 행동으로 밀어붙였는가? 혹은 아버지에 대한 그의 나쁜 의도의 자리에 폭력이 들어섰는가? 의심할 여지 없이 많은 의사들이 이와 같은 불신을 가졌을 것이다. 이들은 정신분석을 잘못 이해한 나머지 인간의 나쁜 본능을 자꾸 의식시키면 그것이 더욱 강화될 뿐이라고 생각한다. 이와 같이 똑똑한 사람들은 신경증의 배후에 존재하는 나쁜 것들을 제발 들추어 내지 말라고 충고할 때만 행동에 일관성을 보인다. 그렇게 말하면서 그들은 자신들이 의사라는 사실을 망각한다. 그들의 말은 셰익스피어의 극작품 『헛소동』에 등장하는 도그베리의 말과 치명적으로 유사하다. 즉 그는 보초를 밖으로 내보내면서 그들이 만나게 될지 모르는 도둑들이나 강도들과의 접촉을 피하라고 충고한다. 그와 같은 불량배들은 정직한 사람들이 사귀기에 적당하지 못한 인간들이기 때문이라는 것이다.[32]

오히려 분석의 유일한 결과는, 한스가 다시 건강해졌으며 이제 더 이상 말들을 무서워하지 않게 되었다는 것, 그리고 그의 아버지가 내게 기쁜 마음으로 알렸듯이 한스가 이제 아버지와 더 친해졌다는 것뿐이다. 그의 아버지는 아들로부터 받던 존경심을 잃었다 해도 신뢰감은 되찾았다. 〈나는 아빠가 말에 대해서 다 알듯이 모든 것을 다 안다고 생각했어.〉 왜냐하면 정신분석은 (그의 존경심을 되찾게 할 수 있을 만큼) 일단 번진 억압의 〈효과〉를 없앨 수 없기 때문이다. 예전에 억눌려 있던 본능들은 여전히 억눌린 상태에 있다. 그러나 억압 심리와 같은 효과가 다른 방식을 통해 만들어질 수 있다. 그것은 정신분석이 고도의 의식적 심급의 힘을 빌려 본능들을 적절하고 목적에 알맞게 조절함으로써 억압의 과정 — 이것은 자동적이고 과도한 과정이다 — 을 대체하는 것이다. 한마디로 〈정신분석이 유죄 선고를 통하여 억압 심리를 대체하는 것이다.〉 이것은 우리가 오랫동안 구했던 증거, 즉 의식

---

32 나는 의아스러운 질문을 그냥 넘길 수 없다. 그것은 나의 견해에 대한 적수들이 그처럼 확실한 자신들의 지식을 어디서 얻어 왔는가 하는 점이다. 즉 억압된 성적 본능이 신경증 환자들의 병인학에서 일정한 역할을 한다는 문제에 대해서. 만약 환자들이 자신들의 콤플렉스나 그 파생물에 대해서 말하려는 순간 그들의 입을 막아 버리면 억압된 성적 본능이 환자들에게서 무슨 역할을 하는지 그 적수들이 어떻게 알았겠는가? 그들이 접할 수 있는 유일한 지식은 나의 저작과 내 신봉자들의 저작뿐이다 — 원주.

은 생물학적 기능을 갖고 있으며 치료에 의식이 등장함으로써 중
요한 이득이 생긴다는 증거를 전해 준다.[33]

만약에 모든 것을 내 마음대로 할 수 있었다면, 나는 한스에게
그의 부모가 해주지 않은 한 가지 깨우침을 상기시키는 모험을
했을 것이다. 즉 나는 그에게 음부(陰部)와 성교의 존재를 알려 줌
으로써 그가 본능적으로 느낀 어렴풋한 느낌에 대해 확증을 주었
을 것이다. 그렇게 함으로써 나는 한스의 풀리지 않은 나머지 문
제를 조금이라도 줄여 주고 그의 질문 공세에 끝마무리를 지어
주었을 것이다. 나는 나의 이 같은 깨우침 때문에 그가 엄마에 대
한 사랑이나 어린애다운 본성을 잃지는 않았으리라고 확신한다.
또한 그렇게 했더라면 그는 자신이 지금보다 더 클 때까지는 이
중요하고도 인상적인 것들의 실행을 당분간 포기해야 한다는 사
실을 이해했을 것이다. 그러나 교육적인 실험이 그 부분까지는
수행되지 못했다.

어린아이든 어른이든 상관없이 〈신경증에 걸린〉 사람들과 〈정
상적인〉 사람들 사이에 뚜렷한 선을 그을 수 없다는 사실, 우리가
사용하는 〈병〉의 개념은 순전히 실제적인 총합 개념에 지나지 않
는다는 사실, 이 총합의 문턱을 넘어서려면 소질과 실생활의 사
건들이 합산되어야 한다는 사실, 그 결과 건강한 그룹에 속하는
많은 개인들이 갈수록 신경증 환자의 그룹으로 들어가고 있으며

33 (1923년에 추가된 주) 나는 여기서 〈의식〉이라는 말을 내가 나중에 쓰기를
피했던 의미로, 즉 우리의 정상적인 사고 과정을 의미하는 것으로 사용하고 있다. 다
시 말해서 무언가를 의식할 수 있는 능력이 있다는 뜻으로 사용한 것이다. 우리는 이
와 같은 종류의 사고 과정이 〈전의식적으로 vorbeußt〉 진행될 수 있다는 사실을 알고 있
다. 이러한 사고 과정의 실제적인 〈의식〉은 현상학적 관점에서 평가하는 것이 좋을 듯
하다. 물론 이것이 이처럼 제한된 의미의 의식 역시 생물학적 기능을 수행한다는 기대
와 모순되는 것은 아니다 — 원주. 「자아와 이드」를 볼 것. 또한 의식의 생물학적 기능
에 대해서는 『꿈의 해석』을 참조할 것.

이에 비해서 아주 적은 숫자의 사람들은 이와 반대되는 방향으로 가기도 한다는 사실, 이 모든 것들은 지금까지 자주 언급되었으며 다른 사람들도 많이 동조하고 있다. 그렇기 때문에 내가 이것들의 진실성을 주장할 때 나는 결코 혼자가 아닌 것이다. 어린아이의 교육이 〈질병〉 발생의 한 요소로서 우리가 방금 언급한 소질에 대해 좋든 나쁘든 강력한 영향을 끼칠 수 있다는 것은 적어도 사실이다. 그러나 그러한 교육이 무엇을 추구해야 하며, 또 어느 지점에서 영향력을 행사해야 하는지의 문제는 현재로서는 답하기 힘들다. 지금까지 교육은 오로지 본능을 통제하는 것을, 좀 더 적절하게 표현한다면 본능을 억누르는 것을 자체의 과제로 삼아 왔다. 그러나 그 성과는 늘 만족스럽지 못했다. 그리고 성공하는 경우도 그런 교육을 위해 선호되는 소수의 사람들을 대상으로 했을 때였다. 사실 이들은 본능을 억누르도록 요구될 필요도 없는 사람들이다. 또한 어떠한 방법으로, 그리고 무엇을 대가로 하여 불편한 본능에 대한 억압이 이루어졌는지 지금까지 그 누구도 묻지 않았다. 지금까지의 교육 과제를 새로운 과제로 대체시킨다면, 다시 말해서 개인의 활동성에 가능한 한 피해를 주지 않으면서 개인에게 문화적 능력과 사회적 능력을 심어 주는 과제를 교육의 과제로 삼는다면, 정신분석을 통해서 얻은 정보, 즉 병리학적 콤플렉스의 기원과 모든 신경증의 핵심에 대한 정보가 학생들을 지도하는 교사들의 필수 불가결한 지침으로서 자체의 지위를 더할 나위 없이 주장할 수 있을 것이다. 여기에서 어떠한 실제적인 결론들이 도출될지, 그리고 경험이 어느 정도까지 우리의 현 사회 제도 내에서 그러한 결론들의 적용을 정당화할 수 있을지는 다른 사람들의 검증과 판단에 달린 문제라고 생각된다.[34]

34 프로이트는 피스터O. Pfister의 저서 『정신분석의 방법*Die Psychoanalytische*

나는 우리의 어린 환자의 공포증과 작별을 고하기 전에 이번 치료를 위한 나의 정신분석을 지극히 소중한 것으로 만들어 준 한 가지 추론에 대해서 언급해야겠다. 엄격하게 말해서 나는 이번 분석에서 새로운 것, 즉 한스보다 훨씬 더 나이가 많은 환자들에게서(비록 한스의 경우보다 대체로 더 불분명하고 더 간접적이기는 하지만) 이미 그 존재를 짐작하지 않았던 것은 아무것도 발견하지 못했다. 그러나 이러한 다른 환자들의 신경증은 각각의 경우 한스의 공포증 배후에 놓여 있는 유아기 콤플렉스와 같은 것에까지 그 근원을 추적할 수 있었다. 그 때문에 나는 이러한 아동기의 신경증에 대해 전형적이고 모범적인 의미를 부여하고 싶다. 물론 이때 나의 가정은 신경증적 억압 심리 현상들의 다양성과 이에 대한 병리학적 자료들의 풍부성이 이에 대한 증상을, 이른바 관념 복합*Vorstellungskomplex*과 관련된 아주 제한된 수의 과정에서 도출하는 것을 막지는 않을 것이라는 데 있다.

Methode』에 쓴 서문과 아이히호른A. Aichhorn의 저서 『고집스러운 어린아이*Wayward Youth*』에 실은 서문, 『스키엔티아*Scientia*』에 기고한 「과학과 정신분석학」(프로이트 전집 15, 열린책들)에서 어린아이의 성장과 정신분석의 문제로 돌아왔다. 또한 『새로운 정신분석 강의』(프로이트 전집 2, 열린책들)의 서른네 번째 강의에서 같은 내용을 다시 다루고 있다.

꼬마 한스 분석에 대한 추기(追記)(1922)

몇 달 전 ── 그러니까 1922년 봄에 ── 한 청년이 내 앞에 나타나 자신을 소개하면서 자기가 바로 〈꼬마 한스〉라고 이야기했다. 나는 1909년의 한 논문에서 아동기의 신경증을 주제로 그를 취급한 바 있었다. 나는 그를 다시 보게 되어 너무나 기뻤다. 왜냐하면 그에 대한 나의 정신분석이 끝난 지 약 2년 뒤에 그는 나의 시야에서 멀어졌기 때문이다. 그러니까 나는 10년이 넘도록 그에 대한 소식을 전혀 듣지 못했던 것이다. 한 어린아이에 대한 정신분석 결과의 출판은 커다란 반향과 더불어 이보다 큰 엄청난 분노를 불러일으켰다. 그리고 그 불쌍한 아이가 앞으로 아주 불행한 미래를 겪을 것이라는 말들이 나돌았다. 그 이유는 그 아이가 정신분석으로 인해 그와 같이 여리디여린 나이에 〈순수성을 상실하게 되었고〉, 그에 따라 정신분석의 희생물이 되었기 때문이라는 것이다.

그러나 이 같은 모든 우려 중 그 어느 것도 들어맞지 않았다. 꼬마 한스는 이제 열아홉 살의 건장한 청년이 되어 있었다. 그는 자신이 아주 건강하며 아무런 불편이나 장애도 느끼지 않는다고 자신 있게 말했다. 그는 사춘기를 아무 탈 없이 보냈을 뿐만 아니라, 그의 감정생활에서 가장 견디기 힘들었을 시련 중 하나를 잘 극복해 냈다. 말하자면 그사이에 그의 부모는 이혼을 하고 각각 재혼을 한 것이다. 그 여파로 그는 혼자 살고 있었다. 그렇지만 그는 자신의 부모와 잘 지내고 있었다. 그는 다만 가족이 와해됨으로써 그가 좋아하는 여동생과 떨어져 있어야 하는 것이 유감일 뿐이라고 말했다.

　한스가 한 말 중 한 가지가 특히 나의 주목을 끌었다. 그것에 대해서 해석을 하지는 않겠다. 그는 자신의 병력을 읽어 나가다가 내게 그 모두가 낯설다고 말했다. 그는 그 병력에 등장하는 인물이 자신이라는 사실도 알아보지 못했다. 그는 아무것도 기억하지 못했다. 다만 그문덴으로의 여행 이야기가 나왔을 때 그의 머릿속에 무언가 희미한 기억의 빛, 즉 자신의 모습 같기도 한 것이 떠올랐을 뿐이다. 그러므로 정신분석으로 인해 실제의 사실들이 세세히 기억되는 것은 아니다. 정신분석을 했다는 사실 자체까지도 망각의 늪으로 빠져 버린 것이다. 정신분석과 친숙한 사람은 이와 유사한 일을 가끔 꿈속에서 경험한다. 그는 꿈에 의해 깨어나 그 꿈을 지체없이 분석해 보고는 자신의 노력의 결과에 만족하여 다시 잠이 든다. 그러나 그다음 날 아침에 일어나면 꿈과 분석을 다시 기억하지 못한다.

김재혁 옮김

도라의 히스테리 분석

도라의 히스테리 분석

Bruchstück einer Hysterie-Analyse(1905[1901])

이 사례 연구 보고서는 『일상생활의 정신 병리학』의 마지막 부분을 집필하던 1901년 1월에 대부분이 쓰였으나 1905년 11월이 되어서야 출판되었다. 열여덟 살 소녀인 도라의 치료는 1900년 10월 14일에 시작되어 석 달 후인 12월 31일에 끝났다. 도라의 히스테리를 두 가지 꿈을 통해 분석한 이 글은 『꿈의 해석』에서 충분히 다루지 못했던 꿈-분석의 세밀함을 보여 준다.

도라의 병력(病歷)과 관련한 연표는 다음과 같다.

1882년 출생.

1888년(여섯 살) 아버지의 결핵. 가족이 B로 이사 감.

1889년(일곱 살) 야뇨증.

1890년(여덟 살) 호흡 곤란.

1892년(열 살) 아버지의 망막 박리.

1894년(열두 살) 아버지의 마비 현상과 현기증. 프로이트 방문. 도라의 편두통과 신경성 기침.

1896년(열네 살) 키스 경험.

1898년(열여섯 살) 이른 여름: 도라의 첫 번째 프로이트 방문.

6월 말: 호숫가에서의 사건. 겨울: 숙모의 죽음. 도라의 빈 체류.

1899년(열일곱 살) 3월: 맹장염. 가을: 가족이 B를 떠나 공장 도시로 옮김.

1900년(열여덟 살) 가족이 빈으로 이사함. 자살 위협. 10월 ~12월: 프로이트의 치료.

1901년 1월: 프로이트에 의한 사례 연구 보고서 집필.

1902년 4월: 도라의 마지막 프로이트 방문.

1905년 연구 보고서 출간.

1901년 〈꿈과 히스테리*Traum und Hysterie*〉라는 제목으로 이미 거의 완성된 이 논문은 1906년 『정신 의학과 신경학 월보』 제18권 4호와 5호에 처음 실렸으며, 『신경증에 관한 논문집』 제2권(1909), 『저작집』 제8권(1924), 『전집』 제5권(1942)에 실렸고, 1932년에는 『네 가지 정신분석적 병력』이라는 프로이트의 저서에 수록되었다. 영어 번역본은 1925년 앨릭스 스트레이치A. Strachey와 제임스 스트레이치J. Strachey가 번역하여 〈*Fragment of an Analysis of a Case of Hysteria*〉라는 제목으로 『논문집』 제3권과 『표준판 전집』 제7권(1953)에 실렸다.

서론

나는 1895년과 1896년[1]에 히스테리 증상의 발생 원인과 정신
적 진행 과정에 대해 몇 가지 주장을 제기한 바 있다. 오랜 세월이
지난 지금 나는 어떤 여자 환자의 병력과 치료 기록을 자세히 보
고함으로써 그때의 주장들을 증명하고자 한다. 이 서론의 목적은
나의 행위를 여러 방향에서 변호하는 한편, 예상 가능한 결과들
을 간단히 살펴보는 데 있다.

경악스럽고 호감을 기대하기 어려운 종류의 연구 결과들을 출
판한다는 것은 분명 상쾌한 일이 아니었다. 더구나 이 결과들에
대한 검증은 동료 전문가들에 의해 거부된 상태였다. 그러나 이
제 이 결과에서 얻어 낸 자료에 대한 평가를 객관적 판단에 맡기
는 작업을 시작할 수 있게 되어 기쁘다. 어쨌든 나는 비난을 모면
하기 어려울 것이다. 당시의 비난이 내 환자에 대한 구체적인 언
급이 없었다는 점에 초점이 맞추어졌다면, 지금은 그러한 임상
보고가 해서는 안 될 행위라고 비난할 것이다. 비평가들은 어떻
게 해도 마찬가지 태도를 보일 것이며, 단지 비난의 구실만을 바

---

1 1895년에는 프로이트와 브로이어의 『히스테리 연구』(프로이트 전집 3, 열린
책들)가 나왔고, 1896년에는 프로이트의 「히스테리의 병인학에 대하여Zur Ätiologie
der Hysterie」가 발표되었다.

꿀 것이다. 상황이 이렇다면 나는 비판자들의 비난에서 벗어나려는 시도를 아예 포기하겠다.

몰지각하고 악의 있는 비평가들에 대해서는 신경 쓰지 않는다고 할지라도 환자 병력 기록부의 출판은 여전히 해결하기 어려운 과제이다. 그 어려움은 기술적인 문제 외에 상황의 성격 자체에서도 비롯된다. 히스테리 발병의 원인을 심리적 측면에서 파악한 성생활의 은밀함에서 찾을 수 있으며, 히스테리 증상은 가장 비밀스럽게 억압된 욕망의 표현이라는 것이 사실이라면, 이러한 은밀함을 들추어 비밀을 벗겨 내는 일이 곧 히스테리를 설명하는 지름길이다. 자신의 고백이 학문적으로 이용될 가능성이 있음을 눈치챌 경우 환자는 아무것도 털어놓지 않으려고 할 것이다. 환자에게 출판에 대한 승낙을 얻으려는 시도 역시 성공하지 못할 것은 뻔하다. 감정이 섬세한 소심한 사람들은 이런 상황에서 의사의 비밀 엄수 의무를 앞세워 학문이 이 분야에서 계몽의 역할을 수행할 수 없음을 아쉬워할 뿐이다. 그러나 내 생각을 말하자면, 의사는 개별 환자에 대한 의무뿐만 아니라 학문에 대한 의무도 저버리지 말아야 한다. 학문에 대한 의무는 다시 말해서 똑같은 질병을 앓고 있는 다른 환자들에 대한 의무이다. 해당 환자의 신상에 직접적인 피해를 주지만 않는다면 히스테리의 원인과 구조에 관한 지식을 널리 알리는 일은 마땅히 해야 할 의무에 속한다. 반대로 이 일을 방치하려는 태도는 굴욕적인 비겁함을 뜻한다. 내 환자에게 피해가 돌아가지 않도록 나는 최선을 다했다고 믿는다. 나는 의도적으로 빈에서 멀리 떨어진 소도시 출신의 여자 환자를 연구 대상으로 삼았다. 그녀의 개인적인 사정이 빈에서 드러나지 못하게 하려는 배려였다. 나는 치료의 비밀을 보호하기 위해 처음부터 세심한 주의를 기울였다. 따라서 전적으로 신뢰할 만한 단 한 명의 동료만이 그 소녀가 내 환자라는 사실을 알고 있었다. 치료가 끝난 뒤에도 나는 4년 동안이나 출판을 미루어 왔다. 이때 그 환자의 삶에 변화가 생겼다는 소식을 들었다. 이 변화로 말미암아 그녀는 여기에 이야기된 사건들의 정신적 진행 과정에 대해 더 이상 별다른 흥미를 갖지 않을지도 모른다는 가정이 가능했다. 아마추어 독자가 눈치챌 만한 명칭은 당연히 피했다. 논문을 정통 학술 잡지에 싣는 이유도 자격 미달의 독자를 차단하기 위해서이다. 혹시 내 환자가 자신의 병력 기록을 우연히 발견하고 창피함을 느낀다고 하더라도 이를 막을 방도는 물론 없다. 그러나 그녀는 이 기록이 결코 허무맹랑한 이야기가 아니라는 점은 인정할 것이다. 또한 그녀는 자신이 이야기의 주인공이라는 사실을 아는 사람이 아무도 없으리라고 확신해도 좋을 것이다.

그러한 병력 기록을 신경증의 정신 병리학에 대한 기고문으로서가 아니라 오락용의 실화 소설로 읽으려는 의사들이 — 최소한 이 도시에서는 — 의외로 많다. 이 부류의 독자들에게 미리 일러 두건대 내가 앞으로 이야기할 병력 기록의 비밀들은 그들에게 노출되는 일이 없을 것이다. 이러한 의도 때문에 자료를 마음대로 사용할 수 있는 범위는 극도로 제한될 수밖에 없다.

의사의 비밀 엄수 의무와 여의치 못한 주변 상황의 한계를 극복하고 발표하게 된 어떤 환자의 병력 기록부는 성에 관련한 제반 사항들을 매우 솔직하게 설명하고, 전문 용어를 사용하여 성생활에 중요한 기관과 기능을 다루는 등의 내용을 담고 있다. 고상한 독자는 내가 이 주제에 관하여 젊은 여성과 대화를 나눌 때 부끄럽지도 않았느냐고 핀잔을 줄 수도 있다. 이런 식의 비난에 일일이 대응할 필요가 있을까? 나 자신에 대한 변호는 산부인과 의사로서의 권리를 주장하는 것만으로도 충분하다. 그런 대화가 성적 욕구를 자극하거나 만족시키기에 좋은 수단이라고 상상하는 사람이 있다면, 나는 그것이 변태적인 음탕함의 징조라고 생각한다. 이에 덧붙여 나는 다른 사람의 입을 빌려 내 판단을 표현하고 싶은 충동을 느낀다.

〈그런 식의 항의와 단정적인 언사가 학문적 저작의 한 부분을 차지하는 현실이 비참하다. 그러나 사람들은 그 때문에 나를 비난하지 않고, 어떤 책이 아무리 진지한 내용을 담고 있다 할지라도 살아남을 가능성이 더 이상 보장될 수 없는 단계에까지 이른 세대를 고발한다.〉[2]

이제 나는 병력 기록 작성 시의 기술적(技術的) 어려움을 어떤 방법으로 극복했는지에 관해 설명하려고 한다. 이 어려움은 매일 여섯 명에서 여덟 명의 정신병 환자들을 다루는 의사에게는 다반사로 나타난다. 환자와 상담할 때 의사는 혹시 환자의 불신을 사거나 자료 파악에 방해가 될까 봐 메모도 마음대로 할 수 없다. 장기간의 치료 과정을 어떤 방식으로 문서화할 수 있느냐 하는 문제 또한 해결하기 어려웠다. 나의 경우 두 가지 상황이 도움을 주었다. 첫째, 치료 기간이 석 달 이상을 넘지 않았다. 둘째, 분석 작업은 두 가지 — 치료 중간과 끝의 — 꿈을 대상으로 이루어졌다. 이 꿈들의 원문은 상담 직후에 확정되어 뒤이은 해석과 기억에 필요한 확실한 토대를 제공할 수 있었다. 병력 기록부 자체는 치료가 완전히 끝난 다음 기억이 아직 생생하고 출판에 대한 관심이 높을 때 작성되었다.[3] 따라서 이 기록은 녹음기에서와 같은 완

---

2 리하르트 슈미트Richard Schmidt의 『인도의 에로티시즘에 대한 기고Beiträge zur indischen Erotik』(1902) 서문에서 인용 — 원주.
3 프로이트는 이 글을 저술하자마자 곧바로 출판할 계획이었다.

전무결한 재생과는 거리가 있지만 높은 수준의 신뢰도를 지니고 있다. 즉 보충 설명이 필요한 몇 군데에 수정을 가한 것 말고는 원문에 충실하다.

이 기록이 담고 있는 내용과 빠진 부분을 살펴보도록 하자. 이 논문의 원래 제목은 〈꿈과 히스테리〉였다. 특별히 이 제목을 선택한 이유는 꿈-해석Traumdeutung을 치료에 도입하여 기억 장애로 인한 공백을 채워 넣음으로써 히스테리 증상을 규명할 수 있다는 점을 보여 주려고 했기 때문이었다. 신경증 심리학에 관한 논문들의 출판 계획을 실행에 옮기기에 앞서 나는 1900년에 충분한 근거를 가지고 꿈을 심층적으로 다룬 연구 논문을 출판했다.[4]

물론 당시의 동료 의사들은 나의 노력을 제대로 이해하지 못했다. 이 경우 나의 가설이 자료의 불충분으로 인하여 검증에 기초한 설득력을 획득하지 못한다는 식의 이의 제기는 타당성이 없다. 왜냐하면 누구나 자기의 꿈을 분석 대상으로 삼을 수 있고, 꿈을 해석하는 기법은 내가 제시한 설명과 실례(實例)에 따라 쉽게 배울 수 있기 때문이다. 그때나 지금이나 내가 주장하는 바는 꿈의 문제를 심도 있게 다루는 일은 히스테리와 기타 정신 신경증Psychoneurose의 정신적 진행 과정을 이해하기 위한 필수적인 전제 조건이라는 점이다. 또한 이러한 선행 작업을 생략할 수 있을 만큼의 진보가 이 분야에서 이루어지리라고는 아무도 장담할 수 없다. 병력 기록부를 이해하기 위해서는 꿈-해석의 지식을 전제로 하기 때문에 그러한 사전 지식이 없는 사람은 이 논문을 대단히 불만족스럽게 여길 것이다. 그는 기대했던 설명을 듣는 대신에 의아한 느낌만을 받고, 그 책임을 소위 공상에 불과한 주장을 제기한 저자에게 전가할 것이다. 사실을 말하자면 그러한 의아함의

4 『꿈의 해석』─원주.

책임은 신경증 현상 자체에 있다. 의아함은 우리 의사들에게 익숙하기 때문에 잘 인식되지 않다가 설명을 시도하면 그 모습을 드러낸다. 신경증의 근원을 우리에게 이미 알려진 상황에서 발견하게 될 때에야 비로소 의아함은 완전히 사라질 것이다. 그러나 우리는 반대로 신경증을 연구할 때 수많은 종류의 새로운 것을 미리 가정한 다음 이것을 점점 더 확실하게 인식해 가는 과정을 밟을 공산이 크다. 새로운 것은 항상 의아함과 반발을 불러일으킨다.

꿈과 그 해석이 모든 종류의 정신분석에서 중요한 위치를 차지하리라는 생각은 착각에 불과하다.

앞으로 제시할 병력 기록은 꿈의 활용 가능성과 관련해서는 탁월한 반면에, 다른 측면에서 볼 때는 본의 아니게 빈약하다는 인상을 준다. 그러나 그 결함은 출판의 어려움에서 비롯된 주변 상황들과 연관이 있다. 1년 이상의 기간에 걸쳐 작성된 치료 기록 자료를 내 마음대로 다루지 못했다는 점은 이미 말한 바 있다. 나는 단지 3개월간의 기록을 개관하고 기억했다. 그 결과들은 여러모로 불충분했다. 치료는 미리 설정한 목표까지 진행되지 못했고, 부분적인 성과가 나타나면 환자의 뜻에 따라 중단되었다. 이 시기에 나는 히스테리에 관한 몇 가지 의문점을 해결할 엄두조차 내지 못했고, 다른 몇 가지는 불완전하게 밝혀낼 수 있었다. 만약에 작업이 계속되었더라면 모든 문제의 미세한 부분까지 해명할 수 있었을 것이다. 이런 이유로 나는 여기서 미완성의 분석 결과를 제시할 수 있을 뿐이다.

『히스테리 연구』에 설명된 분석 기법을 숙지한 독자는 3개월이나 걸렸는데도 불구하고 최소한 분석에 착수한 증상들을 완전히 해명할 가능성조차 찾지 못했다는 사실에 아마도 놀라움을 금치 못할 것이다. 그러나 그 『히스테리 연구』가 나온 이래로 정신분석 기법이 근본적으로 변했다는 점을 감안하면 이해 못 할 일도 아니다. 당시의 작업은 개별 증상들에서 출발하여 하나씩 해결해 나가는 방법으로 목표에 도달했다. 나는 이 기법을 사용하지 않았다. 그 이유는 이것이 신경증의 정교한 구조를 설명하기에는 전혀 적당치 못하다는 생각이 들었기 때문이다. 나는 환자스스로 당일의 주제를 결정하도록 만든다. 따라서 나는 환자의 무의식*das Unbewußte*이 표출시킨 표면적 현상에서 출발한다. 그다음에는 증상의 해소와 관련된 것을 찾아낸다. 이것은 파편의 형태로 존재하거나 여러 가지의 맥락 속에 얽혀 있고, 서로 다른 시간대에 분산되어 있다. 외관상의 단점에도 불구하고 새로운 이 기법은 단 한 건의 예외 없이 이전의 기법보다 훨씬 탁월하다.

분석 결과의 불완전함을 보완하기 위해서는 귀중한 과거의 파편들을 발굴하여 노출시키는 데 성공한 기존 연구가들의 예를 참고로 하는 도리밖에 없다. 나는 가장 훌륭하다고 느낀 견본(見本)에 의거하여 불완전한 부분을 보충했다. 그러나 나는 양심적인 고고학자의 심정으로 신뢰할 수 있는 경우에 한해서 주저하지 않고 내 이론을 내세웠다.

또 다른 종류의 불완전함을 나는 의도적으로 만들어 냈다. 나는 환자의 생각과 말을 통하여 완성될 수 있었던 이른바 해석 작업을 전반적으로 묘사하지 않고 그 결과만을 설명했다. 따라서 분석적인 작업 기법은 꿈을 예외로 치면 단지 몇 군데에서만 그 모습이 드러났다. 이 병력 기록부의 목적은 증상을 확정하고 신경증 발병의 은밀한 구조를 제시하는 데 있다. 내가 동시에 다른 과제를 추진했더라면 해결하기 어려운 혼란만 생겨났을 것이다. 분석 기법에 충실하면서 경험에 입각한 규칙들을 정립하기 위해서는 당연히 수많은 치료 기록부에서 자료를 모아야 한다. 그렇다면 사람들은 내 논문처럼 분석 기법을 많이 사용하지 않은 경우를 특별히 대단하게 생각하지 않을지도 모른다. 기법과 연관된 작업의 어려움은 환자에게 문제가 되지 않았다. 병력 기록의 마지막 부분에서 다루고 있는 〈전이Übertragung〉의 상황은 짧은 치료 기간 도중에는 거론되지 않았다.

이 기록[5]이 지닌 세 번째 종류의 불완전함은 환자와 저자, 그 누구의 책임도 아니다. 오히려 어떤 병력 기록부가 완전무결하다고 할지라도 히스테리 현상의 〈모든〉 문제에 답할 수는 없는 노릇

5 (1923년에 추가된 각주) 여기서 이야기된 치료는 1899년 12월 31일에 중단되었다. 이 치료에 대한 보고 기록은 그 뒤 2주일에 걸쳐 작성되었지만 1905년이 되어서야 출판되었다. 그 후 20년이 넘도록 계속된 작업이 이 질병의 해석과 설명에 아무런 변화도 일으키지 않았으리라고는 생각할 수 없다. 그러나 수정과 확장을 통해서 이 병력의 〈새로운 자료를 보완〉한다는 것, 즉 그 병력을 오늘날 우리의 지식 수준에 맞춘다는 것은 어리석은 일일 것이다. 따라서 나는 그 병력의 본질적인 부분은 손대지 않았고 텍스트의 불명료함과 부정확성만을 수정했다. 나로 하여금 이 작업에 관심을 기울이게 만든 사람은 내 책을 영어로 옮긴 탁월한 번역가 스트레이치Strachey 부부였다. 비판적인 보충 설명이 가능하다고 생각되는 부분은 병력에 관해 추가적으로 설명할 때 함께 기록했다. 따라서 이 보충 설명을 모순이라고 느끼지 않는 독자들은, 내가 오늘날까지도 이 텍스트에서 제기되었던 의견을 그대로 유지하고 있다고 가정해도 좋다. 이 서론에서 다룬 의사의 비밀 유지 문제는 이 책에 나오는 다른 병력들의 경우에는 해당되지 않는다. 왜냐하면 그 병력들 중에서 세 경우는 치료받은 환자에게서 출판에 대한 분명한 동의를 얻었고, 꼬마 한스의 경우는 아버지의 동의를 얻었으며, 그 밖에 또 하나의 경우(슈레버Schreber)에는 사실상 분석의 대상이 사람이 아니라 그의 책이었기 때문이다. 도라의 경우 치료상의 비밀이 올해까지 보호되었다. 최근 들은 바에 따르면 나에게서 떠나간 이후 다른 계기로 인하여 새로운 병을 얻은 어느 부인이 담당 의사에게 자신이 내 분석의 대상이었다는 것을 밝혔고, 이 말을 들은 의사는 그녀가 1899년의 도라라는 사실을 쉽게 알아낼 수 있었다고 한다. 그 당시 석 달간의 치료가 갈등을 더 이상 해소시켜 줄 수 없었다는 것, 즉 당시의 치료가 그 후의 질병에 대한 보호막 구실을 하지 못했다는 사실을 아무리 생각이 없는 사람이라도 분석적 치료에 대한 비난으로 삼지는 않을 것이다 — 원주. 이 주석은 그의 전집(『저작집Gesammelte Schriften』, 1924) 제8권에 처음 수록되었다. 『저작집』 제8권에는 다섯 편의 긴 사례가 실려 있다. 「다섯 살배기 꼬마 한스의 공포증 분석」(프로이트 전집 8, 열린책들), 「쥐 인간 — 강박 신경증에 관하여」(프로이트 전집 9, 열린책들), 「늑대 인간 — 유아기 신경증에 관하여」(프로이트 전집 9, 열린책들), 「편집증 환자 슈레버 — 자서전적 기록에 의한 정신분석」(프로이트 전집 9, 열린책들) 등이 바로 그것이다.

이다. 즉 발병의 모든 유형, 신경증이 지닌 내적 구조의 모든 형
태, 정신과 육체 사이에 존재하는 모든 종류의 연관성 등을 전부
알 수는 없다. 개별적인 경우가 허용하는 이상의 것을 요구해서
는 안 된다. 지금까지 성 심리적*psychosexual* 병인론의 보편적 타
당성을 믿지 않으려고 했던 사람 역시 어떤 병력 기록부를 보고
나서 새삼스럽게 그러한 확신을 갖게 되지는 않는다. 그는 기껏
해야 자신의 독자적인 작업을 통하여 확신을 얻을 때까지 판단을
유보할 것이다.

질병의 상태

1900년에 출판된 『꿈의 해석』에서 나는 꿈이 일반적으로 해석 가능하고, 해석 작업을 통하여 이 꿈을 정신적 맥락이 일목요연하게 드러나는 상념으로 대치할 수 있다는 점을 증명해 보였다. 이 장에서 나는 꿈을 해석하는 기술에 의한 실제 활용의 예를 제시하려고 한다. 나는 벌써 내 책[1]에서 내가 어떤 방법으로 꿈의 문제에 접근해 갔는지 언급한 바 있다. 나는 정신 신경증 환자를 특별한 정신 요법으로 치료하면서 독자적인 방법을 발견했다. 즉나는 환자에게 마음속에서 불쑥 튀어나오는 생각들과 아울러 꿈들을 이야기하도록 했다. 이 꿈들은 육체적 통증과 병인론적 표상 사이의 연관성이 긴 세월에 걸쳐 어떻게 형성되는지를 보여주는 것 같았다. 당시에 나는 꿈의 언어를 별다른 도움 없이 일반적인 사유(思惟) 언어의 이해 가능한 표현법으로 바꿀 수 있는 방법을 습득했다. 확신컨대 이에 관한 지식은 정신분석가에게 필수적이다. 왜냐하면 꿈은 저항*Widerstand*의 힘에 의해 의식에서 차단되거나 억압되어 병의 원인이 된 정신적 자료를 다시 의식에 떠오르게 만드는 역할을 하기 때문이다. 간단히 말해서 꿈은 억압을 우회하려는 시도, 즉 심리 상태를 간접적으로 표현하려는

1 『꿈의 해석』 두 번째 장 〈꿈-해석의 방법: 꿈 사례 분석〉을 참조하라.

수단의 하나이다. 꿈-해석이 분석 작업에 어떻게 관여하는지에 대해서 나는 어떤 히스테리 환자의 치료 기록을 통하여 살펴보고자 한다. 동시에 이 기록은 히스테리의 정신적 진행 과정과 기질적 조건에 관한 나의 견해를 처음으로 폭넓은 차원에서 표명할 수 있는 기회를 제공한다. 이와 관련하여 점잖은 체하며 경멸에 찬 시각으로 바라보지 않고 애정 어린 이해를 도모함으로써만 의사와 연구가는 히스테리의 요구에 보조를 맞출 수 있게 된다는 점을 나는 자신 있게 말할 수 있다. 그것은 이렇게 말할 수 있다.

기술과 과학뿐만 아니라
인내심도 작업에 필요하다.[2]

빈틈없이 정리된 병력 기록부를 제시한다는 것은 처음부터 의사의 관찰과는 전혀 다른 조건하에 있는 독자를 염두에 둔다는 것을 의미한다. 환자의 가족 — 이 경우에는 열여덟 살 소녀의 아버지 — 이 들려주는 이야기만 가지고는 병이 어떻게 진행되었는지 이해하기 힘들다. 그래서 나는 진료를 시작할 때 환자에게 그의 삶과 병력 전체를 이야기해 달라고 요구한다. 하지만 들은 내용만 가지고는 여전히 방향을 잡기에 불충분하다. 맨 처음의 이야기는 항해하기 어려운 강물과 같아서 강바닥이 금세 바윗덩어리에 막히는가 하면, 어느새 모래톱에 의해 갈라져서 수심이 깊어진다. 오히려 히스테리 환자에 관한 매끈하고 정확한 병력 기록을 담은 책들을 쓴 저자들이 놀라울 뿐이다. 실제로 환자들은 자신에 관해서 그런 식으로 이야기를 전개할 능력이 없다. 그들은 이제까지 살아온 이런저런 시절에 관해 의사에게 충분한 정보

2 괴테J. W. von Goethe의 『파우스트 Faust』 제1부 6장.

를 제공하기는 한다. 그러나 뒤이어 그 내용이 피상적이고 의문을 자아내는 시절이 튀어나온다. 또는 완전히 어둠에 가려져서 이야기의 내용만 가지고서는 그 의미를 도저히 밝혀낼 수 없는 시절들이 등장한다. 얼핏 보기에 그럴듯한 맥락조차도 대부분 깨지고 만다. 여러 사실을 순차적으로 배열하는 일도 쉽지 않다. 이야기 도중에도 환자는 처음의 진술이나 날짜를 정정한 다음, 한참 동안 변덕을 부리다가 다시 원래의 진술로 되돌아간다. 환자가 병의 이력과 관련된 삶의 이력을 제대로 표현하지 못한다는 점은 신경증[3]의 특징일 뿐만 아니라, 이론적으로 커다란 의미를 지닌다. 이러한 결함은 다음과 같은 근거를 가지고 있다. 첫째, 환자는 스스로 잘 알고 있으며 당연히 이야기해야 할 것 중의 일부를 아직 극복하지 못한 소심함과 부끄러움(다른 사람을 고려할 때의 예의) 때문에 알면서도 의도적으로 감춘다. 이것은 〈의식적〉인 불성실의 한 형태라고 말할 수 있다. 둘째, 환자가 다른 때 같으면 개의치 않을 병의 이력에 관한 지식 일부가 이야기에서 누락된다. 이것은 〈무의식적〉인 불성실의 한 형태이다. 셋째, 실제로 가장 최근의 일까지도 기억하지 못하는 경우, 또는 기억 상실*Amnesie* 부분을 메우려고 기억의 착각을 일으키는 경우가 있다.[4] 사건들이 기억 속에 남아 있다 하더라도 전체적인 맥락을 깨

3 언젠가 한번은 동료 하나가 정신 치료를 해달라고 누이동생을 내게 맡긴 적이 있다. 그의 말에 의하면, 그녀는 몇 년 전부터 히스테리(통증과 보행 장애)로 치료를 받아 왔지만 아무 성과가 없었다는 것이다. 이 짧막한 정보는 진단 결과와 일치하는 것처럼 보였다. 첫 번째 면담 시간에 나는 환자로 하여금 스스로 자신의 이야기를 하게 만들었다. 그녀가 시사하는 특이한 사건들에도 불구하고 이야기는 전반적으로 대단히 명확하고도 잘 정리되어 있어서 나는 이것이 히스테리일 리가 없다고 생각했다. 곧바로 신체를 정밀 검진한 결과 정도가 심한 척수 결핵으로 판명되었다. 이 병은 그 뒤 수은-주사(랑Lang 교수에 의해 도입된 처방)로 현저하게 회복되었다 — 원주.

4 기억 상실과 기억의 착각은 서로 상보적 관계에 있다. 기억의 누락이 심한 경우 기억의 착각은 별로 일어나지 않는다. 거꾸로 기억의 착각은 얼핏 보기에 건망증을

뜨림으로써 기억 상실의 의도가 달성된다. 사건들의 시간적 순서가 바뀌게 되면 맥락이 가장 확실하게 깨진다. 가장 상처를 입기 쉬운 까닭에 가장 먼저 억압되는 기억이 이에 해당된다. 어떤 기억들은 억압을 풀어 가는 첫 단계에서 되살아난다. 이 기억들은 회의(懷疑)에 사로잡힌 형태로 나타난다. 어느 정도 시간이 지나면 이 회의는 망각Vergessenheit이나 틀린 기억으로 대치될 가능성이 있다.[5]

병의 이력과 관련한 기억들의 이러한 상태는 이론적으로 볼 때 병의 증상과 상관관계에 있다. 치료가 진행되면서 환자는 자신이 감추거나 알고 있었음에도 불구하고 생각나지 않았던 사건들을 추가로 이야기한다. 기억의 착각은 오래가지 않고, 기억의 공백은 메워진다. 치료가 끝날 무렵에는 전체적으로 일관성을 지니고 이해 가능한 병력 기록부를 접하게 된다. 치료의 실제적인 목적이 모든 증상을 포착하여 의식적인 사고로 전환시키는 데 있다면, 또 다른 이론적 목적으로서 환자의 모든 기억 장애를 치유하는 과제를 상정할 수 있다. 이 두 가지 목적은 서로 연결되어 있다. 한 가지 목적이 달성되면 나머지도 이루어진다. 이 두 가지 목적에 이르는 길은 동일하다.

정신분석을 위한 자료를 다룰 때면 늘 그렇듯이 병의 이력에서는 육체적 질병에 관한 자료와 병의 증상뿐만 아니라 환자의 인

완전히 은폐하는 듯한 인상을 준다 — 원주.
5   경험에서 얻은 규칙에 따르면, 설명이 미심쩍을 경우 화자의 판단을 완전히 도외시하게 된다. 오락가락하는 설명이 두 가지로 나타날 경우 대체로 첫 번째 설명을 올바른 것으로 여기며, 두 번째 설명은 억압의 산물로 본다 — 원주. 『꿈의 해석』에 나오는 꿈과 의심의 관계에 대한 토론과, 이와는 매우 다른 메커니즘을 가진 〈쥐 인간〉의 강박 신경증과 의심의 관계를 참고하라.

간적, 사회적 관계도 면밀히 검토되어야 한다. 무엇보다도 환자의 가족 관계에 주의를 기울일 필요가 있다. 가족 관계는 앞으로 밝혀지겠지만 연구 대상인 직계 가족이 아닌 다른 가족과의 관계 때문에 더욱 중요하다.

열여덟 살인 여자 환자의 가족은 본인과 부모, 나이가 한 살 반 더 많은 오빠로 구성되어 있다. 가족을 지배하는 인물은 아버지였다. 그의 지적 수준, 성격상의 특징, 생활 환경 등이 환자의 어린 시절과 병의 이력에 기본 토양을 제공했다. 내가 이 소녀를 치료하기 시작했을 당시 40대 후반이었던 그는 보기 드물게 활동적이었고, 물질적으로 풍요로운 대기업가로서의 면모를 갖추고 있었다. 딸은 특별한 애정을 가지고 그를 따랐다. 이것에 비례하여 그의 몇 가지 행동과 성격은 조숙했던 딸에게 심한 거부감을 불러일으켰다.

게다가 이 애정은 그녀가 여섯 살 되던 해부터 아버지가 계속 중병을 앓았던 상황으로 인해서 깊이를 더해 갔다. 당시 결핵을 앓았던 아버지 때문에 가족은 남쪽 지방의 공기 좋은 소도시로 이사를 가야만 했다. 여기서 아버지의 폐 질환은 급속도로 회복되었다. 하지만 요양하기에 좋은 이곳에서 부모뿐만 아니라 아이들도 약 10년간 거주했다. 나는 앞으로 이 도시를 B라고 부르겠다. 아버지는 건강 상태가 좋아지면 때때로 공장을 돌아보기 위해 이 도시를 떠났다. 한여름에는 고지(高地)에 있는 요양지를 찾아 나섰다.

소녀가 대략 열 살이 되던 해에 아버지가 망막 박리에 걸렸고, 이는 어두운 곳에서의 요양을 필요로 했다. 이 병 때문에 아버지는 시력이 떨어졌다. 2년 후 아버지가 앓던 병은 매우 심각한 수준에 이르렀다. 마비 현상과 약간의 정신적 장애를 수반한 현기증이 엄습했다. 당시에 환자가 별다른 차도를 보이지 않자, 그의 친구가 주선하여 주치의와 함께 빈으로 와서 나에게 조언을 구했다. 그 친구의 역할에 대해서는 나중에 설명하려고 한다. 환자를 진찰한 나는 마비성 척수 결핵이 아닐까 하고 잠시 망설이다가 미세 혈관 질환이라고 진단했다. 그리고 결혼 전에 성병에 감염된 적이 있던 환자의 상황을 감안하여 강력한 반매독 요법을 권했다. 그 결과 이전의 모든 증상들이 사라졌다. 그 덕분에 그는 4년 후 신경증 증세를 뚜렷이 보이던 딸을 나에게 데려왔고, 2년이 더 지난 후에는 정신 요법을 통한 치료를 맡겼다.

그사이에 나는 빈에 살고 있는 환자의 누나를 알게 되었다. 그녀의 경우 특별한 히스테리 증상은 없었지만 중증의 정신 신경증을 앓고 있었다. 불행한 결혼 생활을 했던 그녀는 원인이 완전히 밝혀지지 않은 급성 쇠약증으로 사망했다.

가끔 나를 찾아왔던 환자의 형은 우울증을 앓고 있는 독신자였다.

열여덟 살 때 나의 환자가 되었던 소녀는 원래부터 친가(親家)에 커다란 호감을 가지고 있었다. 병이 난 이후에 그녀는 앞에서 언급한 고모를 인생의 모범으로 삼았다. 의심할 나위 없이 그녀의 소질, 지적인 조숙함, 병약한 기질 등은 아버지 가계(家系)에서 물려받은 것이었다. 나는 그녀의 어머니를 직접 만나 볼 기회는 없었지만, 아버지와 딸이 전하는 바에 따르면 어머니는 교육을 별로 받지 못했고 그다지 현명하지도 않은 것 같았다. 그녀는 남편이 병을 앓기 시작하면서 자신과 멀어지자 모든 관심을 집안일에 쏟아부었다. 그녀의 행동은 〈가정주부 정신병〉이라고 할 수 있다. 자식들의 활발한 성향을 이해하지 못한 채 그녀는 하루 종일 집안 구석구석을 청소하는 일에 몰두했다. 그녀의 일에 대한 집착은 더러워질까 봐 가재도구를 건드리지도 못하게 할 정도로 심했다. 정상적인 가정주부들에게서 흔히 발견할 수 있는 이러한 상태는 청결함에 대한 강박 관념이라고 설명할 수 있다. 그러나 이 어머니를 포함하여 그런 성향을 지닌 가정주부들의 경우, 이러한 상태를 병으로 인식하지 않을 뿐만 아니라 〈강박 신경증 Zwangsneurose〉의 본질적인 특징을 지니고 있지도 않다. 어머니와 딸의 관계는 몇 년 전부터 매우 좋지 못했다. 딸은 어머니를 거들떠보지도 않았으며 심하게 비난했다. 딸은 어머니의 영향권에서 완전히 벗어나 있었다.[6]

한 살 반 연상의 하나밖에 없는 오빠는 그녀가 어린 시절에 열망해 마지않았던 모범이었다. 그러나 남매 간의 관계는 세월이 지나면서 소원해졌다. 오빠는 가급적 집안의 분규에 끼어들려고 하지 않았다. 누구의 편을 들 수밖에 없을 때 그는 어머니의 입장을 옹호했다. 따라서 일반적인 성적 매력이 한편으로 아버지와

6 히스테리의 유일한 원인이 유전(遺傳)이라는 관점에 동의하지는 않지만 내가 이 명제에 대해 반론을 편 이전의 문헌들(「유전과 신경증의 병인학 L'hérédité et l'étiologie des névroses」, 정신 병리학회지, 1896)과 관련하여 마치 히스테리의 병인론을 다룰 때 유전을 과소평가한다거나 불필요하게 여긴다는 인상을 주고 싶지는 않다. 내 환자의 경우 아버지와 오빠에 대한 이야기에서 발병 원인들을 충분히 확인할 수 있다. 어머니의 질병 상태도 유전적 성향이 없으면 생겨날 수 없다는 입장을 표명하는 사람은 이 경우의 유전을 타당한 것으로 설명할 수 있을 것이다. 이 소녀의 유전적, 더 정확히는 기질적 성향에는 또 다른 요소가 더 중요하게 작용하는 듯이 보인다. 아버지가 결혼 전에 매독에 걸린 적이 있다고 이미 언급한 바 있다. 정신분석 치료를 받은 내 환자들의 아버지가 척수 결핵이나 전신 마비를 이전의 매독 감염에 대한 암시로 받아들일 수 있다. 그중 몇몇 경우들은 내가 직접 확인한 바도 있다. 아버지의 매독이 자식의 정신 병적 기질의 중요한 원인으로 취급되어야 한다는 점은 정신 병리학자로서의 내 경험에 비추어 인정하지 않을 수 없다. 이와 같은 사실이 매독에 걸린 부모에게서 태어난 자손들에 대한 최근의 토론에서(제13차 국제 의학자 회의, 1900년 8월 2일부터 9일까지 파리에서 개최되었고, 핑거Finger, 타르노프스키Tarnowsky, 쥘리앵Jullien 등이 발표자로 나왔다) 언급되지 않은 것은 아쉬운 일이다 — 원주.

딸을, 다른 한편으로 어머니와 아들을 가깝게 만들었다.

내가 앞으로 도라[7]라고 부를 환자는 여덟 살 때 벌써 신경증 증세를 보였다. 당시에 그녀는 발작 빈도가 계속 증가하는 만성적 호흡 곤란에 시달리고 있었다. 이 증세는 산으로 소풍을 갔다 온 후에 맨 처음 나타났기 때문에, 그 원인을 과로에서 찾았다. 이 상태는 안정과 요양에 주력한 지 반년이 지나면서 차츰 호전되었다. 가족 주치의는 신경성 장애라는 진단과 함께 호흡 곤란의 원인이 호흡 기관에 있지는 않다는 판단을 내리는 데 주저함이 없었던 것처럼 보인다. 그러나 그는 그러한 진단을 과로의 병인론에 연결시켰다.[8]

이 어린 소녀는 소화기의 일반적인 전염병들을 별다른 후유증 없이 잘 이겨 냈다. 그녀 스스로 (의미심장하게) 이야기했듯이 오빠가 먼저 가벼운 수준에서 병을 앓으면 동생의 발병이 뒤따랐으며, 오빠와는 달리 심하게 앓았다. 열두 살이 되던 무렵에 그녀는 편두통과 신경성 기침 증세를 보였다. 처음에는 한꺼번에 나타나던 두 증상이 나중에는 각각 다른 방향으로 진행되었다. 편두통은 점점 드물게 나타나다가 열여섯 살 때 완전히 없어졌다. 점막의 염증으로 생긴 신경성 기침은 이후에도 계속되었다. 열여덟 살 되던 해에 치료를 받으러 나에게 왔을 때 그녀는 다시 독특한 형태의 기침 증세를 보이던 중이었다. 발작의 빈도는 정확하게 계산할 수 없었지만 한번 기침을 시작하면 3주에서 5주 동안 계속되었으며, 몇 달 이상 기침이 멎지 않은 적도 있었다. 최소한 지난 몇 년 동안 그러한 발작이 일어나던 시기의 전반부에는 목소

---

7 이 가명(假名)을 선택하기로 한 결정 요인들에 대해서 프로이트는 『일상생활의 정신 병리학』에서 설명하고 있다.

8 이 첫 번째 발병의 개연적 원인에 대해서는 나중에 살펴보기로 하겠다 — 원주.

리를 전혀 알아들을 수 없을 정도로 증세가 심했다. 이 경우도 신경 계통과 관계가 있으리라는 진단은 이미 의심의 여지가 없었다. 다방면에 걸친 치료를 비롯하여 증기 요법, 국지적 전기 요법 등도 효과가 없기는 마찬가지였다. 질병과 함께 성장기를 보냈으며 자기 판단을 잘하는 이 환자는 의사의 노력을 조롱하고 그의 도움을 포기하는 데 익숙해져 있었다. 그녀는 주치의 개인에 대해서 아무런 거부감이 없었음에도 불구하고 처음부터 의사의 조언을 받아들이려 하지 않았다. 새로운 의사를 찾아가 보라고 제안할 때마다 그녀는 심하게 반발했다. 아버지의 엄명이 있고 나서야 비로소 그녀는 나의 치료를 받아들였다.

나는 먼저 그녀가 열여섯 살 되던 해 초여름에 기침과 목이 쉬는 증세에 시달리는 것을 발견했고, 당시 정신과 치료를 위한 요양을 권했다. 이 요양은 오래 지속되던 발작이 저절로 사라지면서 중단되었다. 다음 해 겨울, 사랑하던 숙모가 돌아가신 후 그녀는 빈으로 와서 숙부와 그 딸들이 살고 있던 집에 머무르고 있었다. 여기서 그녀는 당시의 담당 의사가 맹장염으로 진단한 열성 질환을 앓았다.[9] 그해 가을, 아버지의 건강이 호전되어 가족 모두가 마침내 요양지 B를 떠날 수 있었다. 그들은 먼저 아버지의 공장이 위치한 곳에서 살다가 1년 뒤에는 빈에 거처를 마련했다.

그사이에 도라는 이지적이고 호감을 주는 용모에 이제 갓 피어나는 듯한 소녀로 성장했다. 이것이 부모에게는 오히려 커다란 근심거리였다. 그녀가 앓고 있는 병의 주된 특징은 짜증을 많이 내는 증세와 성격의 변화였다. 그녀는 자기 자신은 물론 부모도 좋아하지 않았다. 아버지에게는 퉁명스럽게 대했으며, 집안일을 분담시키려는 어머니와는 전혀 화합하지 못했다. 또한 다른 사람

9 이것에 대해서는 두 번째 꿈에 대한 분석을 참조하라 ― 원주.

들과의 교류를 피하려고 했다. 늘 따라다니는 피곤함과 정신의 산만함이 허락하는 한도 내에서 그녀는 여성학에 관한 강연을 듣는 일에 열중했고, 스스로 공부하기도 했다. 어느 날 부모는 소녀의 책상에서 한 통의 편지를 발견하고 깜짝 놀랐다. 그 편지는 이 생활을 더 이상 견딜 수 없기 때문에 부모 곁을 떠나겠다는 내용을 담고 있었다.[10] 전후 사정을 아는 아버지는 딸이 심각한 자살 충동에 빠지지는 않았으리라고 짐작했지만 큰 충격을 받았다. 어느 날 아버지와의 사소한 말다툼 끝에 딸이 처음으로 기억 상실을 수반한 의식 불명[11] 증상을 보였을 때, 그녀의 반발에도 불구하고 내 치료를 받기로 결정되었다.

내가 지금까지 요약해서 설명한 병의 이력은 전체적으로 특별한 내용이 없는 듯 보인다. 즉 극히 일반적인 육체적, 심리적 증상을 지닌 〈가벼운 수준의 히스테리petite hystérie〉라는 인상을 준다. 여기에 해당하는 증상들은 호흡 곤란, 신경성 기침, 편두통, 짜증, 히스테리적인 비사교성, 가벼운 무력감 등이다. 히스테리에 관해 더 흥미로운 병력 기록을 담은 서적들이 없지 않다. 그러나 피부의 민감한 반응, 시야가 좁아지는 현상의 징후를 다룬 병력 기록을 포함하여 깊은 관심을 불러일으킨 경우일수록 그 후속편을 찾

10 이미 설명했듯이 이 치료와 아울러 복잡한 병력에 대한 나의 고찰은 불완전 상태에 머물고 만다. 그런 까닭에 몇몇 사항에 대해서는 설명하지 못하거나 단지 암시와 추측에 의존하는 수밖에 없다. 이 편지가 상담 시간에 거론되었을 때 그 소녀는 깜짝 놀란 듯이 물었다. 〈도대체 그분들이 편지를 어떻게 찾아냈을까요? 그 편지를 나는 책상 서랍에 넣어 두었거든요.〉 그러나 부모가 이 편지에서 가출의 의도를 파악했다는 것을 그녀가 이미 알고 있었기 때문에, 나는 그녀 스스로 그 편지가 부모의 손에 들어가도록 만들었다는 결론을 내렸다 — 원주.

11 이 발작에서도 경련과 정신 착란 증상을 관찰할 수 있었다고 믿는다. 그러나 분석이 그 단계까지 진행되지 못했기 때문에 이에 대한 그 어떤 확실한 기억도 가지고 있지 않다 — 원주.

아볼 수 없다. 히스테리의 특이하고 이상스러운 모든 현상을 다루었지만 여전히 수수께끼 같은 이 병을 이해하는 데는 별다른 기여를 하지 못했다는 점을 지적하고 싶다. 히스테리의 극히 일반적이고 가장 흔한 경우들과 전형적인 증상들을 해명하는 일이 급선무다. 내가 만약 가벼운 히스테리를 앓는 이 환자의 경우를 완전히 해명해 낼 수만 있다면 나는 그것으로 만족할 것이다. 다른 환자들에 대한 경험으로 볼 때 나의 분석적 방법이 그 일을 감당해 내기에 충분하리라고 확신한다.

나와 브로이어J. Breuer 박사가 공동으로 저술한 『히스테리 연구』를 출판한 직후인 1896년에 나는 탁월한 실력을 갖춘 어떤 동료에게 논문의 일부인 히스테리의 심리학적 이론을 평가해 줄 것을 요청했다. 그는 이 이론이 몇 안 되는 경우들에 들어맞을지 모르지만 일반화시키기에는 부적절하다고 직설적으로 대답했다. 그 이래로 나는 히스테리의 많은 경우들을 보아 왔고, 어떤 경우에는 심지어 몇 년 동안이나 연구에 몰두했지만 『히스테리 연구』에서 가정한 심리적 조건들을 충족시키지 못한 적은 한 번도 없었다. 이 조건에 해당하는 것으로서 정신적 외상, 정서적 갈등과 논문을 나중에 다시 출판할 때 추가한 성적인 영역에서의 충격 등을 들 수 있다. 환자가 스스로 숨기려고 하기 때문에 병적 사실들을 의사에게 털어놓기를 기대해서는 안 된다. 혹은 연구의 첫 단계에서 부정적인 대답을 듣게 되는 경우에도 의기소침해질 필요는 없다.[12]

12 후자와 관련한 실례가 하나 있다. 빈에 있는 내 동료들 중 그러한 경험을 통하여 성적 요인이 히스테리에 중요하지 않다는 확신을 가졌던 누군가가 위험한 수준의 히스테리성 구토 증세를 지닌 열네 살짜리 소녀에게 성관계를 가진 적이 있느냐는 낯 뜨거운 질문을 하게 되었다. 그 아이는 일부러 놀랍다는 시늉을 하면서 없다고 대답했으며, 웃기지도 않는다는 태도로 어머니에게 그 이야기를 했다. 〈생각해 보세요. 그 멍

내 환자 도라의 경우 그녀 아버지의 대단한 이해심 덕분에 나 스스로 최소한 최근의 발병과 관련한 일상생활을 알아볼 필요가 없었다. 그녀의 아버지가 전하는 바에 따르면, 그의 가족들은 B에 있을 때 수년 전부터 그곳에 살던 어떤 부부와 매우 친하게 지냈다. K 씨 부인은 중병에 걸린 그를 돌보아 주었다. 이 일로 인하여 그는 늘 감사하는 마음으로 그녀를 대했다. K 씨는 그의 딸 도라에게 호감을 가졌다. 그가 B에 머물 때면 그녀와 산책을 다니기도 하고 자그마한 선물도 주었다. 그러나 그 누구도 두 남녀의 관계를 이상하게 바라보지 않았다. 도라는 K 씨 부부의 두 아이를 정성껏 보살펴 주는 등 엄마와 똑같은 역할을 했다. 아버지와 딸이 2년 전 여름 나를 찾아왔을 때, 그들은 알프스 호숫가에서 여름휴가를 보내고 있던 K 씨 부부와 함께 지내다가 여행에서 막 돌아온 참이었다. K 씨 부부와 며칠을 보낸 후 도라는 몇 주 동안 그들 집에 머물기로 했고, 아버지는 돌아오려고 했다. 아버지가 짐을 꾸리고 있을 때 딸이 갑자기 단호한 어조로 함께 가겠다고 나섰고, 자신의 의지를 관철시켰다. 며칠이 지난 후 그녀는 자신의 이상한 행동의 원인을 아버지에게 알리기 위해 먼저 어머니에게 설명했다. 즉 호숫가로 산책을 하던 도중에 K 씨가 그녀에게 프러포즈를 했다는 것이었다. 아버지에게서 이 이야기를 전해 들은 당사자는 그런 환상을 불러일으킬 만한 행동은 추호도 한 적이 없다

청한 놈이 글쎄 내게 사랑에 빠진 적이 있느냐고 묻더라고요.〉 그 후 그 아이는 내 치료를 받으러 왔고 ― 물론 첫 번째 상담에서 곧바로 밝혀진 것은 아니지만 ― 여러 해 동안의 자위행위로 인해 심한 대하증(이것이 구토와 깊은 관계가 있다)을 앓고 있는 것으로 판명났다. 그녀는 자위행위를 하는 버릇을 그만두었지만 금욕 생활을 하는 도중에도 심한 죄의식에 시달렸다. 그 결과 그녀는 가족들에게 일어나는 모든 사고들을 자신의 죄악에 대한 신의 형벌로 생각했다. 이 밖에도 그녀는 고모의 사랑 이야기에 영향을 받았는데, 아직 미혼인 고모의 임신은(구토의 두 번째 결정 요인) 다행인지 불행인지 이 환자에게는 비밀에 부쳐졌다. 고모는 그녀를 〈말 그대로 순진한 아이〉로 취급했지만 성관계의 본질에 속하는 모든 지식을 전수해 주었음이 드러났다 ― 원주.

고 완강히 부인했다. 그는 K 씨 부인이 알려 주었듯이 섹스에 관한 일에만 관심을 보이고 만테가자Mantegazza가 쓴 『사랑의 생리학』 따위의 책들을 주로 읽는 도라를 의심하기 시작했다. 그는 도라가 평소의 독서 경험을 바탕으로 이야기 전부를 꾸며 냈을 가능성이 크다고 말했다.

아버지의 의견도 같았다.

「이 사건은 도라의 침울함과 예민함, 그리고 자살 충동에 기인하고 있음이 분명합니다. 딸은 나에게 K 씨와의 관계, 특히 자신이 이전에는 존경했던 K 씨 부인과의 관계를 끊으라고 요구합니다. 그러나 나는 그럴 수 없습니다. 그 이유는 내 스스로 K 씨의 비도덕적 요구에 관한 도라의 이야기가 무의식중에 나타난 공상 Phantasie이라고 생각하기 때문입니다. 또한 나는 K 씨 부인과 진정한 우정을 나누고 있기 때문에 그녀에게 상처를 주고 싶지 않습니다. 그 가련한 부인은 남편과 아주 불행한 결혼 생활을 하고 있습니다. 저도 그를 그리 높이 평가하지 않고요. 그녀는 신경이 날카로워져 있고 나에게서 유일한 안식처를 발견합니다. 그녀가 나의 건강을 보살펴 준 상황의 이면에 그 어떤 야릇한 분위기도 없었다고 자신 있게 말할 수는 없습니다. 가련한 우리 두 사람은 우정 관계를 통해 서로를 위로합니다. 내가 아내에게 별로 관심이 없다는 점은 이미 당신도 알고 있습니다. 그러나 고집불통인 도라는 K 씨 부인에 대한 증오를 누그러뜨리려고 하지 않습니다. 최근의 발작도 도라가 나에게 똑같은 요구를 한 다음에 나타났습니다. 도라의 상태를 호전시킬 방법이 없을까요?」

진료 초기에 아버지가 들려준 이 이야기는 나중의 설명과 완전히 일치하지는 않았다. 이때 그는 딸이 형편없는 지경에 이르게 된 책임을 가족 모두가 싫어하는 성격을 지닌 어머니에게 전가하려고 했다. 그러나 나는 이미 상대방의 이야기를 들어 볼 때까지 사건의 진상에 대한 나의 판단을 유보하기로 마음먹은 상태였다.

K 씨와의 경험에서 — 구애(求愛)와 이에 따른 명예 훼손 — 도라의 정신적 외상Trauma이 생겨났을 가능성이 다분했다. 이 정신적 외상을 브로이어와 나는 오래전에[13] 히스테리 질환의 발병에 필수적인 전제 조건으로 설정한 바 있었다. 그러나 이 경우는 내가 이 이론에서 탈피하도록 만들었으며,[14] 설상가상으로 새로운 어려움에 부딪쳤다. 즉 히스테리 질환의 경우 일상생활에서의 정신적 외상은 증상의 본질을 설명하고 규명하는 데 별로 쓸모가 없다. 만약에 신경성 기침, 발성 장애, 짜증, 무기력 이외의 증상들이 정신적 외상의 영향이라고 가정한다면 우선 그 맥락부터 살펴보아야 할 것이다. 더구나 기침을 하고 목이 쉬는 증상은 정신적 외상이 생겨나기 수년 전에 이미 나타났다. 이 첫 번째 현상들은 환자가 여덟 살 때인 아동기에 발생했다. 여기서 정신적 외상에 관한 이론을 단념하지 않으려면 아동기로까지 거슬러 올라가 이 외상과 유사하게 작용하는 영향이나 흔적이 있는지 찾아보아야 한다. 첫 증상들이 아동기에서 시작하지 않는 경우들을 연구

13 1893년에 발표한 두 사람의 공동 논문 「히스테리 현상의 심리 기제에 대하여: 예비적 보고서」(프로이트 전집 3, 열린책들) 참조.

14 나는 이 이론을 포기한 것이 아니라 탈피했다. 오늘날의 관점에서 볼 때 이 이론은 그른 것이 아니라 불완전하다. 단지 나는 이른바 유최면 상태를 강조하는 것을 포기했다. 이 유최면 상태는 환자의 정신적 외상을 계기로 나타나며, 그 밖에 심리적으로 병적인 사건의 근원이라고 알려져 있다. 공동 작업의 결과를 각자의 소유물로 나누는 일이 허용된다면, 몇몇 비평가들이 우리 작업의 핵심으로 보려 하는 〈유최면 상태〉의 설정은 전적으로 브로이어가 주도한 것임을 이 자리에서 밝혀 두고 싶다. 나는 그것이 불필요하다고 여기고 있으며, 아울러 그러한 명칭을 부여함으로써 히스테리 증상이 형성될 때의 심리적 진행 과정에 내포된 문제의 지속성을 중단시키는 오류를 범할 수 있다고 생각한다 — 원주. 브로이어는 『히스테리 연구』에 실은 기고에서 유최면 상태에 대해 자세하게 설명하고 있다. 그리고 프로이트는 이론적으로 브로이어와 다른 입장을 「정신분석 운동의 역사」에서 상세하게 밝히고 있다.

할 때에도 어린 시절의 일상생활까지 추적하게 되었다는 점은 특기할 만하다.[15]

치료의 첫 번째 어려움들을 극복한 뒤에 도라는 나에게 초기에 발생한 K 씨와의 경험에 대해서 이야기했다. 이 경험은 심지어 성적인 외상으로 작용하기에 충분한 수준이었다. 그녀는 당시에 열네 살이었다. K 씨는 그녀와 부인을 B 중심에 위치한 그의 상점으로 초대하여 그곳에서 교회 축제를 구경하기로 약속했다. 그러나 그는 부인을 집에 머물러 있도록 했을 뿐만 아니라 점원도 집으로 돌려보내서 도라가 상점으로 들어섰을 때는 혼자 있었다. 축제 행렬이 다가올 시간이 되자, 그는 소녀에게 상점에서 위층으로 향하는 문 옆에서 기다리라고 말하고는 덧문의 셔터를 내리러 갔다. 다시 돌아온 그는 열린 문을 통해 밖으로 나가는 대신에 갑자기 소녀를 끌어당기고는 입술에 키스했다. 이것은 열네 살의 순진한 소녀에게는 뚜렷한 성적인 자극을 불러일으킬 만한 상황이었다. 그러나 도라는 이 순간에 심한 구역질을 느꼈다. 그녀는 K 씨를 뿌리친 다음 계단을 통해 현관으로 급히 달아났다. 그럼에도 불구하고 K 씨와의 교제는 계속되었다. 두 사람 중 그 누구도 이 사건에 대해 언급하지 않았다. 그녀 역시 나에게 고백하기 전까지는 이 사실을 비밀로 간직했다. 그 사건 이후에 그녀는 K 씨와 단둘이 있는 기회를 만들지 않으려고 했다. K 씨 부부가 당시에 계획한 며칠 동안의 여행에 도라도 동참하기로 했다. 상점에서의 키스 사건 이후 그녀는 이유도 말하지 않고 이 약속을 취소했다.

언급된 순서로 보면 두 번째이고 시간상으로는 첫 번째인 이 장면에서 열네 살 소녀의 행동은 이미 완전한 히스테리 증상을

15 나의 「히스테리의 병인학에 대하여」 참조 ― 원주.

보여 준다. 육체적 증상의 여부에 상관없이 성적인 흥분에 불쾌감을 느끼는 사람 모두를 나는 히스테리 환자로 여긴다. 이러한 〈정서 전도Affektverkehrung〉 증세에 담긴 메커니즘을 밝혀내는 일이 신경증 심리학의 가장 중요하면서도 가장 어려운 과제들 중 하나이다. 내 판단으로는 나는 아직 이 목표에서 멀리 떨어져 있다. 이것을 전제로 한 상태에서 나는 다만 내가 알고 있는 것 중 일부를 제시할 뿐이다.[16]

도라의 사례를 상술하기 위해서는 정서 전도 증세에 주의를 기울이는 것으로는 충분치 않다. 여기서는 이 밖에도 감정의 전이가 생겨났다는 점을 감안해야 한다.[17]

건강한 소녀의 경우 그러한 상황에서 자연스럽게 나타날 수도 있는 성기의 감각 작용 대신에 도라의 경우에는 소화 기관 입구의 점막에서 생겨난 불쾌감, 즉 구역질이 일어났다. 키스에 의한 입술의 흥분이 이 현상에 영향을 미쳤음이 확실하다. 그러나 나는 또 다른 요소가 작용했으리라고 믿는다.[18]

도라가 당시에 느낀 구역질은 지속적인 증상은 아니었다. 치료를 받을 때에도 그 증상은 잠재적으로 존재할 뿐이었다. 다만 그녀는 제대로 먹지 못했고 음식에 대한 거부감을 털어놓았다. 반

16 이것은 프로이트의 저서에서 끊임없이 되풀이되는 문제들 중 하나이다. 이를테면 그는 이 문제를 『꿈의 해석』 일곱 번째 장의 〈꿈에 의한 각성 ─ 꿈의 기능 ─ 불안-꿈〉 단원에서 공포를 안겨 주는 꿈과 관련하여 다루고 있다. 그리고 「억압에 관하여」, 「쾌락 원칙을 넘어서」 등에서도 이 문제가 다루어지며, 「억압, 증상 그리고 불안」에서 그 해결에 대한 가정이 제시되고 있다.

17 이러한 상황들의 가치를 인정하는 일은 나중에 그 본질이 밝혀지면서 수월해진다 ─ 원주.

18 키스할 때 생긴 도라의 구역질은 분명히 우발적인 원인에 기인한 것이 아니다. 그러한 원인들은 빠짐없이 기억에 떠오르거나 언급되었을 것이다. 나는 K 씨를 우연히 알게 되었다. 환자의 아버지가 나를 방문할 때 동행했던 그는 호감이 가는 외모를 지닌 젊은이였다 ─ 원주.

대로 또 다른 후유증인 감각 환각*Empfindungshalluzination*은 그녀가 이야기하는 도중에도 수시로 재발했다. 그녀는 포옹했을 당시 상체에 가해진 압박을 아직도 느낀다고 말했다. 증상의 발생에 관한 기존의 법칙들을 활용하는 한편, 예를 들어 어떤 숙녀와 다정한 대화를 나누고 있는 남자 옆을 지나가지 않으려고 하는 등 다른 때 같으면 좀처럼 설명하기 어려운 환자의 또 다른 특징들과의 연관성을 파악한 후 나는 사건의 진행 과정 전체를 재구성할 수 있었다. 내 생각에 그녀는 격렬한 포옹 때 입술 위에서의 키스뿐만 아니라 발기된 성기가 자신의 몸 안으로 밀려 들어오는 느낌을 받았다. 불쾌감을 불러일으킨 이 느낌은 기억에서 제거되어 억압되고, 흉부의 압박이라는 건전해 보이는 감각 작용과 대치된다. 억압된 근원에서 엄청난 에너지를 얻는 이 감각 작용은 하체에서 상체로 새로운 전이가 이루어진 것이다.[19] 그러나 행동에서의 강박 관념은 사건에 대한 기억이 여전하다는 인상을 준다. 그녀가 자신이 보기에 성적인 흥분을 일으키는 남자 옆을 지나가기를 꺼리는 이유는 육체적 징후를 다시 경험하고 싶지 않기 때문이다.

여기서 세 가지 증상, 즉 구역질, 상체의 압박감, 여자와 다정한 대화를 나누는 남자에 대한 두려움 등이 하나의 체험에서 생겨난 점과 이 징후들의 상호 연관성을 통해서만 증상의 전체적 진행 과정을 이해할 수 있다는 점은 주목할 만하다. 구역질은(나중에 알게 되겠지만 유아기의 빨아 먹는 버릇에서 비롯된) 입술

---

19 그러한 전이 현상들은 한 가지 증상만을 설명하려는 목적으로 채택된 것이 아니라 일련의 수많은 증상들을 설명하기 위해 불가피한 것이다. 나에게 치료를 받으러 온 어떤 젊은 아가씨는 약혼자와 애정이 듬뿍 담긴 사랑을 나누다가 갑자기 그에게 냉정한 태도를 보인 후로 심각한 우울증에 걸려 있었다. 이 경우에서도 나는 포옹(키스는 제외)이 공포의 효과를 가져온다는 것을 확인할 수 있었다. 여기에서 공포의 원인이 남성의 발기에 있었다는 결론을 내리는 데 별다른 어려움은 없었다. 그녀는 이것을 감지했지만 그녀의 의식이 거부했던 것이다 — 원주.

의 성감대를 억압하기 위한 증상이다. 발기된 성기가 쇄도할 때 여성의 생식기인 클리토리스도 이에 상응한 반응을 보였을 것이다. 이 두 번째 성감대의 흥분은 흉부의 압박감으로 전이되어 버렸다. 성적으로 흥분된 상태에 있는 남자에 대한 두려움은 공포증Phobie의 결과로서 억압된 기억이 되살아나는 것을 막기 위한 조치이다.

이와 같은 해석 가능성에 완벽을 기하기 위해서 나는 환자에게 혹시 상대방 남자의 몸에서 육체적인 흥분의 징후를 느끼지는 않았는지 조심스럽게 물어보았다. 그녀는 지금은 그것을 알지만 당시에는 그러지 못했노라고 대답했다. 나는 이 환자가 성생활 분야의 새로운 학문적 자료에 접하지 못하도록 하기 위해서 처음부터 세심한 주의를 기울였다. 이것은 양심상의 이유에서가 아니라 악조건하에서 나의 가설을 시험해 보고 싶었기 때문이다. 어떤 사물에 대해 그녀가 넌지시 암시하는 바를 직접적으로 설명하더라도 별다른 위험 부담이 없을 경우에만 나는 곧이곧대로 말했다. 그녀의 대답 또한 즉각적이고도 솔직했다. 이 상황을 그녀도 인식하고 있었다. 그러나 그녀가 그것을 어떻게 알게 되었는지에 관한 수수께끼는 그녀의 기억을 통해서는 풀 수 없었다. 그녀는 이 모든 지식의 출전을 잊어버렸던 것이다.[20]

상점에서의 키스 장면을 내 나름대로 상상해 본 결과, 구역질의 발생 원인은 다음과 같다. 구역질은 원래 배설물이 풍기는 냄새에 대한(나중에는 배설물을 보기만 해도 생기는) 반응이다.[21]

20 나중에 언급할 두 번째 꿈을 참조하라 — 원주.
21 이와 비슷한 모든 경우들과 마찬가지로 여기에서도 한 겹이 아닌 여러 겹의 근거, 즉 과잉 결정Überdeterminierung을 염두에 두어야 한다 — 원주. 프로이트는 히스테리 증상의 이러한 특징을 브로이어와 함께 쓴 『히스테리 연구』 중 자신이 담당한

이 배설의 기능을 기억나게 할 수 있는 것이 생식기, 그중에서도 남자의 성기이다. 그 이유는 이 기관이 성교 외에도 소변의 기능을 수행하기 때문이다. 이것은 이미 오래전부터 사람들이 알고 있던 일이다.

섹스에 대한 인식이 생겨나기 이전의 시대에도 이것만은 알고 있었다. 따라서 구역질은 성적인 관계를 맺을 때의 흥분과 연결된 증상으로 보인다. 고대 기독교 교부가 말한 〈오줌과 똥 사이의 탄생inter urinas et faeces nascimur〉은 바로 성생활을 지칭하는 표현이며, 이상화시키려는 온갖 노력에도 불구하고 그것과 따로 분리해서 생각할 수 없다. 그러나 내 입장을 말하자면 이러한 연상 Assoziation의 경로를 증명한다고 해서 문제가 해결되는 것은 아니다. 연상이 일어날 수 있다는 말이 실제로 연상이 일어난다는 것을 의미하지는 않는다. 연상은 정상적인 상황에서 일어나지 않는다. 연상의 경로를 알기 위해서는 이 경로를 변화시키는 힘에 대한 지식이 필요하다.[22]

이 밖에도 K 씨와의 교제를 설명하는 방향으로 환자의 관심을 이끌어 가는 일도 나에게는 쉽지 않았다. 그녀는 이 사람과의 관계가 끝났다고 주장했다. 상담 도중에 이야기한 착상들의 맨 위

「히스테리의 심리 치료」 부분에서 언급하고 있다. 동일한 주제를 다룬 브로이어의 논문 역시 프로이트의 동의하에 같은 책에 수록되어 있다.

22 이 모든 설명에는 전형적이면서 히스테리에 전반적으로 적용되는 것이 들어 있다. 발기라는 테마로 가장 흥미로운 몇몇 히스테리 증상들을 해명할 수 있다. 옷을 통해 감지되는 남성 생식기의 윤곽에 이끌리는 여성의 관심이 억압되면 대인 기피증 Menschenscheu과 사회 공포증Gesellshaftangst의 동기가 되는 경우가 많다. 성적인 것과 배설 사이의 폭넓은 결합 가능성에 담긴 병인론적 의미는 아무리 강조해도 지나치지 않을 것이다. 이러한 결합이 수많은 히스테리성 공포증의 원인이 되기 때문이다 ── 원주. 이 주제는 프로이트의 저술에서 대단히 빈번하게 반복되어 나타난다. 이를테면 『정신분석의 기원Aus den Anfängen der Psychoanalyse』(1950), 「문명 속의 불만」(프로이트 전집 12, 열린책들) 등을 들 수 있다.

쪽 층위, 즉 그녀에게 쉽게 의식되었거나 또는 그녀가 의식적으로 전날에 대해 기억했던 내용은 항상 아버지와 관련을 맺고 있었다. K 씨, 특히 K 씨 부인과 교제를 계속하는 아버지를 그녀가 용서할 수 없었다는 것은 사실이었다. 이 교제에 대한 그녀의 견해는 물론 아버지가 자식을 걱정하는 마음에서 알고 싶어 했던 것과는 다른 종류였다. 그녀가 보기에 저속한 사랑의 관계가 아버지와 젊고 아름다운 그 부인을 결합시키고 있다는 점은 의심의 여지가 없었다. 이러한 명제를 확인시켜 주는 데 기여하는 그 어떤 것도 이 점에 있어서는 가차 없이 날카로운 그녀의 감각이 놓치지 않았다. 이 부분에서는 기억의 틈새가 발견되지 않았다. K 씨 부인과의 친교는 아버지가 심하게 앓기 이전에 벌써 시작되었다. 그러나 아버지가 앓아누운 시기에 어머니는 환자를 멀리한 반면, 젊은 K 씨 부인이 간병인으로 자처하고 나서면서부터 두 사람은 비로소 절친한 관계가 되었다. 병에서 회복된 후 맞은 첫 번째 여름휴가에서 이른바 〈우정〉의 본질을 다시 생각하게 만들 만한 일이 벌어졌다. 두 가족은 호텔의 한쪽 부분을 빌려 공동으로 생활했다. 어느 날 K 씨 부인은 그때까지 그녀의 한 아이와 같이 쓰던 침실에서는 잠을 편히 잘 수가 없다고 말했다. 며칠 후에는 도라의 아버지가 자신의 침실을 포기했다. 두 사람이 각각 새로 얻은 방은 그사이에 복도가 있을 뿐 맨 끝에 위치한 방이었다. 반면에 그들이 포기한 공간들은 자신들이 핑계로 내세운 방해를 막아 주지 못했다. 도라가 나중에 K 씨 부인 일로 아버지를 비난할 때면, 아버지는 그녀를 미워하는 이유를 알 수 없다며 오히려 그녀에게 감사해야 한다고 말하곤 했다. 애매모호한 이 말의 의미를 엄마에게서 알아낸 바에 따르면, 의기소침한 상태에 빠져 있던 아버지가 당시 숲속에서 자살하려던 순간, 이것을 알아차린

K 씨 부인이 다가와서 간곡히 말리는 바람에 아버지는 이성을 되찾을 수 있었다는 것이다. 도라는 물론 이 말을 믿지 않았다. 두 사람이 숲속에 같이 있는 장면이 발각되자, 아버지가 밀회를 정당화하기 위해 자살극을 꾸며 냈을 것이라고 그녀는 생각했다.[23]

두 가족이 B로 돌아온 이후 아버지는 K 씨가 상점에 가 있는 동안 매일 몇 시간씩 K 씨 부인과 함께 보냈다. 도라의 말에 따르면, 모든 사람들이 두 사람의 관계를 화제로 삼았고 별나게도 그녀에게 이에 관한 질문을 해댔다. K 씨가 어머니에게 자주 격렬하게 항의했지만, 그녀는 그가 너무 예민하게 반응한다고 넌지시 내비치는 식으로 궁지에서 빠져나오곤 했다. 다른 사람들과 함께 산책할 때 아버지와 K 씨 부인은 두 사람만이 남게 되는 방법을 고안해 낼 줄 알았다. 그녀가 아버지에게 돈을 받고 있음이 분명했다. 왜냐하면 그녀의 지출은 자신이나 남편의 능력으로는 감당할 수 없을 정도로 많았기 때문이었다. 아버지는 또한 그녀에게 값진 물건을 선물하기 시작했다. 이 사실을 감추기 위해서 그는 동시에 어머니와 도라에게도 자주 선심을 썼다. 걷지 못하는 증상으로 몇 달 동안 신경증을 치료하는 요양소 신세를 질 만큼 병약했던 어머니는 그 후로 건강과 함께 삶의 활기를 되찾았다.

도라의 가족이 B를 떠난 이후에도 교제는 계속되었다. 아버지는 때때로 혼탁한 공기를 견딜 수 없다며 이를 피할 방법을 강구해야겠다고 말했다. 기침 증세로 몸이 불편해지기 시작한 아버지는 갑자기 B로 여행을 떠났으며, 그곳의 쾌적한 분위기가 듬뿍 담긴 편지를 보내왔다. 이 모든 질병은 연인을 다시 만나기 위한 핑계에 지나지 않았다. 그 후 어느 날 가족은 빈으로 이사했다. 도라

---

23 이것은 이와 비슷한 사랑에 대한 동경을 표현한 그녀 자신의 자살극과 일맥상통한다 — 원주.

는 그 이유를 추측해 보기 시작했다. 실제로 빈으로 이사 온 지 3주일쯤 되었을 때 도라는 K 씨 가족도 빈으로 이사했다는 소문을 들었다. 그들 역시 여기에서 모습을 나타냈으며, 도라는 길에서 K 씨 부인과 함께 지나가는 아버지를 자주 만나곤 했다. 도라는 K 씨와도 자주 마주쳤다. 그때마다 K 씨는 그녀에게서 시선을 떼지 않았다. 한번은 혼자 걸어가던 도라를 본 K 씨는 한참을 따라다니며 그녀가 혹시 어디 가서 밀회를 즐기려고 하지는 않는지 확인하려고 했다.

아버지가 올바르지 못한 행동을 하고 성격적인 결함을 지니고 있으며, 자신의 만족만을 생각할 뿐만 아니라 사태를 자신에게 가장 유리한 방향으로 몰고 가는 재능을 발휘한다는 도라의 비판은, 그녀가 나에게 이야기한 어느 날의 특별한 경험에 초점을 맞추고 있었다. 그날 아버지가 계속해서 건강이 나빠지고 있다는 불평을 늘어놓은 뒤 몇 주간의 요양을 위해 B로 떠난 직후, 예리한 통찰력을 지닌 도라는 K 씨 부인도 친척을 방문하러 그곳으로 여행을 떠났다는 사실을 알아냈다.

나는 아버지의 특정 성격을 전반적으로 부인할 수 없었다. 또한 어떤 경우에 도라의 비난이 정당한지에 관해서도 쉽게 알 수 있었다. 기분이 격해질 때면 그녀는 K 씨가 도라의 아버지와 그의 부인 사이의 관계를 용인한 것에 대한 대가로 자신이 K 씨의 손아귀에서 놀아나는 생각에 사로잡혔다. 아버지에 대한 연민 뒤에는 그러한 가능성에 대한 분노가 자리 잡고 있음을 눈치챌 수 있었다. 이와는 다른 상황에 놓여 있을 때면 그녀는 말을 과장되게 함으로써 죄의식을 공연히 만들어 냈다는 점을 잘 알고 있었다. 물론 그녀를 교환 대상으로 하는 형식상의 계약을 두 남자가 절대 체결할 리 없었다. 아버지는 더욱이 그러한 추측에 깜짝 놀라며 책임을 회피할 것이다. 그러나 아버지는 의견을 달리하는 주제에 대한 판단을 날조함으로써 갈등의 예봉(銳鋒)을 꺾어 버리는 법을 아는 남자들 중의 한 사람이었다. 과년(過年)한 소녀가 아내에게서 만족을 얻지 못하는 남자와 지속적으로 거리낌없이 교제하다 보면 위험한 지경에 처할 수도 있다는 가능성이 제기되면, 그는 자기 딸을 신뢰할 뿐만 아니라 K 씨 같은 남자가 딸에게 위험할 리 없으며, 내 친구는 그런 의도를 마음속에 품을 위인도 못 되고, 도라는 아직 어리기 때문에 K 씨는 그녀를 어린애로 대하고 있다고 대답했을 게 분명하다. 그러나 실제로는 두 남자 모두 상대방의 태도에서 자신의 탐욕에 걸림돌이 되는 결론을 이끌어 내는 일을 피했다. K 씨는 한 해 동안 매일 도라에게 꽃을 선사했는가 하면, 기회가 있을 때마다 값진 물건을 선물하고 대부분의 여가를 그녀 주위에서 보낼 수 있었다. 그럼에도 불구하고 그녀의 부모는 구애의 성격을 지닌 K 씨의 태도를 인식하지 못했다.

환자가 정신분석 치료를 받는 동안 앞뒤가 잘 들어맞는 논의를 펼치면 의사는 당혹감을 느끼게 되고, 환자는 다음과 같은 질문을 던짐으로써 유리한 위치에 서게 된다. 〈이 모든 것이 정말 사실입니다. 그렇지 않습니까? 내가 당신에게 이야기한 내용 중 무엇을 바꾸려고 하시는 겁니까?〉 곧 알게 되듯이, 분석을 하기에는 난공불락인 환자의 그러한 사고는 비판과 의식에서 벗어나려는 또 다른 사고를 감추는 데 이용된다. 다른 사람들에 대한 일련의 비난은 똑같은 내용의 자기 비난*Selbstvorwurf*이라고 추측할 수 있다. 개별적인 모든 비난은 화자(話者) 자신에게로 향하고 있다. 자기 탄핵을 숨기기 위해서 다른 사람을 탄핵하는 방식을 자동적으로 선택하게 된다. 상대방의 모욕에 대해 즉흥적으로 대응하는 아이들의 〈복수〉가 그 본보기에 해당한다. 거짓말이 탄로나면 아이들은 〈네가 거짓말쟁이야〉라는 말로 맞대응한다. 성인들은 상대방의 모욕에 맞대응할 때 공격할 부위를 살펴보는 한편, 똑같은 내용의 반복에 주된 가치를 두지는 않을 것이다. 편집증 *Paranoia*에서는 상대방을 비난하려는 의도가 내용의 변화 없이, 따라서 현실에 기초하지 않는 망상의 형태로 표출된다.

아버지에 대한 도라의 비난 역시 똑같은 내용의 자기 비난으로 〈안감을 대고〉〈실로 꿰맨〉 것이다. 이에 대한 세부적인 사항들을 살펴보기로 하자. K 씨 부인과의 관계를 방해받지 않기 위해서 아버지가 딸과 관련한 K 씨의 태도에 대해 명확한 입장을 표명하지 않았다는 도라의 주장은 일리가 있었다. 그러나 그녀도 똑같이 행동했다. 아버지와 K 씨 부인의 관계는 그녀에게도 일단의 책임이 있었다. 그녀는 실제 상황에 근거한 모든 징후들을 모른 체했다. 호숫가에서의 돌발적인 사건이 일어난 다음에야 그녀는 상황을 명확하게 인식했고, 아버지에게 K 씨 부인과 절교할 것을 강하게 요구했다. 그 이전의 시기에 그녀는 K 씨 부인과 아버지 사이의 교제를 가능한 한 후원했다. 아버지가 K 씨 부인과 함께 있다는 생각이 들면 그녀는 절대로 K 씨 부인에게 가지 않았다. 아이들이 그 자리에 있으면 쫓겨난다는 점을 그녀는 알고 있었다. 따라서 그녀는 나름대로의 방법을 동원하여 아이들을 불러 모아서는 함께 산책했다. 그녀에게 일찍부터 K 씨 부인과 아버지의 관계에 대해 눈을 뜨게 만들고 그 여자 편을 들지 말라고 충동질한 인물이 있었다. 그 인물은 다방면으로 박식한 노처녀였던 도라의 마지막 가정 교사였다.[24]

24 이 가정 교사는 성생활에 관한 온갖 책들을 다 읽었으며, 이에 대해 도라와 이야기를 나누었다. 다른 한편으로 그녀는 이와 관련된 모든 일을 도라의 부모에게 발설하지 말 것을 솔직하게 부탁했다. 그들이 어떤 태도를 보일지 알 수 없었기 때문이다. 한동안 나는 도라가 지닌 비밀스러운 지식의 근원지가 바로 이 처녀라고 생각했다. 아

선생과 학생은 한동안 좋은 관계를 유지했다. 그러나 어느 시기에 이르러 갑자기 도라가 선생에게 적대적인 태도를 보였으며, 그녀를 해고하라고 고집했다. 이 가정 교사는 자신의 영향력을 이용하여 K 씨 부인에 대한 반감을 선동했다. 그녀는 남편이 낯선 여자와 가까이 지내는 것을 용인하는 태도가 아내의 위엄에 어긋난다며 도라의 어머니를 부추겼다. 그녀는 도라에게도 두 사람 사이의 관계에서 수상한 점이 눈에 띄는지 주의하라고 일렀다. 그러나 그녀의 노력은 허사로 돌아갔다. 도라는 K 씨 부인에게 다정하게 대했고, 그녀와 아버지의 관계를 상스럽게 여길 만한 구실을 찾고 싶어 하지 않았다. 그녀의 입장에서 보면 가정 교사의 행동에 깔린 동기를 해명하는 일이 가능했다. 한편으로는 맹목적인 그녀였지만 다른 한편으로는 사물을 보는 눈이 예리했다. 그녀는 가정 교사가 아버지에게 반했다는 것을 알아차렸다. 아버지가 곁에 있으면 그녀는 전혀 다른 사람처럼 보일 정도로 쾌활하고 일에 열심이었다. 가족이 아버지의 공장이 있던 도시에 머물렀던 관계로 K 씨 부인이 눈에 띄지 않았던 시기에 가정 교사는 엄마를 연적으로 삼아 못살게 굴었다. 그녀의 이 모든 행동을 도라는 아직 나쁘게 생각하지 않았다. 그녀 자신이 가정 교사에게는 아무래도 좋은 존재이며, 자신에게 보여 준 가정 교사의 애정이 사실은 아버지를 대상으로 하고 있다는 것을 알아차린 이후에야 비로소 도라는 격분했다. 아버지가 공장이 있던 도시를 잠시 떠난 동안에 가정 교사는 그녀에게 신경 쓰지 않았다. 산책도 함께 가지 않았으며, 공부를 도와주는 일에도 관심이 없었다. 아버지가 B에서 돌아오기가 무섭게 가정 교사는 다시 자신의 본분에 충실했다. 그때 도라는 그녀를 단념했다.

마도 이 생각은 완전히 틀리지 않았을 것이다 — 원주.

가련한 운명의 가정 교사는 도라의 태도에 본의 아니게 영향을 미쳤다. 가정 교사가 도라를 대하듯이 도라는 K 씨의 아이들을 대했다. 그녀는 아이들의 엄마 역할을 했으며, 공부를 가르치고 함께 외출했다. 그녀는 아이들의 어머니가 보여 주지 못한 관심을 충분히 보충해 주었다. K 씨 부부는 자주 이혼을 거론했다. 이혼이 이루어지지 않았던 이유는, 다정다감한 아버지였던 K 씨가 두 아이를 결코 포기하려고 하지 않았기 때문이었다. 아이들에 대한 관심의 공유는 처음부터 K 씨와 도라를 맺어 주는 끈이었다. 아이들에게 열중하는 도라의 태도는 자기 자신과 남들에게 다른 무엇을 감추기 위한 가면이었다.

도라에 대한 가정 교사의 태도에서 설명되듯이, 아이들에 대한 도라의 태도에서 도출해 낸 결론에 따르면, 도라는 K 씨 부인과 아버지의 교제를 암묵적으로 용인했던 것과 마찬가지로 처음부터 줄곧 K 씨에게 연정을 느끼고 있었다. 내가 이러한 결론을 이야기했을 때 그녀는 동의하지 않았다. 그녀는 즉시 다른 사람들도 그렇게 생각한다며, 예를 들어 방문차 B에 잠시 머물렀던 사촌 여동생이 〈너는 그 남자에게 홀딱 반했구나〉라고 말한 적이 있다고 이야기했지만, 본인 스스로는 그런 감정을 기억에 떠올리고 싶어 하지 않았다. 나중에 우연히 등장한 자료의 분석 결과를 거부하기가 어렵게 되었을 때에야 그녀는 B에 머무르는 동안 K 씨를 사랑했지만 호숫가 사건 이후로는 그만두었다고 고백했다.[25] 어쨌든 확실하게 드러났듯이 당연한 의무를 저버렸을 뿐만 아니라, 사랑에 빠진 감정을 합리화하기 위해 미리 핑계를 준비해 둔다는 식의 아버지에 대한 비난은 그녀 자신에게 가해졌다.[26]

25 두 번째 꿈과 비교하라 — 원주.
26 여기서 다음과 같은 질문이 제기된다. 도라가 K 씨를 사랑했다면, 호숫가에

아버지가 병을 핑계로 삼거나 수단으로 이용한다는 또 다른 비난도 그녀 자신의 은밀한 사건과 관련이 있다. 어느 날 그녀는 새로운 증상이라며 찌르는 듯한 복통을 호소했다. 이때 〈누구를 흉내 내려는 것이지요?〉라는 나의 질문은 정곡을 찔렀다. 그 전날 그녀는 돌아가신 숙모의 딸들인 사촌들을 방문했다. 작은딸은 갓 결혼한 상태였고, 이 일로 인하여 큰딸은 복통을 일으켜 제머링 Semmering[27]에 입원했다. 도라의 의견에 따르면, 큰딸은 질투심이 강하며 무언가를 얻으려고 할 때마다 병에 걸렸다. 이번에는 동생의 행복한 모습이 보기 싫어서 집을 떠나려고 병에 걸렸던 것이다.[28] 도라의 복통은 그녀가 자신을 꾀병 환자인 사촌과 동일시하고 있음을 의미했다. 그 이유는 그녀가 새색시인 동생이 누리는 사랑을 부러워했기 때문일 수도 있고, 혹은 얼마 전에 불행으로 끝난 연애를 했던 언니의 운명에서 자신의 운명을 비춰 보았기 때문일 수도 있다.[29]

그녀는 또한 K 씨 부인의 태도를 지켜보면서 질병이 얼마나 유용해질 수 있는지 알게 되었다. K 씨는 매년 일정 기간 동안 여행을 떠났다. 그가 여행에서 돌아오기만 하면 그의 부인은 몸이 아팠다. 도라가 알고 있었듯이 부인은 그 전날까지만 해도 건강했다. 도라가 이해한 바에 따르면, 남편의 귀가가 부인에게 병을 일으켰고, 이 병은 증오스러운 아내의 의무에서 벗어나게 해준다는

서의 사건에서 그녀가 K 씨를 거부한 이유는 무엇인가? 혹은 최소한 증오를 암시하는 난폭한 형태의 거부는 어떻게 설명할 수 있는가? 사랑에 빠진 소녀가 — 나중에 알게 되겠지만 — 결코 서투르거나 상스럽지 않은 구애 행위에서 어떻게 모욕을 느낄 수 있단 말인가? ─ 원주.

27 빈에서 남쪽으로 대략 80킬로미터 떨어져 있는 산 속에 위치한 유명한 요양 피서지.

28 자매들 사이에 일상적으로 나타나는 현상이다 ─ 원주.

29 이 복통에서 내가 어떤 결론을 끄집어냈는가에 대해서는 나중에 언급하려고 한다 ─ 원주.

의미에서 환영할 만했다. 이 부분에서 도라는 갑작스럽게 B에서 보냈던 소녀 시절의 첫해에 자신이 교대로 겪은 질병과 건강에 대해 이야기해 주었다. 이를 통해 나는 도라 자신의 건강 상태가 K 씨 부인의 경우와 비슷한 양상을 띠었음을 추측할 수 있었다. (내적으로 숨겨진 맥락은 시간적으로 인접해 있는 착상들의 일관성을 통하여 표현된다는 것이 정신분석 기술의 일반적인 규칙에 해당한다. 글에서 a와 b가 나란히 놓여 있으면 음절 ab가 형성되는 것과 같은 이치이다.) 도라는 목이 쉴 정도의 기침 증상을 매우 자주 보였다. 연인의 부재 여부가 증상이 나타나고 사라지는 데 영향을 끼친 것은 아니었을까? 만약에 그것이 사실이라면 어디에선가 이에 들어맞는 현상을 찾아내어 증명해야만 했다. 나는 도라에게 증상이 평균적으로 얼마나 지속되었는지 물어보았다. 대략 3주에서 6주 사이였다. K 씨의 부재 기간이 얼마나 되었는지도 물어보았다. 마찬가지로 3주에서 6주 사이라고 그녀는 고백했다. 즉 병을 통해 K 씨 부인이 남편에 대한 거부감을 표현했던 반면에 도라는 그에 대한 사랑을 표현했다. 도라가 거꾸로 K 씨 부인처럼 행동할 수도 있다는 가정이 성립한다. 다시 말해서 K 씨가 부재 중에는 병이 나고, 그가 돌아오면 건강해진다. 이 가정은 최소한 발작이 일어났던 첫 시기에는 들어맞는 것처럼 보였다. 나중에는 증상의 발작과 연인의 부재 사이에 존재하는 일치의 흔적을 없애 버리는 것이 필요했다. 늘 똑같은 상태로 인하여 비밀이 누설되는 것을 막기 위한 조치였다. 그 이후로 발작의 지속 기간은 원래의 의미에 대한 상징적 역할을 하는 데 지나지 않았다.

예전에 샤르코Charcot 병원에서 일할 때[30] 히스테리적 대담성을 지닌 환자들의 경우 글이 언어 기능을 대신한다는 말을 들었

30 프로이트는 1885년에서 1886년 사이에 이곳에서 일했다.

던 기억이 떠올랐다. 그들은 다른 사람들에 비해, 그리고 발병 이전보다 더 능숙하고 빠른 솜씨로 글을 썼다. 도라도 마찬가지 경우였다. 그녀가 발성 장애를 일으킨 처음 며칠 동안 〈글은 이상하리만치 쉽게 술술 풀려 나갔다.〉 이 특성은 필요가 만들어 낸 생리학적 대체 기능의 표현으로서 생리학적 설명을 요구하지 않는다. 그러나 그러한 특성이 쉽게 나타났다는 점이 주목을 끌었다. K 씨는 그녀에게 종종 여행에 관한 내용을 담은 편지를 썼으며, 그림엽서도 보냈다. 그가 그녀에게만 자신이 돌아올 날을 알려주는 통에 정작 그의 부인은 급작스러운 그의 귀가에 깜짝 놀라는 사태가 벌어지기도 했다. 서로 떨어져 있어서 이야기를 나눌 수 없는 상대방과의 서신 왕래는 목소리가 그 기능을 제대로 해내지 못할 때 글을 통해 의사 교환을 하는 것과 다를 바 없었다. 도라의 발성 장애에 담긴 상징적 의미를 살펴보면, 연인이 멀리 떨어져 있을 때 그녀는 말을 포기했다. 연인과 이야기를 나눌 수 없기 때문에 말이 그 가치를 상실한 것이었다. 그 상황에서는 글이 멀리 떨어져 있는 사람과 교류할 수 있는 유일한 수단이었다.

내가 주기적으로 찾아오는 모든 발성 장애를 가끔씩 곁을 떠나는 연인과 결부시켜 진단 내릴 수 있다고 주장하는 것일까? 그것은 분명 나의 의도가 아니다. 도라의 경우 증상의 결정 요인은 우발적인 요인의 빈번한 반복으로 생각하기에는 특별한 구석이 많았다. 이 경우에 발성 장애의 규명은 어떤 가치를 지니는 것일까? 오히려 우스꽝스러운 장난으로 우리 자신을 기만하고 있는 것은 아닐까? 나는 그렇다고 믿지 않는다. 자주 제기되는 질문, 즉 히스테리 증상이 정신적 혹은 육체적 원인에 의한 것인지와 만약에 정신적 원인이라면 전적으로 정신적으로 조건지어진 것인지에 대한 질문을 여기에서도 기억해야 한다. 연구자가 아무리 노력해도 해답을 찾아내지 못하는 많은 질문들과 마찬가지로 이 질문 역시 까다롭다. 실제 원인은 양자택일적이지 않았다. 내가 보기에 모든 히스테리 증상은 양쪽의 협조를 필요로 했다. 정상적이거나 혹은 질병에 의한 상태의 진행이 신체 기관에 작용해서 생긴 신체적 승낙 *das somatische Entgegenkommen*[31]이 없다면 히스테리 증상은 일어날 수 없다. 히스테리 증상이 한 번 이상 나타나지 않는 경우는 — 반복 능력이 이 증상의 특성이다 — 정신적 차원에서 어떤 의미를 갖지 않을 때이다. 히스테리 증상이 이 의미를 수반하는 것은 아니다. 그러나 이 의미는 증상에 양도됨과 동시에 한 몸이 되며, 또한 겉으로 표현될 길을 찾으려는 억압된 사고의 상태에 따라 언제든 다른 의미가 될 수도 있다. 물론 일련의 요인들이 영향을 끼쳐서 무의식적인 사고와 그 표현 수단으로서 제공되는 육체적 증상 사이의 관계가 덜 자의적으로 형성되고, 여러 가지의 전형적인 결합 형태에 가까워지기도 한다. 치료를 위해서는 우연하게 얻은 정신적 자료 속에 주어진 것들의 성격을 규정하는 일이 더 중요하다. 증상의 정신적 의미를 밝혀냄으로써 증상을 해소시킬 수 있다. 그다음 정신분석을 통해 제거될 사항들을 깨끗이 정리하면, 대개 기질 및 신체 기관과 관계된 증상의 육체적 근거에 관하여 제대로 생각할 수 있다. 도라에게 나타난 기침과 발성 장애를 다룰 때에도 우리는 정신분석적 해석에 국한하지 않고 그 이면에 담긴 신체 기관의 요인을 증명할 예정이다. 이 요인은 가끔씩 곁을 떠나는 연인에게 쏠리는 마음을 표현하는

---

31   프로이트가 이 용어를 사용한 것은 여기가 처음인 것 같다. 그 뒤의 저술들에서는 거의 나타나지 않는다. 1910년에 출판된 「심인성 시각 장애에 관한 정신분석적 견해」(프로이트 전집 10, 열린책들) 끝부분의 용어를 참고하라.

〈신체적 승낙〉의 출발점이었다. 도라의 경우에서 신체적 표현과 무의식적 사고 내용 사이의 결합이 세련되고 교묘하다고 판명되면, 다른 모든 경우와 범례들에서도 똑같은 느낌을 받을 수 있다는 사실을 알게 될 것이다.

정신분석 덕분에 히스테리의 수수께끼를 더 이상 〈신경 세포의 특수한 불안정성〉이나 수면 상태의 가능성에서가 아니라 〈신체적 승낙〉에서 찾으려는 우리의 시도가 상당한 성과가 있기를 기대해 마지않는다.

이러한 견해와는 달리 내가 강조하고 싶은 점은 수수께끼가 전면에 드러나지 않을 뿐만 아니라 축소된 형태로 존재한다는 것이다. 중요한 것은 더 이상 수수께끼 전체가 아니라 그 파편이다. 그 안에는 다른 정신 신경증과 구별되는 히스테리의 특수한 성격이 담겨 있다. 모든 정신 신경증에서 정신적 진행 과정은 대부분 똑같이 이루어진다. 그 과정이 진행된 다음에야 비로소 무의식적인 정신적 진행 과정이 육체에 출구를 만들어 내는 〈신체적 승낙〉이 나타난다. 이 요인이 없으면 히스테리 증상과는 다른 것이 생겨난다. 하지만 공포증이나 강박 관념Zwangsidee 같은 정신적 증상은 히스테리와 유사한 종류에 속한다.

이제 아버지가 병을 〈가장〉했다는 도라의 비난으로 되돌아가 보자. 그 비난은 이전의 질병과 관련해서뿐만 아니라 현재의 자기 질책과도 상응한다는 사실이 곧 드러났다. 여기서 의사는 습관적으로 암시에 그치고 말았던 분석의 내용을 추측하고 첨가하려고 시도한다. 나는 환자에게 현재의 질병이 그녀도 알고 있는 K 씨 부인의 질병과 동일한 동기에서 생겨났고 경향도 비슷하다고 말할 수밖에 없었다. 그녀가 병을 통해 어떤 목적을 달성하려고 했다는 것은 의심할 여지가 없었다. 이 목적은 아버지를 K 씨 부인과 등지게 만들려는 것일 수도 있다. 간청과 반론을 통해서는 그녀의 의도가 성공하지 못했다. 아마도 도라는 자신이 아버지를 경악시키거나(작별의 편지), 동정을 불러일으키면(기절) 목적을 달성할 수 있으리라는 희망을 품었을 것이다. 이 모든 시도가 아무 소용 없게 되더라도 그녀는 최소한 아버지에게 복수하고 싶은 마음이었다. 도라는 아버지가 자신을 애지중지하며 사람들이 딸의 안부를 물을 때마다 눈물을 적신다는 사실을 알고 있었다. 만약에 아버지가 딸의 건강을 위하여 K 씨 부인을 희생시키겠노라고 약속하기만 하면 그녀는 금방 건강해질 것이라고 나는 확신했다. 나는 그가 그런 방향으로 행동하지 않기를 바랐다. 왜냐하면 그렇게 되면 그녀는 자신이 어떤 위력을 가지고 있는지 알게 될 것이고, 앞으로도 계속 질병을 수단으로 이용하는 일을 마다하지 않을 것이기 때문이었다. 그러나 그가 그녀의 뜻에 따르지 않으면 도라는 쉽사리 병을 포기하지 않을 것임이 분명했다.

나는 개별적인 정황들을 통해 이 모든 것이 완전히 옳다는 것을 보여 주고자 한다. 또한 질병의 동기가 갖는 역할에 관한 나의 소견을 첨부하고자 한다. 질병의 동기는 증상을 형성하는 자료인 질병의 가능성과 개념적으로 엄격하게 구분되어야 한다. 동기는 증상 형성*Symptombildung*과 아무런 관계가 없으며, 질병 초기에는 존재하지도 않는다. 동기는 이차적으로 생겨나지만 동기의 등장과 함께 비로소 질병은 완전히 구성된다.[32] 실제적인 고통이 오랫

32 (1923년에 추가된 각주) 이것이 전적으로 타당한 것은 아니다. 질병의 동기들이 병의 초기에는 나타나지 않고 이차적으로 생겨난다는 명제는 올바르다고 할 수 없다. 발병에 관여하기 이전에 이미 존재하고 있었던 동기들을 나중에 언급할 예정이다. 나중에 나는 발병의 일차적 요인과 이차적 요인을 구분함으로써 더 확실하게 진상

동안 지속되는 모든 경우에 동기의 존재를 상정할 수 있다. 증상은 정신적 삶에 찾아오는 불청객이다. 증상은 스스로에게 저항하며, 그 때문에 시간이 지남에 따라 쉽게 사라지는 것처럼 보인다. 증상은 처음에는 정신적 삶에 아무런 쓸모가 없으나 빈번하게 이차적으로 정신적 흐름에 도움이 되는 상태에 도달한다. 따라서 이 증상은 이차적 기능을 수행하며 정신적 삶에 안착한다. 이 상태의 환자를 건강하게 만들려는 시도는 뜻하지 않은 커다란 저항에 부딪친다. 다시 말해서 고통을 극복하려는 환자의 의도가 완전히 진심에서 우러나온 것이 아니라는 점을 깨우치게 된다.[33] 예를 들어 어떤 기와장이가 불행을 당하여 길거리에서 동냥을 하며 삶을 연명한다고 상상해 보자. 누군가가 기적을 행하는 사람처럼 다가와 구부러진 다리가 펴져서 걸을 수 있게 해주겠다고 약속한다. 내 생각으로는 그의 표정에서 특별히 행복감을 읽을 수 없을 것이다. 분명히 그는 부상을 입었을 때 자신이 매우 불행하다고

을 파악했다. 질병의 동기는 모든 경우에 질병을 성사시키려는 의도이다. 이 단락의 나머지 부분은 발병의 이차적 요인의 설명을 위해 할애된다. 발병의 일차적 요인은 모든 신경증 질환에서 찾아볼 수 있다. 병이 든다는 것은 우선 정신적 노력을 줄일 수 있다는 의미이며, 심리적 갈등 상황이 발생할 경우에 경제적으로 가장 편안한 해결책으로 나타난다(질환으로의 도피). 물론 대부분의 경우 뒤에 가서 이러한 탈출구가 합목적적이 아니라는 사실이 의심의 여지 없이 입증된다. 발병의 일차적 요인이 지닌 이러한 특징을 내면적이거나 심리학적인 지분이라고 할 수 있다. 이 지분은 항구적이다. 그 밖에 남편에 의해 억압받는 아내의 처지에서 알 수 있는 것처럼 외면적 요소들도 질병의 동기가 되며 일차적 요인의 외면적 지분을 차지한다 — 원주. 병의 일차적 요인과 이차적 요인 사이의 구분은 프로이트의 『정신분석 강의』의 스물네 번째 강의에서 상세하게 다루어져 있다. 그렇지만 이에 대한 지적은 그보다 앞선 1909년 히스테리에 의한 발작에 대한 논문 「히스테리 발작에 관하여」(프로이트 전집 10, 열린책들)에서 이미 나온 바 있다. 이 논문에서는 그 밖에도 〈질환으로의 도피〉란 용어도 사용되었다. 그리고 한참 뒤인 1926년 「억압, 증상 그리고 불안」이란 글에서 다시 한번 주제로 다루어진다. 그러나 이 책에서 시도한 설명이 아마도 가장 명확하다.

33 작가이자 의사였던 슈니츨러Arthur Schnitzler는 그의 희곡 『파라켈수스 Paracelsus』에서 이러한 인식을 제대로 표현하고 있다 — 원주.

느꼈다. 다시는 일을 할 수 없게 되어서 굶어 죽거나 동냥으로 살아갈 수밖에 없다고 생각했다. 그러나 그 후로 그를 실직하게 만들었던 것이 수입의 원천이 되었다. 그는 곤경을 밑천으로 먹고산다. 만약 이것을 빼앗게 되면 그를 완전히 속수무책으로 만들어버리게 되는 것이다. 그는 그사이 자신의 본업을 잊어버렸을 뿐만 아니라 노동 습관을 상실했으며, 나태와 술에 익숙해져 있었다.

질병의 동기는 흔히 아동기 때부터 생기기 시작한다. 사랑에 굶주려서 부모의 애정을 형제자매들과 나누어 가지기를 좋아하지 않는 아이는 자신의 병으로 부모가 근심할 때 이 애정이 자신에게로 쏠린다는 것을 알아차린다. 그는 이제 부모의 사랑을 독차지하는 방법을 안다. 병을 일으킬 만한 정신적 자료가 주어지기가 무섭게 그는 이 방법을 이용한다. 그 아이가 성장하여 아동기의 요구와는 완전히 어긋나게 별로 배려할 줄 모르는 남자와 결혼하게 되어 남편이 그녀의 의지를 억압하고, 사정없이 부려먹을 뿐만 아니라 애정을 쏟거나 돈으로 환심을 사지 않으면 질병이 삶을 살아가기 위한 유일한 무기가 된다. 질병은 그녀가 바라던 관용을 성취시켜 준다. 그것은 건강한 사람에게는 쓰지 않아도 좋을 돈과 관심을 남편에게 강요한다. 그것은 또한 회복이 된 뒤에도 아내를 조심스럽게 대하도록 만든다. 그렇지 않으면 병이 재발할 것이기 때문이다. 치료를 담당하는 의사도 염두에 두어야 할 질병 상태의 객관성, 즉 무의도성(無意圖性)이 의식적으로 죄책감을 갖지 않은 채 어린 시절에 그 효과를 경험한 방법을 목적에 맞게 사용할 수 있게 해준다.

그러나 이 질병이 바로 의도의 산물이다. 질병 상태는 대개 특정한 인물을 대상으로 하기 때문에 이 인물이 없어지면 자동적으로 사라진다. 히스테리 환자의 증상에 관하여 교양 없는 가족이

나 간병인에게서 들을 수 있는 가장 저속하고 진부한 판단조차 어떤 의미에서는 맞다. 아무리 침대에서 꼼짝하지 않는 환자라도 방에 불이 나면 벌떡 일어날 것이고, 비위를 맞추기 어려운 환자도 아이가 생명이 위독할 정도로 아프다거나 어떤 재앙이 집안을 뒤흔들게 되면 모든 고통을 잊게 된다는 말은 사실이다. 사람들이 환자에 대해 말하는 모든 의견은 의식과 무의식의 차이를 무시할 때에만 정당하다. 이것은 마치 아이에게는 허용되던 것이 성인에게는 더 이상 가능하지 않은 것과 같다. 그 때문에 오로지 환자의 의지가 문제라는 따위의 확신을 심어 주거나, 용기를 북돋워 주고 질타하는 일은 아무런 소용도 없다. 우회적으로 분석을 통하여 환자 스스로 질병의 의도가 존재한다는 것을 확신하도록 시도해야 한다.

히스테리의 경우 일반적으로 정신분석적 치료를 비롯한 모든 치료 방법의 약점은 질병의 동기와의 싸움에 있다. 운명은 더 쉽게 작용하며, 이것은 환자의 기질이나 병을 일으키는 자료를 공격할 필요가 없다. 운명은 질병의 어떤 동기를 없애 버려서 환자는 한동안 혹은 지속적으로 질병에서 해방된다. 히스테리를 다루는 의사들은 환자의 감춰진 삶의 애착을 통찰하는 기회가 많을수록 병이 기적적으로 치유된다기보다는 증상이 저절로 사라진다는 표현이 더 적절함을 알게 된다. 예약된 진료 시간을 초과하며 어떤 환자를 치료하는 바람에 다음 환자를 돌보지 못하게 되면, 상황은 외부적 사건으로 인하여 근본적으로 변해 버린다. 지금까지 끈질기게 따라다니던 고통이 이 상황에서 단숨에 사라진다. 겉으로는 자발적인 것처럼 보이지만 사실은 삶을 유지하기 위한 질병의 가장 강력한 동기가 환자에게서 달아났기 때문이다.

질병을 지탱하는 동기들은 증상이 완전히 발전된 모든 경우들에서 드러날 것이다. 그러나 후회와 참회 같은 자기 징벌 *Selbstbestrafung*의 성격을 지닌 순수하게 내적인 동기들도 있다. 그런 경우에는 질병이 외적인 목표의 달성과 연관을 맺을 때보다 더 쉽게 치료 방법을 발견할 수 있다.[34] 도라에게 질병의 목적은 아버지의 마음을 누그러뜨려서 K 씨 부인과의 관계를 끊게 만드는 데 있음이 분명했다.

아버지의 행동 중에서 호숫가에서의 사건을 공상의 산물로 여기려는 태도만큼 도라를 절망에 빠뜨린 적도 없었다. 그녀는 자신이 당시에 이야기를 꾸며 냈다는 아버지의 말을 생각하면 미칠 지경이었다. 나는 도라가 오랫동안 당혹감 속에서 아버지의 설명을 열정적으로 거부하는 태도 뒤에 어떤 자기 질책이 숨어 있는지 알아내려고 애썼다. 여기에서 어떤 비밀을 공상해 본다는 것은 자연스러운 일이었다. 왜냐하면 사리에 맞지 않는 비난은 곧 모욕이기 때문이다. 다른 한편으로 나는 도라의 이야기가 사실에 부합한다는 결론을 내렸다. K 씨의 의도를 이해한 후 그녀는 그가 말문을 열지 못하게 했고, 얼굴을 후려친 다음 그 자리에서 달아났다. 당시 그녀의 태도는 뒤에 홀로 남은 남자에게는 도무지 이해가 가지 않은 것처럼 보였다. 왜냐하면 이미 수많은 사소한 징후들로 미루어 그가 그 소녀의 성향을 잘 알고 있다는 결론을 내렸기 때문이었다. 두 번째 꿈에 관한 토론에서 우리는 이 수수께끼의 해답뿐만 아니라 헛되이 시도한 자기 질책의 정체와 만나게 될 것이다.

아버지에 대한 탄핵(彈劾)이 동일한 형태로 지루하게 반복되

---

34 그러나 이후 자기 질책에 대한 무의식적 욕망을 치료할 때의 어려움에 관한 프로이트의 시각이 나중에는 매우 다르게 나타난다. 「자아와 이드」 참조.

고, 이와 함께 기침이 계속되었을 때, 나는 이 증상이 아버지와 관련된 의미를 가질 수도 있다고 생각하지 않을 수 없었다. 증상을 설명하기 위해 내가 습관적으로 제기하는 요구 사항들이 여기서는 오랫동안 충족되지 않았다. 나에게는 매번 증명이 가능하지만 일반화시키기에는 아직 용기가 부족한 어떤 법칙에 따르면, 증상은 섹스에 관한 내용을 지닌 공상의 표현 — 실현 — 즉 성적인 상황을 의미한다. 다시 말하자면 적어도 증상이 지닌 여러 의미 중 하나는 성적인 공상의 표현과 일치한다. 반면에 다른 의미들은 그러한 내용에 국한되지 않는다. 증상이 한 가지 이상의 의미를 지니며 동시에 여러 가지 무의식적인 사고들을 표현하는 데 기여한다는 것은, 정신분석 작업을 하면 곧 경험하게 된다. 단 하나의 무의식적 사고 혹은 공상은 증상을 설명하는 데 역부족이라는 점을 덧붙이고 싶다.

공상에 의한 성적인 상황을 통해 신경질적인 기침을 설명하려는 기회는 금방 얻을 수 있었다. K 씨 부인이 아버지를 사랑하는 이유는 단지 그가 능력 있는 남자*der vermögende Mann*이기 때문이라고 도라가 또다시 강조했을 때, 나는 대부분의 기술적인 사항들과 마찬가지로 표현의 분석 작업을 통해 끄집어낸 주변적 상황에서 이 문장의 이면에는 정반대의 것이 숨겨져 있다는 것을 감지했다. 즉 아버지는 무능력한 남자*der unvermögende Mann*이다. 이것은 단지 성적인 의미를 지니고 있었다. 아버지는 남자로서 무능력한, 다시 말해서 발기 부전을 겪고 있는 남자라는 뜻이다.[35] 그녀가 사실에 입각한 이 해석을 옳다고 인정했을 때 나는 그녀의 태도가 모순됨을 지적했다. 그녀는 한편으로 K 씨 부인과의 관

35 *unvermögend*는 원래 〈능력 없는〉이라는 뜻이지만, 보통 〈부유하지 않은〉, 〈발기 부전의〉라는 의미로 사용된다.

계가 정상적인 사랑의 관계라고 확신한 반면, 다른 한편으로는 아버지가 성교 불능자로서 그러한 관계를 자신에게 유리하게 이용할 능력이 없다고 주장했던 것이다. 그녀의 대답은 그녀가 그 모순을 인정할 필요가 없다는 것을 보여 주었다. 성적인 만족 이상의 것이 있다고 그녀는 말했다. 이러한 인식의 근원이 어디에 있는지는 물론 밝혀지지 않았다. 혹시 성기 이외의 다른 신체 기관이 성관계를 가능케 한다고 생각하느냐고 다시 물었을 때 그녀는 그렇다고 대답했다. 그녀가 염두에 둔 것은 그녀 스스로 흥분 상태에 있는 신체 부위(목, 입)였다. 그녀는 물론 자신의 생각에 대해서 시치미를 뗐다. 그러나 그녀는 어떻게 증상이 생길 수 있는가에 대해서는 완전히 해명할 수 없었다. 보충 설명을 하자면, 그녀는 보통 목을 간지럽혀서 자극을 줄 때 일어나는 것과 같은 간헐적인 기침을 통하여 사랑의 관계를 맺고 있다고 생각한 두 사람 사이에 입을 통해 이루어지는 성적 만족die sexual Befriedigung의 상황을 상상했다. 이러한 나의 설명을 암묵적으로 받아들인 직후 기침이 사라진 것은 당연히 내 주장이 적중했음을 의미했다. 그러나 우리는 이 변화에 커다란 가치를 두고 싶지 않았다. 그 이유는 변화가 즉흥적으로 생겨나는 경우도 자주 있기 때문이었다.

이 분석이 이를 읽는 의사들에게 그들의 자유인 불신 이외에도 불쾌함과 혐오를 불러일으켰다면 나는 이 자리에서 그 두 가지 반응이 정당한지 검토해 볼 용의가 있다. 불쾌함은 젊은 처녀 — 혹은 성관계가 가능한 나이의 여성 — 와 다루기 거북하고 껄끄러운 문제에 대해 이야기를 나눈 나의 대담한 모험에 기인한다고 생각한다. 혐오는 순결해야 할 소녀가 그런 종류의 실제적인 면들을 알고 공상할 수 있다는 가능성에서 비롯된다. 이러한 입장에 있는 사람들 모두에게 절제하고 이성적으로 대처할 것을 권하고 싶다. 두 가지 중 어느 경우에도 분노할 이유가 없다. 여성들과 모든 성적인 문제에 관해 이야기를 얼마든지 나누면서도 그들에게 해를 입히거나 수상쩍게 생각하지 않을 수 있다. 그 조건으로 첫째, 이 일을 수행하기 위한 특정한 방법을 수용하고, 둘째, 그들에게 이 일을 피할 수 없다는 확신을 불러일으키면 된다. 이러한 조건하에서 산부인과 의사는 가능한 모든 것을 노출시킬 수 있다. 이야기를 전개하는 가장 훌륭한 방법은 간결하고 직설적으로 말하는 것이다. 그 방법은 동시에 〈사회〉에서 이 주제를 다룰 때나, 특히 여성을 대상으로 할 때 흔히 드러나는 음탕함과는 거리가 멀다. 나는 신체 기관과 사안(事案)에 학술적인 명칭을 부여하고, 이 명칭이 알려지지 않은 것들이면 〈사실을 사실대로 말하라 *J'appelle un chat un cha*〉고 알려 준다. 일단의 의사들과 의사가 아닌 사람들이 그러한 상담 내용을 담은 치료 방법에 대해 격분하고 있다는 말을 들은 적이 있다. 이들은 자신들의 기대에 맞추어 만들어 낸 성적 쾌감 때문에, 나 아니면 환자를 부러워하는 것처럼 보인다. 그러나 나는 쓸데없이 흥분하기에는 이 신사들의 건전함을 너무나 잘 안다. 나는 풍자적인 말을 하고 싶은 유혹에서 벗어나려고 한다. 다만 내 명예를 회복시켜 주었다고 생각하는 어떤 환자에 관한 이야기만은 언급하고 싶다. 그 환자에게 처음 성적인 문제에 관해 드러내 놓고 이야기하는 것이 쉽지 않았으나, 나중에는 〈아니에요, 당신의 치료 방법은 X씨와 상담할 때보다 훨씬 고상해요〉라고 외치는 말을 들었다.

히스테리를 치료하기에 앞서 성에 관한 테마를 다루는 일의 불가피성에 대해 확신을 가져야 한다. 혹은 경험을 통해 확신을 가질 마음의 준비가 되어 있어야 한다. 그다음에는 스스로에게 〈성공을 위해서 다소간의 희생은 불가피하다*Pour faire une omelette il faut casser des œufs*〉고 말하면 된다. 환자 스스로는 쉽게 확신을 가질 수 있다. 치료가 진행되는 도중에 그러한 기회는 대단히 많다. 정상적이거나 비정상적인 성생활에 관해 환자와 상담하는 일을 비난할 필요가 없다. 어느 정도 주의를 기울이면 환자가 무의식에서 이미 알고 있는 것을 의식 속으로 번역해 낼 수 있다. 치료의 전체적인 성과는 어떤 무의식적인 관념에서 나온 흥분의 영향이 의식적인 경우보다 더 강하고 억제가 안 되기 때문에 더 타격을 준다는 통찰을 할 수 있느냐에 달려 있다. 경험이 없는 소녀를 파멸로 이끌 위험은 결코 없다. 무의식 속에 성적인 사안에 관한 인식이 들어 있지 않으면 히스테리 증상도 생겨나지 않는다. 히스테리를 발견하게 되면 부모와 교육자가 말하는 의미에서의 〈사고의 순결〉은 더 이상 거론할 가치가 없다. 열 살, 열두 살, 열네 살 아이들의 경우에 나는 이 명제가 예외 없이 들어맞는다는 것을 확신했다.

내가 제대로 보았다는 것을 전제로 할 때, 두 번째 감정적 반응 — 더 이상 내가 아닌 환자를 상대로 하는, 환자의 공상이 가지고 있는 도착적 성격에 대한 혐오 — 과 관련하여 의사는 치명적인 판정을 내릴 때 열정에 빠질 필요가 없다는 점을 강조하고 싶다. 또한 성 본능*Sexualtrib*의 방황을 기록하는 의사가 불쾌한 일에 대한 자신의 개인적인 혐오감을 텍스트에 집어넣기 위해 모든 기회를 활용한다는 것도 괜한 주장이다. 우리는 스스로의 취향을 억누름으로써 당면한 사실에 익숙해질 수 있을 것이다. 성기능이 신체 부위와 성적 대상의 한계를 넘어서는 성도착증에 대해서 감정의 격분 없이 말할 수 있어야만 한다. 여러 인종과 시대들에서 정상적이라고 할 수 있는 성생활의 경계를 정하기 어렵다는 점이 이 문제로 열을 내는 사람들의 머리를 식혀 줄 것이다. 성도착증 중에서 우리에게 가장 불쾌감을 주는 남자끼리의 동성애가 그리스인들처럼 문화적으로 탁월한 민족에게는 용인될 뿐만 아니라 중요한 사회적 기능을 담당한다는 점을 잊어서는 안 된다. 우리 각자도 성생활을 할 때 정상에 해당하는 협소한 경계를 이런저런 형태로 넘어선다. 도착증은 야만적이지 않을뿐더러 그 단어가 지닌 병인론적 의미에서의 변태도 아니다. 그것은 아동의 냉담한 성적 기질이 발단이 되어 발전한 것이다. 억압이나 더 높은 목표인 불감증으로 전환Konversion되는 것 — 승화(昇華)[36] — 이 우리들의 수많은 문화적 업적을 쌓는 데 필요한 힘을 제공했다. 누군가가 거칠고 현저한 도착증에 빠졌다면, 그는 성장 장애에 처해 있다고 말하는 것이 더 정확하다. 정신 신경증 환자들이란 강력하게 형성되었으나 발전 도중에 억압되어 무의식적으로 되어 버린 도착적인 성향을 지닌 모든 사람들을 지칭한다. 순진한 사람들이 도착적 성향의 발생에 대해 일단의 책임을 전가하는 『성적 정신병Psychophathia Sexualis』(1893)이라는 크라프트-에빙Krafft-Ebing의 책을 비록 읽지 않았다 할지라도, 정신 신경증 환자들의 무의식적인 공상은 그 책에서 확인된 도착증 환자들의 행위들과 동일한 내용을 암시한다. 정신 신경증은 말하자면 도착증의 부정적 형태이다. 유전적 성격이 일부 포함된 성적 기질은 신경증 환자들의 경우 정상적인 성관계의 계발을 방해하는 우연적인 삶의 요소와 함께 작용한다. 강 상류에 방해물이 생기면 강물은 예전에 비워 둔 물길로 되돌아가 막히게 된다. 히스테리 증상을 형성하는 추진력은 억압된 정상적인 성관계에 의해서뿐만 아니라, 무의식적이고 도착적인 흥분에 의해서도 생겨난다.[37]

36 프로이트의 「성욕에 관한 세 편의 에세이」 참조.

이른바 성도착증 중에서 거부감을 덜 주는 형태는 우리 국민들 사이에 전반적으로 퍼져 있다. 의사인 저자를 제외하면 누구나 그 대상을 알고 있다. 혹은 오히려 의사도 그것을 알고 있다. 그는 다만 그 대상에 관한 글을 쓰려고 펜을 잡는 순간 그 사실을 잊어 버리려고 노력할 뿐이다. 그러한 식의 성관계(남자의 성기를 입으로 빠는 형태)에 관해 들은 적이 있었던, 곧 열아홉 살이 되는 히스테리 환자가 그러한 무의식적인 공상을 발전시켜서 목의 흥분에 의한 감각과 기침을 통해 표현한다는 것은 그다지 놀랄 만한 일이 못 된다. 또한 내가 다른 환자들의 경우에서는 분명하게 확인했던 것과는 다르게 그녀가 그러한 공상에 대한 외적인 설명을 하지 못한다는 것도 놀라운 일이 아니다. 도착증의 행위와 부합되는 공상을 독자적으로 만들어 내기 위한 육체적인 전제 조건은 그녀의 경우 주목할 가치가 있는 어떤 사실을 통해 주어졌다. 그녀는 자신이 어릴 때 〈손가락을 자주 빠는 아이〉였다는 것을 기억했다. 아버지 역시 그녀의 버릇이 네다섯 살까지 계속되었을 때 그만두게 했다는 것을 기억하고 있었다. 도라의 뚜렷한 기억 속에 간직된 어린 시절의 장면을 되살려 보면 그녀는 바닥 한구석에 앉아서 왼쪽 엄지손가락을 빨면서 오른손으로는 곁에 조용히 앉아 있는 오빠의 귓불을 잡아당겼다. 이것은 빠는 행위를 통한 자기 만족Selbstbefriedigung의 완전한 형태이다. 이것에 관해서는 나중에 또 다른 ── 무감각증과 히스테리 ── 환자들도 나에게 이야기해 준 적이 있었다.

37 성도착증에 대한 이 문장들은 블로흐J. Bloch의 탁월한 저서 『성적 정신병의 병인학에 대한 기고Beiträge zur Ätiologie der Psychopathiasexualis』(1902~1903)가 저술되기 몇 년 전에 작성된 것이다. 1905년에 나온 나의 글 「성욕에 관한 세 편의 에세이」도 참조하라 ── 원주. 여기서 보이는 문장들의 핵심 대부분이 「성욕에 관한 세 편의 에세이」의 첫 번째 에세이에 포함되어 있다. 두 번째 에세이도 참조하라.

이런 환자들 중 한 사람에게서 나는 특이한 습관의 유래를 밝혀 주는 진술을 들었다. 손을 입으로 빠는 습관을 버리지 못했던 이 젊은 여인은 두 살 반이 되기 전인 어린 시절에 자신이 유모의 젖을 먹을 동안 유모가 주기적으로 귓불을 잡아당겼던 일을 기억하고 있었다. 입술과 구강 점막이 일차적인 성감대[38]라는 점을 아무도 부정하지는 못하리라고 생각한다. 그 이유는 그 부위들이 정상적인 키스를 할 때에도 그러한 의미를 일부 포함하고 있기 때문이다. 이 성감대를 초기에 활용하는 것은 나중에 입술에서 시작되는 점막의 통로에 의한 신체적 승낙의 조건이다. 본래의 성적 대상, 즉 남성의 성기를 알게 되는 시기에 이르러 이미 간직된 입 부위 성감대의 자극을 상승시키는 상황이 생겨나면, 힘들이지 않고서도 원래는 유두와 손가락 대신에 남근을 성적 만족의 대상으로 삼게 된다. 따라서 남근을 입으로 빠는 행위와 같이 거부감을 안겨 주는 도착적인 공상은 전혀 해롭지 않은 근원에서 비롯된 것이다. 그 공상은 어머니와 유모의 젖을 빠는 행위에서 얻은 가히 선사적(先史的)이라고 이름 붙일 수 있는 느낌을 개조한 결과이다. 이 인상은 일반적으로 손가락을 빠는 아이들과의 교류를 통해서 다시 활발해진다. 이때 대부분 암소의 젖통이 유두와 남근 사이의 중간에 해당하는 환상의 산물로서 기능을 발휘했다.[39]

도라의 목 증상에 관한 해석은 또 다른 소견을 말하기 위한 기회를 제공해 준다. 이처럼 공상에 의한 성적 상황이 또 다른 설명, 즉 질병의 증상이 나타났다가 사라지는 현상이 연인의 부재 여부를 모방한다는 설명과 어떤 유대 관계를 맺느냐는 질문을 제기할

38 「성욕에 관한 세 편의 에세이」 참조.
39 이러한 상황은 「다섯 살배기 꼬마 한스의 공포증 분석」의 경우에서 확인할 수 있다.

수 있다. 여기서 도라의 생각은 부인의 태도와 연관된 상태에서 표현된다. 〈내가 만약 그의 부인이라면 나는 그를 완전히 다르게 사랑할 거야. 그가 여행을 떠나면 (그리움으로) 아프고, 그가 다시 집으로 돌아오면 (행복감으로) 건강해질 거야.〉 이 질문에 대해 나는 히스테리 증상을 해소시킬 때의 경험에 의거하여 대답할 수밖에 없다. 이에 따르면 한 증상의 여러 가지 의미가 서로 유대 관계, 다시 말해서 하나의 맥락을 가질 필요는 없다. 여러 가지 공상의 근원을 이루는 테마를 통하여 맥락이 형성되면 그것으로 충분하다. 우리의 경우에 그러한 유대 관계가 완전히 배제되지는 않았다. 어떤 의미는 기침과 더 많은 관련을 맺는 반면, 발성 장애나 그 상태의 진행과 더 많은 관련을 지닌 의미도 있다. 더 세심하게 분석해 보면 아마도 질병의 세세한 부분들에서 수많은 의미들을 인식할 수 있을 것이다. 하나의 증상은 대개 여러 개의 의미와 동시에 일치한다는 것을 우리는 이미 경험한 바 있다. 덧붙여 말하자면 여러 개의 의미가 차례로 표현될 수 있다. 증상은 그 의미들 중의 하나, 혹은 중심 의미를 세월이 흐름에 따라 변화시킬 수 있다. 혹은 주도적 역할이 이 의미에서 저 의미로 넘어갈 수 있다. 신경증의 성격이 지닌 보수적 특성처럼 한번 형성된 증상이 계속 유지되듯이, 그 속에 표현된 무의식적 사고 역시 의미를 잃어버릴 수 있다. 증상을 유지하려는 경향을 기계적으로 설명하는 일은 쉽다. 그러나 그러한 증상의 형성은 어려운 일이다. 순수하게 정신적인 자극이 신체에 전이되는 현상을 나는 전환이라고 명명한 바 있다. 좋은 조건, 즉 전환에 필요한 신체적 승낙과 결부된 이것을 만들어 내기란 쉽지 않다. 그래서 흥분을 무의식에서 방출하려는 압박은 이미 교통 가능한 방출 통로를 이용하는 것에 만족하고 만다.

새로운 전환을 만들어 내는 일보다는 방출을 필요로 하는 새로운 사고와 그 필요성을 상실한 이전의 사고 사이에 연관 관계를 형성하는 일이 훨씬 쉬운 것처럼 보인다. 그런 식으로 새로운 근원에서 나온 흥분이 이전의 방출 통로로 흘러간다. 증상은 마치 기독교에서 말하듯 새 포도주로 가득 찬 낡은 가죽 부대와 같다. 히스테리 증상의 육체적 지분은 불변적이어서 대체하기 어려운 요소인 반면에 정신적 지분은 변화 가능해서 쉽게 대체될 수 있는 요소라고 본다면, 이러한 상황에서 둘 사이의 우열을 가리는 일은 불필요하다. 치료를 위해서는 정신적 지분이 더 중요하다.

도라의 경우 K 씨 부인과 아버지의 관계에 대한 사고의 부단한 반복은 더 중요한 또 다른 성과를 올릴 기회를 분석에 제공했다.

그러한 특징을 지닌 사고는 초강경 사고 혹은 베르니크C. Wernick의 표현에 따르면 보강된 지배적 사고로 명명할 수 있다.[40] 그 사고는 겉으로 보기에는 정확한 내용에도 불구하고 병적이다. 그 이유는 당사자가 아무리 의식적이고 의도적으로 노력한다 할지라도 이 사고가 해체되어 제거될 수 없기 때문이다. 강렬하면서도 정상적인 사고는 언젠가는 끝을 보게 된다. 아버지에 대한 자신의 사고가 특별한 가치 판단을 요구했다는 도라의 느낌은 사실이었다. 〈나는 다르게는 생각할 수 없어요〉라고 그녀는 자주 탄식했다. 〈오빠는 자식들인 우리에게는 아빠의 행동을 비판할 권리가 없다고 말해요. 우리는 그 문제에 신경 써서는 안 되며, 심지어 아빠가 자신의 마음을 줄 수 있는 여자를 발견한 것에 대해 기뻐해야 한다는 거예요. 엄마는 아빠를 거의 이해하지 못하기 때문이지요. 그 사정을 아는 나 역시 오빠처럼 생각하고 싶어요. 그러나 그렇게 할 수가 없는걸요. 나는 아빠를 용서할 수 없어요.〉[41]

40 베르니크의 『정신 의학 개요Grundriss der Psychiatrie』(1900) 참조.

지배적 사고의 논거와 이 사고에 대한 반발이 소용 없음을 알게 된 지금, 이와 관련하여 과연 무엇을 할 수 있을까? 이러한 초강경 사고는 무의식 덕분에 보강되었다고 사람들은 말한다. 그것이 사고 작업에서 해체될 수 없는 이유는 무의식적이고 억압된 자료에까지 뿌리를 내리고 있거나, 또 다른 무의식적 사고가 그 뒤에 은폐되어 있기 때문이다. 후자는 대부분 초강경 사고와는 직접적으로 정반대를 이룬다. 이 대립적 요소들은 항상 서로 밀접하게 결합되어 있으며 빈번하게 짝을 이루어 한쪽 사고가 초강도의 세기로 의식되는 반면, 다른 쪽 사고는 억압되어 무의식이 된다. 이런 관계는 억압 과정의 결과로 생겨난다. 억압은 흔히 억압되어야할 사고의 반대가 지나치게 강화되는 방식으로 실행되어 왔다. 이것을 나는 반작용 강화*Reaktionverstärkung*라고 이름 붙였다. 또한 의식에서 높은 강도로 주장되고 선입감의 종류에 따라서는 해체 불능인 사고를 반작용 사고*Reaktionsgedanke*라고 이름 붙였다. 이 두 사고는 서로 자장(磁場)의 영향을 받지 않는 한 쌍의 전극 바늘과 비슷한 관계를 맺는다. 일정 한도의 강도를 넘어서면 반작용 사고는 불쾌감을 주는 사고에 대한 억압을 느슨하게 만든다. 그럼으로써 반작용 사고 자체가 〈완화되고〉 의식적인 사고 작업에도 끄떡없이 견딘다. 따라서 억압된 사고를 의식에 떠오르게 하는 일은 초강경 사고가 강화되지 못하게 만드는 방법이다.

지배적 사고의 두 가지 논거 중 어느 한쪽이 제시되는 것이 아니라 이 두 가지가 서로 경합하는 경우도 예상해야 한다. 또한 복잡하게 얽히는 또 다른 상황들도 쉽게 첨가될 수 있다.

41 그러한 지배적 사고는 심한 우울증 이외에도 히스테리와 마찬가지로 정신분석을 통해 치료할 수 있는 〈애도 콤플렉스〉라는 이름의 질병 상태에 나타나는 유일한 증상이다 — 원주.

도라의 예에서 우선 아버지와 K 씨 부인 사이의 관계에 대한 강박적인 근심의 뿌리가 무의식에 자리 잡고 있기 때문에 그녀가 이것을 모른다고 가정해 보자. 이 강박적인 근심의 뿌리를 여러 상황과 징후에서 추측해 내는 일은 어렵지 않다. 그녀의 태도는 딸로서 관여할 수 있는 수준을 훨씬 넘어섰다. 그녀는 오히려 어머니의 품성에서 찾아볼 수 있는 질투에 가득 찬 여자처럼 느끼고 행동했다. 〈K 씨 부인과 나〉 중에서 양자택일하라는 요구, 그녀가 벌인 여러 사건, 자신의 심정을 적나라하게 드러낸 자살 소동 등에서 볼 수 있는 것처럼 도라는 자신에게 어머니의 역할을 부여했다. 만약에 기침의 근거를 이루는 성적 상황에 대한 공상이 제대로 떠오르면 도라는 자신을 K 씨 부인과 대체시켰다. 즉 도라는 자신을 아버지가 각각 현재와 과거에 사랑한 두 여자와 동일시했다. 결론적으로 말해서 그녀는 아버지를 사랑한다는 사실을 단순히 인정하는 차원을 넘어서서 성적 애착을 보였다.

무의식적이고 비정상적인 상황의 결과로 알려진 아버지와 딸, 어머니와 아들 사이의 애정 관계를 나는 유아기에 기원을 둔 감정의 재생으로 파악했다. 다른 글[42]에서 나는 부모와 자녀 사이의 성적 매력이 얼마나 이른 시기에 형성될 수 있는가를 증명했고, 또한 오이디푸스 이야기도 이러한 애정 관계의 전형을 문학적으로 창작한 것으로 이해할 수 있음을 설명했다. 딸이 아버지에 대해서 혹은 아들이 어머니에 대해서 조기에 갖게 된 성적 애착은 아마도 대부분의 사람들에게서 뚜렷한 흔적을 발견할 수 있을 것이다. 이것은 기질적으로 신경증 성향을 지닌, 한편으로 사랑에 굶주린 조숙한 아이들에게서 초기에 벌써 집중적으로 나타남이

42 『꿈의 해석』과 「성욕에 관한 세 편의 에세이」에 나오는 세 번째 글을 참조하라 — 원주.

틀림없다. 따라서 이 글에서는 상세히 언급할 수 없지만, 어떤 영향에 의해서 미성숙한 사랑의 흥분이 고착*Fixierung*되어 버린다. 혹은 그러한 사랑의 흥분이 강화되어서 아동기나 사춘기에 벌써 성적 애착과 동일한 상태를 만들어 낸다. 이것은 리비도*Libido*가 요구하는 것이기도 하다.[43] 도라가 처한 외적 상황은 그러한 가정에 부합한다. 그녀는 기질적으로 항상 아버지에게서 매력을 느꼈다. 아버지의 빈번한 병환은 그를 향한 애정을 상승시켰음이 틀림없었다. 몇몇 경우에 아버지는 도라에게만 병수발을 하도록 허락했다. 일찍 계발된 도라의 총명함을 뿌듯이 여겼던 아버지는 그녀가 어릴 적부터 믿음직스럽게 생각했다. K 씨 부인이 등장하면서 내몰리게 된 사람은 어머니가 아니라 한 가지 이상의 역할을 하던 도라였다.

아버지에 대한 애착은 일찍부터 이성에 대한 사랑의 성격을 지녔다는 가정을 할 수밖에 없다고 도라에게 말했을 때, 그녀는 〈정말 그랬는지 기억나지 않아요〉라고 평소처럼 대답하기는 했다. 그러나 그녀는 곧바로 마치 자기 자신의 어린 시절을 보는 것 같다고 여기던 일곱 살 먹은 사촌 여동생과 자신의 유사점에 대해 말했다. 그 아이는 언젠가 부모의 심한 부부 싸움을 목격했고, 그후 이 집을 방문한 도라에게 다음과 같이 속삭였다. 〈내가 저 여자(자신의 엄마)를 얼마나 증오하는지 언니는 아마 상상도 못 할 거야. 언젠가 저 여자가 죽으면 나는 아빠와 결혼하겠어.〉 나는 습관적으로 내 주장과 일치하는 내용이 담긴 그러한 발상을 무의식적인 동의로 생각한다. 〈예〉라는 대답은 무의식에서 찾아볼 수 없다. 그러나 무의식적으로 〈아니요〉라는 대답은 아예 존재하지도

43 여기에서 결정적인 요소는 즉흥적으로, 혹은 유혹과 자위행위를 통해 일찌감치 일깨워진 성기의 감각 작용이다 — 원주.

않는다.[44]

이성(異性)으로서의 아버지에 대한 사랑은 수년 동안 겉으로 드러나지 않았다. 오히려 그녀는 자신을 아버지 곁에서 몰아낸 바로 그 여자와 오랫동안 애정 어린 관계를 유지했다. 또한 도라의 자기 질책에서도 알 수 있듯이 부녀(父女) 관계도 여전히 원만했다. 사랑이 다시금 재생되었던 것이다. 그 말이 맞다면 이것은 과연 어떤 목적을 지니고 있는가 하는 질문이 제기된다. 그것은 무의식에서 여전히 위세를 떨치고 있는 또 다른 무엇을 억압하기 위한 반작용 증상임이 분명하다. 당시의 정황을 살펴볼 때 나는 우선 무의식 속에 억압되어 있던 것이 바로 K 씨에 대한 사랑이라고 생각하지 않을 수 없었다. 내 가정에 의할 것 같으면 그녀의 사랑은 계속 지속되다가, 호숫가에서의 사건 이후 — 알 수 없는 동기에 의해서 — 심한 거부감을 일으켰다. 이때 도라는 소녀 시절 초반기의 고통스러운 사랑을 의식이 더 이상 알아차리지 못하도록 하기 위해서 아버지에 대한 예전의 애착을 다시 끄집어내서 강화시켰다. 그다음에 나는 이 소녀의 정신적 삶을 뒤흔들었던 갈등을 통찰할 수 있었다. 그녀는 한편으로 청혼을 정중히 거절하면서도 청혼자의 인물됨과 다정다감함에 매료되었다. 다른 한편으로 그녀의 자부심에서 쉽게 엿볼 수 있는 강력한 동기들이 이러한 자극에 반발했다. 그래서 그녀는 K 씨라는 인물과는 관계가 끝났다고 스스로를 설득하는 단계에까지 이르렀다 — 전형적

44 (1923년에 추가된 각주) 무의식에서 나온 동의의 또 다른 형식은 내가 당시까지만 해도 모르고 있었지만 전적으로 신뢰할 만했다. 그것은 바로 〈그것을 생각하지 않았어요〉혹은 〈그것에 대해서는 생각해 보지 않았어요〉라는 환자의 확인이다. 이 표현은 〈그래, 그것은 내게 의식되지 않았어〉라는 말로 번역할 수 있다 — 원주. 이 주제에 대한 좀 더 자세한 논의는 프로이트의 논문 「부정」(프로이트 전집 11, 열린책들)을 참조하라.

인 억압 과정에서 그녀는 이것을 얻어 냈다. 하지만 그녀는 의식 속으로 끊임없이 밀려드는 사랑을 보호하기 위해 아버지에 대한 아동기의 애착을 불러내서 과장하여 표현해야만 했다. 그러나 그녀가 끊임없이 질투의 분노에 사로잡혀 있었다는 사실에는 또 다른 결정이 내포되어 있는 것처럼 보였다.[45]

예상대로 나의 이러한 해석에 대해 도라는 맹렬히 반대했다. 억압된 사고를 환자가 의식적으로 지각할 수 있게 해준 후에 환자에게 듣게 되는 〈아니요〉라는 말은 억압과 그 억압의 단호함을 확인시켜 주는 동시에 그 강도까지도 측정 가능하게 해준다. 이 부정(否定)의 말을 환자에게는 불가능한 중립적인 판단의 표현으로 파악하지 말고 그 차원을 넘어서서 계속 연구해 보면, 이런 경우에 부정의 말은 원하던 긍정을 의미한다는 사실이 곧 입증된다. 그녀는 자신이 K 씨에게 마땅히 당해도 될 만큼 못되게 굴지 않았음을 시인했다. 그녀가 이야기한 바에 따르면, 어느 날 사촌 여동생과 함께 길을 가던 중 K 씨를 우연히 만났을 때 그가 누군지 모르는 사촌이 갑자기 〈도라, 대체 무슨 일이야? 네 안색이 창백해졌어!〉라고 외쳤다. 도라는 자신의 내부에서 일어난 변화에 대해 아무것도 느끼지 못했던 것이다. 내가 그녀에게 말해 주었듯이 얼굴 표정과 흥분의 표현은 의식보다는 무의식의 작용이며, 무의식적인 것이 겉으로 더 잘 드러난다.[46]

며칠이 지난 어느 날, 그녀는 자신도 그 원인을 알 수 없는 상

45 이에 대해서는 뒤에서 곧 다룰 것이다 — 원주.
46 다음 시구를 비교해 보라. 〈조용히 당신들이 와서, / 조용히 가는 것을 볼 수 있습니다〉 — 원주. 이는 실러Schiller의 「토겐부르크의 기사Ritter Toggenburg」라는 발라드에 나오는 구절들로, 겉으로는 냉담하지만 사실은 헌신적인 사랑의 대상인 여인의 복수를 위해 떠나는 기사의 모습을 노래한 것이다.

태의 화난 기분 속에서도 어느 정도의 유쾌함을 잃지 않은 모습으로 나를 찾아왔다. 그녀는 그날 매우 짜증스럽다며 삼촌의 생일이었는데도 불구하고 축하할 엄두를 내지 못했는데, 그 이유를 모르겠다고 설명했다. 내 해석 기술은 그날 형편없었다. 그래서 그녀에게 계속 말을 시켰더니, 그녀는 K 씨도 그날이 생일이라는 사실을 갑자기 기억해 냈다. 이때 나는 지체 없이 그 자료를 활용했다. 그러자 그녀가 자신의 생일이었던 며칠 전에 많은 선물을 받고도 왜 조금도 기뻐하지 않았는가에 대한 이유도 쉽게 해명할 수 있었다. 거기에는 그녀가 예전에는 분명히 가장 귀중하게 여겼던 선물, 즉 K 씨의 선물이 빠져 있었던 것이다.

분석이 거의 끝나 갈 무렵, 내 주장의 정당성에 대한 결정적 증거가 제시될 때까지 꽤 오랫동안 그녀는 내 주장을 반박했다.

나는 이제 복잡하게 얽힌 또 다른 경우에 대해 언급하고자 한다. 이를 위해 지면을 할애하는 이유는 문학 작가로서 그러한 종류의 정신 상태를 다룬 소설을 창작하려는 것이 아니라, 의사의 입장에서 이것을 분석하기 위해서이다. 내가 이제 지적하려는 요소는 도라의 경우에서 볼 수 있는 갈등의 아름답고 시적인 분위기를 탁하게 만들거나 말소시킬 수도 있다. 다시 말해서 이 요소는 단순화시키고 추상화하는 능력을 지닌 작가로서의 심리학자가 수행하는 검열의 희생물이 될지도 모른다. 그러나 내가 여기에서 묘사하려고 애쓰는 현실에서는 동기들의 얽힘 내지는 정신적인 흥분들의 누적과 복합, 간단히 말해서 과잉 결정이 일반적이다. 아버지와 K 씨 부인 사이의 관계에 집착한 나머지 생겨난 지배적 사고의 이면에는 K 씨 부인을 대상으로 한 질투심, 즉 동성(同性)에 대한 애착에 근거한 자극이 은폐되어 있었다. 사춘기의 청소년들에게서 동성에 대한 애착을 보여 주는 뚜렷한 징후들을 발견할 수 있다는 것은 오래전부터 잘 알려진 사실이다. 맹세, 입맞춤, 영원히 친구로 남겠다는 약속과 아울러 질투심을 간직한 채 나누는 동급생과의 몽상적 우정은 한 남자를 처음 열정적으로 사랑하기 이전에 일반적으로 나타나는 현상이다. 일이 잘 풀리는 상황에서는 이러한 동성애적 경향은 완전히 잦아든다. 그러나 남자와의 사랑에서 행복감을 느끼지 못하면 동성애적 경향은 나이가 든 후에도 리비도에 의해 다시금 깨어나서 강렬한 반응을 보인다. 건강한 사람들에게서 동성애적 경향을 어렵지 않게 확인할 수 있다면, 정상적인 도착 징후의 양성에 관한 이전의 설명을 참조할 때 신경증 환자들의 기질 속에도 강력한 동성애적 성향이 들어 있으리라고 예상하게 된다. 그 예상은 틀림이 없다. 왜냐하면 나는 중요한 의미를 지니는 동성애적 경향을 고려하지 않고서는 성별을 불문하고 정신분석을 한 번도 성공시키지 못했기 때문이다. 히스테리 증상을 지닌 여성들의 경우 남성 지향적인 성적 리비도가 극도로 억제되면 그것을 대체한 여성 지향적인 성적 리비도가 강화되며, 부분적으로는 환자 스스로가 의식하게 된다.

특히 남성의 히스테리를 이해하는 데 필수적인 이 테마를 여기에서는 더 이상 다루지 않으려고 한다. 그러한 상황을 도라의 경우를 통해 조명하기도 전에 그녀에 대한 분석이 끝났기 때문이다. 그러나 도라가 처음에 마음을 터놓고 지냈던 가정 교사가 기억난다. 이러한 관계는 가정 교사가 바로 아버지 때문에 자신을 귀여워하고 잘 대해 준다는 사실을 도라가 알게 되면서 깨어지고 말았다. 그 후 그녀는 가정 교사에게 집을 떠나라고 강요했다. 도라는 신뢰 관계가 깨진 내용의 또 다른 이야기를 할 때에도 눈에 띌 정도로 집착하는 태도를 보였다. 신뢰하던 인물과 사이가 벌어진 일이 그녀 자신에게는 수수께끼처럼 여겨졌다. 앞에서도 언급했듯이 나중에 새색시가 된 둘째 사촌 언니와 도라는 비밀스러운 이야기도 터놓고 말할 정도로 서로를 잘 이해했다. 아버지가 처음으로 호숫가에서의 체류를 중단하고 다시 B로 돌아가면서 도라도 함께 가기를 원했으나 그녀는 당연히 이를 거부했다. 반면에 사촌 언니는 아버지의 요청을 받아들였다. 그때부터 도라는 사촌 언니에 대한 자신의 애정이 식어 버렸음을 느꼈다. 사촌 언니가 크게 잘못한 것이 없음을 인정하면서도 도라는 그녀에게 얼마나 무관심해졌는가를 생각할 때 스스로 놀랐다. 도라의 이러한 민감성을 계기로 하여 나는 K 씨 부인과의 관계를 불화로 이끈 원인이 무엇인지를 물어보았다. 내가 들은 바에 의하면, 이 젊은 부인과 어린 소녀는 서로를 완전히 신뢰하며 몇 년을 보냈다. K 씨 집에서 지낼 때 도라는 그 부인과 침실을 함께 썼다. 따라서 K 씨는 그 방에서 쫓겨났다. 도라는 부인이 부부 생활의 어려움들을 거리낌 없이 토로할 수 있는 조언자였다. 그녀가 도라에게 말하지 않는 것은 아무것도 없었다. 메데이아Medeia는 크레우사Kreusa가 두 아이의 마음을 사로잡은 것에 대해 만족스러워했다.[47]

그녀는 또한 이 아이들의 아버지와 그 소녀 사이의 교제를 방해할 만한 일은 전혀 하지 않았다. 자신의 여자 친구가 갖가지 험담을 늘어놓는 대상인 남자를 사랑하게 되었다는 점은 흥미로운 심리학적 문제이다. 이 문제는 다음과 같은 인식을 통해 해결 가능하다. 즉 무의식 속에서는 여러 가지 사고가 공존하기 때문에 대립적인 사고들 역시 서로 충돌을 일으키지 않는다. 바로 이것이 의식 속에도 그대로 남아 있는 경우가 흔하다.

47 메데이아는 그리스 신화에 나오는 콜키스왕의 딸. 금양 모피를 훔치려는 이아손과 사랑에 빠져 아버지를 배반하고 동생과 두 아들을 죽였다. 크로이사는 이아손의 아내로 질투심을 품은 메데이아의 마법에 의해 죽게 된다.

K 씨 부인에 대해 이야기할 때 도라는 패배한 경쟁자라기보다는 연인에 걸맞는 어투로 그녀의 〈백옥 같은 매혹적인 육체〉를 찬미했다. 또는 아버지가 자기에게 준 선물이 K 씨 부인이 마련한 것임을 확신했노라고 나에게 말할 때의 그녀의 표정에는 괴로움보다는 비애가 더 많이 실려 있었다. 도라는 부인의 취향을 알고 있었던 것이다. K 씨 부인이 주선한 것이 분명한 선물이라고 도라가 언젠가 주장한 장신구는 그녀가 K 씨 부인 집에서 보고서 갖고 싶다고 원했던 것과 거의 비슷했다. 지배적 사고의 관점에서는 자신에게 닥친 불행의 주범으로 볼 수밖에 없는 K 씨 부인에 대해서 그녀가 심한 말을 하는 것을 나는 들어 본 적이 없다. 그녀는 마치 일관성이 없는 것처럼 행동했다. 그러나 일관성이 없어 보이는 그녀의 행동에는 복잡한 감정의 흐름이 표현되어 있었다. 사랑을 한 몸에 받는 여자 친구였던 도라가 어떻게 그 당사자에게 적대적인 행동을 취하게 되었는가? 도라가 K 씨에게로 책임을 돌리고 아버지도 그에게 보낸 편지에서 해명을 요구하자, 그는 답신을 통해 자신의 고상함을 주장하면서 모든 오해를 풀기 위해 아버지의 공장이 있는 도시로 오겠다고 제안했다. 몇 주 후 아버지가 B에서 그를 면담했을 때 고상함은 더 이상 찾아볼 수 없었다. 그는 도라를 깎아내림으로써 유리한 위치에 올라서려고 했다. 이상한 종류의 서적을 읽고 그런 일에 관심을 가진 소녀가 어떻게 남자에게 존중받기를 요구할 수 있느냐는 식이었다. 그것은 곧 K 씨 부인이 그녀를 배신하고 비밀을 누설했음을 의미했다. 도라는 그녀와 단둘이 있을 때에만 만테가자와 입에 담기 곤란한 테마에 관해 이야기했다. 이번에도 가정 교사의 경우와 사정이 똑같았다. K 씨 부인이 도라를 사랑한 이유는 그녀의 인간성 때문이 아니라 아버지 때문이었다. K 씨 부인은 아버지와의 관계를 망치

지 않으려고 별다른 가책 없이 도라를 희생시켰다. 아마도 이 모욕은 아버지가 자신을 희생시켰다는 모욕감보다 그녀에게 더 큰 상처를 주었고, 병이 나는 데에도 더 크게 작용했다. 도라는 아버지에게서 느낀 모욕감을 통해 K 씨 부인에게 당한 배신을 은폐하려고 했다. 그녀가 갖고 있는 추잡한 지식의 원천과 관련해서 생각할 때 그녀의 끈질긴 기억 상실은 직접적으로는 죄책감을, 그 다음에는 친구에 의한 비밀 누설을 암시하는 것은 아니었을까?

아버지와 K 씨 부인 사이의 관계에 몰두하는 도라의 지배적 사고가 K 씨에 대한 한때의 의식적인 사랑을 억압하기 위해서뿐만 아니라 심층적 의미에서는 K 씨 부인에 대한 무의식적 사랑을 은폐하기 위한 목적을 지니고 있다는 나의 가정은 틀리지 않다고 믿는다. 그녀의 지배적 사고는 후자의 경향과는 직접적인 대립 관계에 있었다. 도라는 아버지가 자신을 그 여자에게 희생시켰다고 끊임없이 중얼거렸으며, 그녀가 아버지를 차지하도록 내버려 둘 수 없다고 강조했다. 그럼으로써 그녀는 아버지가 이 여자를 사랑하는 것을 허용할 수 없으며, 자신이 사랑했던 이 여자가 저지른 배신으로 인한 실망감을 결코 잊지 못한다는 정반대의 사실을 스스로에게 은폐했다. 질투를 일으키는 여성의 자극은 무의식 속에서 남성이 느끼는 것과 같은 질투와 접속되어 있다. 이러한 남성적인, 더 정확히 말해서 여성 혐오적인 감정의 흐름은 히스테리 증상을 보이는 소녀들의 무의식적인 성생활에서 전형적으로 관찰될 수 있다.

첫 번째 꿈

　분석 재료를 이용해 도라의 어린 시절에 대한 의문점을 규명하려고 했을 때, 그녀는 어떤 꿈을 똑같은 방식으로 계속 꾸었으며, 그 꿈이 최근에도 나타난 적이 있다고 이야기했다. 주기적으로 반복된 그녀의 꿈은 나의 호기심을 자극했고, 치료 목적으로 이 꿈을 분석의 맥락 속에 집어넣을 수 있었다. 따라서 나는 이 꿈을 자세히 연구하기로 결정했다.

　도라가 이야기한 첫 번째 꿈은 다음과 같다. 〈집에 불이 났어요.[1] 내 침대 옆에 서 있던 아빠가 나를 깨우고, 나는 급히 옷을 입고 있어요. 엄마는 보석함을 챙기려고 해요. 그러나 아빠는《당신의 보석함 때문에 나와 두 아이가 불에 타죽을 수는 없소》라고 말해요. 우리는 서둘러 밑으로 내려와요. 바깥으로 나오는 순간 나는 잠에서 깨어나요.〉

　이 꿈을 계속 반복해서 꾸었다고 했기 때문에 나는 당연히 언제 이 꿈을 처음 꾸었느냐고 물어보았다. 그녀는 모른다고 대답했다. 그러나 그녀는 이 꿈을 L(그녀와 K 씨 사이에 사건이 일어났던 호숫가에 위치한 마을)에서 사흘 동안 내리 꾸었다는 사실

　1　내가 궁금하여 다시 물었을 때 도라는 실제로 화재가 발생한 적은 없었다고 대답했다 — 원주.

을 기억했다. 그러고 나서 그 꿈은 며칠 전에 다시 나타났다.[2] 이 꿈이 L에서의 사건과 연결되어 있으리라는 생각은 물론 해몽과 관련한 기대를 갖게 했다. 그러나 나는 먼저 꿈이 최근에 다시 나타나게 된 동기를 알고 싶었다. 그 때문에 나는 이미 몇몇 분석의 사례들을 통해 꿈을 해석하는 방법을 교육받은 도라에게 이 꿈을 해체시키고, 그다음에 떠오르는 생각을 말해 줄 것을 요구했다.

그녀는 〈그 꿈과는 다른 어떤 것이 생각나요. 왜냐하면 이전에도 꾸었던 꿈과는 달리 그것은 완전히 새로운 느낌을 주거든요〉라고 말했다.

「상관없습니다. 그 이전에 꾸었던 꿈에 상응하는 구체적 상황이 있었을 것입니다.」

「아빠는 그 시절에 엄마와 다투었어요. 엄마가 밤마다 식당 문을 잠가 버렸기 때문이죠. 오빠 방은 따로 출구가 없고 식당을 통해서만 드나들 수 있었죠. 아빠는 오빠가 밤에 갇혀 있게 되는 상황을 원치 않았어요. 밤에 밖으로 나와야만 하는 일이 발생할 수 있다고 아빠가 말했어요.」

「화재의 위험을 말한 것이었습니까?」

「예.」

「당신 자신이 한 말에 유의하시기 바랍니다. 그 말은 아마도 다시 쓸모가 있을 것입니다. 당신은 〈밤에 밖으로 나와야만 되는 일이 발생할 수 있어요〉라고 말했습니다.」[3]

---

2 이 꿈의 내용을 볼 때 L에서 꿈을 최초로 꾸었음을 알 수 있다 — 원주.
3 이 말에 의아한 생각이 들어 그 의미를 꼼꼼히 되새겨 보았다. 이 말은 이중적 의미로 들린다. 특정한 신체적 욕구를 의미할 때 이 말을 쓰지 않던가? 그러나 이중적 의미의 단어들은 연상 작용과 관련된다. 이러한 단어의 교체를 꿈-내용에 나타나는 것과는 다른 차원에서 생각해 보면 아직 표출되지 못한 채 꿈 뒤에 숨어 있는 사고들이 움직이는 또 다른 궤적을 만나게 된다 — 원주.

도라는 이제야 최근에 꾼 꿈의 동기와 당시의 동기 사이의 연결 고리를 발견했다.

「아빠와 내가 당시 L에 도착했을 때, 아빠는 화재가 걱정된다고 직접적으로 말했어요. 우리는 악천후를 만났고, 피뢰침이 달린 작은 통나무 집을 보았어요. 그때 아빠의 근심은 지극히 당연한 것이었지요.」

L에서의 사건과 당시에 꾼 꿈 사이의 관계를 규명하는 일이 내가 해결해야 할 과제였다. 따라서 나는 도라에게 질문을 던졌다.

「당신이 그 꿈을 꾼 것은 L에서의 첫날 밤입니까, 아니면 그곳을 떠나기 전, 다시 말해서 숲속에서의 사건이 일어난 다음입니까?」

(나는 물론 그 사건이 첫 번째 날에 발생하지 않았고, 그들이 그 사건 이후에도 별다른 생각 없이 며칠 더 머물렀다는 사실을 알고 있었다.)

그녀는 처음에는 모르겠다고 대답했다가 조금 후에 아마도 그 사건이 일어난 다음에 꿈을 꾸었을 것이라고 수정했다.

이제 나는 그 꿈이 그때의 체험에 대한 반응이라는 것을 알았다. 그러나 그 꿈은 어째서 세 번이나 반복되었을까? 나는 질문을 계속했다.

「그 사건 이후에 L에서 얼마나 더 머물렀습니까?」

「나흘입니다. 닷새째 되는 날 아빠와 함께 그곳을 떠났어요.」

그 꿈에 K 씨와의 체험이 직접적으로 작용하고 있는 것이 확실했다.

「당신은 그 꿈을 그때 처음으로 꾸었습니다. 그 이전은 아닙니다. 당신의 기억이 불확실한 이유는 전후 맥락을 지워 버리고 싶어 했기 때문입니다.[4] 그러나 숫자가 맞지 않습니다. L에서 나흘

---

4 앞부분의 〈질병의 상태〉에서 기억을 되살릴 때 느끼는 회의감에 대해 이야기

을 더 보냈다면 당신은 아마도 꿈을 네 번 꾸었을 것입니다. 그렇지 않습니까?」

그녀는 내 주장에 더 이상 이의를 달지 않았다. 그러나 내 질문에 대답하는 대신에 그녀는 자신의 말을 계속했다.[5]

「K 씨와 함께 낮에 유람(遊覽)을 즐기고 돌아온 다음인 오후에 나는 여느 때처럼 잠깐 눈을 붙이려고 침실의 소파에 누워 있었어요. 갑자기 잠에서 깨어나 보니 K 씨가 내 앞에 서 있었어요.」

「꿈속에서 아버지가 당신 침대 옆에 서 있는 모습을 본 것처럼 말입니까?」

「예. 나는 그에게 여기에 무슨 일이냐고 물었어요. 그는 자신이 원하면 아무 때나 자기 침실로 갈 수 있는 게 아니냐고 대답했어요. 그 밖에도 그는 무엇을 가지러 왔다고 했어요. 이 일로 조심스러워진 나는 K 씨 부인에게 혹시 침실 열쇠가 있는지 물어보았지요. 그리고 그다음 날 아침(두 번째 날)에는 탈의실에 틀어박혀 있었어요. 오후에 다시 소파에서 잠을 자기 위해 문을 잠그려고 했을 때 열쇠를 찾을 수 없었어요. K 씨가 열쇠를 감추어 버렸음에 틀림없어요.」

방문이 잠기거나 잠기지 않는 문제가 꿈에 대한 첫 번째 착상으로 나타났고, 우연히 최근에 꾼 꿈의 동기로 작용했다.[6]

「〈나는 급히 옷을 입는다〉라는 문장을 이 맥락에서 파악할 수

했던 것을 참조하라 ― 원주.

5 내가 제기한 질문에 대답할 수 있으려면 먼저 새로운 기억의 자료가 나타나야 한다 ― 원주.

6 도라에게 말하지는 않았지만 추측컨대 그녀는 상징적인 의미 때문에 이 요소를 택했다. 꿈에서 〈방Zimmer〉은 〈여편네Frauenzimmer〉를 대변하는 경우가 흔하다. 방(여편네)이 〈열려 있느냐〉 혹은 〈닫혀 있느냐〉는 물론 간단히 넘길 만한 문제는 결코 아니다. 이 경우에 어떤 〈열쇠〉가 문을 열 수 있을지는 자명하다 ― 원주. Zimmer는 방을 표현하는 말이며, 그 앞에 Frauen이 붙으면 문자 그대로는 여자의 방 혹은 아파트를 의미하지만, 일반적으로 여성을 폄하해 지칭하는 데 쓰인다.

있지 않을까요?」

「당시에 나는 아빠 없이는 K 씨 집에 있지 않으려고 마음먹었어요. 다음 날 아침 나는 K 씨가 탈의실에 있는 나를 불시에 덮치지는 않을까 두려웠어요. 그 때문에 언제나 빨리 옷을 입었지요. 아빠는 호텔에서 지냈고, K 씨 부인은 아빠와 함께 산책하기 위해 항상 일찍 외출했어요. 그러나 K 씨는 나를 또다시 성가시게 하지는 않았어요.」

「내가 보기에 당신은 둘째 날 오후에 K 씨의 추적을 벗어날 결심을 하고서 숲속에서의 사건 이후 사흘 동안 매일 밤 이 결심을 꿈속에서 반복했습니다. 당신이 다음 날 — 셋째 날 — 아침에 옷을 입을 때 문을 잠그기 위한 열쇠를 찾지 못하리라는 점을 당신은 둘째 날 오후, 즉 꿈을 꾸기 전에 벌써 알고 있었습니다. 그래서 가능한 한 빨리 탈의실에 다녀왔습니다. 당신의 꿈이 매일 나타난 이유는 그 꿈이 어떤 결심과 관계가 있었기 때문입니다. 그 결심을 실행에 옮길 때까지 꿈이 계속된 것입니다. 당신은 마치 〈나는 불안해. 이 집을 나갈 때까지는 잠을 편하게 잘 수 없을 거야〉라고 말하는 것 같았습니다. 그러나 당신은 꿈속에서는 거꾸로 〈바깥에 나오는 순간 나는 잠에서 깨어나요〉라고 말했습니다.」

나는 여기서 분석에 관한 이야기를 중단하고, 꿈의 메커니즘에 관한 나의 일반적 명제들을 가지고 꿈을 해석한 이 경우를 평가하고자 한다. 내 책 『꿈의 해석』에서 상술했듯이 모든 꿈은 소원 성취Wunscherfüllung의 표현이다. 소원이 억압되어 무의식에 속하게 되면 소원 성취의 표현 또한 은폐된 형태로 나타난다. 아이들의 꿈 이외에는 단지 무의식적이거나 무의식에 도달한 소원만이 꿈을 만들어 낼 수 있다. 가장 일반적으로 말하자면 모든 꿈은 의미를 지니고 있으며, 그것은 해석 작업을 통해서 밝혀진다. 해석이 완료된 후에는 이 꿈을 깨어 있는 동안의 정신적 삶에서 비롯된 사고 내용과 대치할 수 있다. 더 나아가 나는 꿈의 의미가 깨어 있을 때의 사고 과정과 마찬가지로 다채롭다는 점을 증명할 수 있다. 소원이 충족되는 경우가 있는가 하면 두려움이 실현되는 경우, 꿈속에서 성찰을 계속하는 경우, (도라의 꿈에서처럼) 결심을 하는 경우, 잠을 자면서 정신적으로 생산 활동을 하는 경우 등이 있다. 이러한 표현들은 평이함을 특징으로 하며 또한 여기서 분석한 꿈처럼 수많은 해석의 실례에 의거하여 그 의미를 찾아낼 수 있다.

그 대신에 나는 꿈의 의미를 단 하나의 사고 형태, 즉 소원의 표현에 국한시키자는 주장을 제기했으며, 이로 인해 다른 사람들에게 거부감을 심어 주었다. 그러나 나는 될 수 있으면 많은 독자들이 받아들이도록 하기 위해 심리학의 어떤 분야를 단순화시킬 권리도 의무도 없다고 믿는다. 나의 연구에 제시된 변종을 전체적인 통일성 속에서 해결하기 위해 전혀 다른 위치에서 출발해야 할 경우에는 더욱 그렇다. 그런 까닭에 당장에는 낮의 결심이 잠속에서 계속된 것이라고 밝혀진 도라의 꿈과 같이 외관상의 예외들도 논란이 된 규칙들을 뒷받침한다는 것을 보여 주는 일이 나에게는 각별한 의미가 있다.

꿈의 많은 부분은 아직 해석이 필요했다. 나는 질문을 계속했다.

「엄마가 챙기려고 한 보석에 대해 말씀해 보시겠습니까?」

「엄마는 보석을 매우 좋아해요. 엄마는 아빠에게서 보석 선물을 많이 받았지요.」

「당신은요?」

「나도 예전에는 보석을 좋아했어요. 병이 난 이후로 나는 보석을 지니고 다니지 않아요. 4년 전에(꿈을 꾸기 1년 전에) 아빠와 엄마는 보석 때문에 크게 다투었어요. 엄마는 진주 귀고리를 원했어요. 그러나 아버지는 그런 것을 좋아하지 않았기 때문에 팔찌를 사다 주었어요. 엄마는 화가 나서 자신이 원하지도 않은 물건을 사는 데 그렇게 많은 돈을 쓸 바에는 아예 다른 사람에게나 선물하라고 아버지에게 쏘아붙였어요.」

「그때 당신은 그것을 갖고 싶다고 생각하지 않았습니까?」

「모르겠어요.7 그리고 엄마가 왜 꿈에 나타났는지는 더더욱 모르겠어요. 엄마는 당시에 L로 같이 오지 않았거든요.」8

「그것에 관해서는 나중에 설명해 드리겠습니다. 보석 상자에 대해서는 아무런 생각도 떠오르지 않습니까? 이제까지 당신은 보석에 대해서만 이야기했을 뿐이지 보석 상자는 언급하지 않았습니다.」

「예. 그보다 얼마 전에 K 씨가 나에게 값비싼 보석 상자를 선물했어요.」

「거기에는 답례로 줄 선물의 의미가 함축되어 있었습니다. 혹시 당신이 얼마 전에 암시적으로 말한 줄이 달린 가방과 마찬가지로 〈보석 상자〉도 여성의 생식기를 상징한다는 것을 알고 있지 않습니까?」9

---

7 이것은 당시에 그녀가 억압된 것을 인정할 때 습관적으로 썼던 표현 방식이다 ─ 원주.

8 이러한 견해는 도라가 평소에 알고 있는 꿈을 설명할 때의 규칙들이 완전한 오해였음을 보여 준다. 이와 아울러 그녀의 머뭇거리는 듯한 태도와 보석 상자에 대한 기억의 빈약함 등은 이 자료가 강력하게 억압되고 있음을 증명해 준다 ─ 원주.

9 이 가방에 대해서는 나중에 다시 설명할 것이다 ─ 원주.

「당신이 그런 말을 하리라고 짐작하고 있었어요.」[10]

「다시 말해서 당신은 그것을 알고 있었습니다. 꿈의 의미가 더 명확해지는군요. 당신은 스스로에게 〈그 남자가 나를 쫓아오고 있어. 그는 내 방에 들어오고 싶어 해. 내 《보석 상자》가 위험해. 만약 불상사가 생기면 그것은 아빠 책임이야〉라고 말했습니다. 그 때문에 당신은 꿈속에서 반대 상황, 즉 아빠가 당신을 위험에서 구해 주는 상황을 만들어 냈습니다. 꿈의 영역에서 모든 것이 반대로 변해 버렸던 것이지요. 곧 그 이유를 알게 될 것입니다. 그 비밀은 물론 어머니와 관계가 있습니다. 어머니가 왜 꿈에 나타났냐고요? 당신도 알겠지만 어머니는 아버지의 총애를 받기 위해 당신과 경쟁하고 있었습니다. 팔찌가 문제되었을 때 당신은 엄마가 퇴짜 놓은 것을 기꺼이 받아 두려고 했습니다. 〈받아 두다〉를 〈주다〉로, 〈퇴짜 놓다〉를 〈거부하다〉로 말을 바꿔 봅시다. 당신은 엄마가 거부했던 것을 아빠에게 줄 용의가 있다는 뜻이 됩니다. 문제의 핵심은 보석이겠지요.[11] 이제 K 씨가 당신에게 선물한 보석 상자를 생각해 보십시오. 아빠 대신에 K 씨가 당신 침대 곁에 서 있던 상황과 병행하여 이루어진 일련의 사고 과정은 거기에서부터 시작하고 있습니다. 그는 당신에게 보석 상자를 선물했고, 당신은 그에게 당신의 보석 상자를 선물해야 합니다. 그런 이유로 나는 앞에서 〈답례로 줄 선물〉이라고 말했던 것입니다. 이러한 사고 과정 속에서 당신의 엄마는 당시 현장에 있었던 K 씨 부인으로 대치될 수 있습니다. 따라서 당신은 K 씨 부인이 거부했던 것을 K 씨에게 줄 용의가 있습니다. 여기서 당신이 있는 힘을 다해

10 억압된 것에서 떠오르는 인식을 떨쳐 낼 때 자주 쓰는 방법이다 — 원주.
11 〈액체 방울〉에 대해서도 전체적인 맥락에 요구되는 해석을 나중에 시도할 것이다 — 원주.

이 생각을 억누르려고 한 덕분에 모든 요소들은 정반대로 변하게 됩니다. 이 꿈에 앞서 당신에게 벌써 말했듯이, 당신이 K 씨에 대한 사랑에서 자신을 보호하기 위해 아버지에 대한 이전의 사랑을 동원했다는 것을 꿈이 다시 확인시켜 줍니다. 그러나 이 모든 노력들은 무엇을 증명합니까? K 씨를 두려워하는 마음 이상으로 당신은 자기 자신, 즉 그에게 다가가려는 유혹을 두려워하고 있습니다. 따라서 당신의 노력들은 그에 대한 사랑이 매우 강렬하다는 것을 증명합니다.」[12]

이러한 해석을 그녀는 물론 받아들이려고 하지 않았다. 그러나 나는 병의 이력과 꿈의 이론을 설명할 때 필수적인 꿈-해석을 계속 진행시켰다. 나는 도라에게 이것을 다음 번 상담 때 이야기해 주기로 약속했다.

(밤에 밖으로 나와야만 하는 일이 발생할 수 있다는) 애매모호한 말이 주는 암시를 나는 잊어버릴 수가 없었다. 보편타당한 요구는 아닐지라도 내가 특별히 관심을 가진 요구가 충족되지 않는 한 꿈의 해명은 불완전할 수밖에 없으리라는 생각이 들었다. 정상적인 꿈은 두 가지 측면에서 이해할 수 있다. 한 측면이 현실성을 띤 동기라면, 또 다른 측면은 추적하기 어려운 어린 시절의 사건과 관련이 있다. 어린 시절의 체험과 현재의 체험 사이를 꿈이 연결시킨다. 꿈은 가장 먼 과거의 모범에 따라 현재를 변형시킨

---

12 이에 덧붙여 나는 다음과 같이 말했다. 〈지난 며칠 동안 꿈이 다시 등장한 사실에서 나는 당신이 똑같은 상황이 재현되었다고 생각하고 있으며, 아빠의 강권에 못 이겨 시작한 이 치료를 그만두려고 작정했다는 결론을 내릴 수밖에 없습니다.〉 내 말의 진위 여부는 결과가 말해 줄 것이다. 나의 해석은 여기서 이론적으로뿐만 아니라 현실적으로 대단히 중요한 〈전이〉라는 문제를 건드리고 있다. 이 주제는 이 논문에서 더 이상 집중적으로 다룰 성질의 것은 아니다 — 원주.

다. 꿈을 꾸고자 하는 소원은 언제나 어린 시절에서부터 출발한다. 그 소원은 어린 시절을 매번 새롭게 일깨워서 현재화시키고, 현재를 어린 시절의 경험에 따라 수정한다. 어린 시절의 어떤 경험을 시사하고 있는 여러 파편을 나는 이미 꿈-내용*Trauminhalt*에서 확인할 수 있었다.

이에 관한 설명을 위해 시작한 자그마한 실험은 여느 때처럼 성공했다. 책상 위에 우연히 커다란 성냥갑이 놓여 있었다. 나는 도라에게 혹시 책상 위에 평소에 볼 수 없었던 특별한 것이 있는지 둘러보라고 말했다. 그녀는 아무것도 발견하지 못했다. 그다음에 나는 그녀에게 아이들이 성냥을 가지고 놀지 못하도록 하는 이유를 아느냐고 물어보았다.

「예. 화재의 위험 때문이지요. 아저씨 댁의 아이들은 자주 성냥을 가지고 놀아요」

「그 때문만은 아닙니다. 〈불장난을 하면 안 된다〉라는 경고는 특정한 어떤 믿음과 결합되어 있습니다.」

그녀는 그것에 대해서는 아무런 지식이 없었다.

「사람들은 일반적으로 아이들이 불장난을 하고 나면 잠자리에 오줌을 싸게 될까 봐 걱정합니다. 물과 불의 대립이 이 믿음의 기초를 이룹니다. 이것은 대략 아이들이 불에 관한 꿈을 꾸다가 물로 불을 끄려고 시도하게 되는 형태로 나타납니다만 정확하게는 잘 모르겠습니다. 그러나 꿈에 나타나는 물과 불의 대립을 당신이 잘 활용하고 있다는 것은 분명히 알 수 있습니다. 엄마는 보석 상자가 불에 타는 것을 막으려고 합니다. 꿈-사고에서는 〈보석 상자〉가 축축해지지 않도록 하는 일이 중요합니다. 하지만 불은 물의 반대 개념으로 사용될 뿐만 아니라 직접적으로 사랑, 열애, 불타는 열정 등을 나타냅니다. 따라서 불은 한편으로 애정의 감정을 상징하고 다른 한편으로 축축함과 연결된 애정의 측면에서 물의 반대 개념을 넘어서는 어떤 것을 상징합니다. 무엇을 상징하는 것일까요? 〈밤에 밖으로 나와야만 하는 일이 발생할 수 있다〉는 말을 생각해 보십시오. 그것은 어떤 육체적 욕구를 의미하지 않을까요? 그 일을 당신의 어린 시절에 일어난 상황으로 대치해 보면, 그것은 잠자리가 축축해지는 일을 말하는 것이 아닐까요? 아이들이 잠자리에 오줌을 싸지 않게 만들려면 어떻게 해야 할까요? 〈꿈에서 아빠가 당신에게〉 그랬듯이 밤에 아이들을 깨워야 하지 않을까요? 그래서 당신은 아마도 당신의 잠을 깨운 K 씨를 아빠와 대체해도 좋다고 생각했을 것입니다. 결론적으로 말해서 당신은 정상적인 아이들보다 더 오래 잠자리에다 오줌을 쌌습니다. 당신의 오빠도 똑같은 경우였습니다. 아빠는 늘 〈내 두 아이가⋯⋯ 비참하게 되지 말아야 할 텐데〉라고 말했습니다. 오빠는 K 씨 집에서의 실제 상황과 무관합니다. 그는 L로 오지 않았지요. 이에 관한 당신의 기억은 어떻습니까?」

「나에 관해서는 아무것도 모르겠어요.」

그녀는 이렇게 운을 떼고는 계속 이야기했다.

「그러나 오빠는 예닐곱 살 때까지 잠자리에 오줌을 쌌어요. 오빠는 낮에도 가끔 그런 일을 저질렀어요.」

내가 그녀에게 자신의 경우보다 오빠에게 일어난 일을 훨씬 쉽게 기억하는 법이라고 가르쳐 주려고 했을 때, 그녀의 기억도 되살아났다.

「예. 나도 그랬어요. 하지만 일곱 살 때 아니면 여덟 살 때 잠깐 그러고 말았어요. 의사의 조언을 구해야 할 만큼 나쁜 상태였음은 분명해요. 신경성 천식이 시작되기 직전까지 지속됐어요.」

「의사의 소견은 어땠습니까?」

「그는 신경 쇠약이라고 진단했어요. 상태가 악화될 것을 염려한 그는 원기 회복제를 처방해 주었어요.」[13]

꿈-해석 작업은 이제 완료된 것 같았다.[14] 그러나 그녀는 그다음 날 꿈-내용을 추가했다. 꿈에서 깨어날 때마다 담배 연기 냄새가 났다는 사실을 그녀는 잊어버리고 말하지 않았었다. 담배 연기는 화재와 조화를 이루는 표현이었다. 그것은 또한 그 꿈이 나 개인과 특별한 관계가 있음을 시사했다. 왜냐하면 나는 그녀가 자신이 진술한 내용의 이면에 아무것도 숨겨져 있지 않다고 주장할 때마다 자주 반론을 제기했기 때문이었다. 즉 〈연기가 나는 곳에는 화재도 있게 마련이다.〉 그러나 그녀는 나와 마찬가지로 K 씨와 아버지 역시 지독한 흡연가라는, 전적으로 사적인 해석에 반대했다. 그녀 자신도 호숫가에서 담배를 피웠으며, K 씨는 당시 불행으로 끝난 구애를 시작하기 전에 그녀에게 담배 하나를 말아 주었다. 그녀가 확실하다고 믿는 기억에 따르면, 담배 연기 냄새는 L에서 꾼 마지막 꿈에서가 아니라 세 번의 꿈 모두에 등장한 현상이었다. 그녀가 더 이상 말하려고 하지 않았기 때문에 나는 이 추가 내용을 꿈-사고에 집어넣는 도리밖에 없었다. 그 근거로 연기에 대한 감응이 나중에, 다시 말해서 억압의 고통이 극복된 뒤에 나타났다는 점을 들 수 있었다. 이에 따르면 연기에 대한 감응은 꿈에서 가장 철저히 감춰지고 억압된 사고, 즉 좋아하는 마음을

13 그는 그녀가 유일하게 신뢰했던 의사였다. 그 이유는 이러한 경험에서 그녀는 그 의사가 자신의 비밀을 캐내려고 하지 않으리라는 점을 눈치챘기 때문이었다. 아직 어떤 평가를 내릴 수 없었던 다른 의사들에 대해서 그녀는 두려움을 느꼈다. 그 두려움은 그들이 그녀의 비밀을 들추어낼 수 있으리라는 의심을 바탕으로 하고 있다 — 원주.

14 이 꿈의 핵심적 내용은 다음과 같이 바꾸어 말할 수 있을 것이다. 〈유혹이 너무나 심해요, 아빠, 잠자리가 젖지 않도록 보살펴 주었던 어린 시절처럼 다시 저를 보호해 주세요!〉 — 원주.

그 남자에게 표현하고 싶은 유혹에서 출발했다. 그것은 흡연가일 경우 담배 냄새가 날 수밖에 없는 키스에 대한 열망을 의미했다. 그러나 두 사람 사이의 키스는 대략 2년 전에 처음 이루어졌으며, 그녀가 구애를 받아들였을 때에는 한 번 이상 반복된 뒤였다. 유혹의 상념이 먼 과거의 장면으로 거슬러 올라가서 키스에 대한 기억을 일깨웠던 것처럼 보인다. 입으로 빠는 습관을 지녔던 이 소녀는 구역질을 통해 이러한 유혹을 억누르려고 했다. 나 또한 흡연가이기 때문에 나에게도 전파될 가능성이 높은 이 징후를 고려해 보면, 언젠가 상담 도중에 내가 그녀에게 키스해 주기를 바라는 듯한 행동을 취했다는 생각이 든다. 이것이 그녀에게 자신의 행동을 경고하는 꿈을 반복하고 치료를 그만둘 결심을 하게 만든 동기로 작용했다. 이와 같은 추론에 모든 상황들이 맞아떨어진다. 그러나 〈전이〉의 특수한 성격으로 인하여 증거를 댈 수는 없다.

병의 이력과 관련하여 꿈에서 얻은 성과를 받아들여야 할지, 혹은 차라리 꿈-이론Traumlehre에 어긋나는 차원에서 제기된 문제를 해결해야 할지 망설일 수도 있을 것이다. 그러나 나는 전자의 경우를 선택하려고 한다.

신경증 증상이 나타나기 이전의 생활에서 잠자리를 적시는 습관이 지닌 의미는 자세하게 이해할 만한 가치가 있다. 사랑과의 관계를 조망해 볼 때 도라의 야뇨증은 일반적인 경우가 아니었다. 도라의 장애는 단순히 정상적인 아이들보다 더 오래 지속된 것이 아니라, 그녀 스스로 말했듯이 사라졌다가 비교적 늦은 나이인 여섯 살 때 다시 나타났다. 내가 아는 한 이러한 증상의 원인은 아직 이 분야의 병인론에서 거의 무시되는 자위행위에 있다. 내 경험에 의하면 이러한 맥락을 아이들은 잘 알고 있다. 마치 그들이 이것을 결코 잊어버리지 못하는 듯이 모든 정신적 후유증들은 여기에서부터 출발한다. 꿈-내용을 이미 알고 있는 우리는 이제 직접적으로 아이들의 자위행위를 시인하는 방향에서의 연구를 시작할 때가 되었다. 그녀는 얼마 전에 왜 자신이 병이 났는가에 대한 질문을 던졌고, 내가 대답하기도 전에 그 책임을 아버지에게로 돌렸다. 그 근거는 무의식적인 생각이 아니라 구체적인 정보에 기초를 두고 있었다. 놀랍게도 이 소녀는 아버지의 병이 어떤 성격을 지녔는지 알고 있었다. 언젠가 아버지가 나에게 진찰을 받을 때 그녀는 병명에 관한 이야기가 오간 대화를 엿들었다. 이보다 먼저 아버지가 망막 박리를 앓던 시절에 담당 안과 의사는 이 병을 매독성 질환으로 진단했음이 틀림없었다. 왜냐하면 그녀는 당시 어떤 나이 든 아주머니가 어머니에게 〈그는 결혼 전에 벌써 병에 걸렸대요〉라는 말에 곁들여 비도덕적 행위를 암시하는 듯한 이해하기 어려운 말을 하는 것을 들었기 때문이다.

아버지는 경솔하게 처신하여 병에 걸렸다. 반면에 그녀는 아버지의 병이 자신에게 유전되었다고 생각했다. 나는 앞에서 언급한 것처럼 유전성 매독은 심각한 정신 신경증을 유발한다는 소견을 그녀에게 말하려다가 그만두었다. 아버지를 비난하는 생각이 계속된 데에는 무의식적인 자료가 작용했다. 그녀는 며칠 동안 사소한 증상과 특이함에 있어서 자신을 어머니와 동일시했다. 이것은 그녀에게 견디기 힘든 어려움 속에서도 탁월한 일을 해내는 기회를 제공했다. 또한 그녀는 어머니를 동반하여 — 그때가 언제였는지는 기억나지 않는다 — 방문한 적이 있었던 프란첸스바트Franzensbad[15]에 머물 생각을 하고 있다는 추측을 불러일으켰다. 하복부의 통증과 대하증 — 점막성 염증 — 으로 고생하던 어

15 보헤미아에 있는 온천.

머니는 그곳에서 요양해야 했다. 그녀는 자신의 병이 성병을 어머니에게 옮겼던 아버지 때문에 생긴 것이라는 — 나름대로 정당한 — 의견을 고수했다. 그녀는 대부분의 비전문가들이 그렇듯이 이러한 결론을 내리면서 임질과 매독을 유전적으로 전염될 뿐만 아니라 성적 접촉을 통해서도 감염되는 질병으로 생각했다. 질병의 유전성과 후천성을 고집스럽게 구분하지 않으려는 태도 때문에 나는 그녀 자신이 혹시 성병을 가지고 있는지 물어볼 뻔했다. 나는 그녀가 언제부터 시작되었는지 모르는 점막성 염증(대하)에 걸려 있다는 사실을 알게 되었다.

내가 이해하기로는 아버지를 비난하는 생각 뒤에는 자책감이 숨겨져 있었다. 나는 그녀를 상대하는 방법의 일환으로 어린 소녀의 대하증은 무엇보다도 자위행위를 암시하며, 일반적으로 거론되는 또 다른 원인들은 부차적인 것에 불과하다는 점을 그녀에게 확신시켜 주었다. 따라서 그녀가 왜 병에 걸렸는가 하는 질문에 대한 대답은 어린 시절의 자위행위에서 찾을 수 있을 것이라고 말해 주었다.[16] 그녀는 그따위 것은 기억할 수 없다고 단호하게 부인했다. 그러나 며칠 후에 그녀가 보여 준 행동은 고백에 가까웠다. 이날 그녀는 누워서 이야기하는 동안 전무후무한 경우로서 목에 걸고 있던 최신 유행의 돈지갑을 가지고 장난했다. 그녀는 지갑을 열고 손가락을 집어넣었다가 다시 지갑을 닫는 등의 행동을 했다. 나는 잠시 그녀를 바라보고 나서 증상 행위 *Symptomhandlung*[17]에 대해서 설명해 주었다. 증상 행위란 인간이 자동적이고 무의식적이면서 신경을 쓰지 않고 장난치듯이 행하

16 (1923년에 추가된 각주) 이것은 내가 오늘날에는 더 이상 주장하지 않으려는 극단적인 견해이다 — 원주.

17 『정신 의학과 신경학 월보』에 발표했던 『일상생활의 정신 병리학』을 참조하라 — 원주.

는 일을 말한다. 그는 그 일에 어떤 의미도 부여하지 않으려고 하며, 왜 그 일을 하느냐는 질문에는 무슨 일을 해도 상관없는 상태에서 우연히 하게 되었다고 해명한다. 자세히 관찰해 보면, 의식이 모르고 있거나 알고 싶어 하지 않는 그러한 행위들은 무의식적인 생각과 충동을 표현한다. 따라서 그 행위들은 무의식의 표현으로서 중요한 가치를 지니고 있으며 시사하는 바가 크다. 증상 행위에 반대되는 두 종류의 의식적 태도가 존재한다. 증상 행위의 동기를 슬쩍 제시하기만 해도 이 행위를 인식하는 경우가 있는 반면, 그러한 핑계가 의식에 없을 경우에는 일반적으로 증상 행위를 실행한다는 사실을 알아차리지 못한다. 도라의 경우 동기 제시는 쉬웠다. 〈최신 유행의 지갑을 들고 다니지 말아야 하는 이유라도 있나요?〉 그러나 그러한 변명이 관련 행위에 대한 무의식적 근원의 존재 가능성을 부정하지는 못한다. 다른 한편 이러한 근원과 일반적으로 행위에 부여하는 의미가 무조건 입증되는 것은 아니다. 어떤 의미가 문제 상황의 맥락이나 무의식의 전형적 모습에 전적으로 부합한다는 것을 밝혀내면 그것으로 충분하다.

다음에 기회가 주어지면 나는 그러한 증상 행위가 건강한 사람과 신경증을 앓고 있는 사람에게서 어떻게 나타나는지 알 수 있는 예들을 제시하려고 한다. 해석이 매우 쉬울 때도 가끔 있다. 두 겹으로 된 도라의 지갑은 다름 아닌 여성의 성기를 나타낸다. 지갑을 열고 손가락을 집어넣는 식의 장난은 그녀가 하고 싶은 일, 즉 자위행위를 거리낌없이 드러내는 무언의 고백이다. 얼마 전에도 나는 내 주장을 만족시켜 주는 비슷한 경우를 경험했다. 어떤 노부인이 상담 도중에 입안이 깔깔해서 사탕을 먹고 싶다며 상아로 만든 둥근 모양의 작은 통을 꺼냈으나 쉽게 열지 못했다. 그녀는 뚜껑을 열기가 얼마나 힘든지 확인해 보라며 나에게 통을 내

밀었다. 나는 그 통이 특별한 의미를 가지고 있을 것이라고 의심했다. 그 통의 임자가 나를 방문한 지 벌써 1년이 넘었지만 나는 그 장면을 지금도 생생하게 기억한다. 나의 의심에 대해 그녀는 흥분해서 〈저는 이 통을 늘 몸에 지니고 다녀요. 어디를 가든지 간에 잊어버리는 법이 없답니다〉라고 말했다. 내가 웃으면서 그녀의 말을 다른 의미로 해석할 수 있다는 것을 알려 준 다음에야 그녀는 진정했다. 이 통 ─ 상자 ─ 은 지갑이나 보석 상자와 마찬가지로 비너스의 조개, 여성의 성기를 대변하고 있을 뿐이다.

우리가 일상에서 무심코 지나치게 되는 그러한 상징적 표현은 엄청나게 많다. 당사자가 숨기고 은폐시킨 내용을 최면의 압박을 통해서가 아니라 그의 말과 행동을 통해 밝혀내는 과제가 나에게 주어졌을 때, 나는 이제까지 이 과제를 필요 이상으로 어렵다고 여겨 왔다. 그러나 눈과 귀가 있는 사람이라면 누구나 인간이란 그 어떤 비밀도 숨길 수 없는 존재임을 확신하게 된다. 입이 무거우면 손가락이 대신 말한다. 모든 땀구멍은 비밀을 누설하는 창구 역할을 한다. 그런 까닭에 깊숙이 은폐된 심리 상태를 자각시키려는 과제는 해결 가능하다.

지갑을 통해 나타난 도라의 증상 행위가 꿈에서 가장 가까운 선행 단계는 아니었다. 꿈에 관한 이야기를 나누었던 상담을 시작할 무렵 그녀는 또 다른 증상 행위를 보여 주었다. 내가 상담실에 들어갔을 때 그녀는 읽고 있던 편지를 재빨리 감추었다. 물론 나는 누구에게서 온 편지인지 물어보았는데, 그녀는 가르쳐 주려고 하지 않았다. 그다음에 밝혀진 사실은 치료와는 아무런 관계도 없는 하찮은 것이었다. 그것은 손녀가 자주 소식을 전하기를 바라는 할머니의 편지였다. 내 생각에 그녀는 일부러 〈비밀〉을 간직한 것처럼 연기해 보였고, 이제 의사가 자신의 비밀을 캐냈다는 암시를 주고 싶어 했다. 새로운 의사에 대한 그녀의 혐오는 그 의사가 진찰(점막성 염증)이나 혹은 상담(잠자리에 오줌을 싸는 습관의 고백)을 통하여 고통의 근원, 즉 자위행위를 밝혀내리라는 공포에 기인한다. 본인 스스로 이전에 높이 평가했음에 분명한 의사들에 대해서 그녀는 항상 경멸하듯이 말했다.

아버지가 그녀를 병들게 만들었다는 비난 뒤에 숨겨진 자책감, 대하증, 지갑을 가지고 장난치는 일, 여섯 살 이후에도 잠자리에 오줌을 싸는 습관은 의사들에게 밝히고 싶지 않은 비밀이었다. 나는 어린 시절의 자위행위에 대한 정황의 증거를 빈틈없이 제시했다고 생각한다. 내가 이 경우에 자위행위를 예감하기 시작했던 것은 그녀가 나에게 사촌 언니의 위경련에 대해서 이야기한 다음, 며칠 동안 바로 위경련에서 오는 고통을 호소했을 때였다. 자위행위를 하는 사람에게 자주 위경련이 나타난다는 것은 잘 알려진 사실이다. 플리스W. Fließ의 이야기에 따르면, 그는 코 안에서 찾아낸 〈위장 부위〉를 코카인으로 부식시키는 방법을 통해 자위행위에서 비롯된 위경련을 치료했다. 도라는 나에게 의식적으로 두 가지 사실, 즉 그녀 자신이 자주 위경련으로 고통스러워한다는 점과 그녀가 사촌 언니를 자위행위자로 여긴다는 점을 확인시켜 주었다. 일반적으로 환자들은 자신이 문제될 경우에는 감정의 반발 때문에 인식하지 못하는 어떤 맥락을 다른 사람에게서 발견한다. 그녀 역시 아무것도 기억하지 못함에도 불구하고 더 이상 부정하지 않았다. 야뇨증으로 인하여 〈신경성 천식의 일보 직전까지〉 이른 증상도 의학적으로 해명할 수 있다고 생각한다. 히스테리 증상은 아이들이 자위행위를 하는 동안에는 결코 나타나지 않는다. 금욕 생활[18]을 할 때 비로소 나타나는 히스테리 증상은 자위행위의

18 성인들의 경우 이것은 원칙적으로 똑같이 적용된다. 그러나 여기에서는 상대

만족을 대체한다. 충족 가능한 수준에서 또 다른 정상적인 만족이 채워지지 않는 한, 만족에 대한 요구는 무의식에서 지속된다. 따라서 히스테리를 치료할 수 있는 조건으로 결혼이나 정상적인 성적 접촉을 들 수 있다. 그러나 성교 중단 행위나 심리적 소외 등으로 인하여 결혼 생활에서의 만족이 사라지면, 리비도는 옛날의 근원을 다시 찾아 나서게 되고 히스테리 증상으로 표출된다.

도라의 경우 자위행위가 언제, 그리고 어떤 특별한 영향으로 인하여 억압되었는지에 관한 확실한 정보를 나는 기꺼이 덧붙이고 싶다. 그러나 분석의 불완전성 때문에 여기에서는 빈틈이 많은 자료를 제시하는 도리밖에 없다. 이미 이야기했듯이 야뇨증 습관은 첫 번째 호흡 곤란을 일으키는 단계로까지 발전했다. 이 상태를 설명하면서 그녀는 아버지가 당시 건강이 회복된 후 처음으로 여행을 떠났다는 사실을 유일하게 기억해 냈다. 이 기억의 파편 속에 호흡 곤란을 일으킨 원인과의 관계가 암시되어 있음이 분명했다. 증상 행위와 또 다른 징후들을 통해 내가 추측해 낸 바에 따르면, 부모의 침실 옆방에서 자던 아이는 밤에 아버지가 어머니를 찾아와 성교를 하는 동안 아버지의 헐떡거리는 소리를 몰래 엿들었다. 그러한 경우 아이들은 은밀한 소음 속에서 이루어지는 성행위를 어렴풋이 알아차린다. 성적 흥분을 나타내는 표현들은 그 자체의 메커니즘을 가지고 있다. 호흡 곤란, 가슴이 두근거리는 히스테리 현상, 불안 신경증Angstneurose 등이 성행위에서 불거져 나온 것임을 나는 이미 몇 년 전에 설명한 바 있다.[19]

적 금욕, 즉 자위행위를 자제할 때에도 리비도가 격해지면 히스테리와 자위행위를 한꺼번에 나타나게 만들기에 충분하다 ─ 원주.

19 이 설명은 불안 신경증에 대한 프로이트의 첫 번째 논문 「신경 쇠약증에서 〈불안 신경증〉이라는 특별한 증후군을 분리시키는 근거에 관하여」(프로이트 전집 10, 열린책들)에 나온다. 또 한참 뒤인 1926년에 발표된 「억압, 증상 그리고 불안」에서 그

도라를 포함하여 많은 경우에 나는 발성 장애와 신경성 천식의 증상이 성인들의 성교하는 장면을 엿들은 결과 나타난 것임을 확인할 수 있었다. 당시 함께 흥분한 상태의 영향으로 도라의 성욕 *Sexualität*은 급격한 변화를 겪었고, 이것이 자위행위 충동을 불안으로 대체시켰다. 얼마 후 부재중인 아버지를 그리워하게 되었을 때 그녀는 천식 발작 증세를 되풀이했다. 기억 속에 보존된 발병의 동기에서 비롯된 근심 어린 생각이 발작을 일으켰다. 첫 발작은 그녀가 산으로 소풍을 갔을 때 과로하여 실제로 숨이 차는 것을 느꼈던 일이 발생한 연후에 나타났다. 이때 그녀는 여러 단계의 생각을 거치게 된다. 먼저 아버지가 산에 오르는 것을 막아야 한다고 생각한다. 아버지는 숨을 헐떡거리기 때문에 과로해서는 안 되는 것이다. 그다음에는 아버지가 그날 밤 어머니와 함께 있을 때 얼마나 과로했을까, 혹은 그 일이 아버지에게 해가 되지 않았을까 하고 기억을 더듬어 본다. 뒤이어 그녀는 자기 자신이 호흡 곤란과 함께 성적인 오르가슴에 이르게 하는 자위행위를 할 때 과로하지 않았는지 걱정한다. 이런 생각을 한 뒤에 호흡 곤란 증상이 악화된 상태로 다시 나타난다. 나는 이 자료의 일부분을 분석 작업에서 떼어 내서 다른 부분을 보충했다. 자위행위를 밝혀내는 작업에서 보았듯이, 한 주제를 위한 자료는 여러 시간대와 상이한 맥락들 속에 흩어져 있는 파편들을 다시 한 군데로 모은 것이다.[20]

는 공포로 인해 부수적으로 나타나는 신체적 변화에 대해 설명하고 있다.

20 유아기의 자위행위에 대한 증거는 다른 경우들에서도 이와 매우 유사한 방식으로 나타난다. 자료는 대부분 비슷한 성격을 지닌다. 이에 대한 암시로는 대하증, 야뇨증, 의식을 치르듯이 손을 씻는 행위(청결함에 대한 강박 관념) 등을 들 수 있다. 이 습관이 보호자에 의해 발각되었는지의 여부, 혹은 습관을 버리려는 노력이나 돌발적인 반전으로 이러한 성적 행위를 그만두었는지의 여부는 각각의 증상에서 확실하게 알 수 있다. 도라의 경우 자위행위는 발각되지 않았으며 단번에 중단되었다(비밀, 의

히스테리의 원인론에 관해 제기된 일련의 중요한 문제들 중 하나는 도라의 경우를 병인론의 유일한 전형으로 받아들여도 좋냐는 것이다. 나 개인적으로는 비슷하게 분석되는 경우들이 많이 보고될 때까지 이 문제에 대한 대답을 미뤄야 한다고 생각한다. 그 밖에도 나는 문제 제기를 올바로 해야 한다는 입장이다. 이 질병의 원인을 어린 시절의 자위행위에서 찾아야 하느냐는 문제에 대해 양자택일적인 대답을 하는 대신에, 나는 먼저 정신 신경증에 적용되는 병인론의 개념을 설명하려고 한다. 내 대답의 바탕을 이루는 관점이 나에 대한 질문의 바탕을 이루는 관점에 비해 훨씬 유보적인 것으로 밝혀질 것이다. 우리가 여기서 아이들의 자위행위가 증명 가능하고, 그 현상이 결코 우연이 아니며, 질병의 발생에 적지 않은 역할을 한다는 것을 납득시킬 수 있다면 그것으로 충분하다.[21]

사에 대한 두려움 — 호흡 곤란을 통한 대체). 환자들은 일반적으로 이러한 정황들의 증빙력을 부정한다. 특히 점막성 염증이나 어머니의 질책((〈어리석은 짓이야〉, 〈그건 몹쓸 짓이야〉)이 의식적인 기억 속에 남아 있을 경우 더 심하다. 그러나 어느 정도의 시간이 지나면 오랫동안 억압되어 왔던 어린 시절의 성생활에 대한 기억도 단 하나의 예외 없이 분명하게 나타나게 된다. 유아기의 자위행위에서 생긴 직접적인 부산물인 강박 관념을 가진 어떤 여자 환자를 예로 들어 보자. 스스로에게 어떤 행위를 금지시키고 형벌을 가하려는 특징들, 즉 이 행위를 했으면 저 행위를 해서는 안 된다는 생각, 방해받지 않으려고 하는 태도, (손을 사용하는) 어떤 일과 그다음 일 사이에 시간적인 간격을 두려는 마음, 손을 씻는 버릇 등은 그녀의 자위행위 습관을 없애기 위한 노력 중에서 그 일부가 변하지 않은 채로 유지된 형태임이 밝혀졌다. 〈저런, 그건 몹쓸 짓이라니까!〉라는 질책이 언제나 기억에 남아 있던 유일한 것이었다. 이에 대해서는 1905년에 쓴 「성욕에 관한 세 편의 에세이」도 참조하라 — 원주.

21 도라의 습관적인 자위행위에는 그녀의 오빠가 어떤 방식으로든 관련되어 있음이 틀림없다. 이런 맥락에서 그녀는 〈덮개-기억Deckerinnerung〉을 되살렸다. 이에 따르면 오빠가 주기적으로 그녀에게 모든 감염성 질병을 옮겼다. 그 병을 오빠는 가볍게 이겨 냈지만 그녀에게는 몹시 힘들었다. 오빠는 꿈에서도 〈파멸〉로부터 보호를 받았다. 그 자신도 야뇨증에 시달렸으나 동생보다 먼저 그만두었다. 무엇을 배우는 데 있어서 첫 번째 발병 때까지는 오빠와 나란히 보조를 맞추다가 점점 처지게 되었다는 그녀의 말도 어떤 의미에서는 〈덮개-기억〉이었다. 이것은 그녀가 마치 사내애처럼 행동하다가 발병 이후에 비로소 소녀다운 태도를 취했다는 것을 의미한다. 실제로 그녀는

도라가 고백한 대하증의 의미를 눈여겨보면 그녀의 증상을 더 잘 이해할 수 있다. 어머니가 비슷한 통증으로 인하여 요양을 가게 되었을 때 배워서, 자신의 질환을 표현하기 위해 사용한 〈점막성 염증〉은 다른 말을 〈교체〉한 용어이다. 이것을 통해 아빠에게 병의 책임을 돌리려는 생각에서 나온 기침 증상을 해명할 수 있다. 실제로 사소한 염증에서 출발한 기침은 심장 질환을 앓고 있던 아버지를 모방하려는 증상임과 동시에 아버지에 대한 연민과 걱정을 표현하는 수단이었다. 이 밖에도 기침을 통해 그녀는 당시에는 아마도 아직 자각하지 못했던 내용을 세상을 향해 외쳤다. 즉 〈나는 아빠의 딸이다. 나는 아빠와 마찬가지로 점막의 염증22을 앓고 있다. 그는 엄마에게 했던 것과 똑같이 나를 병들게 만들었다. 아버지에게서 물려받은 사악한 열정은 병을 통해서 벌을 받는다.〉

이제 우리가 기침과 목이 쉬는 증상의 발작으로 단정지었던 여러 요소를 종합하는 작업을 해보기로 하자. 맨 밑의 층위에는 실제로 기질적인 조건으로 인해 기침을 유발하는 흥분, 비유적으로 말해서 조개가 진주를 만드는 재료인 모래알이 존재한다고 상정

거친 행동을 하는 아이였다. 그러나 〈천식〉에 걸리면서부터 그녀는 얌전하고 예의바르게 행동했다. 그녀의 질병은 성생활의 두 국면 사이의 경계를 형성했다. 첫 번째 국면은 남성적인 성격을, 그다음 국면은 여성적인 성격을 지녔다 — 원주.

22 이 단어(점막의 염증 — 대하증)는 〈질병의 상태〉 장의 각주 12에서 몇 줄로 요약한 바 있는 열네 살짜리 소녀의 병력에서도 똑같은 역할을 했다. 이 아이를 나는 간호 요원으로 봉사하고 있던 대단히 지적인 여성과 함께 어느 여관에 머물게 했다. 그 여성이 보고한 바에 따르면, 이 어린 환자는 잠자리에 들 때 그녀가 옆에 있는 것을 참지 못했다. 그 아이는 잠자리에서는 유난히 기침이 심했지만 낮에는 그 증세가 전혀 나타나지 않았다. 그 증세에 대한 질문을 받았을 때 이 환자가 떠올린 생각은, 단지 그녀의 할머니가 그렇게 기침을 했고 사람들이 그것을 점막의 염증이라고 말했다는 정도였다. 이를 통해 분명해진 사실은 그녀 역시 점막의 염증을 앓고 있었고, 저녁에 성기를 씻을 때 남의 눈에 띄고 싶어 하지 않았다는 점이다. 아래에서 위로 끌어올려진 점막의 염증은 심지어 일상적인 수준을 벗어나는 강렬함을 보였다 — 원주.

할 수 있다. 이 자극이 고착될 수 있는 이유는 이 소녀에게 다분히 성감대의 의미를 지닌 신체 부위와 연관되어 있기 때문이다. 따라서 그것은 흥분된 리비도를 표현하는 데 적합하다. 이 흥분은 예상컨대 첫 번째 심리적 변환, 즉 병든 아버지에 대한 연민에서 나온 모방과 〈천식〉으로 인한 자기 비난을 통하여 고착된다. 이와 같은 증후군은 더 나아가 K 씨와의 관계를 나타내거나, 그의 부재를 아쉬워하고 그에게 더 좋은 아내가 되고자 하는 소원을 표현하는 등의 능력을 지닌다. 리비도의 일부분이 다시 아버지에게로 향하게 된 후 이 증상은 자신을 K 씨 부인과 동일시한 상태에서 이루어지는 아버지와의 성교를 표현함으로써 아마도 그 마지막 의미를 획득한다. 나는 일련의 진행 과정이 결코 완전하지 못하다는 점을 강조하고 싶다. 유감스럽게도 불완전한 분석으로 인해 의미의 교체를 시간적으로 따져 볼 수 없었을뿐더러 그 순서와 상이한 의미들의 병존에 관하여 명확히 설명할 수 없었다. 이러한 요구들이 충족될 때에만 완전한 분석을 기대할 수 있다.

도라의 음부 염증과 히스테리 증상의 관계를 소홀히 다룰 수는 없다. 히스테리에 대한 심리적 해명이 아직 요원하던 시절에 숙련된 고참 의사들이 제기한 주장에 따르면, 대하증을 앓는 히스테리 환자들의 경우 염증의 악화가 식욕 부진과 구토증을 비롯한 히스테리 증상을 격화시킨다고 했다. 그 맥락에 대해서는 아무도 정확히 알지 못했다. 그러나 일반적으로 산부인과 의사들의 소견에 따라 음부 질환이 직접적이고도 기질적으로 신경 기능에 영향을 미친다고 생각했다. 이때 치료상의 면밀한 검토는 이루어지지 않았다. 우리의 인식을 바탕으로 한 오늘날의 입장에서 볼 때에도 직접적이고 기질적인 영향을 배제할 수는 없다. 그러나 더 쉽게 입증할 수 있는 해결책이 심리적 변환이다. 여성들이 자신들의 성기에 대해 갖는 자부심은 허영에 지나지 않는다. 혐오나 구역질을 일으키기 십상인 여성 질환들은 믿을 수 없을 정도로 마음에 상처를 입히는 바람에 자존심을 깎아내리게 만들 뿐만 아니라, 흥분하기 쉽고 민감하며 의심을 잘하는 태도를 조장한다. 질점막의 비정상적인 분비가 구역질을 일으키는 요인으로 간주될 수 있다.

도라의 경우 K 씨와의 키스 후에 심한 구역질 증세가 나타났다는 점을 기억해 보자. 이 구역질을 우리는 그녀가 포옹한 상태에서 발기된 성기가 자신의 신체를 압박해 들어오는 것을 느꼈다는 차원에서 이해했다. 그 외에도 우리가 이미 알고 있듯이, 도라가 불성실을 이유로 쫓아낸 가정 교사는 그녀에게 남자는 모두 경솔하고 신뢰할 수 없다는 자신의 경험담에서 나온 결론을 주지시켰다. 도라에게 이 말이 의미하는 바는 남자는 모두 아버지와 같다는 것이었다. 그녀는 아버지를 성병 환자로 여겼으며, 아버지가 이 병을 자신과 어머니에게 감염시켰다는 생각에서 벗어나지 못했다. 따라서 그녀는 모든 남자들이 성병을 앓고 있다는 환상에 빠졌다. 성병에 관한 그녀의 생각은 물론 자신의 유일하면서도 개인적인 경험에 의해 이루어졌다. 성병은 그녀에게 구역질 나는 대하증과 연결되어 있음을 의미했다. 이것은 포옹의 순간에 느꼈던 구역질에 대한 또 다른 동기 유발이 아니었을까? 남자가 접촉한 부위에 전달된 구역질은 앞에서 언급한 원초적 메커니즘에 따라 전이된 것으로서 결국은 그녀 자신의 대하증과 관련이 있었다.

예상컨대 꽃줄 장식이 철사로 된 나선형 홈에 끼워 맞추어지듯이 무의식적인 사고 과정이 미리 형성된 기질적 맥락에 따라 진행되기 때문에 그 출발점과 종착점 사이에 존재하는 여러 가지 생각들을 알 수 있게 된다. 하지만 개별적으로 작용하는 생각의 연상에 대한 지식은 증상을 규명하는 데 무엇과도 바꿀 수 없는 가치를 지닌다. 도라의 경우 추측과 보충을 필요로 하기 때문에 분석을 여기서 일단 중단하려고 한다. 빈틈을 메우기 위해 내가 제시하려는 것은 철저한 분석이 이루어진 또 다른 경우들에 기초하고 있다.

우리가 분석을 통하여 해독했던 꿈은 도라가 잠이 들 때 동반한 어떤 결심과 일치한다. 그런 까닭에 그 꿈은 결심이 실행될 때까지 밤마다 반복된다. 몇 년 후 비슷한 결심을 해야 할 계기가 생기자 그 꿈은 다시 나타난다. 그 결심은 대략 다음과 같은 내용을 담고 있다. 〈이 집에서는 나의 처녀성을 지키기 어려우니 집을 떠나야겠어. 나는 아빠와 함께 갈 거야. 아침에 탈의실에 있을 때 누가 갑자기 들어오는 일이 없도록 조심해야겠어.〉 이러한 생각들은 꿈에 뚜렷하게 표현된다. 이것들은 당사자가 깨어 있을 때 의식적으로 장악하고 있는 흐름에 속한다. 그 이면에는 반대 흐름을 형성하고 그 때문에 억압되어 불분명해진 생각이 자리 잡고 있다. 그 생각의 정점을 이루는 것이 지난 몇 년 동안 자신에게 보여 준 사랑과 애정에 감사하는 마음에서 그 남자에게 몸을 바치고 싶은 유혹이다. 따라서 이 생각은 아마도 그가 그녀에게 키스했던 기억을 불러일으킨다. 그러나 내가 이전에 제기했던 꿈-해석 이론에 따르면 그러한 요소들만으로는 꿈을 형성하기에 충분치 못하다. 꿈은 결심의 실행이 아니라 소원의 성취로 나타나며, 더욱이 이 소원은 어린 시절의 삶에서 비롯된 것이다. 이 명제를 우리가 다루고 있는 꿈이 반증하고 있지는 않은지 검증해 볼 필요가 있다.

꿈에는 실제로 K 씨의 집과, 그의 유혹에서 벗어나려는 결심과는 아무런 관계도 없다는 것을 첫눈에 알 수 있는 유아기의 자료가 포함되어 있다. 어째서 어릴 때 오줌을 쌌던 일과 이것을 고쳐 주려는 아버지의 노력에 관한 기억이 떠오르는 것일까? 아이는 이 기억을 통해서 강렬한 유혹의 감정을 억누르고 유혹에 맞서는 결심을 할 수 있기 때문이라고 대답할 수도 있다. 아이는 아버지와 함께 도망치려고 결심한다. 사실을 말하자면 아이는 자신을 쫓아오는 남자에 대한 공포감에 사로잡혀 아버지에게로 도망친다. 아이는 아버지에 대한 애착을 불러일으켜 자신을 낯선 사람에게서 보호하려고 한다. 현재의 위험한 상황은 아버지에게도 책임이 있다. 그는 다른 여자와 연애를 즐기려고 아이를 낯선 사람에게 맡겨 놓았던 것이다. 바로 그런 아버지가 아이를 그 누구보다도 사랑하고 당시에 그 아이에게 닥친 위험에서 구해 주려고 노력하는 장면은 아름답기 그지없다. 유아기에서 출발하여 현재에는 무의식적이 된 소원, 즉 낯선 남자를 아버지로 대체하려는 소원이 꿈을 형성하는 잠재력이다. 현재의 상황과 비슷하면서도 등장인물이 달랐던 과거의 상황에서 이러한 잠재력은 꿈-내용의 중심 상황이 된다. 실제로 그러한 상황이 존재한다. 전날 K 씨가 그랬던 것과 똑같이 아버지가 그녀의 침대 앞에 서 있었다. 아버지는 그녀를 깨우기 위해 키스했는데, 이것은 아마 K 씨도 의도했던 바였을 것이다. 따라서 집에서 도망치려는 결심은 그 자체로는 꿈을 형성할 능력이 없다. 이 결심에 덧붙여 유아기적 소원에 기초한 또 다른 결심이 등장함으로써 비로소 꿈이 형성된다. K 씨를 아버지로 대체하려는 소원이 꿈의 원동력이다. 아버지와 K 씨 부인의 관계를 염두에 두었던 해석을 기억해 보면 여기서도 아버지에 대한 유아기적 애착이 드러난다. 이를 통해 그녀는 K 씨를 향한 억압된 사랑을 억압 속에서 보존하려고 한다. 환자의 정신적 삶에 나타나는 이러한 격변을 꿈이 반영한다.

잠을 자면서도 계속되는 깨어 있을 때의 생각 — 낮의 잔재 — 과 꿈을 형성하는 무의식적 소원 사이의 관계에 대한 나의 몇 가지 소견이 『꿈의 해석』에 적혀 있다. 이것을 여기에 그대로 인용하는 이유는 덧붙일 내용이 없기 때문이다. 도라의 꿈에 대한 분석 결과는 나의 생각이 완전히 옳다는 것을 증명한다.

〈꿈의《자극》이 주로 또는 전적으로 낮 생활의 잔재에서 비롯되는 부류의 꿈들이 있는 것은 확실하다. 친구의 건강에 대한 염려가 낮부터 지속되지 않았더라면, 언젠가는 외래 교수가 되고 싶다는 내 소원이 그날 밤 나를 조용히 자게 내버려 두었을 것이라고 나는 생각한다.[23] 그러나 이 염려가 꿈을 만들어 내지는 않았을 것이다. 꿈에 필요한《원동력》은 어떤 소원이 제공한 것이 분명하다. 꿈의 원동력으로서 그러한 소원을 조달하는 것은 염려의 몫이다. 이것을 비유적으로 표현하면 다음과 같다. 낮의 사고가 꿈에 대해《기업가》의 역할을 하는 것은 충분히 가능한 일이다. 그러나 흔히 말하듯 아이디어와 그것을 행동으로 옮길 열정만 있을 뿐 자본이 없는 기업가는 아무것도 할 수 없다. 그에게는 비용을 대는《자본가》가 필요하다. 낮의 사고가 무엇이든지간에, 꿈에 심리적 비용을 부담하는 이 자본가는 무조건《무의식에서 비롯된 소원》이다.〉[24]

꿈과 같은 형상물의 섬세한 구조를 아는 사람이라면 유혹의 손길을 뻗치는 남자를 아버지로 대체하려는 소원은 단순히 어린 시절의 자의적인 자료를 기억 속으로 불러내는 차원에 머물지 않고 유혹의 억압과 긴밀한 관계를 맺고 있다는 점을 쉽게 인정할 것

23 이것은 다른 곳에서 예로 든 꿈의 분석과 관련이 있다 — 원주. 『꿈의 해석』 다섯 번째 장의 〈오토가 병든 듯이 보인다〉는 꿈.
24 『꿈의 해석』 일곱 번째 장의 〈소원 성취에 관하여〉 부분에서 인용.

이다. 왜냐하면 도라가 이 남자를 사랑할 수 없다고 느끼고 사랑에 응하는 대신 사랑을 억압하게 될 때 이 결단은 다름 아닌 이전의 성적 즐거움과 그 결과들, 야뇨증, 천식, 구역질 등과 결합된다. 증상이 나타나기까지의 과정은 체질적인 조건들에 따라 성년이 된 상태에서 일어나는 사랑의 요구에 대해 두 가지 행동 방식을 만들어 낸다. 성욕에 아무런 저항도 느끼지 않는 도착적인 행동과, 이에 대한 반작용의 결과로 신경증이 발병한 상태에서 성욕을 거부하는 행동이다. 도라의 경우 체질과 지적, 도덕적 교육 수준이 후자에 기울게 만들었다.

꿈을 분석하면서 우리가 병의 원인으로 작용하는 개별적인 체험들에 접근할 수 있었다는 점을 특별히 강조하고 싶다. 꿈을 분석하지 않았더라면 이것들은 기억에 떠오르지 않았거나 최소한 재생산될 수 없었다. 어린 시절에 야뇨증에 대한 기억은 앞에서 밝혀졌듯이 이미 억압되어 있었다. K 씨가 자신을 따라다닌 일에 관한 세세한 부분을 도라는 한 번도 언급하지 않았다. 이에 대한 생각이 그녀에게 떠오르지 않았던 것이다.

꿈의 종합적 모습을 파악하는 데 몇 가지 첨가할 사항이 있다.[25] 꿈-작업*Traumarbeit*은 숲속에서의 사건이 일어난 다음 날인 둘째 날 오후, 그녀가 자신의 방을 더 이상 잠글 수 없다는 것을 인식한 후에 시작된다. 이때 그녀는 이 집이 자신에게는 매우 위험하다고 생각한다. 그녀는 뒤이어 집에 혼자 머물지 않고 아빠와 함께 떠날 결심을 한다. 이 결심은 무의식 속으로 계속 이어지기 때문에 꿈을 형성할 능력을 지닌다. 아울러 그녀는 현재의 유혹

---

25 이 나머지 부분은 1924년 이전에 나온 판본에 주석으로 사용되었다. 꿈의 〈종합적인 내용〉에 대해서는 『꿈의 해석』 여섯 번째 장의 〈꿈의 묘사 수단〉 서두를 참조하라.

에 대항하기 위해 아버지에 대한 유아기적 사랑을 스스로에게 일깨운다. 그녀의 내부에서 이루어진 이 전환은 고착되고, 도라의 강박 관념(아버지와 사랑에 빠진 듯이 보이는 K 씨 부인에 대한 질투)을 대변하는 입장에 서게 된다. 그녀의 내부에서는 남자의 구애를 받아들이고자 하는 유혹과 이에 대한 반발의 감정이 서로 싸운다. 후자에는 예의 바름과 신중함이 동인으로 작용하는 한편, 가정 교사의 고백에 영향을 받은 적대적 흥분들(질투, 병적인 금지)이나 그녀의 어린 시절에 발판을 두고 있는 성에 대한 혐오와 같은 신경증 요소 등이 결합되어 있다. 유혹에 대한 방어책으로서 불러일으킨 아버지에 대한 사랑은 어린 시절의 체험에서 유래한다.

꿈은 무의식에서 심화된 아버지에게로 도망치려는 결심을 아버지가 그녀를 위험에서 구해 주었으면 하는 소원이 성취되는 상황으로 변화시킨다. 이때 그녀를 이 위험에 빠뜨렸던 사람이 바로 아버지라는 생각은 소원 성취에 방해가 되기 때문에 제거된다. 여기에서 억압된 아버지에 대한 적대적 자극(복수심)은, 나중에 살펴보게 되겠지만 두 번째 꿈의 원동력으로 작용한다.

꿈을 형성하는 조건들에 따라 공상 속에서 만들어진 상황은 유아기적 상황을 반복하는 형태로 나타난다. 꿈의 동기가 된 현재 상황을 유아기적 상황으로 변화시킬 수 있다면 대성공이다. 이것은 단순히 자료의 우연성에 좌우된다. K 씨가 그녀의 침대 앞에 서서 그녀를 깨웠던 것과 마찬가지로 그녀가 어렸을 때 아버지도 자주 그랬다. 이 상황에서 K 씨를 아버지와 대체하는 전환은 상징성을 지니게 된다.

그러나 아버지가 그녀를 깨웠던 이유는 잠자리를 적시지 않도록 하기 위해서였다. 이 〈축축함〉은 그것이 시사하는 바가 희미하거나 혹은 정반대로 나타나는 나머지 꿈-내용에도 영향을 미친다.

〈축축함〉과 〈물〉의 반대가 〈활활 타오름〉과 〈불〉이라는 것은 쉽게 알 수 있다. 아버지가 목적지에 도착했을 때 화재의 위험에 대해 걱정했던 우연한 정황을 고려할 때, 아버지가 그녀를 구출하고자 한 위험이 화재라는 판단을 가능케 한다. 이러한 우연과 〈축축함〉의 반대에 기초하여 꿈의 상황이 설정된다. 즉 불이 나고, 아버지가 그녀의 침대 옆에 서서 그녀를 깨우는 상황이 나타난다. 아버지가 우연히 한 말은, 만약에 그가 조력자와 구원자로 등장하는 승리에 벅찬 감정의 흐름에 완전히 부응하지 않았더라면 꿈-내용에 담긴 이러한 의미에 도달하지 못했을 것이다. 도착하자마자 위험을 감지했던 그의 생각은 옳았다(실제로는 그가 이 소녀를 위험에 빠뜨렸다).

꿈-사고에서 〈축축함〉은 쉽게 설정 가능한 여러 가지 환상의 범주들을 포괄하는 접속점의 역할을 한다. 〈축축함〉은 잠자리를 적시는 일뿐만 아니라 꿈-내용 뒤에 억압된 상태로 남아 있는 생각인 성적인 유혹의 범주에 속한다. 성행위를 할 때 축축해지며, 이때 남자는 여자에게 물방울 모양의 액체를 내놓는다는 사실을 그녀는 알고 있다. 또한 그녀는 성기가 젖지 못하도록 해야 하는 자신의 임무가 위험에 처해 있다는 것을 알고 있다.

〈축축함〉과 〈방울〉은 동시에 또 다른 연상 범주인 구역질 나는 점막의 염증과 연결된다. 신체적으로 성숙한 다음에 생긴 점막의 염증은 잠자리를 적시곤 했던 어린 시절 때와 똑같은 창피함을 의미한다. 〈축축함〉은 여기에서 〈불결함〉과 동일한 의미를 지닌다. 청결을 유지해야 하는 성기가 점막의 염증 때문에 불결해진 것이다. 그녀의 상황은 엄마의 경우와 동일하다. 그녀는 엄마의 결벽증이 성기의 불결함에 대한 반작용이라고 이해한 듯하다.

위의 두 범주는 하나로 합쳐진다. 〈엄마는 성행위 때의 축축함과 불결한 대하증, 둘 다 아빠에게서 넘겨받았다.〉 엄마에 대한 질투는 여기에서 자신을 보호하기 위해 불러일으킨 아버지에 대한 유아기적 사랑과 불가분의 관계를 맺고 있다. 이 자료는 아직 표현 능력이 없다. 그러나 만약 〈축축함〉의 두 범주와 좋은 관계를 맺고 있으면서 불쾌감을 유발하지 않는 기억이 떠오르면 이것은 꿈-내용에 포함될 수 있다.

그러한 경우는 〈방울〉과 관련된 일에서 찾아볼 수 있다. 엄마에게 〈방울〉은 보석을 의미한다. 이러한 연상을 성행위 때의 축축함과 불결함 등의 두 범주와 연결시키려는 시도는 피상적인 듯한 인상을 준다. 왜냐하면 〈방울〉은 애매모호한 단어인 〈교체〉로, 〈보석〉은 〈불결함〉의 반대 개념인 〈깨끗함〉으로 사용되기 때문이다. 실제로는 이것들이 내용상으로 가장 확고하게 연결되어 있다는 증명이 가능하다. 그 기억은 유아기 이래로 계속된 엄마에 대한 질투의 자료에서 유래한다. 두 단어의 중계를 통하여 부모간의 성적 접촉, 대하증의 발병, 가족을 들볶는 엄마의 결벽증 등에 관련된 모든 의미가 〈보석 방울〉을 연상함으로써 떠오를 수 있다.

하지만 꿈-내용에 또 다른 전이가 생겨난다. 원래의 〈축축함〉에 의미적으로 더 가까운 〈방울〉 대신에 〈보석〉이 꿈에 수용된다. 아마도 이 요소는 이전에 고착된 꿈의 상황, 즉 엄마가 보석을 구해 내려고 한 상황에 삽입되었을 가능성이 크다. 새로운 의미에서의 〈보석 상자〉는 K 씨에 의한 유혹의 범주에서 나온 요소들의 영향을 받는다. 그녀에게 K 씨는 보석이 아니라 〈상자〉를 선물했다. 모든 영예와 연정을 대변하는 이 선물을 그녀는 지금 고마워해야 할 것이다. 합성어인 〈보석 상자〉는 특별한 의미를 나타낸다. 〈보석 상자〉는 손상을 입지 않은 여성의 성기를 나타내는 데 적당한 표상은 아닐까? 또한 꿈에서 성에 관련된 생각을 암시하거나 은폐하기 위해 고안해 낸 천연덕스러운 말은 아닐까?

이것은 꿈-내용 중 〈엄마의 보석 상자〉가 등장하는 두 부분에서 확인할 수 있다. 이 요소는 한편으로 유아기적 질투, 성행위 시의 축축함을 상징하는 액체 방울, 대하증으로 인한 불결함 등과 다른 한편으로 상대방의 구애를 받아들이려는 욕구에서 비롯되어 눈앞에 아른거리는 ─ 열망하는 동시에 위험스러운 ─ 성적인 상황을 생생하게 묘사하는 유혹의 생각을 함축한다. 〈보석 상자〉는 서로 대립적인 흐름들이 심화와 전이를 겪고 타협을 이루는 요소이다. 꿈-내용에 두 번 등장한 이 요소는 다층적 ─ 유아기와 현재의 ─ 근원을 특징으로 한다.

꿈은 자극을 일으키는 생생한 체험에 대한 반응이다. 이 체험은 그 이전에 겪은 가장 유사한 체험의 기억을 일깨워 준다. 상점에서 입맞춤을 당했을 때 나타난 구역질이 이에 해당한다. 그러나 이 사건은 또 다른 생각의 범주들인 점막의 염증이나 유혹과도 연관된다. 따라서 이것은 과거에 형성된 상황에 맞추어야 하는 꿈-내용에 독자적으로 한몫을 거든다. 불이 일어나고…… 키스를 할 때 담배 연기 냄새가 났다. 그녀가 꿈에서 맡은 연기 냄새는 잠에서 깨어나서도 계속된다.

이 꿈을 분석하면서 나는 유감스럽게도 주의를 게을리하는 바람에 빈틈을 남겼다. 아버지가 입에 올린 말은 〈내 두 아이가 (꿈-사고에서 알 수 있듯이 자위행위의 결과로) 비참하게 되지 말아야 할 텐데〉였다. 이와 같은 꿈에서의 말은 일반적으로 실제로 했거나 들었던 말의 파편들이 합쳐진 것이다. 나는 이 말이 실제로 어디에서 유래했는지에 대해 물어보았어야만 했는데 그러지 못했다. 추가적인 이 질문에 대한 답을 구했다면 꿈의 구조가 더 복잡하게 나타났겠지만, 또한 더 알기 쉽게 이해될 수 있었을 것이다.

L에서 꾼 꿈이 치료 도중에 반복된 꿈과 똑같은 내용으로 이루어져 있다고 생각해야 하는 것일까? 반드시 그럴 필요는 없는 것 같다. 경험적으로 볼 때 똑같은 꿈을 꾸었다고 주장하는 경우에도 반복된 꿈의 개별 현상들은 수많은 세부 사항과 그 밖의 변화들로 인하여 차이가 난다. 내 여자 환자들 중 한 명이 이야기한 바에 따르면, 그녀는 푸른 바다에서 수영하는 꿈을 매번 똑같은 방식으로 반복했다. 이 꿈들을 자세히 검토해 본 결과, 공통된 토대 위의 세부 사항이 다르게 나타나는 현상을 확인할 수 있었다. 어떤 꿈에서 그녀는 기온이 영하로 떨어진 바다 한가운데에 솟아오른 빙산들 사이에서 수영했다. 그녀가 더 이상 똑같다고 주장하지 못하는 또 다른 꿈들은 계속 반복된 이 꿈과 내적으로 연결되어 있음을 보여 주었다. 예를 들어 그녀는 사진에서처럼 실물과 똑같은 헬골란트Helgoland의 고지대와 저지대를 동시에 바라보고, 바다 위에서는 젊은 시절의 친구들이 타고 있는 배를 발견한다.

치료 도중에 나타난 도라의 꿈은 ─ 아마도 외연적 내용을 바꾸지 않고서도 ─ 새로운 현재적 의미를 획득했음이 분명하다. 그 꿈은 나의 치료와 관련된 사항을 꿈-사고에 포함시켰고, 위험에서 빠져나오려고 했던 당시의 결심을 부활시켰다. 꿈에서 깨어난 뒤 연기 냄새가 나는 것을 벌써 L에서 느꼈다는 그녀의 주장이 기억의 착각에서 비롯되지 않았다면, 그녀는 〈연기가 나는 곳에는 화재도 있게 마련이다〉라는 나의 말을 교묘하게 이용하여 꿈을 완성시켰다고 할 수 있다. 이때 나의 말은 마지막 요소를 결정하는 데 사용된 것처럼 보인다. 마지막 동기, 즉 어머니가 식당 문을 잠그는 바람에 오빠가 침실에 갇히는 상황이 L에서 K 씨가 그녀를 쫓아다니던 상황에 접목된 것은 부정할 수 없는 우연이었다. 여기서 그녀는 침실 문을 잠글 수 없는 상황을 알아차린 후 그곳을 떠나려는 결심을 굳혔다. 아마도 오빠는 당시의 꿈들에 나타나지 않았던 까닭에 〈내 두 아이〉라는 말은 마지막 동기가 형성된 이후에 비로소 꿈-내용에 도달했을 것이다.

두 번째 꿈

첫 번째 꿈을 꾼 지 몇 주 되지 않아 두 번째 꿈이 나타났다. 이 꿈의 해결과 함께 분석은 중단되었다. 두 번째 꿈은 첫 번째 꿈만큼 명료하지는 않았지만 환자의 정신 상태에 관해 불가피하게 제기했던 가정을 바라던 대로 증명해 주었다. 아울러 기억의 틈새를 메워 주었으며 환자의 또 다른 증상의 발생에 대해 깊이 성찰할 수 있는 기회를 제공했다.

도라는 다음과 같이 이야기했다.

「어떤 미지의 도시에서 산책을 하면서 낯선 광장이며 거리들을 구경해요.[1] 그러고 나서 내가 머무는 집으로 가요. 나는 내 방으로 올라가 어머니의 편지를 발견해요. 어머니의 편지에는 내가 부모님에게 알리지 않고 집을 떠났기 때문에 아버지가 아프다는 사실을 전하지 않았다고 씌어 있었어요. 또 아버지가 지금 돌아가셨으며, 만일 〈원한다면[2] 와도 좋다〉고 했어요. 나는 이제 기차역으로 가요. 가는 도중에 〈기차역은 어디 있습니까?〉라는 질문을 백 번도 더 하지만 매번 〈5분〉이라는 똑같은 대답을 들어요. 내

---

1 이 부분에 〈이 광장들 중 어느 한 곳에서 나는 어떤 기념물을 본다〉라는 중요한 말이 추가된다 — 원주.
2 추가될 사항으로 〈원한다면〉이라는 말에 의문 부호가 붙는다 — 원주.

앞에 무성한 숲이 보여요. 숲으로 들어간 나는 어떤 남자를 만나요. 그는 나에게 아직도 두 시간 반이 남았다고 말해요.[3] 그는 나와 함께 가겠다는 제의를 해요. 나는 그 제의를 거절하고 혼자 가요. 이제 기차역이 보이기는 하지만, 거기에 다다를 수가 없어요. 그때 꿈에서 더 이상 나아갈 수 없을 때 일반적으로 생기는 불안감이 엄습해요. 그다음에 나는 집에 와 있어요. 기차를 타고 온 것이 분명하지만, 그것에 대해서는 전혀 모르겠어요. 수위에게 다가가서 우리 집이 어딘지 물어보아요. 하녀가 문을 열고 대답하기를 어머니와 다른 가족들은 벌써 묘지로 떠났다는 거예요.」[4] 이 꿈-해석은 쉽지 않았다. 내용에 담긴 독특한 상황들로 인하여 모든 것이 해명되지 못한 상태에서 분석 작업을 중단했다. 이것은 나의 기억이 추론의 순서를 쫓아갈 수 있을 만큼 어디서나 분명하지 못했다는 점과 관련이 있다. 두 번째 꿈을 대상으로 할 때 앞으로의 분석이 어떤 주제를 다룰 것인가에 대해 미리 말하고자 한다. 얼마 전부터 도라는 그녀의 행위와 추측 가능한 동기의 관련성에 대해 스스로에게 질문을 던졌다. 〈나는 어째서 호숫가의 사건 이후 며칠 동안 그것에 대해 침묵했을까?〉 혹은 〈나는 왜 갑자기 부모에게 그 사건에 대해 이야기했을까?〉 등이 이에 해당한다. 나는 그녀가 K 씨의 청혼을 모욕으로 느꼈다는 사실 자체가 설명을 필요로 한다고 생각했다. 더욱이 도라에 대한 청혼이 K 씨에게도 무분별한 유혹을 의미하지 않았다는 점을 나는 깨닫기 시작했다. 그녀가 사건을 부모에게 알렸다는 것을 나는 이미 병적인 복수심에 영향을 받은 행위로 해석했다. 정상적인 소녀라면

---

3 두 번째로 그녀는 〈두 시간〉이라는 말을 반복했다 — 원주.

4 다음 면담 시간에 두 가지 사항이 추가되었다. 〈내가 계단을 올라가는 모습이 아주 뚜렷하게 보여요. / 그녀의 대답을 듣고 나서 내 방으로 가는데 전혀 슬프지가 않아요. 방에서 나는 책상 위에 놓여 있는 커다란 책을 펴서 읽어요〉 — 원주.

이 일을 혼자서 해결할 것이라는 생각이 들었다.

　이 꿈의 분석을 위해 마련된 자료는 내가 시도한 재생 작업의 한계로 인하여 상당히 혼란스러워졌지만 있는 그대로 제시하고자 한다.

〈그녀는 혼자서 낯선 도시를 헤매면서 광장이며 거리들을 구경한다.〉 그녀는 그 도시가 내가 처음에 추측했던 B가 아니라 한 번도 가본 적이 없는 도시였다고 확신했다. 그림이나 사진에서 본 모습이 꿈에 나타날 수 있다고 그녀에게 암시를 주었다. 이러한 설명을 들은 다음에 광장의 기념비가 추가로 언급되었으며, 그 유래가 곧 밝혀졌다. 그녀는 성탄절[5] 선물로 독일 휴양 도시의 광경을 담은 앨범을 받았고, 바로 어제 방문한 친척에게 보여 주기 위해서 앨범을 찾았던 것이다. 그 앨범이 담긴 상자를 금방 찾지 못한 그녀는 어머니에게 〈상자가 어디 있어요?〉[6]라고 물었다. 앨범에는 기념비가 있는 광장이 그려진 그림도 들어 있었다. 앨범을 준 사람은 젊은 기술자로 언젠가 공장이 위치한 도시에서 잠시 사귀었던 사람이다. 그 젊은 남자는 하루빨리 독립하기 위하여 독일에서 일자리를 구했고, 모든 기회를 이용하여 자신을 기억시키려고 애썼다. 그의 위치가 더 좋아지면 청혼을 하기 위해 도라 앞에 나타나려고 한다는 점을 쉽게 짐작할 수 있었다. 하지만 아직 시간이 필요했고, 그것은 기다림을 의미했다.

　낯선 도시에서의 방황은 지나친 결정이었다. 그것은 하루 일정들의 일부였다. 휴일에 방문한 젊은 사촌에게 그녀는 빈을 구경

　5　이 꿈을 꾼 것은 성탄절이 며칠 지난 뒤였다.
　6　꿈에서 그녀는 〈기차역은 어디에 있습니까?〉라고 물었다. 이러한 접근을 통해 얻은 결론은 나중에 자세히 설명하고자 한다 — 원주.

시켜 주어야 했다. 하지만 이 일정은 너무 무미건조했다. 사촌은 그녀에게 드레스덴을 처음으로 방문하여 잠시 머물렀던 기억을 되살려 주었다. 당시에 그녀는 이방인으로서 이리저리 돌아다녔으며, 유명한 화랑을 방문하는 일도 물론 빠뜨리지 않았다. 그들과 동행했던 또 다른 사촌이 드레스덴을 잘 안다면서 화랑을 안내하려고 했다. 그러나 그녀는 이를 거절하고 혼자 돌아다니며 마음에 드는 그림들을 감상했다. 두 사람이 동시에 서로의 성기를 입으로 빠는 성교를 하는 그림 앞에서 그녀는 두 시간 동안이나 꿈꾸는 듯한 감동에 휩싸여 조용히 서 있었다. 그 그림의 어디가 마음에 들었느냐는 질문에 그녀는 명확하게 대답하지 못하다가 마침내 〈마돈나〉라고 말했다.

이러한 착상들이 실제로 꿈을 이루는 재료라는 점은 분명하다. 이 착상들은 꿈-내용에서 변화되지 않고 재발견되는 구성 요소들을 내포하고 있다(그녀는 그것을 거절하고 혼자서 갔다 — 두 시간 동안). 〈그림〉이 꿈-사고들을 연결시키는 고리 역할을 한다는 것을 나는 이미 알아차렸다(앨범에서의 그림 — 드레스덴에서의 그림). 성처녀인 마돈나도 계속해서 탐구해 보고 싶은 주제이다. 그러나 무엇보다도 눈에 띄는 것은 그녀가 꿈의 전반부에서 자신을 젊은 남자와 동일시하고 있다는 점이다. 그는 낯선 곳에서 방황하며 어떤 목표에 도달하기 위해 노력한다. 하지만 시간이 지연되고, 그는 인내심을 갖고 기다려야 한다. 이때 그녀가 젊은 기술자를 생각했다면 여자, 즉 자기 자신의 소유가 목표임에 분명하다. 그 대신에 꿈에서는 기차역이 등장했다. 꿈에서의 질문과 실제적으로 행해졌던 질문 사이의 관계를 바탕으로 기차역을 그림이 담긴 상자Schachtel[7]로 대체할 수 있다. 상자와 여자,

7 독일어의 Schachtel은 보통 상자를 의미하며 도라의 질문에서도 그 의미로 쓰

이 두 가지는 이미 서로 잘 어울린다.

〈그녀는 질문을 백 번도 넘게 한다…….〉 이것은 감정이 섞인 꿈의 또 다른 계기로 연결된다. 어제 저녁 모임이 끝난 후 아버지는 그녀에게 코냑을 가져다줄 것을 부탁했다. 그는 코냑을 마셔야만 잠이 들 수 있다고 말했다. 그녀는 어머니에게 찬장 열쇠를 달라고 했다. 그러나 어머니는 한창 대화에 정신이 팔려 있어서 대답을 하지 못했다. 그녀는 더 이상 참지 못하고 다음과 같이 과장해서 말했다. 〈열쇠가 어디 있는지 백 번은 물었을 거예요.〉 실제로 그녀는 질문을 다섯 번 정도밖에 되풀이하지 않았다.[8]

〈열쇠가 어디 있어요?〉는 남성이 제기한 질문인 〈상자가 어디 있어요?〉의 반대인 것처럼 보인다(첫 번째 꿈 참조). 즉 이것들은 성기에 대한 질문이다.

친척들이 참석한 어제의 모임에서 누군가가 아버지를 위해 건배를 들며 건강하게 오래 사시기를 바란다고 말했다. 그때 아버지의 피곤한 얼굴에 경련이 스치고 지나갔다. 그녀는 아버지가 어떤 생각을 억누르고 있는지 이해했다. 병든 불쌍한 아버지! 얼마나 더 살게 될지 누가 알겠는가!

꿈에서의 편지 내용은 위의 사실과 관련되어 있다. 그녀가 독단적으로 집을 떠나 있던 동안 아버지가 돌아가셨다. 나는 꿈에서의 편지와 관련하여 즉시 그녀가 부모에게 작별을 고하는 편지를 쓴 사실을 상기시켰다. 그 편지는 아버지를 공포에 몰아넣어

이고 있다. 그러나 이 말은 한편으로 여성을 폄하여 지칭하는 말이기도 하다.

8 꿈-내용에서 시간을 나타내는 다섯이라는 숫자가 나온다(5분).『꿈의 해석』에서 나는 꿈-사고에 나타나는 숫자가 어떻게 다루어지는가에 관한 예들을 제시한 바 있다. 이 숫자들은 원래의 의미에서 벗어나 새로운 맥락을 형성하는 경우가 많다 — 원주.『꿈의 해석』여섯 번째 장의 〈사례들 — 꿈에 나타나는 계산과 대화〉를 참조하라.

K 씨 부인에게서 등을 돌리게 만들거나, 혹은 아버지의 마음을 움직일 수 없는 경우에 최소한 그에게 복수하려는 목적을 지니고 있었다. 그녀의 죽음이라는 주제와 그녀 아버지의 죽음(꿈에서는 나중에 묘지로 나타난다) 사이의 연관 관계를 살펴보자. 꿈의 외양을 이루는 상황이 아버지에 대한 복수를 나타내는 공상이라고 가정한다면 잘못된 것일까? 그 전날의 아버지에 대한 연민은 이러한 가정과 잘 들어맞는다. 그러나 그 공상에 따르면 그녀는 집을 떠나 낯선 곳으로 가고, 아버지는 걱정과 그리움으로 가슴이 찢어질 듯이 괴로운 심정이 된다. 그러면 복수가 이루어지는 것이다. 요즘 코냑 없이는 잠을 잘 수 없는 아버지가 무엇을 아쉬워하고 있는지 그녀는 잘 알고 있었다.[9]

복수심을 나중에 살펴볼 꿈-사고의 전체적 내용에 중요한 새로운 요소로서 인식하고자 한다.

편지 내용은 또 다른 결정을 담고 있었다. 〈네가 원한다면?〉이라는 부문장은 어디에서 유래했을까?

이때 그녀는 〈원한다〉라는 낱말 뒤에 의문 부호가 달려 있었다고 추가로 말했던 기억이 떠올랐다. 그녀는 또한 이 표현이 (호숫가의) L로 초대하기 위해 보낸 K 씨 부인의 편지에서 인용한 것임을 깨달았다. 그 편지에서 〈네가 오기를 원한다면?〉이라는 말에는 문장 구조상 독특하게 의문 부호가 달려 있었다.

결국 호숫가에서의 사건 및 그것과 결부된 수수께끼로 다시 돌아가게 된다. 나는 그때의 일을 한 번 더 자세하게 이야기해 달라

---

9 성적 만족은 의심의 여지 없이 수면을 위한 최고의 수단이다. 반면에 불면은 대부분 성적 불만족에 따르는 결과이다. 아버지가 잠들지 못했던 이유는 사랑하는 여인과 성관계를 맺지 못했기 때문이다. 이에 대해서는 다음 말을 참조하라. 〈아내에게는 별로 관심이 없습니다〉 — 원주. K 씨가 도라에게 구혼했다는 이야기에 대한 도라 아버지의 견해를 참조하라.

고 부탁했다. 그녀의 이야기에는 새로운 내용이 없었다. K 씨가 비교적 진지하게 서두를 꺼냈다. 하지만 그녀는 그가 말을 다 하도록 내버려 두지 않았다. 문제의 핵심을 이해하자마자 그녀는 그의 얼굴을 후려치고 서둘러 도망쳤다. 나는 그가 어떤 단어를 사용했는지 알고자 했다. 그녀는 다만 그가 청혼의 근거로 제시한 말만을 기억하고 있었다. 〈당신도 아시다시피 나는 아내에게 별로 관심이 없습니다.〉[10]

그녀는 K 씨와의 만남을 피하기 위해서 〈호수를 돌아 L까지 걸어가려고 했으며, 우연히 만난 어떤 남자에게 그곳까지 가려면 얼마나 걸리는지 물어보았다. 두 시간 반〉이라는 대답에 그녀는 걸어가려던 계획을 포기하고 곧 출발하는 배를 탔다. K 씨 역시 그 배에 타고 있었다. 그는 그녀에게 다가와 자신을 용서해 줄 것과, 그 사건에 대해서 누구에게도 이야기하지 말 것을 간청했다. 하지만 그녀는 아무런 대답도 하지 않았다. 꿈에서의 숲은 방금 새롭게 이야기한 장면이 연출되었던 호숫가의 숲과 매우 유사하다. 그러나 그녀는 그 무성한 숲을 어제 분리파가 개최한 전시회의 어떤 그림에서 보았다. 그림의 배경에는 님프들이 있었다.[11]

내가 품었던 하나의 의혹이 이제 분명한 사실로 드러났다. 여성의 성기를 대체하는 〈기차역Bahnhof〉[12]과 〈묘지Friedhof〉가 쉽

10 이 말은 수수께끼를 푸는 열쇠가 될 것이다 — 원주.

11 여기에서 세 번째로 등장한 그림(도시의 풍경화, 드레스덴의 화랑)은 중요한 어떤 것과 연결된다. 즉 그림은 여성상(숲, 님프)을 보여 준다 — 원주. 여기서 〈여자〉로 번역된 독일어 Weib는 본래 여성을 폄하하여 지칭하는 말이다. 그리고 Nymphen은 영어나 우리말에서도 〈님프〉로 불리며, 본래 그리스 신화에서 강, 샘, 수목, 들, 언덕 등에서 사는 여성 정령들을 총칭하는 말이다. 그 밖에도 〈예쁜 소녀〉, 〈애벌레〉 등을 뜻하기도 한다.

12 〈기차역〉은 〈교통Verkehr〉을 염두에 둔 말이다. 독일어의 Verkehr는 〈교통〉, 〈교류〉뿐만 아니라 〈성교〉를 뜻하기도 한다. 이것은 곧 기차에 대한 두려움으로 나타나는 심리적 변장이다 — 원주.

게 눈에 띄었다. 하지만 나는 여성 성기의 특정한 부위를 가리키는 해부학 용어인 〈Vorhof〉를 예의 주시했다. 그러나 그것은 기발하기는 했지만 오류의 가능성이 있었다. 〈무성한 숲〉의 배경에 있는 〈님프〉들을 고려하면 모든 것이 자명해졌다. 그것은 상징적인 섹스의 지리학이었다! 님프는 음모로 이루어진 〈무성한 숲〉의 배경에 있는 작은 음순을 가리키는 말이다. 이 명칭은 문외한들은 모를 것이고 의사도 자주 사용하지 않는다. 〈Vorhof〉와 〈님프〉 같은 전문적인 명칭을 사용하는 사람은 책에서 그 정보를 얻었음이 분명했다. 그 책은 일반 교과서가 아니라 해부학 교과서이거나, 혹은 성적 호기심이 강한 젊은이들이 보통 찾게 되는 백과사전이었을 것이다. 이 해석이 맞다면 꿈의 첫 번째 상황 이면에는 남자가 여성의 성기 안으로 뚫고 들어가려고 애쓰는 것과 같은 일종의 처녀막 파괴 공상이 은폐되어 있었다.[13]

나는 그녀에게 나의 결론을 말해 주었다. 그것이 그녀에게 깊은 인상을 주었음에 틀림없었다. 왜냐하면 그녀가 잊고 있었던 꿈의 일부가 곧바로 생각났기 때문이었다. 〈그녀는 조용히[14] 자기

13 처녀성의 상실에 대한 공상은 이 상황의 두 번째 구성 요소이다. 앞으로 나아가려고 할 때 직면하는 어려움과 꿈에서 느낀 두려움은 기꺼이 강조되었던 처녀성을 가리킨다. 이 처녀성은 다른 곳에서 서로 상대의 성기를 빠는 성교를 하는 그림을 통해 암시된 바 있다. 이러한 성적인 사고들은 아마도 독일에서 기다리고 있는 구애자와 관련된 은밀한 소망에 대한 무의식적인 밑바탕을 이룬다. 동일한 꿈 상황의 첫 번째 구성 요소는 이미 살펴보았듯이 복수의 공상이다. 이 두 개의 구성 요소는 서로 완전히 일치하지 않고 부분적인 공통성을 지니고 있을 뿐이다. 이것들보다 더 중요한 세 번째 사고는 나중에 다룰 것이다 — 원주.

14 그녀가 〈조용히〉라는 말 대신에 〈전혀 슬프지 않게〉라는 말을 한 적이 있다. 나는 이 꿈을 『꿈의 해석』에서 제기한 내 주장의 정당성을 입증하는 새로운 증거로 이용할 수 있다. 즉 처음에는 잊어버렸다가 나중에 다시 기억하게 되는 단편적인 조각들은 꿈을 이해할 때 가장 중요한 요소들이다. 그 책에서 나는 꿈 - 망각Traumvergessen 역시 심리 내적 저항이라는 설명을 필요로 한다는 결론을 내렸다 — 원주. 이 각주의 첫 번째 문장은 1924년에 추가된 것이다.

방으로 올라가서 책상 위에 놓여 있는 커다란 책을 펴놓고 읽는
다.〉 여기서 역점을 두어야 할 두 가지 사항은 〈조용히〉와 〈커다
란 책〉이다. 그 책이 사전류였느냐는 나의 질문에 그녀는 그렇다
고 대답했다. 아이들은 자신들에게 금지된 내용이 담긴 사전을
조용하게 들춰보지 못한다. 그들은 두려워 몸을 떨면서 누가 올
까 봐 전전긍긍하며 주위를 돌아다본다. 그런 식의 독서에 부모
들이 걸림돌로 작용한다. 그러나 꿈이 지닌 소원 성취의 힘이 불
편한 상황을 근본적으로 호전시켰다. 아버지는 돌아가셨고 다른
가족들은 이미 묘지로 떠났다. 그녀는 자신이 좋아하는 것을 조
용히 읽을 수 있었다. 이것은 부모의 속박에 대한 반항도 복수의
이유에 속한다는 의미가 아닐까? 아버지가 돌아가셨다면 그녀는
자신이 원하는 대로 책을 읽거나 사랑할 수 있었다. 처음에 그녀
는 백과사전을 읽었다는 사실을 기억해 내려고 하지 않다가 나중
에서야 그것에 관한 기억이 떠올랐음을 고백했다. 물론 그 내용
은 무해하다고 강조했다. 평소 좋아하던 숙모가 중병에 걸렸다는
소식을 들은 그녀가 빈으로 찾아가 보려고 마음먹었을 때 다른
삼촌에게서 편지가 왔다. 그 내용은 아이, 즉 도라의 사촌이 맹장
염에 걸려 위험한 지경에 있기 때문에 가족 모두 빈으로 올 수 없
다는 것이었다. 그때 그녀는 맹장염의 증상을 알아보기 위해 사
전을 뒤적였다. 육체에 국지적으로 나타나는 통증에 관한 사전
내용을 그녀는 아직도 기억하고 있었다.

숙모가 죽은 지 얼마 되지 않아 자기 자신이 빈에서 맹장염에
걸렸다는 그녀의 주장이 기억났다. 지금까지 나는 이 병이 히스
테리의 결과라고는 믿지 않았다. 그녀는 발병 초기에 고열에 시
달렸으며, 사전에서 읽었던 것과 같은 하체의 통증을 느꼈다고
이야기했다. 그 통증은 얼음 찜질에도 불구하고 견뎌 내기 힘들

었다. 고통이 심하던 둘째 날에는 히스테리 증상이 나타난 이후로 매우 불규칙하던 월경이 시작되었다. 당시에 그녀는 만성적인 변비로 고생하고 있었다.

이러한 상태를 전적으로 히스테리 증상이라고 설명하기에는 무리였다. 환자의 증세가 의심할 나위 없이 히스테리성 고열을 연상시킨다고 할지라도 애초부터 의문의 여지가 많은 이 질병에서 생긴 열을 당시에 영향을 끼친 생리적 원인 대신 히스테리에 관련시키려는 시도는 너무 자의적인 것처럼 보였다. 내가 히스테리의 흔적을 찾으려는 노력을 다시 포기하려고 했을 때 그녀 스스로 다음과 같은 내용을 꿈에 추가함으로써 나를 계속 도와주었다. 〈그녀는 자신이 계단을 올라가는 모습을 아주 뚜렷하게 본다.〉

이와 관련하여 물론 나는 내용을 결정짓는 특별한 의도를 밝히라고 요구했다. 그녀는 위층에 위치한 자기 집으로 가려면 계단을 올라가야 한다는 식으로 대수롭지 않게 여겼다. 그러나 꿈에서 그녀가 낯선 도시에서 빈으로 갈 때 기차를 이용했다면 그 경우에도 계단을 올라가게 된다는 설명으로 나는 그녀의 주장을 가볍게 물리칠 수 있었다. 그러자 그녀는 계속해서 이야기했다. 맹장염을 앓고 난 뒤에 그녀는 오른쪽 발의 절뚝거림 때문에 잘 걷지 못했다. 그 상태는 오래 지속되었다. 따라서 그녀는 특히 계단을 피하게 되었다. 그녀는 아직도 오른쪽 발을 가끔씩 절뚝거린다고 말했다. 아버지의 요구로 그녀를 상담했던 의사들은 이처럼 흔치 않은 맹장염의 후유증을 매우 이상하게 생각했다. 무엇보다도 절뚝거릴 때를 포함해서 육체적인 통증이 다시 나타나지 않았기 때문이었다.[15]

15 〈난소 종양〉이라고 불리는 복부의 통증과 이와 같은 쪽 다리에 나타난 보행 장애 사이에는 어떤 육체적 상관 관계가 성립한다고 가정할 수 있다. 이것은 도라의

정확히 말해서 그것은 히스테리 증세였다. 당시의 고열도 사실은 생리적으로 — 예를 들어 특별히 누구라고 할 것 없이 아무에게나 찾아오는 유행성 질병에 의해서 — 조건지어진 것이라고 가정하면, 신경증은 우연적 현상을 이용하여 스스로를 표현했음이 분명했다. 그녀는 사전에서 정보를 얻은 질병이 자기 자신에게 나타나도록 만듦으로써 금지된 독서에 대한 형벌을 가했다. 이 형벌은 별것 아닌 사전 항목에 적용되는 것이 아니라, 현재 기억이 은폐하고 있는 자극적인 항목이 그 이면에 결합된 뒤에 생겨났다.[16] 그녀가 당시에 어떤 주제의 글들을 읽었는지 밝혀 보기로 하자.

맹장염을 흉내 내려고 했던 것은 대체 어떤 의미였을까? 맹장염에는 전혀 어울리지 않는 발을 절뚝거리는 후유증은 이 질병의 은밀한 성적인 의미와 연결되어 있음이 거의 확실했다. 이것이 해명되면 맹장염의 흉내에 숨겨진 의미도 찾아낼 수 있었다. 나는 이 수수께끼에 접근하기 위한 방법을 모색했다. 꿈에서는 시간들이 구체적으로 나타났다. 시간은 실제로 모든 생물학적인 사건에서 중요한 역할을 한다. 나는 이 맹장염이 언제 생겼는지, 다시 말해서 호숫가에서의 사건 이전인지 혹은 이후인지에 관해 질문했다. 9개월 후라는 그녀의 대답은 모든 어려움을 단숨에 해소시켜 주었다. 9개월이라는 기간은 독특한 의미를 지니고 있다. 그녀가 주장하는 맹장염은 통증과 월경 시의 출혈을 이용하여 분만의 공상을 실현시켰던 것이다.[17]

경우 정신적 부담과 그것의 이용이라는 특수한 해석을 가능케 한다. 기침 증상 및 천식과 식욕 부진 사이의 관계를 분석할 때 이와 유사한 해설을 한 바 있다 — 원주.

16 겉으로 보기에 성적인 것과 아무 관계가 없는 계기들에서 증상들이 생겨나는 전형적인 예이다 — 원주.

17 대부분의 히스테리 증상들은 완전히 형성된 성생활에 대한 공상으로 이루어

그녀는 물론 9개월의 의미를 알고 있었고, 당시에 사전에서 임신과 출산에 관한 항목을 읽었던 사실을 부정할 수 없었다. 하지만 발을 절뚝거리는 현상은 무슨 의미였을까? 지금부터 그것을 추측해 보려고 한다. 사람들은 보통 발을 삐었을 때 절뚝거리게 된다. 그녀는 〈발을 헛디디는 과실〉을 범했고, 그 결과로 호숫가에서의 사건이 있은 지 9개월 후에 분만했다. 이와 관련하여 나는 또 다른 요구 사항을 제기했다. 이러한 증상은 — 나의 확신에 따르면 — 유아기의 모범을 전제로 한다. 나중에 받은 인상에 기초한 기억들은 스스로를 증상으로 발전시킬 만한 힘이 없다는 것이 지금까지의 경험에서 얻은 결론이다. 나는 그녀에게 분석에 필요한 어린 시절의 자료를 제공해 달라고 요구하지는 않았다. 왜냐하면 실제로 위에서 말한 나의 명제는 아직 일반화시킬 만한 단계에 있지 않기 때문이다. 그러나 나의 명제는 곧 증명되었다. 그녀는 어렸을 때 오른쪽 발을 삔 적이 있었으며, B에서 지낼 때는 계단에서 미끄러졌다. 나중에 절뚝거렸던 바로 그 발은 많이 부어올라 붕대를 감아야만 했다. 그녀는 몇 주 동안 침대에 조용히 누워 있었다. 여덟 살 되던 해 신경성 천식에 걸리기 얼마 전의 일이었다.

이제 이 공상을 입증하는 일만 남았다. 〈당신이 호숫가에서의 사건이 있은 지 9개월 후에 분만했고, 그 뒤 발을 헛디딘 결과로 오늘날까지 방황하고 있다면, 이것은 당신이 무의식에서 그 사건의 결말을 아쉬워하고 있다는 것을 증명합니다. 당신은 그 결말을 무의식적인 사고 속에서 수정했습니다. 분만 공상의 전제 조건으로 당시에 무슨 일인가가 일어났으며,[18] 당신은 그때 나중에

진 상황, 즉 성교의 모습, 임신, 분만, 산욕 등을 나타낸다는 사실은 앞에서 이미 암시한 바 있다 — 원주.

사전에서 찾아보았던 모든 일을 이미 겪었다는 점을 들 수 있습니다. K 씨에 대한 당신의 사랑은 그때의 사건과 함께 끝나지 않았으며, 추측컨대 오늘날까지도 — 물론 당신에겐 무의식적이지만 — 지속되고 있습니다.〉그녀는 이에 대해 더 이상 반박하지 않았다.[19]

이 두 번째 꿈에 대한 해명 작업에는 두 시간이 소요되었다. 두

18 처녀성 상실의 공상은 K 씨에게 적용된다. 따라서 왜 이 꿈-내용에 호숫가에서의 사건에서 유래한 자료들이 담겨 있는지 이해하게 된다(거부, 두 시간 반, 숲, L로의 초대) — 원주.

19 지금까지의 해석에 몇 가지 추가할 사항이 있다. 〈마돈나Madonna〉는 분명 그녀 자신을 나타낸다. 첫째, 그녀에게 그림을 보냈던 〈구애자〉때문이다. 둘째, K 씨 아이들에 대한 그녀의 모성애로 인하여 그녀가 K 씨의 사랑을 얻게 되었기 때문이다. 셋째, 처녀인 그녀가 이미 아이를 가졌기 때문이다. 이것은 분만 공상과 직접적으로 관련이 있다. 이 밖에도 〈마돈나〉는 처녀가 성적 죄책감으로 압박받을 때 애호하는 형상이며, 이것은 도라의 경우에도 해당된다. 정신 질환 클리닉의 의사로서 나는 새신랑의 비난에 대한 반응에서 생겨나 급속히 진행되는 환각성 혼미 상태를 처음으로 알게 되었다. 분석을 계속해 보면 아이를 갖고 싶은 모성애가 그녀의 행동에 숨겨진 강력한 동기라는 점을 발견할 수 있을 것이다. 최근에 그녀가 제기한 수많은 질문들은 사전에서 만족을 구했던 성적 지식욕에서 파생된 것처럼 보인다. 가정컨대 그녀는 임신, 분만, 처녀성 및 그와 유사한 테마들을 탐독했다. 두 번째 꿈의 상황과 관련하여 추가시킬 수 있는 질문들 중 하나를 그녀는 그 꿈을 재생하는 과정에서 망각했다. 그 질문은 〈아무개 씨가 여기에 삽니까?〉혹은 〈아무개 씨는 어디에 살고 있습니까?〉라는 형태로 나타날 수 있었다. 해로울 것 없어 보이는 이 질문을 꿈속에 일단 받아들인 상황에서 잊었다는 점에는 분명히 그럴 만한 이유가 있었다. 나는 그 원인을 가족 성(姓)에서 찾았다. 이 성은 동시에 대상적 의미를 지녔으며, 더욱이 여러 가지로 해석할 수 있는 〈이중적 의미의〉단어와 동등한 위치에 있다. 그것이 〈이중적인 것〉과 〈점잖지 못한 것〉을 나타내기 위해 얼마나 교묘하게 사용되었는지를 보여 주기 위해 그 성을 제시하면 좋겠지만, 유감스럽게도 그렇게 할 수가 없다. 숙모의 죽음에 대한 기억에서 비롯된 꿈의 자료인 〈그들은 벌써 공동묘지로 떠났어요〉라는 문장에서 마찬가지로 숙모의 이름에 대한 암시를 찾아낼 경우 나의 해석은 지지를 받게 된다. 이러한 점잖치 못한 단어들은 어쩌면 제2의 말의 원천에서 나온 것인지도 모른다. 그녀는 사전만으로는 충분히 의사를 표현할 수 없었기 때문이다. 남을 비방하는 습관을 지닌 K 씨 부인이 바로 그 진원지라는 사실을 알게 되더라도 나는 놀라지 않았을 것이다. 그 상황에서 도라는 다른 사람들에 대해서는 거의 원한에 사무친 듯한 복수심을 보였던 것과는 달리, 아마 고결한 태도로 그녀를 해치는 말은 하지 않았을 것이다. 거의 헤아릴 수 없이 많은 일련의 전이 현상의 이면에는 K 씨 부인에 대한 동성애적 사랑이 깊이 뿌리박혀 있음을 쉽게 추측할 수 있다 — 원주.

번째 상담을 끝낸 후 그동안의 성과에 대해 만족감을 표시했을 때, 그녀는 대수롭지 않다는 듯이 〈이제까지 알아낸 것이 도대체 얼마나 되나요?〉라고 대꾸했다. 이를 통해 그녀는 나로 하여금 비밀에 다가가는 작업을 계속하도록 유도했다.

세 번째 상담에서 그녀는 〈의사 선생님, 오늘이 마지막이라는 사실을 아시나요?〉라는 말로 서두를 꺼냈다.

「알 수가 없지요, 그것에 대해 아무 말도 하지 않았으니까요.」

「그래요, 정월 초하루까지만[20] 버티겠다고 생각했어요. 이보다 더 오래 걸린다면 치료에 기대를 걸고 싶지 않아요.」

「아시겠지만, 언제든지 그만둘 수 있습니다. 하지만 그래도 오늘은 작업을 해야겠지요. 언제 그런 결심을 했습니까?」

「14일 전이라고 믿어요.」

「그 말은 마치 하녀나 가정 교사가 일을 그만두기 14일 전에 통보하는 것처럼 들립니다.」

「일을 그만둔 가정 교사가 있었어요. 호숫가의 L에 있는 K 씨 집을 방문했을 때의 일이지요.」

「그래요? 당신은 그 여자에 대해서는 아직 한 번도 말한 적이 없습니다. 그녀에 관한 이야기를 해주기 바랍니다.」

「아이들의 입주 가정 교사로서 젊은 처녀였던 그녀는 그 집 남자 주인에게 매우 이상한 태도를 보였어요. 인사는커녕 질문에 대답도 하지 않았어요. 그가 식탁에서 무엇인가를 청해도 그녀는 모른 척했어요. 한마디로 그를 마치 허깨비 대하듯 했지요. 호숫가에서의 사건이 벌어지기 하루인가 이틀 전에 그녀는 할 말이 있다면서 나를 구석으로 데려갔어요. 부인이 몇 주간 집을 비운 시기에 K 씨가 그녀에게 접근해서 구애를 하고 호의적으로 대해

20   그날이 12월 31일이었다.

308

달라고 사정을 했다는 것이었어요. 아내에게는 별로 관심이 없다는 등등의 말을 했대요.」

「그것은 그가 다음에 당신에게 구애할 때 했던 말과 똑같군요. 그 말에 당신은 그의 얼굴을 때렸지요.」

「맞아요. 그녀는 그의 유혹에 굴복했어요. 그러나 얼마 지나지 않아서 그는 그녀에게 전혀 신경을 쓰지 않았어요. 그때부터 그녀는 그를 미워했지요.」

「그리고 그 가정 교사가 일을 그만두었습니까?」

「아니요, 그녀는 일을 그만두려고 했어요. 그녀는 버림받은 느낌이 들자마자 곧바로 그 사건을 자기 부모에게 알렸대요. 그녀의 부모님은 점잖은 분들이고 독일 어딘가에 살고 있다고 했어요. 부모님은 딸에게 그 집을 즉각 떠나라고 요구했어요. 그리고 나서도 그녀가 실행에 옮기지 않자, 부모님은 편지를 보내서 그녀에 대해서는 이제 더 이상 아무것도 알고 싶지 않으니 집으로 돌아올 생각도 하지 말라고 했어요.」

「그런데 그녀가 왜 떠나지 않았습니까?」

「K 씨에게 어떤 변화가 있을지 얼마간 더 기다려 보려고 했대요. 그런 식의 삶을 그녀는 견딜 수가 없었어요. 아무런 변화도 발견하지 못하면 일을 그만두고 떠나겠다고 했어요.」

「그럼 그 처녀는 그 뒤 어떻게 되었습니까?」

「그녀가 떠났다는 사실만을 알고 있을 뿐이에요.」

「그 연애 사건으로 인하여 아이가 생기지는 않았습니까?」

「아니요.」

분석 작업 도중에 사실적 자료의 일부가 드러났으며, 이것은 이전에 제기되었던 문제들의 해결에 도움이 되었다. 나는 도라에게 다음과 같이 말할 수 있었다.

「이제 당신이 구애에 대한 대답으로 그의 얼굴을 때린 동기를 알 수 있습니다. 부당한 요구에 대한 모욕이 아니라 질투에 의한 복수가 그 동기였습니다. 그 처녀가 자신에 관한 이야기를 했을 때 당신은 불쾌한 감정을 눈치껏 억누를 수 있었습니다. 그러나 K 씨가 그 처녀의 경우와 똑같이 당신에게도 자기 아내에게는 별로 관심이 없다고 말하는 순간, 당신의 내부에 새로운 흥분이 일어나면서 균형이 깨져 버렸습니다. 당신은 〈감히 나를 고용살이하는 가정 교사처럼 취급하려고 하다니〉라는 생각이 들었습니다. 자존심에 대한 모욕은 질투로, 그다음에는 의식적으로 심사숙고한 동기들로 발전했습니다. 그것은 결국 너무 지나쳤습니다.[21] 그 처녀의 이야기에서 받은 충격이 얼마나 컸던가에 대한 증거로 꿈과 스스로의 태도에서 당신이 자신을 계속 그녀와 동일시한 점을 들 수 있습니다. 그 처녀가 자기 부모에게 편지를 보냈듯이 당신도 당신 부모에게 말했다는 것을 우리는 이제까지 이해하지 못했습니다. 또한 마치 가정 교사처럼 당신은 내게 14일의 여유를 두고 일을 그만두겠다고 합니다. 꿈에서 집으로 돌아와도 좋다는 편지는 그것을 금했던 그 처녀 부모의 편지와는 정반대의 내용을 담고 있습니다.」

「부모에게 곧바로 이야기하지 못할 이유가 없지 않겠어요?」

「그러기까지 시간은 얼마나 걸렸습니까?」

「6월 말일에 그 사건이 벌어졌어요. 그러고 나서 7월 14일에 어머니에게 이야기했어요.」

---

21 그녀의 아버지에게서 내가 직접 들었듯이, 그녀 스스로 무슨 의미인지 잘 알고 있던 부인에 대한 불평을 아버지에게서도 들을 수 있었다는 점은 아마도 중요한 의미를 지닌 부분일 것이다 — 원주.

「고용살이하는 사람에게 특징적인 14일이 또 등장했습니다! 당신의 질문에 대해 나는 이제 대답할 수 있습니다. 당신은 그 가련한 처녀의 처지를 잘 이해했습니다. 그녀는 K 씨가 다시금 자신에게 상냥하게 대해 주리라는 기대 때문에 곧바로 떠나지 않았습니다. 당신의 동기 역시 마찬가지였습니다. 당신은 그가 혹시 새롭게 구애하지 않을까 살펴보기 위해서 그 기간 동안 기다렸습니다. 만일 그랬다면 당신은 그의 마음이 진정이었고, 그가 가정 교사에게 했던 것처럼 당신을 농락한 것이 아니라는 결론을 내렸을 것입니다.」

「떠나고 나서 며칠 뒤에 그가 그림엽서22를 보내왔어요.」

「그러나 그다음에는 더 이상 아무것도 오지 않자, 당신은 복수를 시작했습니다. 상상컨대 그때까지만 해도 그에 대한 고발에는 그를 당신이 있는 곳으로 오게 하려는 부수적인 의도가 깔려 있었습니다.」

〈……그가 먼저 구혼했어요〉라는 말로 그녀가 반발했다.

「그다음에 그에 대한 당신의 동경은 사그라들었습니다 — 여기서 그녀는 고개를 끄떡이며 수긍했는데, 기대하지 않았던 바였다 — 그리고 그는 당신이 요구하는 보상을 할 수도 있었을 것입니다.」

「무슨 보상이요?」

「K 씨와의 사건을 당신은 지금까지 설명한 것보다 훨씬 심각하게 받아들였다는 생각이 듭니다. K 씨 부부 사이에서 이혼에 관한 이야기가 자주 나오지 않았습니까?」

「맞아요. 처음에는 그녀가 아이들 때문에 이혼을 원치 않았어

22　이것은 첫 번째 꿈 상황에서 자아 이면에 은폐되어 있던 그 기술자를 끌어들인 것이다 — 원주.

요. 지금은 그녀가 원하는 반면에 그는 더 이상 이혼을 바라지 않아요.」

「그가 당신과 결혼하기 위해서 자기 아내와 이혼하려고 한다고 생각하지 않았습니까? 그리고 이제 그는 대체할 것이 없기 때문에 이혼을 원치 않는 것이라고요? 2년 전 당신은 물론 아직 어렸습니다. 하지만 당신 스스로 나에게 열일곱 살에 약혼하고 2년 동안 남편을 기다렸다는 엄마에 대해 말한 적이 있습니다. 어머니의 사랑 이야기는 보통 딸의 모범이 됩니다. 따라서 당신은 그를 기다리려고 했습니다. 그는 아마 당신이 그의 부인이 될 수 있을 만큼 성숙해지기를 기다리는 중이라고 당신은 믿고 싶어 했습니다.[23] 당신에게 그것은 대단히 진지한 인생 계획이었을 것입니다. 그러한 의도가 K 씨에게는 결여되어 있다고 주장할 권리가 당신에게는 없습니다. 당신이 나에게 해준 그에 관한 이야기에는 그러한 의도가 숨어 있습니다.[24] L에서의 그의 행동도 이것과 모순되지 않습니다. 당신은 그가 말을 못 하도록 했습니다. 따라서 그가 당신에게 무슨 말을 하려고 했는지 알지 못했습니다. 그 계획이 그렇게 실행 불가능한 것은 아니었는지도 모릅니다. K 씨 부인에 대한 아버지의 관계를 당신이 그렇게 오랫동안 지원했던 것은 그녀를 인정함으로써 이혼에 도달할 수 있으리라는 확신을 가졌기 때문이었습니다. 또한 당신은 아버지한테 당신이 원하던 바를 관철시키기도 했습니다. 만약 L에서의 유혹이 다른 결말을 맞이했더라면 그것은 모든 당사자들에게 유일하게 가능한 해결책

23 목표가 이루어질 때까지의 기다림은 첫 번째 꿈 상황의 내용에 나타난다. 신부(新婦)를 기다리는 것과 관련한 이 공상은 이미 예고한 바 있듯이 이 꿈의 세 번째 구성 요소를 이룬다 ― 원주.
24 특히 그가 B에 함께 살던 지난해 성탄절 선물로 편지 상자를 주면서 했던 말이 여기에 속한다 ― 원주.

이었을 겁니다. 그 때문에 당신은 원치 않은 결말에 마음이 아팠고, 맹장염의 형식으로 나타난 공상 속에서 그것을 수정했던 것입니다. 당신의 고발이 K 씨에게서 새로운 구애를 받는 대신에 거부와 비방을 초래했던 것은 당신에게 대단한 실망을 안겨 주었음이 틀림없습니다. 당신 스스로 고백했듯이, 호숫가에서의 사건을 마치 당신이 꾸며 냈다는 식의 주장은 당신을 더할 나위 없이 격분시켰습니다. 당신은 기억하고 싶지 않겠지만 나는 이제 당신이 그의 구애가 진정이며, K 씨가 당신과 결혼할 때까지 포기하지 않으리라는 공상을 했다는 사실을 알게 되었습니다.」

평소처럼 반박하는 일 없이 그녀는 잠자코 듣기만 했다. 그녀는 충격을 받은 듯이 보였고, 다정한 태도로 따뜻한 송년 인사와 함께 작별을 고했다. 그리고 다시는 오지 않았다. 그 뒤로도 나를 몇 번 더 방문했던 그녀의 아버지는 그녀가 다시 올 것이라고 나를 안심시키며, 그녀가 계속 치료받기를 원하는 듯한 인상을 받았다고 전했다. 그러나 그는 완전히 솔직하게 말한 적이 한 번도 없었다. 그가 이 치료를 후원했던 것은, 내가 도라에게 그와 K 씨 부인 사이에는 우정과는 다른 관계가 존재한다는 점을 〈설득해 주리라〉는 희망 때문이었다. 그러나 내 의도가 그렇지 않다는 것을 알아차리게 되면서 그의 관심도 사그라들었다. 나는 그녀가 다시 돌아오지 않으리라는 것을 알고 있었다. 이 치료의 성공적인 결말에 대한 나의 기대가 최고조에 달했을 때, 그녀가 예기치 않은 방식으로 치료를 중단하고 나의 희망을 꺾어 버린 것은 의심할 여지 없는 복수 행위였다. 여기에는 그녀의 자해(自害) 경향도 한몫했다. 나처럼 인간의 가슴속에 불완전하게 길들여져 있는 가장 사악한 악령들을 무찌르기 위해서 우선 이들에게 사람이라면, 이 싸움에서 그 스스로도 전혀 상처를 입지 않을 수 없다는 사실을 염두에 두어야만 한다. 내 스스로 어떤 역할을 수행하면서 그녀의 존재가 지닌 가치를 과장하고 그녀에게 따뜻한 관심을 보였다면 그녀를 계속 치료받도록 만들 수 있었을까? 하지만 내가 아무리 너그러움을 보인다고 할지라도 의사로서의 내 위치 때문에 그녀가 바라던 다정함은 기대할 수 없었을 것이다. 나로서는 대답하기 힘든 문제이다. 서로 충돌하는 요소들 중 한 부분은 결코 알 수 없기 때문에 나는 어떤 역할을 맡는 일을 언제나 피해 왔으며, 특별한 요구 사항이 없는 심리학적 기술을 이용하는 것에 만족하고 있다. 그러나 모든 이론적 관심과 의사로서 환자를 돕겠다는 노력과 관련하여 나는 치료 목적상 불가피하게 의사의 정신적인 영향력을 제한해야 한다는 입장이며, 그러한 차원에서 환자의 의지와 통찰력을 존중한다.

만약에 K 씨가 자신의 얼굴을 후려친 도라의 의도가 궁극적인 거부가 아니라 어쩔 수 없는 질투에 있는 반면에, 그녀의 정신적 삶을 지배하는 정서는 그의 입장을 옹호하고 있다는 사실을 알았다면 좀 더 많은 것을 얻었을지에 관해서도 나는 알 수가 없다. 그가 이 첫 번째 거부를 못 본 체하고 정열적으로 구애를 계속했다면, 그녀의 애착이 모든 내적인 어려움들을 떨쳐 내는 성과를 거두었을지도 모른다. 그러나 내 생각에는 그녀가 자신의 복수욕을 좀 더 확실하게 만족시키려는 유혹을 느꼈을 가능성도 있다. 이처럼 동기들 사이의 모순 속에서 억압의 지양과 강화 중 어느 방향으로 기울게 될지 예측할 수 없다. 실제적인 사랑의 욕구를 충족시킬 능력이 없다는 것이 신경증의 본질적인 특성이다. 환자들은 현실과 공상의 모순에 의해 지배를 받는다. 그러나 공상 속에서 가장 강렬하게 소원했던 것이 현실에서 막상 실현될 경우 환자들은 오히려 회피한다. 그들은 다만 현실로 나타날 것을 두려위할 필요가 없는 공상 속에 머물고 싶어 한다. 억압이 만들어 놓은 울타리는 물론 현실에 토대를 둔 격렬한 자극들이 쇄도하면 무너질 수 있다.[25] 신경증은 현실을 통해서 극복될 수 있는 것이다. 하지만 누구에게 어떤 방법을 통해서 이러한 치료가 가능할 것인지 일반화시켜 말할 수는 없다.

25 종합적인 결론을 시도할 만큼 철저한 이해가 불가능한 이 꿈의 구조에 대해 언급할 사항이 몇 가지 더 있다. 아버지에 대한 복수의 공상은 꿈의 전면을 형성하는 일부분이다(그녀가 독단적으로 집을 떠나 있는 동안 아버지는 병들어 죽었다. …… 그녀는 이제 집으로 간다. 다른 사람들은 이미 공동묘지로 떠났다. 그녀는 전혀 슬픔을 느끼지 않은 채 방으로 올라가서 조용히 사전을 펼쳐 읽는다). 여기에는 그녀가 부모에게 작별의 편지를 남긴 것과 관련하여 실제로 실행에 옮겼던 복수 행위를 암시하는 두 가지 근거가 담겨 있다. (꿈에서 엄마가 보낸) 편지와 그녀가 모범으로 삼았던 숙모의 장례식에 대한 언급이다. 이 공상에는 K 씨에 대해 복수할 생각들이 은폐되어 있다. 그녀는 나를 적대시하는 태도에서 이러한 생각들의 출구를 만들어 냈다. 하녀 — 초대 — 숲 — 두 시간 반은 L에서 있었던 사건들의 자료에서 유래한다. 가정 교사나 그녀와 자기 부모 사이의 편지 왕래에 대한 기억은 도라의 작별 편지와 꿈-내용에 등장하는 그녀의 귀가를 허락하는 편지의 기초가 된다. 함께 가는 것에 대한 거부, 즉 혼자 가겠다는 결심은 아마도 다음과 같이 해석될 수 있을 것이다. 〈당신이 나를 하녀 취급했으니까 당신을 내버려 두고 혼자서 내 길을 가겠으며 결혼하지 않겠다.〉 이러한 복수심과는 별도로 다른 한편에서는 무의식적으로 지속된 K 씨에 대한 사랑을 표현하는 공상들이 담긴 자료가 빛을 발한다. 즉 당신의 부인이 될 때까지 기다리겠다고 말한다(처녀성 상실 — 분만). K 씨 부인에 대한 사랑이라는 가장 깊숙이 은폐되어 있는 네 번째 사고 영역에서는 처녀성 상실의 공상이 남성의 관점에서 설명된다(이제 멀리 떠나 버린 구애자와의 동일시). 또한 이중적인 의미의 말과(여기에 아무개 씨가 산다) 성적 지식의 출처(사전)에 대한 뚜렷한 암시가 나타난다. 이 꿈속에서 끔찍하고 사디즘적인 자극들이 충족된다 — 원주.

후기

나는 이 글이 어떤 분석에 대한 미완성 원고라고 예고했다. 그러나 독자들은 이 글이 제목에서 기대한 것보다도 훨씬 더 불완전하다는 사실을 발견할 것이다. 결코 우연이 아닌 내용의 생략에 대한 이유를 제시하는 것이 독자에 대한 예의라고 생각한다.

일련의 분석 결과들이 이 글에서 누락되었다. 그 이유는 작업을 중단하면서 살펴본 결과들이 확실치 않았고, 보편적 결론이 되기 위해서는 지속적인 연구가 필요했기 때문이었다. 또한 적당한 기회에 나는 개별적인 처리 결과들의 계속적인 전개 가능성을 시사한 바 있었다. 환자의 갑작스러운 생각에서 나온 자료를 통해 귀중한 무의식적 사고를 이끌어 내는 수단인 고도의 기술은 여기에서 무시되었다. 그럼으로써 생긴 단점은 독자가 이 글을 전개하는 나의 방식이 정확하다는 것을 확인할 수 없다는 점이다. 그러나 나는 분석 기술과 히스테리 증상의 내적 구조를 한꺼번에 다루는 일이 실행 불가능하다고 여겼다. 만약에 그랬을 경우 나는 그 일을 제대로 해내지 못했을 뿐만 아니라 독자를 짜증나게 했을 것이다. 그 기술은 서로 상이한 수많은 경우들에서 뽑아낸 예들을 통해 해석되고 각각의 개별적 결과에 대한 예측이 가능해야 한다. 심리적 현상을 다룬 부분에서 드러난 심리학적 조건들 역시 나는 설명하려고 시도하지 않았다. 피상적인 설명은 하지 않느니만 못할 것이고, 자세한 설명은 그 자체로 일이기 때문이다. 나는 특정한 심리학적 학설에 얽매이지 않고 정신 신경증 학자의 눈에 비친 현상을 연구했을 뿐이다. 또한 나는 관찰 대상의 맥락이 분명해질 때까지 나의 견해들을 계속 정리해 나갔다. 억측을 피했다는 점을 대단하게 생각하지는 않는다. 그러나 이러한 가설들을 위한 자료는 관찰의 범위를 확장하려는 노력을 통하여 획득되었다. 특히 무의식의 문제와 관련한 내 입장의 단호함은 거부감을 불러일으켰다. 그 이유는 나는 무의식적 환상, 사고, 자극 등을 모든 종류의 의식과 마찬가지로 심리학의 명백한 대상으로 간주한 상태에서 다룬다. 하지만 동일한 방법으로 이 현상들을 규명하려는 연구가라면 철학자들의 온갖 경고에도 불구하고 나와 똑같은 입장을 견지하지 않을 수 없으리라고 확신한다.

히스테리에 관한 나의 이론이 심리학적 이론에 불과하기 때문에 병리학적 문제를 해결할 능력이 애당초부터 없다고 주장하는 동료 전문가들은 자신들이 기술의 특성을 부당하게도 이론에 적용하고 있다는 사실을 이 논문에서 알게 될 것이다. 치료상의 기술만이 그야말로 심리학적이다. 이론은 신경증의 기질적 토대를 지적해 내는 작업을 결코 태만히 하지 않는다. 이때 이론은 그것을 병리학적인 신체 구조상의 변화에서 찾지 않을뿐더러, 예상 가능하지만 아직은 파악하기 어려운 화학적 변화 대신에 기질적 기능의 일시적 현상에 무게를 둔다. 내가 보기에 정신 신경증과 마찬가지로 히스테리의 원인인 성 기능에서 기질적 요소를 부정할 사람은 아무도 없을 것이다. 성생활에 관한 이론은 예상컨대 흥분에 작용하는 특정한 성적 소재를 전제로 한다. 만성적으로 독성 물질을 복용할 때의 중독과 금욕 현상은 병원에서 접하게

되는 모든 질병들 중에서 유전적인 정신 신경증에 가장 먼저 나타난다.[1]

〈신체적 승낙〉, 유아기로 거슬러 올라가는 성도착증의 원인, 성감대, 양성애적 성향 등에 관해 오늘날 거론되는 내용을 자세히 설명하지 않았다. 나는 분석할 때 예기치 않게 만나게 되는 증상들의 기질적 토대에 관련된 부분들만을 다루었다. 개별적인 시한을 더 파고드는 작업은 시도되지 않았다. 또한 나는 마찬가지 이유로 각각의 요인에 대한 보충 설명을 회피했다. 여기에는 수많은 분석들을 토대로 작업을 계속 진행시키기에 충분한 계기가 있다.

불완전한 내용이기는 하지만, 이 논문을 출판하는 목적은 두 가지로 나눌 수 있다. 첫째, 꿈-해석에 관한 내 저서를 보충한다는 의미에서 나는 평상시에는 쓸모없는 기법인 꿈-해석이 정신 생활의 은폐되고 억압된 부분을 밝혀내는 데 사용될 수 있음을 보여 주고자 했다. 이 논문에서 이야기한 두 가지 꿈을 해석할 때 나는 정신분석 기술에 버금가는 꿈-해석 기술도 고려했다. 둘째, 나는 특정한 방법을 사용해야만 밝혀낼 수 있기 때문에 오늘날의 학문 세계에 전혀 알려지지 않은 일련의 상황들에 대한 관심을 불러일으키고자 했다. 히스테리의 경우 정신적 진행 과정의 복잡성, 극단적으로 서로 다른 흥분들의 병존, 대립적 요소들의 결합, 억압, 전이 등에 관해서 올바로 이해할 수 있는 사람은 이제까지 아무도 없었다. 고정 관념*idée fixe*이 증상으로 변한다는 자네P. Janet의 주장은 내용이 빈약한 도식적 설명에 불과하다.[2] 또한 의

1 1950년 발표된 프로이트의 「성욕에 관한 세 편의 에세이」 중 세 번째 에세이와, 성과 신경증의 병인학에 대한 그의 두 번째 논문 「신경증의 병인에서 성욕이 작용하는 부분에 대한 나의 견해」(프로이트 전집 10, 열린책들) 참조.
2 이것에 대한 예로 자네의 『히스테리 환자들의 정신 상태*État mental des*

식에서 그 표상들을 만들어 내지 못하는 자극들은 표상들의 내용이 의식되는 〈정상적인〉 흥분들과는 다르게 작용하고 진행되며 표현되리라는 추측을 떨쳐 버릴 수 없다. 이 방면의 진상 규명이 이루어지면 치료의 걸림돌도 제거된다. 전자에 속하는 표상들을 정상적인 표상들로 변화시키는 치료 방법이 신경증 증상들을 사라지게 만들수 있다.

나는 또한 성욕이 마치 갑자기 등장한 뜻밖의 해결사*deus ex machina*처럼 히스테리의 특징적인 진행 과정에 개입하는 것이 아니라 모든 개별 증상과 증상의 표현에 원동력을 제공한다는 점을 중시했다. 노골적으로 말하자면 질병의 증상들은 환자의 성적 활동이다. 개별적인 사례가 보편적인 명제를 증명할 수는 없지만, 나는 늘상 새로운 사례를 보여 주는 일을 반복한다. 그 이유는 성욕이 신경증 문제를 푸는 열쇠라고 믿기 때문이다. 이러한 관점을 거부하는 사람은 결코 문제를 풀 수 없다. 나의 명제를 무효화시키거나 혹은 그 효력을 제한하는 연구 결과들이 나오기를 기대해 마지않는다. 이제까지의 반대 이유들은 개인적인 불만이나 불신의 표현에 지나지 않았다. 이에 대해서는 〈(이론은 좋으나) 현실감이 없다〉는 샤르코Charcot의 말로 대응하면 충분하다.

내가 병력과 치료 기록의 일부를 뽑아내 출판한 도라의 사례 역시 정신분석을 통한 치료의 가치를 올바로 조명하기에는 적당치 못하다. 3개월에 지나지 않은 짧은 치료 기간뿐만 아니라 그 사례에 내재한 또 다른 요인 때문에 요양 치료는 환자와 그 가족들이 인정할 만큼 완치에 가까운 회복에는 이르지 못하고 끝났다. 질병의 증상들이 오로지 성욕과 관련된 흥분들 사이의 내적 갈등을 통해서만 생겨날 때 눈에 띌 정도로 성공적인 치료를 기대할

hystériques』(1894)의 두 번째 장 〈고정 관념〉 부분을 참조하라.

수 있다. 이러한 경우들에서는 병을 유발하는 자료를 정상적 자료로 바꿔 줌으로써 정신적 과제가 해결되어 환자의 건강 상태는 호전된다. 이와는 다르게 건강 상태가 진행되는 경우는 증상들이 삶의 외부적 동기들에 의해 생겨났을 때이다. 도라의 경우 최근 2년 동안의 증상들이 이에 해당된다. 환자의 건강 상태가 지속적인 치료 작업을 통해서도 차도를 보이지 않으면 당황하게 되고, 신념이 쉽게 흔들릴 수도 있다. 실제 상황은 그다지 나쁘지 않다. 증상들은 치료 작업 도중에는 아닐지라도 어느 정도 시간이 흐르고 의사와의 관계가 정리된 뒤에는 사라진다. 치유나 회복이 늦어지는 원인은 실제로 의사 개인에게 있다.

이에 대한 실상을 이해하기 위해서는 좀 더 자세한 설명이 필요하다. 정신분석을 통한 요양 도중에는 새로운 증상이 형성되지 않으며, 이러한 현상은 한결같다고 말할 수 있을 정도이다. 그렇다고 신경증의 생산성이 소멸되는 것이 아니라 〈전이〉라고 이름 붙일 수 있는 특별한 종류의 무의식적인 사고들을 형성하는 일에 관여한다.

전이란 무엇인가? 그것은 분석 작업이 진행되면서 일깨워져 자각하게 된 자극과 공상의 재판이며 복제이다. 이때 과거의 어떤 인물이 의사 개인으로 대체되는 현상이 특징적으로 나타난다. 다른 말로 표현하자면, 과거에 겪은 일련의 심리적 체험들이 사라지지 않고 의사 개인과 현실적 관계를 맺으며 되살아난다. 대체가 이루어진 다음에도 내용적으로 그 이전의 형상물과 전혀 차이가 없는 전이들이 존재한다. 이 전이들은 비유적으로 말해서 신판본 또는 내용적으로 가감이 없는 재판본이다. 다른 종류의 전이들은 인위적으로 만들어진다. 이것들은 의사 개인 혹은 의사의 처지를 교묘하게 이용하여 실제로 특별한 상황을 만들어 넴으로써 내용의 완화, 즉 순화 과정을 거쳤을 뿐만 아니라 자각하는 능력이 있다. 따라서 이 전이들은 새로운 작업의 산물이지 과거의 재판이 아니다.

분석 기술에 관한 이론에 친숙해지면 전이가 필수적인 요구 사항임을 통찰하게 된다. 실제로 이 전이는 피할 방도가 없으며, 그 이전의 증상들과 마찬가지로 질병의 마지막 작품인 이 증상마저도 퇴치 가능하다는 점을 최소한 확신할 수 있다. 이 부분을 다루는 작업이 가장 어렵다. 꿈들을 해석하는 작업, 환자의 착상에서 무의식적인 사고와 기억을 끄집어내는 작업, 이와 비슷한 번역 기교 등은 쉽게 배울 수 있다. 이 경우에는 환자 스스로 텍스트를 제공한다. 그러나 전이만큼은 사소한 근거를 바탕으로 독자적으로 해답을 찾아내야 하며, 자의적 판단에 의한 오류를 범하는 일이 없어야 한다. 전이를 다루기란 여간 어렵지 않다. 그 이유는 전이가 요양에 필요한 자료에 접근하지 못하도록 온갖 종류의 방해물을 만들어 내는 데 이용되기 때문이다. 또한 전체적 맥락이 올바르다는 확신은 전이가 해결된 뒤에야 비로소 생겨나기 때문이기도 하다.

이 까다로운 치료 과정이 새로운 종류의 정신 질환성 산물을 만들어 냄으로써 의사의 작업을 배가시켰다는 점을 중대한 단점으로 여기는 경향이 있다. 또한 그런 사람들은 전이의 존재에서 출발하는 분석적 치료가 환자에게 손상을 입힐지도 모른다고 주장한다. 두 가지 경우 모두 착각에 지나지 않는다. 의사의 작업은 전이로 인하여 배가되지 않는다. 의사는 자기 자신 혹은 다른 누구와 관련이 있든지 간에 전혀 개의치 않고 환자의 흥분을 극복해 내기만 하면 된다. 요양은 또한 전이를 일으킨 환자에게 보통 때와는 다른 새로운 실적을 요구하지도 않는다. 정신분석적 방법이 배제된 치료 시설에서 신경증이 치유되었을 경우, 히스테리를 치유하는 것은 방법이 아니라 의사라고 말할 수 있다. 그러나 최면술에 의거한 암시를 통하여 증상에서 벗어나게 해준 의사에 대한 환자의 태도에서 일종의 맹목적인 의존과 지속적인 매료를 읽어 낼 수 있다면, 이러한 과학적 설명은 환자가 한결같이 의사 개인을 선호하는 〈전이〉에도 적용할 수 있다. 정신분석을 통한 요양은 전이를 만들어 내는 것이 아니라 정신적 삶 속에 숨겨진 다른 것과 마찬가지로 단순히 그 정체를 폭로한다. 그 차이는 다만 환자가 자발적으로 애정과 호의에 가득 찬 전이를 치유가 가능하게끔 일깨운다는 점에 있다. 그렇지 않은 경우 환자는 자신에게 〈우호적〉이지 않은 의사에게 신경을 쏟지 않고 재빨리 마음의 문을 걸어 잠근다. 이와 반대로 정신분석에서는 변화된 상황에 알맞게 적대적인 흥분을 포함하여 모든 흥분을 일깨우며, 이러한 자각을 분석에 이용한다. 이때 전이는 표출될 때마다 근절된다. 정신분석을 할 때 가장 커다란 장애물로 규정될 수 있는 전이는 매번 그 진상을 파악하여 환자에게 알려 주기만 한다면 정신분석의 가장 강력한 보조 수단이 된다.[3]

내가 전이에 대해서 이야기할 수밖에 없었던 이유는 이 요인을 통해서만 도라를 분석할 때의 특수성이 해명되기 때문이었다. 이 분석의 장점임과 동시에 입문서로서 첫 출판의 동기가 된 내용의 투명성은 결국 예상보다 빨리 분석을 중단하게 만든 커다란 결함

---

3 (1923년에 추가된 각주) 여기서 전이와 관련된 내용은 나중에 〈전이된 사랑〉(1915)에 대한 기술적 논문에서 이어진다(「정신분석의 기술에 대한 조언: 3. 전이-사랑에 대한 견해Weitere Ratschläge zur Technik der Psychoanalyse: III. Bemerkungen über die Übertragungsliebe」, 1915). 프로이트는 브로이어와 공동 저술한 『히스테리 연구』 중 〈히스테리의 심리 치료〉를 다룬 장에서 상당한 지면을 할애하여 이 전이를 다룬 바 있다.

과 내적 연관을 맺고 있다. 나는 전이를 제때에 파악하지 못했다. 그녀가 병의 원인이 된 자료의 일부를 제시하며 요양에 기꺼이 응하는 바람에, 나는 전이의 첫 징후를 주의해야 하는 신중함을 망각했다. 이 전이를 그녀는 똑같은 자료 중에서 나는 알지 못하는 또 다른 부분들과 함께 준비해 놓고 있었다. 처음에 분명하게 나타났듯이, 그녀의 공상에서 나는 아버지를 대체했다. 이 현상은 우리 두 사람의 나이 차이를 생각해도 그럴듯했다. 그녀는 또한 의식적으로 나를 아버지와 비교했고, 내가 그녀에 대해서 정말 정직한지 확인하고자 했다. 왜냐하면 아버지는 〈항상 넌지시 암시하거나 빙빙 돌려 말하기를 좋아하기〉 때문이었다. 첫 번째 꿈에서 그녀가 당시 K 씨 집을 떠나려고 했던 때처럼 치료를 그만 두겠다고 스스로에게 경고했을 때, 나는 그 경고가 나에게도 해당된다는 것을 알아차리고 그녀를 꾸짖었어야 했다. 즉 〈지금 당신은 K 씨를 나에게로 전이시켰습니다. 당신 역시 K 씨와 비슷한 악의를 (직접적으로 혹은 어느 정도 순화시켜서) 품고 있다는 것을 깨닫지 않았습니까? 혹은 이전에 K 씨에게 가졌던 충동이 나를 보면 되살아나거나 그 충동이 나에게서 느껴지지 않습니까?〉 라는 식으로 추궁해야 했다. 만약에 그랬다면 그녀는, 나 개인 혹은 나의 상황을 전제로 한 우리의 만남에서 K 씨와 관련된 더할 나위 없이 중요한 단서에 주의를 기울였을 것이다. 이러한 전이를 해결함으로써 분석은 아마도 사실에 입각한 새로운 꿈의 자료에 접할 수 있었을 것이다. 그러나 나는 첫 번째 경고를 흘려들었고, 전이의 또 다른 단계들이 중지되어 분석을 위한 자료가 고갈되는 상태에 이르기 전까지 시간적 여유가 많다고 생각했다. 따라서 이 전이는 나에게 뜻밖의 일이었다. 내가 도라에게 K 씨를 기억나게 해준 X 때문에 그녀는 K 씨에게 하고 싶었던 복수를 나에게 했다. 그리고 그녀는 그에게서 기만당하고 버림받았다고 느꼈던 것처럼 나를 떠났다. 그녀는 자신의 기억과 공상의 중요 부분을 치료 도중에 되풀이해서 말하는 대신 행동으로 보여 주었다. X가 무엇인지 나는 물론 알 수가 없다. 상상컨대 그것은 금전과 관련이 있었거나 혹은 병을 완치한 후에 우리 가족과 유대 관계를 맺었던 다른 여자 환자에 대한 질투였을 것이다. 전이가 일찍 분석에 들어오면 그 진행 과정은 불투명하고 느려진다. 그러나 그러한 전이는 거역하기 어려운 돌발적인 저항을 잘 견뎌 낸다.

도라의 두 번째 꿈에서 전이는 여러 가지의 뚜렷한 암시로 대표된다. 그녀가 그 꿈을 나에게 이야기할 때는 몰랐으나 이틀 후에야 나는 비로소 앞으로 우리에게 남은 작업 시간이 두 시간이라는 사실을 알았다. 이 시간은 바로 그녀가 서로의 성기를 입으로 빠는 성교를 하고 있는 마돈나의 그림 앞에서 보낸 시간이며, 또한 그녀 스스로 정정했듯이(두 시간 반이 아니라 두 시간) 호숫가를 일부러 배회한 후 집에 도착할 때까지 걸린 시간이다. K 씨가 그녀와 결혼할 수 있을 때까지 기다리겠다는 심정에서 유래한 꿈에서 독일의 젊은 남자를 차지하기 위해 기다리는 장면의 의미는 벌써 며칠 전의 전이에서 표현되었다. 그녀에게는 치료 기간이 너무 길게 느껴졌다. 초기에 그녀는 치료가 끝나려면 대략 1년은 걸릴 것이라는 나의 예고를 충분히 이해했던 반면에, 이제는 더 이상 그렇게 오래 기다릴 수 있을 만한 인내심이 없어진 것이다. 드레스덴의 화랑을 방문했던 경험에서 기인한 꿈에서 그녀가 누가 따라오는 것을 거부하고 차라리 혼자 가겠다고 말한 대목의 의미를 나는 당일에 알아차릴 수 있어야만 했다. 남자에 대한 그녀의 거부감은 〈모든 남자들은 비열하기 때문에 나는 차라리 결혼하지 않을 테야. 그것은 남자들에 대한 나의 복수야〉라는 의미

를 담고 있었다.[4]

복수의 섬뜩한 동기를 이루는 흥분이 평상시에 증상을 정당화하는 데 이용되다가 치료 도중에는 의사에게 전이된다. 의사가 흥분의 근원이 자기 개인에게 있다는 점을 알아차릴 시간적 여유를 아직 갖지 못한 상황에서 환자를 치료하려는 노력이 아무런 효과도 거두지 못하는 것은 놀랄 만한 일이 못 된다. 왜냐하면 환자는 의사가 무기력하고 무능하다는 점을 스스로에게 인식시킴으로써 가장 효과적으로 복수하기 때문이다. 그럼에도 불구하고 나는 도라의 경우처럼 미완성으로 끝난 치료의 의학적 가치를 과소평가하지 않는다.

치료를 끝내고 이 글을 쓴 지 1년 3개월이 지난 후에야 나는 환자의 건강 상태와 요양의 결과에 대한 소식을 들었다. 결코 우연이 아닌 날짜인 4월 1일에 — 이미 알다시피 도라에게 시간은 언제나 어떤 의미를 가지고 있다 — 그녀는 나에게로 와서 자신의 이야기를 마저 끝내고 도움을 새로 청했다. 도라의 표정을 살펴본 나는 그녀가 진지하게 도움을 요청하고 있지 않다는 점을 짐

---

4 이 분석이 끝나고 시간이 지날수록 어떤 일을 소홀히 함으로 인해서 생겨난 나의 기술적인 오류가 점점 더 확실해지는 것처럼 보인다. K 씨 부인에 대한 그녀의 동성애적 충동이야말로 그녀의 정신적 삶이 지닌 무의식적 흐름들 중에서 가장 강력한 것이었다는 점을 제 때에 환자에게 이야기해 주지 못했던 것이다. 다른 사람이 아닌 바로 K 씨 부인이 성에 관한 지식의 핵심 진원지이며, 또한 그러한 대상에 관심을 갖는다는 이유로 도라를 비난한 인물이기도 하다는 것을 그녀에게 알려 주었어야 했다. 도라는 그 모든 상스러운 이야기를 알고 있었음에도 불구하고 그 습득 과정에 대해서는 관심이 없었다는 것은 이상한 일이었다. 이 수수께끼를 실마리로 삼았어야 했다. 이 특이한 억압의 동기를 찾았어야 했던 것이다. 그 뒤 두 번째 꿈에서 이 사실을 알아차릴 수도 있었을 것이다. 이 꿈에 표현된 무분별한 복수욕은 반대되는 성향, 즉 사랑했던 여자 애인의 배신을 용서하고 그녀가 도라의 눈을 뜨게 해준 지식을 전달한 장본인이면서도 도라에게 혐의를 씌우려고 했던 사실을 아무에게도 말하지 않는 의협심을 은폐하기에 매우 적합했다. 정신 신경증 환자에게 동성애적 성향이 갖는 의미를 알기 전에는 치료가 진척을 이루지 못하거나 완전히 혼란에 빠지는 경우가 많았다 — 원주.

작할 수 있었다. 치료를 그만둔 후 그녀는 4, 5주 동안, 그녀의 말을 빌리자면 감정의 〈혼란〉 상태에 빠져 있었다. 그다음에는 건강이 크게 회복되어 발작이 드물어졌고 기분도 좋아졌다. 작년 5월에 K 씨 부부의 한 아이가 늘 앓던 병으로 죽었다. 그녀는 K 씨 부부를 방문하여 애도의 뜻을 표했고, 그들도 지난 3년 동안 아무런 일도 없었던 것처럼 그녀를 대했다. 당시에 그녀는 그들과 화해할 마음에서 그들에 대한 복수심을 거두어들였고 타협적인 결말을 이끌어 냈다. 도라는 K 씨 부인에게 아버지와의 관계를 알고 있다고 말했고, 그녀 또한 부정하지 않았다. 도라는 또한 K 씨 스스로 호숫가에서의 사건을 인정하도록 만들었고, 자신의 정당함을 증명하는 이 소식을 아버지에게 전했다. 그 후에 그녀는 이 가족과 서로 왕래하지 않았다.

10월 중순까지는 그녀의 건강에 아무런 이상이 없다가 언젠가 다시 발성 장애 발작이 일어나 6주 동안 계속되었다. 뜻밖의 이야기에 나는 그럴 만한 계기가 있었는지 물어보았고, 소스라치게 놀란 다음에 발작이 일어난다는 대답을 들었다. 그녀는 누군가가 차에 치이는 모습을 보았음에 틀림없었다. 마침내 그녀가 털어놓은 바에 따르면, 사고를 당한 사람은 다름 아닌 K 씨였다. 어느 날 그녀는 그를 길에서 만났다. 그는 교통이 혼잡한 곳에서 그녀를 향해 다가오다가 방향 감각을 상실한 채 멈추어 섰고, 몰아 상태에 빠져 있다가 차에 치였다.[5] 그가 별다른 부상을 입지 않았다고 그녀는 확신했다. 이 일이 있고 난 후 그녀는 평소와는 달리 아버지와 K 씨 부인의 관계에 대해 떠도는 이야기를 들을 때면 감정의 잔잔한 동요를 느꼈다. 그녀는 학업에 열중했고 결혼할 마음은

5 『일상생활의 정신 병리학』에서 간접적인 자살 욕구를 논하는 데 유익한 보탬이 되었다 — 원주.

갖고 있지 않았다.

그녀는 현재 밤낮으로 계속되는 오른쪽 얼굴 신경통 때문에 나의 도움을 구했다.

「그 증상은 언제부터 나타났지요?」

「정확히 14일[6] 전부터입니다」

나는 실소를 금할 수가 없었다. 그 이유는 그녀가 정확히 14일 전에 나와 관련된 기사를 신문에서 읽었다는 것을 나는 그녀에게 증명해 보일 수 있었기 때문이었고, 그녀 또한 인정했다(이때가 1902년이다).[7]

그녀가 주장하는 얼굴 신경통은 예전에 K 씨의 따귀를 때린 것에 대한 후회로 인한 자기 징벌과 나를 대상으로 한 복수의 전이에 상응하는 증상이었다. 그녀가 나에게서 어떤 종류의 도움을 원하는지 알 수 없었다. 그러나 나는 그녀가 나에게 안겨 준 실망을 용서하고 근원적으로 그녀의 고통을 해소시켜 주겠다고 약속했다.

그녀가 나를 방문한 후 다시 몇 년이 흘러갔다. 그사이에 그녀는 결혼을 했다. 더욱이 그 상대는 여러 정황 증거가 틀리지 않는다면 두 번째 꿈[8]을 분석하기 시작할 때 그녀의 생각에 떠오른 젊은 남자였다. 첫 번째 꿈이 연인으로 향하던 시선을 아버지에게로 돌리는 현상, 즉 삶에서 질병으로의 도피를 나타냈다면, 두 번째 꿈은 그녀가 아버지에게서 벗어나 삶을 되찾는 모습을 보여 주었다.

권세훈 옮김

---

6 이 숫자의 의미와 두 번째 꿈의 분석에 나타난 복수의 관계를 살펴보라 — 원주.
7 의심할 여지 없이 이 뉴스는 그해 3월에 있었던 프로이트에 대한 교수직 수여에 관한 것이었다.
8 1909년, 1912년과 1921년도 판에는 다음과 같은 주석이 실려 있었다. 〈뒤에 가서 알게 된 것이지만, 이 견해는 사실과 달랐다.〉

프로이트의 삶과 사상

— 제임스 스트레이치

지크문트 프로이트Sigmund Freud는 1856년 5월 6일, 그 당시에는 오스트리아-헝가리 제국의 일부였던 모라비아의 소도시 프라이베르크에서 출생했다. 83년에 걸친 그의 생애는 겉으로 보기에는 대체로 평온무사했고, 따라서 장황한 서술을 요하지 않는다.

그는 중산층 유대인 가정에서 두 번째 부인의 맏아들로 태어났지만, 집안에서 그의 위치는 좀 이상했다. 프로이트 위로 첫 번째 부인 소생의 다 자란 두 아들이 있었기 때문이다. 그들은 프로이트보다 스무 살 이상 나이가 많았고, 그중 하나는 이미 결혼해서 어린 아들을 두고 있었다. 그랬기에 프로이트는 사실상 삼촌으로 태어난 셈이었지만, 적어도 그의 유년 시절에는 프로이트 밑으로 태어난 일곱 명의 남동생과 여동생 못지않게 조카가 중요한 역할을 했다.

그의 아버지는 모피 상인이었는데, 프로이트가 태어난 후 얼마 지나지 않아 사업이 어려워지기 시작했다. 그래서 프로이트가 겨우 세 살이었을 때 그는 프라이베르크를 떠나기로 결심했고, 1년 뒤에는 온 가족이 빈으로 이주했다. 이주하지 않은 사람은 영국 맨체스터에 정착한 두 이복형과 그들의 아이들뿐이었다. 프로이트는 몇 번인가 영국으로 건너가서 그들과 합류해 볼까 하는 생각을 했지만, 그것은 거의 80년 동안 실행에 옮겨지지 못했다.

　프로이트가 빈에서 어린 시절을 보내는 동안 그의 집안은 몹시 궁핍한 상태였지만, 어려운 형편에도 불구하고 그의 아버지는 언제나 셋째 아들의 교육비를 최우선으로 꼽았다. 프로이트가 매우 총명했을 뿐 아니라 공부도 아주 열심히 했기 때문이다. 그 결과 그는 아홉 살이라는 어린 나이에 김나지움에 입학했고, 그 학교에서 보낸 8년 가운데 처음 2년을 제외하고는 자기 학년에서 수석을 놓친 적이 없었다. 그는 열일곱 살 때 아직 어떤 진로를 택할 것인지 결정을 하지 못한 채 김나지움을 졸업했다. 그때까지 그가 받았던 교육은 지극히 일반적인 것이어서, 어떤 경우에든 대학에 진학할 것으로 보였으며, 서너 곳의 학부로 진학할 길이 그에게 열려 있었다.

　프로이트는 수차례에 걸쳐, 자기는 평생 동안 단 한 번도 〈의사라는 직업에 선입관을 가지고 특별히 선호한 적이 없었다〉고 주장했다.

　나는 그보다는 오히려 일종의 호기심을 느꼈다. 하지만 그것은 자연계의 물체들보다는 인간의 관심사에 쏠린 것이었다.[1]

그리고 어딘가에서는 이렇게 적었다.

　어린 시절에 나는 고통받는 인간을 도우려는 어떤 강한 열망도 가졌던 기억이 없다. (……) 그러나 젊은이가 되어서는 우리가 살고 있는 세상의 수수께끼들 가운데 몇 가지를 이해하고, 가능하다면 그 해결책으로 뭔가 기여도 하고 싶은 억누를 수 없는 욕망을

1 「나의 이력서」(1925) 앞부분 참조.

느꼈다.[2]

또 그가 만년에 수행했던 사회학적 연구를 논의하는 다른 글에
서는 이렇게 적기도 했다.

나의 관심은 평생에 걸쳐 자연 과학과 의학과 심리 요법을 두
루 거친 뒤에 오래전, 그러니까 내가 숙고할 수 있을 만큼 충분히
나이가 들지 않았던 젊은 시절에 나를 매혹시켰던 문화적인 문제
들로 돌아왔다.[3]

프로이트가 자연 과학을 직업으로 택하는 데 직접적인 계기가
되었던 사건은 — 그의 말대로라면 — 김나지움을 졸업할 무렵
괴테가 썼다고 하는(아마도 잘못된 것으로 보인다) 〈자연〉에 관
한 매우 화려한 문체의 에세이를 낭독하는 독회에 참석한 일이었
다고 한다. 하지만 그 선택이 자연 과학이긴 했지만, 실제로는 의
학으로 좁혀졌다. 그리고 프로이트가 열일곱 살 때인 1873년 가
을, 대학에 등록했던 것도 의과대 학생으로서였다. 하지만 그는
서둘러 의사 자격을 취득하려고 하지는 않았다. 한두 해 동안 그
가 다양한 과목의 강의에 출석했던 것만 보더라도 이를 알 수 있
다. 그러나 차츰차츰 관심을 기울여 처음에는 생물학에, 다음에
는 생리학에 노력을 집중했다. 그가 맨 처음 연구 논문을 쓴 것은
대학 3학년 때였다. 당시 그는 비교 해부학과 교수에게 뱀장어를
해부해서 세부 사항을 조사하라는 위임을 받았는데, 그 일에는 약
4백 마리의 표본을 해부하는 일이 포함되었다. 그로부터 얼마 지

2 「비전문가 분석의 문제」(1927)에 대한 후기 참조.
3 「나의 이력서」에 대한 후기 참조.

나지 않아서 그는 브뤼케Brücke가 지도하는 생리학 연구소로 들어가 그곳에서 6년 동안 근무했다. 그가 자연 과학 전반에 대해 보이는 태도의 주요한 윤곽들이 브뤼케에게서 습득되었다는 것은 의심할 여지가 없는 일이다. 그 기간 동안 프로이트는 주로 중추 신경계의 해부에 대해서 연구했고, 이미 책들을 출판하고 있었다. 그러나 실험실 연구자로서 벌어들이는 수입은 대가족을 부양하기에는 충분하지 못했다. 그래서 마침내 1881년 그는 의사 자격을 따기로 결정했고, 그로부터 1년 뒤에는 많은 아쉬움을 남긴 채 브뤼케의 연구소를 떠나 빈 종합 병원에서 근무하기 시작했다.

그러나 결국 프로이트의 삶에 변화를 가져다준 결정적인 계기가 있었다면, 그것은 생각보다도 더 절박한 가족에 대한 것이었다. 1882년에 그는 약혼을 했고, 그 이후 결혼을 성사시키는 데 모든 노력을 기울였다. 그의 약혼녀 마르타 베르나이스Martha Bernays는 함부르크의 이름 있는 유대인 집안 출신으로, 한동안 빈에서 지내고 있었지만 얼마 안 가서 곧 머나먼 독일 북부에 있는 그녀의 집으로 돌아가야 했다. 그 뒤로 4년 동안 두 사람이 서로를 만나 볼 수 있었던 것은 짧은 방문이 있을 때뿐이었고, 두 연인은 거의 매일같이 주고받는 서신 교환으로 만족해야 했다. 그 무렵 프로이트는 의학계에서 지위와 명성을 확립해 가고 있었다. 그는 병원의 여러 부서에서 근무했지만, 얼마 지나지 않아 곧 신경 해부학과 신경 병리학에 몰두하기 시작했다. 또 그 기간 중에 코카인을 의학적으로 유용하게 이용하는 첫 번째 연구서를 출간했고, 그렇게 해서 콜러에게 그 약물을 국부 마취제로 사용하도록 제안하기도 했다. 바로 뒤이어 그는 두 가지 즉각적인 계획을 수립했다. 하나는 객원 교수 자리에 지명을 받는 것이었고, 다른 하나는 장학금을 받아 얼마 동안 파리로 가서 지내려는 것이었다. 그곳에서는 위대한 신경 병리학자 샤르코Charcot가 의학계를 주도하고 있었다. 프로이트는 그 두 가지 목적이 실현된다면 자기에게 커다란 도움이 될 것이라고 생각했고, 열심히 노력한 끝에 1885년에 두 가지 모두를 얻어 냈다.

프로이트가 파리 살페트리에르 병원(신경 질환 치료로 유명한 병원)의 샤르코 밑에서 보냈던 몇 달 동안, 그의 삶에는 또 다른 변화가 있었다. 이번에는 실로 혁명적인 변화였다. 그때까지 그의 일은 전적으로 자연 과학에만 관련되었고, 파리에 있는 동안에도 그는 여전히 뇌에 관한 병력학(病歷學) 연구를 계속하고 있었다. 그 당시 샤르코의 관심은 주로 히스테리와 최면술에 쏠려 있었는데, 빈에서는 그런 주제들이 거의 생각할 만한 가치가 없는 것으로 여겨졌다. 그러나 프로이트는 그 일에 몰두하게 되었다. 비록 샤르코 자신조차 그것들을 순전히 신경 병리학의 지엽적인 부문으로 보았지만, 프로이트에게는 그것이 정신의 탐구를 향한 첫걸음인 셈이었다.

1886년 봄, 빈으로 돌아온 프로이트는 신경 질환 상담가로서 개인 병원을 열고, 뒤이어 오랫동안 미루어 왔던 결혼식을 올렸다. 하지만 그렇다고 해서 그가 당장 자기가 하던 모든 신경 병리학 업무를 그만둔 것은 아니었다. 그는 몇 년 더 어린아이들의 뇌성 마비에 관한 연구를 계속했고, 그 분야에서 주도적인 권위자가 되었다. 또 그 시기에 실어증에 관해서 중요한 연구 논문을 쓰기도 했지만, 최종적으로는 신경증의 치료에 더욱 노력을 집중했다. 전기 충격 요법 실험이 허사로 돌아간 뒤 그는 최면 암시로 방향을 돌려서, 1888년에 낭시를 방문하여 리에보Liébeault와 베르넴Bernheim이 그곳에서 괄목할 만한 성공을 거두는 데 이용한 기법을 배웠다. 하지만 그 기법 역시 불만족스러운 것으로 밝혀지자, 또 다른 접근 방법을 강구하지 않을 수 없었다. 그는 빈의 상담가이자 상당히 손위 연배인 요제프 브로이어Josef Breuer 박사가 10년 전쯤 아주 새로운 치료법으로 어떤 젊은 여자의 히스테리 증세를 치료했다는 사실을 알고 있었다. 그는 브로이어에게 그 방법을 한 번 더 써보도록 설득하는 한편, 그 스스로도 새로운 사례에 그 방법을 몇 차례 적용해서 가망성 있는 결과를 얻었다. 그 방법은 히스테리가 환자에게 잊힌 어떤 육체적 충격의 결과라는 가정에 근거를 둔 것이었다. 그리고 치료법은 잊힌 충격을 떠올리기 위해 적절한 감정을 수반하여 환자를 최면 상태로 유도하는 것으로 이루어져 있었다. 얼마 지나지 않아 프로이트는 그 과정과 저변에 깔린 이론 모두에서 변화를 일으키기 시작했고, 마침내는 그 일로 브로이어와 갈라설 정도까지 되었지만, 자기가 이루어 낸 모든 사상 체계의 궁극적인 발전에 곧 정신분석학이라는 이름을 붙였다.

그때부터 — 아마도 1895년부터 — 생을 마감할 때까지 프로이트의 모든 지성적인 삶은 정신분석학의 발전과 그 광범위한 언외(言外)의 의미, 그리고 그 학문의 이론적이고 실제적인 영향을 탐구하는 데 바쳐졌다. 프로이트의 발견과 사상에 대해서 몇 마디 말로 일관된 언급을 하기란 물론 불가능하겠지만, 그가 우리의 사고 습관에 불러일으킨 몇 가지 주요한 변화를 단절된 양상으로나마 지적하기 위한 시도는 얼마 안 가서 곧 이루어질 것이다. 그러는 동안 우리는 그가 살아온 삶의 외면적인 과정을 계속 좇을 수 있을 것이다.

빈에서 그가 영위했던 가정생활에는 본질적으로 에피소드가 결여되어 있다. 1891년부터 47년 뒤 그가 영국으로 떠날 때까지 그의 집과 면담실이 같은 건물에 있었기 때문이다. 그러나 행복한 결혼 생활과 불어나는 가족 — 세 명의 아들과 세 명의 딸 — 은 그가 겪는 어려움들, 적어도 그의 직업적 경력을 둘러싼 어려움들에 견실한 평형추가 되어 주었다. 의학계에서 프로이트에 대해 편견을 가지고 있었던 이유는 그가 발견한 것들의 본질 때문만이 아니라, 어쩌면 그에 못지않게 빈의 관료 사회를 지배하고 있던 강한 반유대 감정의 영향 때문이기도 했을 것이다. 그가 대학교수로 취임하는 일도 정치적 영향력 탓으로 끊임없이 철회되었다.

그러한 초기 시절의 특별한 일화 한 가지는 그 결과 때문에 언급할 필요가 있다. 그것은 프로이트와, 명석하되 정서가 불안정한 베를린의 의사 빌헬름 플리스Wilhelm Fließ의 우정에 관한 것이다. 플리스는 이비인후과를 전공했지만 인간 생태학과 생명 과정에서 일어나는 주기적 현상의 영향에 이르기까지 관심 범위가 매우 넓었다. 1887년부터 1902년까지 15년 동안 프로이트는 그와 정기적으로 편지를 교환하면서 자기의 발전된 생각을 알렸고, 자기가 앞으로 쓸 책들의 윤곽을 개술한 긴 원고를 그에게 미리 보냈다. 그리고 무엇보다도 중요한 것은 「과학적 심리학 초고」라는 제목이 붙은 약 4만 단어짜리 논문을 보낸 것이었다. 이 논문은 프로이트의 경력에서 분수령이라고도 할 수 있는, 즉 그가 어쩔 수 없이 생리학에서 심리학으로 옮겨 가고 있던 1895년에 작성된 것으로, 심리학의 사실들을 순전히 신경학적 용어들로 서술하려는 시도였다. 다행스럽게도 이 논문과 프로이트가 플리스에게 보낸 다른 편지들도 모두 보존되어 있는데, 그것들은 프로이트의 사상이 어떻게 발전되었는가에 대해 매혹적인 빛을 던질 뿐 아니라, 정신분석학에서 나중에 발견된 것들 중 얼마나 많은 것이 초기 시절부터 이미 그의 마음속에 있었는지를 보여 준다.

플리스와의 관계를 제외한다면, 프로이트는 처음에는 외부의 지원을 거의 받지 못했다. 빈에서 점차 프로이트 주위로 몇몇 문하생이 모여들었지만, 그것은 대략 10년쯤 후인 1906년경, 즉 다수의 스위스 정신 의학자가 그의 견해에 동조함으로써 분명한 변화가 이루어진 뒤의 일이었다. 그들 가운데 중요한 인물로는 취리히 정신 병원장인 블로일러E. Bleuler와 그의 조수인 융C. G. Jung이 있었는데, 그것으로 우리는 정신분석학이 처음으로 확산되기 시작했음을 알 수 있다. 1908년에는 잘츠부르크에서 정신분석학자들의 국제적인 모임이 열린 데 이어, 1909년에는 미국에서 프로이트와 융을 초청해 여러 차례의 강연회를 열어 주었다. 프로이트의 저서들이 여러 나라 말로 번역되기 시작했고, 정신분석을 실행하는 그룹들이 세계 각지에서 생겨났다. 그러나 정신분석학의 발전에 장애가 없지는 않았다. 그 학문의 내용이 정신에 불러일으킨 흐름들은 쉽게 받아들이기에는 너무 깊이 흐르고 있었던 것이다. 1911년 빈의 저명한 프로이트 지지자들 중 한 명인 알프레트 아들러Alfred Adler가 그에게서 떨어져 나갔고, 이삼 년 뒤에는 융도 프로이트와의 견해 차이로 결별했다. 그 일에 바로 뒤이어 제1차 세계 대전이 발발하자, 정신분석의 국제적인 확산은 중단되었다. 그리고 얼마 안 가서 곧 가장 중대한 개인적 비극이 닥쳤다. 딸과 사랑하는 손자의 죽음, 그리고 삶의 마지막 16년 동안 그를 가차 없이 쫓아다닌 악성 질환의 발병이었다. 그러나 어떤 질병도 프로이트의 관찰과 추론의 발전을 막을 수는 없었다. 그의 사상 체계는 계속 확장되었고, 특히 사회학 분야에서 더욱더 넓은 적용 범위를 찾았다. 그때쯤 그는 세계적인 명사로서 인정받는 인물이 되어 있었는데, 1936년 그가 여든 번째 생일을 맞던 해에 영국 왕립 학회Royal Society의 객원 회원으로 선출된 명예보다 그를 더 기쁘게 한 일은 없었다. 1938년 히틀러가 오스트리아를 침공했을 때 국가 사회주의자들의 가차 없는 박해로부터 그를 보호해 주었던 것도 — 비록 그들이 프로이트의 저서들을 몰수해서 없애 버리기는 했지만 — 들리는 말로는 루스벨트 대통령까지 포함된, 영향력 있는 찬양자들의 노력으로 뒷받침된 그의 명성이었다. 그렇다 하더라도 프로이트는 어쩔 수 없이 빈을 떠나 그해 6월 몇몇 가족과 함께 영국으로 건너갔고, 그로부터 1년 뒤인 1939년 9월 23일 그곳에서 세상을 떠났다.

프로이트를 현대 사상의 혁명적인 창립자들 중 한 사람으로 일컬으며, 그의 이름을 아인슈타인Albert Einstein에 결부시켜 생각하는 것은 신문이나 잡지에 실릴 법한 진부한 이야기가 되었다. 그러나 대부분의 사람은 그나 아인슈타인에 의해 도입된 변화들을 간략하게 설명하기가 매우 어려울 것이다.

프로이트의 발견들은 물론 서로 연관되어 있기는 하지만 크게 세 가지로 묶을 수 있다. 연구의 수단, 그 수단에 의해 생겨난 발견들, 그리고 그 발견들에서 추론할 수 있는 이론적 가설들이 그것이다. 그런데 여기서 우리는 프로이트가 수행했던 모든 연구 이면에 결정론 법칙의 보편적 타당성에 대한 믿음이 있었다는 사실을 인정해야 한다. 자연 과학 현상과 관련해서는 이 믿음이 아마도 브뤼케의 연구소에서 근무한 경험에서 생겨났을 것이고, 궁극적으로는 헬름홀츠Helmholtz 학파로부터 생겨났을 것이다. 그러나 프로이트는 단호히 그 믿음을 정신 현상의 분야로 확장시켰는데, 그러는 데는 자기의 스승이자 정신 의학자인 마이네르트Meynert에게서, 그리고 간접적으로는 헤르바르트Herbart의 철학에서 영향을 받았을 수도 있다.

무엇보다도 먼저 프로이트는 인간의 정신을 과학적으로 탐구하기 위한 첫 번째 도구를 찾아낸 사람이었다. 천재적이고 창조적인 작가들은 단편적으로 정신 과정을 통찰해 왔지만, 프로이트 이전에는 어떤 체계적인 탐구 방법도 없었다. 그는 이 방법을 단지 점차적으로 완성시켰을 뿐인데, 그것은 그러한 탐구에서 장애가 되는 어려움들이 점차적으로 분명해졌기 때문이다. 브로이어가 히스테리에서 설명한 잊힌 충격은 가장 최초의 문제점을 제기했고, 어쩌면 가장 근본적인 문제점을 제기했을 수도 있다. 관찰자나 환자 본인 모두에 의해서 검사에 즉각적으로 개방되지 않는, 정신의 활동적인 부분들이 있다는 것을 결정적으로 보여 주었기 때문이다. 정신의 그러한 부분들을 프로이트는 형이상학적 논쟁이나 용어상의 논쟁을 고려하지 않고 〈무의식〉이라고 기술했다. 무의식의 존재는 최면 후의 암시라는 사실로도 증명되는데, 이 경우 환자는 암시 그 자체를 완전히 잊었다 하더라도 충분히 깨어 있는 상태에서 조금 전 그에게 암시되었던 행동을 수행한다. 그러므로 어떠한 정신의 탐구도 그 범위에 이 무의식적인 부분이 포함되지 않고는 완전한 것으로 여겨질 수 없었다. 그렇다면 이것이 어떻게 완전해질 수 있었을까? 명백한 해답은 〈최면 암시라는 수단에 의해서〉인 것처럼 보였다. 그리고 이 방법은 처음엔 브로이어에 의해, 다음에는 프로이트에 의해 이용된 수단이었다. 그러나 얼마 안 가서 곧 그 방법은 불규칙하거나 불명확하게 작용하고, 때로는 전혀 작용하지 않는 불완전한 것임이 밝혀졌다. 따라서 프로이트는 차츰차츰 암시의 이용을 그만두고 나중에 〈자유 연상〉이라고 알려진 완전히 새로운 방법을 도입했다. 즉 정신을 탐구하려는 상대방에게 단순히 무엇이든 머릿속에 떠오르는 것을 말하라고 요구하는, 전에는 들어 보지 못했던 계획을 채택했다. 이 중대한 결정 덕분에 곧바로 놀라운 결과가 도출되었다. 프로이트가 채택한 수단이 초보적인 형태였음에도 불구하고 그것은 새로운 통찰력을 제시했던 것이다. 한동안은 이런저런 연상들이 물 흐르듯 이어진다 하더라도 조만간 그 흐름은 고갈되기 마련이고, 환자는 더 말할 것을 아무것도 생각하지 않거나 또는 할 수 없게 된다. 그렇게 해서 저항의 진상, 즉 환자의 의식적인 의지와 분리되어 탐구에 협조하기를 거부하는 힘의 진상이 드러난다. 여기에 아주 근본적인 이론의 근거, 즉 정신을 뭔가 역동적인 것으로, 일부는 의식적이고 일부는 무의식적이며, 때로는 조화롭게 작용하고 때로는 서로 상반되는 다수의 정신적인 힘들로 이루어져 있다고 가정할 근거가 있었다.

그러한 현상들은 결국 보편적으로 생겨난다는 것이 밝혀지기는 했지만, 처음에는 신경증 환자들에게서만 관찰 연구되었고, 처음 몇 년 동안 프로이트의 연구는 주로 그러한 환자들의 〈저항〉을 극복하여 그 이면에 있는 것을 밝혀낼 수단을 발견하는 일과 관련되었다. 그 해결책은 오로지 프로이트 편에서 극히 이례적인 자기 관찰 — 지금에 와서는 자기 분석이라고 기술되어야 할 — 을 함으로써만 가능해졌다. 다행스럽게도 우리는 앞에서 얘기한, 그가 플리스에게 보냈던 편지로 그 당시의 상황을 직접적으로 알 수 있다. 즉 그는 분석 덕분에 정신에서 작용하는 무의식적인 과정의 본질을 발견하고, 어째서 그 무의식이 의식으로 바뀔 때 그처럼 강한 저항이 있는지를 이해할 수 있었다. 또 그의 환자들에게서 저항을 극복하거나 피해 갈 기법을 고안할 수 있었고, 무엇보다도 중요한 것, 즉 그러한 무의식적인 과정의 기능 방식과 익히 알려진 의식적인 과정의 기능 방식 사이에 아주 큰 차이점이 있음을 알아낼 수 있었다는 것이다. 다음 세 가지는 그 하나하나에 대해서 언급이 좀 필요할 것 같다. 왜냐하면 사실 그것들은 정신에 관한 우리의 지식에 프로이트가 미친 공적들의 핵심을 구성하고 있기 때문이다.

정신의 무의식적인 내용들은 대체로 원초적인 육체적 본능에서 직접 그 에너지를 이끌어 내는 능동적인 경향의 활동 — 욕망이나 소망 — 으로 이루어져 있는 것으로 보인다. 이 무의식은 즉각적인 만족을 얻는 것 외에는 전혀 아무것도 고려하지 않고 기능하며, 따라서 현실에 적응하고 외부적인 위험을 피하는 것과 관련된, 정신에서 더욱더 의식적인 요소들과 동떨어져 있기 마련이다. 더군다나 이러한 원초적인 경향은 훨씬 더 성적이거나 파괴적인 경향을 지니며, 좀 더 사회적이고 개화된 정신적인 힘들과 상충할 수밖에 없다. 이것을 계속 탐구함으로써 프로이트는 오랫동안 숨겨져 있던 어린아이들의 성적인 삶과 오이디푸스 콤플렉스의 비밀을 알아낼 수 있었다.

두 번째로, 그는 자기 분석을 함으로써 꿈의 본질을 탐구하기 시작했다. 이 꿈들은 신경증 증상들과 마찬가지로 원초적 무의식적 충동과 2차적인 의식적 충동 사이에서 생겨나는 갈등과 타협의 산물임이 밝혀졌다. 그것들을 구성 요소별로 나누어 분석함으로써 프로이트는 숨어 있는 무의식적인 내용들을 추론할 수 있었으며, 꿈이 거의 모든 사람들에게 보편적으로 일어나는 공통된 현상인 만큼 꿈의 해석이 신경증 환자의 저항을 간파하기 위한 기술적 도구 중의 하나임을 밝혀냈다.

마지막으로, 꿈에 대해 면밀하게 고찰함으로써 프로이트는 그가 생각의 1차적 과정과 2차적 과정이라고 명명한 것, 즉 정신의 무의식적 영역에서 일어나는 일과 의식적 영역에서 일어나는 일

사이의 엄청난 차이점들을 분류할 수 있었다. 무의식에서는 조직이나 조화는 전혀 발견되지 않고, 하나하나의 독립적인 충동이 다른 모든 충동과 상관없이 만족을 추구한다. 그 충동들은 서로 영향을 받지 않고 진행되며, 모순은 전혀 작용하지 않고 가장 대립되는 충동들이 아무런 갈등 없이 병존한다. 그러므로 무의식에서는 또한 생각들의 연상이 논리와는 아무런 관련도 없는 노선들을 따라 진행되며, 유사한 것들은 동일한 것으로, 반대되는 것들은 긍정적으로 동등하게 다루어진다. 또 무의식에서는 능동적인 경향을 수반한 대상들이 아주 이례적으로 가변적이어서, 하나의 무의식이 아무런 합리적 근거도 없는 온갖 연상의 사슬을 따라 다른 무의식으로 대체될 수도 있다. 프로이트는 원래 1차적 과정에 속하는 심리 기제가 의식적인 생각으로 침투하는 것이 꿈뿐만 아니라 여러 가지 다른 정상적 또는 정신 병리학적인 정신적 사건의 기이한 점을 설명해 준다는 사실도 분명히 알아냈다.

　프로이트가 했던 연구의 후반부는 모두 이러한 초기의 사상들을 무한히 확장하고 정교하게 다듬는 데 바쳐졌다고 해도 과언이 아닐 것이다. 그러한 사상들은 정신 신경증과 정신 이상의 심리 기제뿐 아니라 말이 헛나온다거나 농담을 한다거나 예술적 창조 행위라거나 정치 제도 같은 정상적인 과정의 심리 기제를 설명하는 데도 적용되었고, 여러 가지 응용과학 — 고고학, 인류학, 범죄학, 교육학 — 에 새로운 빛을 던지는 데도 일익을 담당했다. 그리고 정신분석 요법의 효과를 설명하는 데도 도움이 되었다. 마지막으로, 프로이트는 이러한 근본적인 관찰들을 근거로 해서 그가 〈초심리학〉이라고 명명한 좀 더 일반적인 개념의 이론적인 구조를 세우기도 했다. 그러나 많은 사람들이 이 일반적 개념을 매혹적이라고 생각할지라도, 프로이트는 언제나 그것이 잠정적인 가설의 속성을 띤다고 주장했다. 만년에 그는 〈무의식〉이라는 용어의 다의성과 그것의 여러 가지 모순되는 용법에 많은 영향을 받아 정신에 대한 새로운 구조적 설명 — 여러 가지 문제점을 해명하기 위해 만들어진 것이 분명한 새로운 설명 — 을 제시했는데, 거기에서는 조화되지 않은 본능적인 경향은 〈이드〉로, 조직된 현실적인 부분은 〈자아〉로, 비판적이고 도덕적인 기능은 〈초자아〉로 불렸다.

  지금까지 훑어본 내용으로 독자들은 프로이트의 삶에 있었던 외면적인 사건들의 윤곽과 그가 발견한 것에 대해 어느 정도 조망했을 것이다. 그런데 더 많은 것을 요구하는 것이, 좀 더 깊이 파고들어 가서 프로이트가 어떤 부류의 사람이었는지를 알아보는 것이 과연 적절할까? 아마도 그렇지 않을 것이다. 그러나 위인에 대한 사람들의 호기심은 만족할 줄 모르며, 그 호기심이 진실된 설명으로 충족되지 않으면 필연적으로 꾸며 낸 이야기라도 붙잡으려고 할 것이다. 프로이트는 초기에 낸 두 권의 책(『꿈의 해석』과 『일상생활의 정신 병리학』)에서 그가 제기한 논제로 인해 개인적인 사항들을 예외적으로 많이 제시하지 않을 수 없었다. 그럼에도 불구하고, 또는 바로 그런 이유로 그는 자기의 사생활이 침해당하는 것을 완강히 거부했으며, 따라서 여러 가지 근거 없는 얘깃거리의 소재가 되었다. 일례로 처음에 떠돌았던 아주 단순한 소문에 따르자면, 그는 공공 도덕을 타락시키는 데 온 힘을 쏟는 방탕한 난봉꾼이라는 것이었다. 또 이와 정반대되는 터무니없는 평가도 없지 않았다. 그는 엄격한 도덕주의자, 가차 없는 원칙주의자, 독선가, 자기중심적이고 웃지도 않는 본질적으로 불행한 남자로 묘사되었다. 그를 조금이라도 알고 있는 사람들이라면 누구에게나 위의 두 가지 모습은 똑같이 얼토당토않은 것으로 보일 것이다. 두 번째 모습은 분명히 부분적으로는 그가 말년에 육체적으로 고통받았다는 것을 아는 데서 기인한 것이다. 그러나 또 한편으로는 가장 널리 퍼진 그의 몇몇 사진이 불러일으킨 불행해 보이는 인상에 기인한 것일 수도 있다. 그는 적어도 직업적인 사진사들에게는 사진 찍히기를 싫어했으며, 그의 모습은 때때로 그런 사실을 드러냈다. 화가들 역시 언제나 정신분석학의 창시자를 어떻게든 사납고 무서운 모습으로 표현할 필요를 느꼈던 것처럼 보인다. 그러나 다행히도 좀 더 다정하고 진실한 모습을 보여 주는 다른 증거물들도 있다. 예를 들면 그의 장남이 쓴 아버지에 대한 회고록(마르틴 프로이트Martin Freud, 『명예로운 회상』, 1957)에 실려 있는, 휴일에 손자들과 함께 찍은 스냅 사진 같은 것들이다. 이 매혹적이고 흥미로운 책은 실로 여러 가지 면에서 좀 더 형식적인 전기들 — 그것들도 매우 귀중하기는 하지만 — 의 내용에서 균형을 회복하는 데 도움을 주는 한편, 일상생활을 하는 프로이트의 모습도 얼마간 드러내 준다. 이러한 사진들 가운데 몇 장은 그가 젊은 시절에 매우 잘생긴 용모였다는 것을 보여 준다. 하지만 나중에 가서는, 그러니까 제1차 세계 대전 뒤 병이 그를 덮치기 얼마 전부터는 더 이상 그렇지 못했고, 그의 용모는 물론 전체적인 모습(대략 중간 키 정도인)도 주로 긴장된 힘과 빈틈없는 관찰력을 풍기는 인상으로 널리 알려졌다. 그는 공식적인 자리에서는 진지하되 다정하고 사려 깊었지만, 사사로운 곳에서는 역설적인 유머 감각을 지닌 유쾌하고 재미있는 사람이기도 했다. 그가 가족에게 헌신적인 애정을 기울인 사랑받을 만한 남자였다는 것을 알아보기란 그리 어려운 일이 아니다. 그는 다방면으로 여러 가지 취미가 있었고 — 그는 외국 여행과 시골에서 보내는 휴일, 그리고 등산을 좋아했다 — 미술, 고고학, 문학 등 좀 더 전념해야 하는 주제에도 관심이 많았다. 프로이트는 독일어 외에 여러 외국어에도 능통해서 영어와 프랑스어를 유창하게 구사했을 뿐 아니라, 스페인어와 이탈리아어에도 상당한 지식을 갖고 있었다. 또 그가 후기에 받은 교육은 주로 과학이었지만(대학에서 그가 잠시 철학을 공부했던 것은 사실이다), 김나지움에서 배웠던 고전들에 대한 애정 또한 잃지 않았다. 우리는 그가 열일곱 살 때 한 급우[4]에게 보냈던 편지를 가지고 있는데, 그 편지에서 그는 졸업 시험의 각기 다른 과목에서 거둔 성과들, 즉 로마의 시인 베르길리우스에게서 인용한 라틴어 구절, 그리고 무엇보다도 『오이디푸스왕』에서 인용한 30행의 그리스어 구절을 적고 있다.

한마디로 우리는 프로이트를, 영국에서라면 빅토리아 시대 교육의 가장 뛰어난 산물과 같은 인물로 볼 수도 있을 것이다. 그러므로 프로이트의 문학과 예술에 대한 취향은 분명 우리와 다를 것이며, 윤리에 대한 견해도 자유롭고 개방적일지언정 프로이트 이후 세대에 속하지는 않을 것이다. 그러나 우리는 그에게서 많은 고통을 겪으면서도 격한 태도를 보이지 않는, 충만한 감성을 지닌 인간형을 본다. 그에게서 두드러지는 특징들은 완전한 정직과 솔직성, 그리고 아무리 새롭거나 예외적이더라도 자기에게 제시된 사실을 어떤 것이든 기꺼이 받아들여 숙고할 준비가 되어 있는 지성이다. 그가 이처럼 놀라운 면을 지니게 된 것은, 아마도 표면적으로 사람들을 싫어하는 태도가 숨기지 못한 전반적인 너그러움을 그러한 특징들과 결합하여 확장시킨 필연적인 결과일 것이다. 미묘한 정신을 지녔음에도 불구하고 그는 본질적으로 순

---

4 에밀 플루스Emil Fluss. 이 편지는 『프로이트 서간집』(1960)에 들어 있다.

박했으며, 때로는 비판 능력에서 예기치 않은 착오를 일으키기도 했다. 예를 들어 이집트학이나 철학 같은 자기 분야가 아닌 주제에서 신빙성이 없는 전거(典據)를 받아들이는 실수를 한다든가, 그리고 무엇보다도 이상한 것은 그 정도의 인식력을 지닌 사람으로 믿기 어려울 만큼 때로는 그가 알고 있는 사람들의 결점을 보지 못한 것 등이 그렇다. 그러나 프로이트가 우리와 같은 인간이라고 단언함으로써 허영심을 만족시킬 수 있다 하더라도, 그 만족감은 쉽사리 도를 넘어설 수 있다. 이제까지는 정상적인 의식에서 제외되었던 정신적 실체의 모든 영역을 처음으로 알아볼 수 있었던 사람, 처음으로 꿈을 해석하고, 유아기의 성욕이라는 사실을 처음으로 인정하고, 사고의 1차적 과정과 2차적 과정을 처음으로 구분한 사람 ― 우리에게 무의식을 처음으로 현실로 제시한 사람 ― 에게는 사실상 매우 비범한 면들이 있었을 것이다.

프로이트 연보

1856년 5월 6일, 오스트리아 모라비아의 프라이베르크에서 태어남.

1860년 가족들 빈으로 이주, 정착.

1865년 김나지움(중등학교 과정) 입학.

1873년 빈 대학 의학부에 입학.

1876년 1882년까지 빈 생리학 연구소에서 브뤼케의 지도 아래 연구 활동.

1877년 해부학과 생리학에 관한 첫 번째 논문 출판.

1881년 의학 박사 과정 졸업.

1882년 마르타 베르나이스와 약혼. 1885년까지 빈 종합 병원에서 뇌 해부학을 집중 연구, 논문 다수 출판.

1884년 1887년까지 코카인의 임상적 용도에 관한 연구.

1885년 신경 병리학 강사 자격(프리바트도첸트) 획득. 10월부터 1886년 2월까지 파리의 살페트리에르 병원(신경 질환 전문 병원으로 유명)에서 샤르코의 지도 아래 연구. 히스테리와 최면술에 대해 소개하기 시작.

1886년 마르타 베르나이스와 결혼. 빈에서 개업하여 신경 질환 환자를 치료하기 시작. 1893년까지 빈 카소비츠 연구소에서 계속 신경학을 연구. 특히 어린이 뇌성 마비에 관심을 가지고 많은 출판 활동을 함. 신경학에서 점차 정신 병리학으로 관심을 돌리게 됨.

1887년 장녀 마틸데 출생. 1902년까지 베를린의 빌헬름 플리스와 교분을 맺고 서신 왕래. 이 기간에 프로이트가 플리스에게 보낸 편지는 프로이트 사후인 1950년에 출판되어 그의 이론 발전 과정에 많은 시사점을 주고 있음. 최면 암시 요법을 치료에 사용하기 시작.

1888년 브로이어를 따라 카타르시스 요법을 통한 히스테리 치료에 최면술을 이용하기 시작. 그러나 점차 최면술 대신 자유 연상 기법을 시도하기 시작.

1889년 프랑스 낭시에 있는 베르넴을 방문. 그의 〈암시〉 요법을 연구. 장남 마르틴 출생.

1891년 실어증에 관한 연구 논문 발표. 차남 올리버 출생.

1892년 막내아들 에른스트 출생.

1893년 브로이어와 함께 히스테리의 심적 외상(外傷) 이론과 카타르시스 요법을 밝힌 『예비적 보고서』 출판. 차녀 소피 출생. 1896년까지 프로이트와 브로이어 사이에 점차 견해차가 생기기 시작. 방어와 억압의 개념, 그리고 자아와 리비도 사이의 갈등의 결과로 생기는 신경증 개념을 소개하기 시작. 1898년까지 히스테리, 강박증, 불안에 관한 연구와 짧은 논문 다수 발표.

1895년 브로이어와 함께 치료 기법에 대한 증례 연구와 설명을 담은 『히스테리 연구』 출판. 감정 전이 기법에 대한 설명이 이 책에서 처음으로 나옴. 『과학적 심리학 초고』 집필. 플리스에게 보내는 편지 속에 그 내용이 포함되어 있는 이 책은 1950년에야 비로소 첫 출판됨. 심리학을 신경학적인 용어로 서술하려는 이 시도는 처음에는 빛을 보지 못했지만 프로이트의 후기 이론에 관한 많은 시사점을 담고 있음. 막내딸 아나 출생.

1896년 〈정신분석〉이란 용어를 처음으로 소개. 부친 향년 80세로 사망.

1897년 프로이트의 자기 분석 끝에 심적 외상 이론을 포기하는 한편, 유아 성욕과 오이디푸스 콤플렉스에 대해 인식하게 됨.

1900년 『꿈의 해석』 출판. 책에 표시된 발행 연도는 1900년이지만 실제로 책이 나온 것은 1899년 11월임. 이 책의 마지막 장에서 정신 과정, 무의식, 〈쾌락 원칙〉 등에 대한 프로이트의 역동적인 관점이 처음으로 자세하게 설명됨.

1901년 『일상생활의 정신 병리학』 출판. 이 책은 꿈에 관한 저서와 함께 프로이트의 이론이 병적인 상태뿐만 아니라 정상적인 정신생활에까지 적용된다는 것을 분명히 보여주고 있음.

1902년 특별 명예 교수에 임명됨.

1905년 「성욕에 관한 세 편의 에세이」 발표. 유아에서 성인에 이르기까지 인간의 성적 본능의 발전 과정을 처음으로 추적함.

1906년 융이 정신분석학의 신봉자가 됨.

1908년 잘츠부르크에서 제1회 국제 정신분석학회가 열림.

1909년 프로이트와 융이 미국으로부터 강의 초청을 받음. 〈꼬마 한스〉라는 다섯 살 어린이의 병력(病歷) 연구를 통해 처음으로 어린이에 대한 정신분석을 시도. 이 연구를 통해 성인들에 대한 분석에서 수립된 추론들이 특히 유아의 성적 본능과 오이디푸스 콤플렉스 및 거세 콤플렉스에 까지 적용될 수 있음을 확인함.

1910년 〈나르시시즘〉 이론이 처음으로 등장함.

1911년 1915년까지 정신분석 기법에 관한 몇 가지 논문 발표. 아들러가 정신분석학회에서 탈퇴. 정신분석학 이론을 정신병 사례에 적용한 슈레버 박사의 자서전 연구 논문이 나옴.

1912년 1913년까지 『토템과 터부』 출판. 정신분석학을 인류학에 적용한 저서.

1914년 융의 학회 탈퇴. 「정신분석 운동의 역사」라는 논문 발표. 이 논문은 프로이트가 아들러 및 융과 벌인 논쟁을 담고 있음. 프로이트의 마지막 주요 개인 병력 연구서인 『늑대 인간』(1918년에 비로소 출판됨) 집필.

1915년 기초적인 이론적 의문에 관한 〈초심리학〉 논문 12편을 시리즈로 씀. 현재 이 중 5편만 남아 있음. 1917년까지 『정신분석 강의』 출판. 제1차 세계 대전까지의 프로이트의 관점을 광범위하고도 치밀하게 종합해 놓은 저서임.

1919년 나르시시즘 이론을 전쟁 신경증에 적용.

1920년 차녀 사망. 『쾌락 원칙을 넘어서』 출판. 〈반복 강박〉이라는 개념과 〈죽음 본능〉 이론을 처음 명시적으로 소개.

1921년 『집단 심리학과 자아 분석』 출판. 자아에 대한 체계적이고 분석적인 연구에 착수한 저서.

1923년 『자아와 이드』 출판. 종전의 이론을 크게 수정해 마음의 구조와 기능을 이드, 자아, 초자아로 나누어 설명. 암에 걸림.

1925년 여성의 성적 발전에 관한 관점을 수정.

1926년 『억압, 증상 그리고 불안』 출판. 불안의 문제에 대한 관점을 수정.

1927년 『어느 환상의 미래』 출판. 종교에 관한 논쟁을 담은 책. 프로이트가 말년에 전념했던 다수의 사회학적 저서 중 첫 번째 저서.

1930년 『문명 속의 불만』 출판. 이 책은 파괴 본능(〈죽음 본능〉의 표현으로 간주되는)에 대한 프로이트의 첫 번째 본격적인 연구서임. 프랑크푸르트시로부터 괴테상(賞)을 받음. 어머니 향년 95세로 사망.

1933년 히틀러 독일 내 권력 장악. 프로이트의 저서들이 베를린에서 공개적으로 소각됨.

1934년 1938년까지 『인간 모세와 유일신교(有一神敎)』 집필. 프로이트 생존 시 마지막으로 출판된 책.

1936년 80회 생일. 영국 왕립 학회의 객원 회원으로 선출됨.

1938년 히틀러의 오스트리아 침공. 빈을 떠나 런던으로 이주. 『정신분석학 개요』 집필. 미완성의 마지막 저작인 이 책은 정신분석학에 대한 결정판이라 할 수 있음.

1939년 9월 23일 런던에서 사망.

역자 해설 1
꼬마 오이디푸스

〈꼬마 한스〉 이야기가 1909년 처음 발표되었을 때 프로이트는 커다란 스캔들에 시달리지 않을 수 없었다. 당시는 프로이트의 이론이나 견해가 주위에서 확고한 타당성을 얻지 못하고 그 자신이 다른 정신과 의사들의 조롱에 휘말리던 시기였다. 특히 「성욕에 관한 세 편의 에세이」(1905)에서 그가 주장한 범(凡)성욕설 *Pansexualismus*은 인간과 관련된 모든 것을 성과 연결시키려 든다는 비난의 진앙(震央)이 되었다. 또 꿈-해석을 시도하면서 모든 것을 되도록 성의 범주에서 해명하려 한 것도 그에 대한 비난의 강도를 한층 높이는 결과를 낳았다. 그렇기 때문에 당시에는 정숙한 여자들 앞에서 〈프로이트〉라는 이름을 거론하는 것만으로도 실례가 될 지경이었다. 사실 이러한 상황에서 〈꼬마 한스〉 이야기를 발표하는 것은 커다란 모험이 아닐 수 없었다. 게다가 아직 제대로 성숙하지 않은 어린아이에게 정신분석 방법을 적용함으로써 부작용을 낳을지도 모른다는 우려와 항의의 목소리가 높았다. 모두들 민감한 나이의 꼬마 한스가 나중에 정신분석의 희생물이 될 수도 있으며, 나아가서 공포증에 시달리는, 어쩌면 정상적이지 못한 아이에 대한 분석을 일반화하는 것도 무모한 일이라고 항변했다.

그러나 다섯 살배기 남자아이를 대상으로 한 정신분석 치료의 기록인 〈꼬마 한스〉 이야기는 프로이트 이론의 공허성을 메우는 데 큰 역할을 했다. 즉 어린아이의 입을 통해서 직접 확인하여 알아낸 심리적 증세들은 프로이트가 「성욕에 관한 세 편의 에세이」에서 내세운 추론들에 대한 실제적인 증거물이 되어 주었다. 그 추론이란 어린아이의 성적 구성 요소 속에는 이후의 삶에서 나타나는 모든 신경증 징후들이 배태되어 있다는 것이다.

프로이트는 〈꼬마 한스〉 이야기의 출간에 즈음하여 어니스트 존스Ernest Jones에게 쓴 편지(1909년 6월 1일)에서 어린아이의 영혼에 대해서 이보다 더 깊은 통찰을 얻은 적이 없다고 밝혔다. 프로이트는 꼬마 한스의 공포증을 성공적으로 치료한 후 그 성과를 글로 작성했다. 이로써 정신분석의 새로운 영역이 개척된 것이다.

한스는 상상력이 풍부한 아이였다. 게다가 자신의 생각을 거침없이 내뱉을 정도로 표현력까지 풍부한 성격의 소유자였기 때문에 프로이트의 작업이 가능했다. 한스의 입에서 폭포처럼 쏟아져 나오는 말들은 그대로 그의 아버지에 의해서 글로 기록되었다. 다시 말해서 한스에 대한 정신분석을 실제로 수행한 사람은 한스의 아버지였고, 프로이트가 뒤에서 그 분석의 나아갈 길을 제시했다. 한스를 상대로 한 아버지의 정신분석이 갈피를 잡지 못하고 정체 상태에 접어들었을 때, 프로이트가 단 한 번 직접 개입하여 한스와 대화를 나누었을 뿐이다. 한스는 자신이 받고 있는 치료의 성격을 알아차리고 이에 적극적으로 협조했다. 프로이트의 말대로 어린 한스의 마음을 여는 일은 오로지 그의 아버지 덕분에 가능했다. 문학과 미학에도 조예가 깊었을 뿐만 아니라 법학 박사 학위까지 소지한 빈Wien 사회의 지식인으로서 프로이트의 신봉자였던 한스의 아버지는 아버지로서뿐만 아니라 의사로서의 권위를 동시에 구현하면서 아들에게 애정과 과학적 관심으로 접근했다.

꼬마 한스에 대한 정신분석은 아동에게 나타나는 공포증의 원인 분석과 그 치료가 주된 목적이었다. 즉 어린이 신경증의 발생과 소멸에 대한 분석이 프로이트의 의도였다.

우리는 〈꼬마 한스〉 이야기를 통해서 한 아이가 정신적으로 발전하고 성장해 가는 모습을, 달리 말해서 어린아이의 감정 및 사고 세계의 전개 과정을 여러 단계에 걸쳐 연속적으로 관찰할 수 있다.

인간은 모두 자신의 눈으로 세상을 바라보게 마련이다. 즉 인간은 그때까지 자신이 얻은 모든 지식과 체험을 동원하여 세상을 인식하려 든다. 그러나 어린아이의 경우 이러한 체험과 지식의 양이 어른에 비해 많지 않기 때문에 문제가 발생한다. 어린아이는 특히 자기중심적이다. 꼬마 한스는 동물원에서 큰 짐승들의 커다란 성기를 본 다음부터 모든 물건에는 성기가 달려 있다고 생각한다. 그 한 예로 그는 기관차가 물을 내뿜고 있는 광경을 보고서 〈기차가 오줌을 눈다〉고 말한다. 성적 호기심은 자신을 둘러싸고 있는 세상을 알아 가는 과정의 한 단계로 나타난다. 한스의 경우 부모, 특히 엄마의 성기에 대한 호기심과 여동생의 탄생 비밀이 가장 크게 다가왔다. 그러나 우리는 보통 아이들이 물어 오는 성과 관련된 질문에 대하여 이상한 미신 같은 것으로 얼버무려 넘기기 일쑤다. 그것은 한스 아버지의 경우도 마찬가지였다. 그는 황새가 아이를 이 세상에 데려온다고 한스에게 장난조로 대답해 주었다.

갓난아이는 어떻게 세상에 태어나는지, 아이가 만들어질 때 아버지의 역할은 무엇인지 등에 대해서 한스의 아버지는 참된 답을 주지 않았다. 그 결과 한스는 나름대로 성에 대해 생각하고 또 성적 욕망을 해소하지 못하게 됨으로써, 다시 말해서 마음속에서 갈등과 억압을 일으킴으로써 그것이 결국은 〈공포증Phobie〉으로 발전하게 되었다.

한스의 공포증은 〈말[馬]이 물려고 그래〉라는 것과 〈말이 쓰러질 것 같아〉라는 두 개의 상반된 말로 표현되었다. 여기서 프로이트는 〈말〉을 한스의 아버지와 동일시한다. 그 결과 한스의 이 두 마디 말은 그의 마음속에 이는 오이디푸스적 갈등의 외적 표현이라는 것이다. 즉 어머니를 사랑하는 나머지 경쟁자 관계에 있는 아버지가 없어졌으면 좋겠다는 생각과, 자신을 길러 준 아버지가 정말로 사라지면 어쩌나 하는 감정이 이 두 마디 말속에 담겨져 있다는 것이다. 내면에서 이는 성적 충동과 고분고분하게 말을 들어야 한다는 내적인 순종 노력의 이와 같은 상반된 감정이 그에게 죄책감과 억압 심리를 불러일으켰다. 마음속에서 이는 충동들, 즉 자아와 외부 세계 사이의 갈등과 타협이 한스의 정신적 투쟁의 내용이다. 아이의 외적 흥분은 어린아이의 마음속에서 진행되는 고통스럽고 공포감을 일으키는 모순들을 반영한다. 비록 그와 같은 공격적인 충동을 품었지만 한스는 결코 반항적인 나쁜 아이가 아니다. 오히려 그는 성격이 밝고 온순하며 부모의 말씀을 잘 들으려고 노력하는 아이로 묘사된다. 외부 세계와의 조화를 위해 꼬마 한스는 충동의 변화를 꾀한다. 여기서 바로 억압 Verdrängung이 시작된다.

한스의 아버지는 한스의 어머니가 그를 자꾸만 침대에 끌어들임으로써 그의 버릇을 나쁘게 만들고 있다고 나무란 바 있다. 그러나 그녀는 — 프로이트의 말대로 — 운명에 의해 주어진 역할을 한 것일 뿐이었다. 그런데 아름다운 어머니와 동침하기 위해서 아버지를 제거하고 싶어 하는 무의식적 감정에 사로잡혀 있던 그에게 어머니의 임신과 여동생의 출생은 크나큰 시기심을 가져다 주었다. 왜냐하면 여동생 역시 어머니를 둘러싼 그의 새로운 경쟁자이기 때문이다. 그래서 그는 여동생인 한나 역시 죽어 버렸으면 좋겠다는 소망을 피력한다. 시기심에서 비롯된 그의 적대심은 〈말[馬]〉에게로 전위*Verschiebung*된다. 특히 짐을 잔뜩 실은 마차가 그의 주된 공포의 대상으로 나타난다. 아나 프로이트는 〈공포와 불안은 흩어져 있지 않고 아이에 의해 하나의 상징으로 응축된다〉고 말한다. 그것이 한스의 경우에는 다름 아닌 〈말〉인 것이다.

자위행위를 하는 한스에게 다시 한번 그런 짓을 하면 고추를 떼어 버리겠다고 한 어머니의 말은 거세*Kastration* 공포증을 유발한다. 유아기의 생물학적, 심리적 절망감에서 생긴 원초적이고 유아적인 불안이 이후의 공포증의 토대가 된다는 뜻이다.

꼬마 한스는 또 지식과 경험의 부족으로 자신의 성적 요구를 어떻게 처리해야 할지 모른다. 그것은 모든 생물에는 고추가 달려 있다고 생각한 것에서 비롯된다. 또한 그것은 남성의 성기를 높게 평가하는 어린아이의 태도에서 나온 것이기도 하다. 엄마에게도 고추가 달려 있다고 생각했기 때문에 그는 자신의 욕구를 해결할 방도를 알지 못한다. 그러나 그는 설비공이 와서 자신의 고추를 떼어 내고 큰 고추를 달아 주는 긍정적인 상상*Phantasie*을 함으로써 공포증에서 벗어나게 된다. 자신의 열등감을 극복하고 자기에게도 아버지와 맞먹을 정도의 힘이 생긴 것으로 생각한 그는 이제 짐을 잔뜩 실은 마차 — 짐을 잔뜩 실은 마차는 아이를 임신하여 배가 부른 엄마를 상징한다 — 가 다가와도 무서워하지 않고 마음 놓고 거리를 산책한다. 물론 이 과정에서 프로이트는 한스에게 성에 대한 깨우침을 주도록 한스의 아버지에게 몇 번 충고를 했다.

〈꼬마 한스〉 이야기는 두 가지 면에서 획기적인 기록이라고 할 수 있다. 그 하나는 처음으로 어린아이를 상대로 정신분석을 행하여 아동 분석이라는 새로운 정신분석 치료의 영역을 개척했다는 것이고, 다른 하나는 처음으로 체계적이고 분석적인 아동 관찰을 이루어 냈다는 것이다. 어른의 경우 여러 개의 심리적 층위로 덮여 있는 것을 어린아이에게서 직접 알아냈다는 데에도 이번 분석의 의의가 있다. 성인 환자들에 대한 정신분석을 통해서 재구성할 수밖에 없었던 어린아이의 성적 발전 과정을 직접적으로 알아낸 것이다. 그리고 또 정신 질환으로 여겨질 수 있는 아동의 공포증이 정상적인 성장 과정의 일부분을 이룬다는 사실도 확인되었다. 여기서 정상적인 성장 과정이란 사회화 혹은 문화화 과정에서 어린아이가 수행해야 할 타고난 본능의 극복을 이른다.

한스는 보통 이상도 이하도 아닌 정상적인 아이였다. 그것은 그가 정신분석 치료를 받은 지 13년이 지난 후 프로이트 앞에 지극히 정상적인 모습으로 나타난 사실에 의해서 증명되었다. 당시 그는 어릴 적에 정신분석 치료를 받았던 사실조차 기억하지 못했다.

꼬마 한스라는 별명의 주인공은 헤르베르트 그라프Herbert Graf로서, 그는 나중에 유명한 오페라 감독이 되었다. 그는 뉴욕 메트로폴리탄 오페라단 예술 감독의 자리를 수년간 역임하면서 아르투로 토스카니니Arturo Toscanini, 브루노 발터Bruno Walter 그리고 마리아 칼라스Maria Callas 등과 협연을 할 정도로 명성을 떨쳤다. 본문 중에 꼬마 한스에게 음악적 재능이 있다는 말이 한 번

나온 적이 있는데, 사실 그는 다른 것보다 음악에 심취하여 그것을 직접 구현하기 위하여 학교를 찾아다녔으며, 빈 대학에서 음악학을 공부하여 「연출가로서의 리하르트 바그너」라는 제목으로 박사 학위를 받았다. 그는 그의 아버지처럼 역시 두 번 결혼하여 두 아이를 두었고, 1973년 일흔 번째 생일을 앞두고 생을 마감했다.

우리 말로 옮기는 데 사용한 독일어 원본은 독일 피셔Fischer 출판사에서 나온『지크문트 프로이트 전집Sigmund Freud Gesammelt Werke』에 실린 "Analyse Phobie eines Funfjahrigen Knaben"이다.

1997년 여름

김재혁

역자 해설 2
정신 신경증과 꿈의 관계

프로이트는 기본적으로 히스테리 증상을 가장 비밀스럽고 교묘하게 억압된 성적 욕망의 표현으로 파악한다. 성적 호기심을 자극하는 온갖 이론과 서적들이 난무하는 오늘날과는 달리 1백여 년 전 프로이트 이론이 처음 발표되었을 당시 그 이론은 파격적이었다. 다시 말해서 프로이트의 업적은 무엇보다도 그때까지만 해도 터부로 여겨지던 성생활을 학문적 차원에서 공론화시켰다는 점에서 찾을 수 있다.

그는 더 나아가 모든 종류의 의식과 마찬가지로 무의식적인 공상, 사고, 흥분 등을 심리학의 대상으로 삼는다. 이 논문의 서론에서도 밝히고 있듯이, 환자 병력 기록부의 출판은 환자의 신원이 밝혀지지 않도록 최대한 노력하기는 했지만 의사의 비밀 엄수 의무와는 별개로 다루어져야 한다. 왜냐하면 의사는 개별 환자에 대한 의무뿐만 아니라 학문에 대한 의무도 저버리지 말아야 하며, 학문에 대한 의무는 똑같은 질병을 앓고 있는 다른 환자들에 대한 의무이기 때문이다.

이 논문의 원래 제목은 〈꿈과 히스테리〉이다. 즉 프로이트의 의도는 꿈-해석 기술을 이용하여 정신적 삶의 이면에 은폐된 무의식적 충동을 밝혀냄으로써 히스테리 증상을 규명하려는 데 있다. 정신적 외상이나 정서적 갈등 이외에 성적인 영역에서 받은 충격이 히스테리에 결정적인 심리적 조건이기 때문에 환자는 이 비밀을 의사에게 털어놓지 않으려고 한다. 이때 환자는 일종의 기억 장애를 일으키게 되는데, 그 기억의 틈새를 메워 주는 것이 꿈이다. 구체적인 병력을 기록한 이 논문은 그 이전에 발표된 『꿈의 해석』의 연장선상에 있다. 프로이트 이론에 따르면 일반적으로 꿈은 해석할 수 있으며, 이 해석 작업을 통하여 수수께끼 같은 꿈의 언어를 이해 가능한 사유 언어로 바꿀 수 있다. 모든 꿈은 소원 성취의 표현이다. 이 소원은 억압된 무의식이기 때문에 소원 성취의 표현 또한 은폐된 형태로 나타난다. 억압을 우회하려고 시도하는 꿈에는 당사자의 심리 상태를 알 수 있는 단서들이 들어 있다. 즉 꿈은 저항에 의해 의식에서 차단되거나 억압되어 히스테리 증상의 원인이 된 정신적 자료를 다시 의식에 떠오르게 만드는 역할을 한다.

억압이 심할수록 더 깊숙이 숨으려는 속성을 지닌 증상의 단서들을 찾아내기란 결코 쉽지 않다. 환자는 스스로 알고 있는 사실조차 의도적으로 감추거나 무의식적으로 일부 사실을 빠뜨린다. 또 다른 경우로서 앞뒤가 맞지 않는 이야기에 일관성을 부여하기 위해서 기억의 착각을 일으키기도 한다. 그러나 무엇보다도 증상의 해소에 필수 불가결한 요소들은 전면에 드러나지 않고 파편 형태로 존재하거나, 여러 맥락 속에 뒤섞여 있을 뿐만 아니라 서로 다른 시간대에 분산되어 있다. 따라서 증상의 분석은 이 요소들을 한 군데에 모으는 작업을 전제로 한다.

정신 신경증의 이러한 특질을 누구보다도 잘 아는 프로이트는 개별적인 증상에서 출발하여 하나씩 해결해 나가는 방법을 취하지 않고 환자 스스로 상담 주제를 결정케 한 다음 기억에 떠오르는 생각이나 꿈을 자유스럽게 이야기하도록 유도한다. 이때 의사는 환자에게 성도착증Perversion을 포함하여 성에 관련된 테마를 다루는 일의 불가피성을 확신시켜야 한다. 분석 작업을 위해서는 또한 육체적 증상에 관한 자료뿐만 아니라 환자의 인간적, 사회적 관계, 특히 환자의 가족과 다른 가족과의 관계도 고려해야 한다. 히스테리 증상에는 육체적 원인과 정신적 원인이 동시에 작용한다. 히스테리 증상은 억압된 무의식에서 비롯된 질병이 신체 기관에 작용해서 생긴 〈신체적 승낙somatisches Entgegenkommen〉을 말한다.

프로이트는 도라라는 소녀의 히스테리를 분석하면서 먼저 구역질과 천식 같은 극히 일반적이고 전형적인 증상을 해명하려고 시도한다. 그는 육체적 증상의 여부와 상관없이 성적인 흥분에 불쾌감을 느끼는 사람들 모두를 히스테리 환자로 여긴다. 도라는 어느 날 평소에 잘 알고 있는 유부남 K 씨에게 구애를 받는다. 그녀는 얼떨결에 포옹과 함께 키스를 받은 후 상체에 가해진 압박감과 구역질을 느낀다. 압박감을 느끼는 상태는 서로 포옹한 상태에서 발기된 성기가 자신의 몸 안으로 밀려 들어오는 듯한 느낌에서 생긴 불쾌감이 기억에서 제거되어 억압되고 흉부의 압박이라는 건전해 보이는 감각 작용과 대치된 것이다. 즉 성적 욕망을 억압하기 위해 하체에서 상체로 전이Übertragung가 일어난다. 후자의 경우인 구역질은 소화 기관 입구의 점막에서 생겨난 불쾌감으로서 (유아기의 빨아 먹는 버릇에서 비롯된) 입술의 성감대를 억압하기 위한 증상이다. 이것은 또한 생식기가 배설의 기능을 포함한다는 연상Assoziation 작용의 결과이다. 따라서 구역질은 성적인 관계를 맺을 때의 흥분과 연결된 증상이다. 이러한 연상 작용은 정상적인 상황에서는 일어나지 않는다. 충족 가능한 수준에서 또 다른 정상적인 만족이 채워지지 않으면 만족에 대한 요구는 무의식에서 지속되는 것이다. 즉 도라의 증상은 K 씨를 향한 사랑이 억압되면서 성적인 만족도 함께 억압된 결과로 나타난다.

프로이트는 질병의 동기를 아동기에서 찾는다. 신경성 천식으로 발전한 어린 시절의 야뇨증은 그 원인이 자위행위에 있다. 신경성 천식의 증상인 호흡 곤란의 근원은 우연히 부모의 성행위를 목격했을 때 들은 아버지의 헐떡거리는 숨소리에서 비롯된다. 도라의 천식은 한편으로 실제로 병을 앓고 있는 아버지가 과로했을지도 모른다는 연민에서 나온 모방이다. 다른 한편으로 천식은 호흡 곤란을 수반하는 자위행위에 대한 자기 질책이다. 그녀는 자신의 사악한 열정이 병을 통해 벌을 받는다고 생각한다.

도라의 질병은 이 밖에도 여러 의미를 내포한다. 예를 들어 도라는 K 씨 부인을 향한 아버지의 애정을 자기 자신에게만 쏟게 하려는 목적으로 질병을 이용한다. 이것이 여의치 않게 된 다음에 질병은 아버지에 대한 복수를 의미한다. 질병은 또한 K 씨와의 관계를 나타낸다. 발병을 통하여 그의 부재를 아쉬워하고 그에게 더 좋은 아내가 되고자 하는 소원을 표현한다. 이때 자신을 K 씨 부인과 동일시함으로써 아버지와의 성교에 대한 공상이 등장하기도 한다. 이처럼 질병은 특정한 인물을 대상으로 한다. 여기에는 담당 의사도 예외가 아니다. 환자는 자신의 부끄러운 기억을 들추어내려는 의사를 적대시한다. 그는 분석 작업을 고의적으로 어렵게 만들어 의사를 곤경에 빠뜨리려고 한다. 치료가 끝나지 않았는데도 불구하고 도라가 3개월 만에 치료를 포기한 것도 의사인 프로이트 개인에 대한 복수를 암시한다.

질병과 마찬가지로 아버지와 K 씨 부인의 연인 관계를 비난하는 도라의 태도는 자기 탄핵의 성격을 지닌다. 처음에 두 사람 사이의 교제를 암묵적으로 용인했듯이 도라는 줄곧 K 씨에게 연정을 느꼈다. 그녀가 K 씨의 구애를 거부한 이유는 그의 부당한 요구나 거친 행동 때문이 아니라, 그가 다른 여자(가정 교사)에게도 동일한 방식으로 연정을 표현했다는 사실에 기인한 질투 때문이다. 이러한 상태는 연적이기도 한 K 씨 부인에 대한 동성애적 애착으로 발전한다. 남성 지향적인 성적 리비도가 억제되면서 그것을 대체한 여성 지향적인 성적 리비도가 강화되는 것이다. 도라는 이러한 분석 결과를 부정한다. 그러나 환자의 〈아니요〉는 억압의 단호함을 말해 줄 뿐이다.

분석 대상이 된 도라의 두 가지 꿈이 보여 주듯이, 소원 성취로서의 꿈은 현실과 반대 상황을 만들어 낸다. 첫 번째 꿈에서 아버지는 어린 딸 도라를 화재의 위험에서 구해 준다. 이것은 도라가 K 씨에 대한 사랑을 보호하기 위해서 아버지에 대한 아동기의 애착을 불러낸 것이다. 어머니가 화재에서 구해 내려고 한 〈보석 상자〉는 처녀성을 잃지 않은 여성의 생식기를 상징한다. 여기에서 도라는 불로 상징되는 K 씨의 격렬한 구애에서 벗어나려고 하는 동시에 K 씨에게 다가가고 싶은 유혹을 두려워한다.

첫 번째 꿈이 연인에 대한 사랑 대신 아버지에 대한 애착, 즉 삶에서 질병으로의 도피를 나타냈다면 두 번째 꿈은 그녀가 아버지의 그늘에서 벗어나 삶을 되찾는 상황을 연출한다. 꿈에서 표현된 아버지의 죽음은 자유로운 성행위를 가로막는 장애물이 없어졌음을 암시한다. 도라가 숲속에서 보낸 〈두 시간 반〉은 예전에 실제로 드레스덴 화랑에서 두 사람이 서로의 성기를 입으로 빠는 성교 장면을 그린 그림을 관람하던 시간과 일치한다. 그런 의미에서 여자의 음부를 상징하는 숲속에서의 방황은 처녀막 파괴 공상으로 이해할 수 있다.

프로이트는 이 논문에서 히스테리 환자의 성도착증, 성감대, 양성애적 성향 등을 이론적 차원에서가 아니라 구체적인 사례를 통해 예기치 않게 만나는 증상들의 기질적 토대와 관련시켜 다룬다. 그는 히스테리의 원인인 억압된 성 기능에서 기질적 요소를 중시한다. 그는 유전이 히스테리의 유일한 원인이라는 견해에는 동의하지 않지만 과소평가하지도 않는다. 도라의 경우처럼 아버지의 매독은 자식의 정신병적 기질의 중요한 원인이다.

프로이트의 이 논문은 그때까지 학문 세계에 알려지지 않은 일련의 상황들을 제시한다. 그 예로 증상으로 표현되는 정신적 과정의 복잡성, 이질적인 흥분들의 병존, 대립적 요소들의 결합, 억압, 전이 등을 들 수 있다. 이에 대한 분석 작업은 모든 증상을 의식적인 사고로 전환시켜 환자가 자각하게끔 만듦으로써 증상을 치료하는 데 보조 수단의 역할을 담당할 수 있다.

1997년 가을

권세훈

참고 문헌

프로이트의 저술은 『표준판 전집』에 있는 논문 제목과 권수를 표시하고 열린책
들 프로이트 전집의 권수를 병기했다.

Abraham, K. (1909) *Traum und Mythus: eine Studie zur Völkerpsychologie*, Leipzig
und Wien.

Alder, A. (1908) "Der Aggressionstrieb im Leben und in der Neurose", *Fortschr.
Med.*, 26, 577.

Alexander, F. (1922) "Kastrationskomplex und Charakter", *Int. Z. Psychoanal.*, 8,
121.

Adreas-Salomé. L. (1916) "'Anal' and 'Sexual'", *Imago*, 4, 249.

Bell, J. Sanford (1902) "A Preliminary Study of the Emotion of Love between the
Sexes" *Am. J. Psychol.*, 13, 325.

Bloch, I. (1902~3) *Beiträge zur Ätiologie der Psychopathia sexualis* (2 vols),
Dresden.

Deutsch, F. (1957) "A Footnote to Freud's 'Fragment of an Analysis of a Case of
Hysteria'", *Psychoanal. Q.*, 26, 159.

Freud, M. (1957) *Glory Reflected*, London.

Freud, S. (1891b) *On Aphasia*, London and New York, 1953.

(1893a) & Breuer, J., "On the Psychical Mechanism of Hysterical Phenomena:
Preliminary Communication", in *Studies on Hysteria, Standard Ed.*, 2, 3; 열린책
들 3.

(1895b [1894]) "On the Grounds for Detaching a particular Syndrome from
Neurasthenia under the description 'Anxiety Neurosis'", *Standard Ed.*, 3, 87; 열
린책들 10.

(1895d) & Breuer, J., *Studies on Hysteria*, London, 1956; *Standard Ed.*, 2; 열린
책들 3.

(1896a) "Heredity and the Aetiology of the Neuroses", *Standard Ed.*, 3, 143.

(1896c) "The Aetiology of Hysteria", *Standard Ed.*, 3, 189.

(1900a) *The Interpretation of Dreams*, London and New York, 1955; *Standard Ed.*, 4-5; 열린책들 4.

(1901b) *The Psychopathology of Everyday Life*, *Standard Ed.*, 6; 열린책들 5.

(1905d) *Three Essays on the Theory of Sexuality*, London, 1962; *Standard Ed.*, 7, 125; 열린책들 7.

(1905e [1901]) "Fragment of an Analysis of a Case of Hysteria", *Standard Ed.*, 7, 3; 열린책들 8.

(1906c [1905]) "My Views on the Part played by Sexuality in the Aetiology of the Neuroses", *Standard Ed.*, 7, 271; 열린책들 10.

(1907c) "The Sexual Enlightenment of Childen", *Standard Ed.*, 9, 131; 열린책들 7.

(1908c) "On the Sexual Theories of Children", *Standard Ed.*, 9, 207; 열린책들 7.

(1908f) "Preface to Stekel's Nervöse Angstzustände und ihre Behandlung", *Standard Ed.*, 9, 250.

(1909a [1908]) "Some General Remarks on Hysterical Attacks", *Standard Ed.*, 9, 229; 열린책들 10.

(1909b) "Analysis of a Phobia in a Five-Year-Old Boy", *Standard Ed.*, 10, 3; 열린책들 8.

(1909d) "Notes upon a Case of Obsessional Neurosis", *Standard Ed.*, 10, 155; 열린책들 9.

(1910a [1909]) *Five Lectures on Psycho-Analysis*, *Standard Ed.*, II, 3; in *Two Short Accounts of Psycho-Analysis*, Penguin Book, Harmonds-worth, 1962.

(1910i) "The Psycho-Analytic View of Psychogenic Disturbance of Vision", *Standard Ed.*, 11, 211; 열린책들 10.

(1911c [1910]) "Psycho-Analytic Notes on an Autobiographical Account of a Case of paranoia (Dementia paranoides)", *Standard Ed.*, 12, 3; 열린책들 9.

(1912-13) *Totem and Taboo*, London, 1950; New York, 1952; *Standard Ed.*, 13, 1; 열린책들 13.

(1913b) "Introduction to Pfister's *Die psychanalytische Methode*", *Standard Ed.*, 12, 329

(1913j) "The Claims of Psycho-Analysis to Scientific Interest", *Standard Ed.*, 13, 165; 열린책들 15.

(1914d) "On the History of the Psycho-Analytic Movement", *Standard Ed.*, 14, 7; 열린책들 15.

(1915d) "Repression", *Standard Ed.*, 14, 143; 열린책들 11.

(1916-17 [1915-17]) *Introductory Lectures on Psycho-Analysis*, New York, 1966; London, 1971; *Standard Ed.*, 15-16; 열린책들 1.

(1917b) "A Childhood Recollection from *Dichtung und Wahrheit*", *Standard Ed.*, 17, 147; 열린책들 14.

(1918b [1914]) "From the History of an Infantile Neurosis", *Standard Ed.*, 17, 3; 열린책들 9.

(1920g) *Beyond the Pleasure Principle*, London, 1961; *Standard Ed.*, 18, 7; 열린책들 11.

(1921c) *Group Psychology and the Analysis of the Ego*, London and New York, 1959; *Standard Ed.*, 18, 69; 열린책들 12.

(1922c) "Postscript to the 'Analysis of a Phobia in a Five-Year-Old Boy'", *Standard Ed.*, 10, 148; 열린책들 8.

(1923b) *The Ego and the Id*, London and New York, 1962; *Standard Ed.*, 19, 3; 열린책들 11.

(1923e) "The Infantile Genital Organization", *Standard Ed.*, 19, 141; 열린책들 7.

(1924d) "The Dissolution of the Oedipus Complex", *Standard Ed.*, 19, 173; 열린책들 7.

(1925d [1924]) *An Autobiographical Study*, *Standard Ed.*, 20, 3; 열린책들 15.

(1925f) *Preface to August Aichhorn's Wayward Youth*, *Standard Ed.*, 19, 273.

(1925h) "Negation", *Standard Ed.*, 19, 235; 열린책들 11.

(1925j) "Some Psychical Consequences of the Anatomical Distinction between the Sexes", *Standard Ed.*, 19, 243; 열린책들 7.

(1926d) [1925]) *Inhibitions, Symptoms and Anxiety*, London, 1960; *Standard Ed.*, 20, 77; 열린책들 11.

(1927a) "Postscript to The Question of Lay Analysis", *Standard Ed.*, 20, 251; 열린책들 15.

(1927c) *The Future of an Illusion*, London, 1962; *Standard Ed.*, 21, ; 열린책들 12.

(1930a) *Civilization and its Discontents*, New York, 1961; London, 1963; *Standard Ed.*, 21, 59; 열린책들 12.

(1932a) "The Acquisition and Control of Fire", *Standard Ed.*, 22, 185; 열린책들 13.

(1933a [1932]) *New Introductory Lectures on Psycho-Analysis*, New York, 1966; London, 1971; *Standard Ed.*, 22; 열린책들 2.

(1935a) Postscript(1935) to *An Autobiographical Study*, new edition, London and New York; *Standard Ed.*, 20, 71; 열린책들 15.

(1939a [1934-38]) *Moses and Monotheism, Standard Ed.*, 23, 3; 열린책들 13.

(1940a [1938]) *An Outline of Psycho-Analysis*, New York, 1968; London, 1969; *Standard Ed.*, 23, 141; 열린책들 15.

(1950a [1887-1902]) *The Origins of psycho-Analysis*, London and New York, 1954.

(1960a) *Letters 1873-1939* (ed. E. L. Freud), New York, 1960; London, 1961.

(1963a [1909-39]) *Psycho-Analysis and Faith. The Letters of Sigmund Freud and Oskar Pfister* (ed. H. Meng and E. L. Freud), London and New York, 1963.

(1965a [1907-26]) *A Psycho-Analytic Dialogue. The Letters of Sigmund Freud and Karl Abraham* (ed. H. C. Abraham and E. L. Freud), London and New York, 1965.

(1966a [1912-36]) *Sigmund Freud and Lou Andreas-Salomé: Letters* (ed. E. Pfeiffer), London and New York, 1972.

(1968a [1927-39]) *The Letters of Sigmund Freud and Arnold Zweig* (ed. E. L. Freud), London and New York, 1970.

(1970a [1919-35]) *Sigmund Freud as a Consultant. Recollections of a Pioneer in Psychoanalysis* (Freud가 Edoardo Weiss에게 보낸 편지, Weiss의 회고와 주석, Martin Grotjahn의 서문과 해설 포함), New York, 1970.

(1974a [1906-23]) *The Freud / Jung Letters* (ed. W. McGurie), London and Princeton, N.J., 1974.

Janet, Pierre (1894) *État mental des hystériques*, Vol. 2, Paris.

Jones, E. (1953) *Sigmund Freud: Life and Work*, Vol. 1, London and New York.

(1955) *Sigmund Freud: Life and Work*, Vol. 2, London and New York.

(1957) *Sigmund Freud: Life and Work*, Vol. 3, London and New York.

Krafft-Ebing, R. von (1893) *Psychopathia Sexualis* (8th ed.), Stuttgart. (1st ed., 1886.)

Kris, E. (1950) Introduction to S. Freud's *Aus den Anfängen der Psychoanalyse*, London.

Mantegazza, P. (1875) *Fisiologia dell'amore*, 2nd ed., Milano.

Medical Congress (1900) *Thirteenth International Medical Congress*, Paris. (XIII. *Congrès International de Médecine*, Paris, 1900), Vol. 9: *Section de Dermatologie et de Syphiligraphie*. Contributions by E. Finger, L. Jullien and B. Tarnowsky on "La descendance des hérédo-syphilitiques".

Moll, A. (1898) *Untersuchungen über die Libido sexualis*, Vol. 1, Berlin.

Pfister, O. (1913) *Die psychanalytische Methode*, Leipzig und Berlin.

Rank, O. (1909) *Der Mythus von der Geburt des Helden*, Leipzig und Wien.

Sadger, 1. (1908) "Fragment der Analyse eines Homosexuellen", *Jb. sex. Zwischenstufen*, 9, 339.

(1909) "Zur Ätiologie der konträren Sexualempfindung", *Medische Klinik*, Nr 2.

Schmidt, R. (1902) *Beiträge zur indischen Erotik*, Leipzig.

Stärcke, A. (1921) "Der Kastrationskomplex", *Int. Z. Psychoanal.*, 1. 9.

Stekel, W. (1908) *Nervöse Angstzustände und ihre Behandlung*, Berlin und Wien.

Weininger, O. (1903) *Geschlecht und Charakter*, Wien.

Wernicke, C. (1900) *Grundriss der Psychiatrie*, Leipzig.

찾아보기

●

옮긴이 **김재혁** 고려대학교 독문과와 동 대학원에서 문학 박사 학위를 받았으며, 독일 쾰른 대학교에서 수학했다. 현재 고려대학교 독문과 교수로 재직 중이며, 시인으로도 활동하고 있다. 지은 책으로『릴케의 예술과 종교성』이 있으며, 「릴케의 〈묘비명〉과 〈앞세우기〉 이론」을 비롯해 다수의 논문을 발표했다. 옮긴 책으로 릴케의『기도시집』,『이별의 꽃』, 카프카의『소송』, 슐링크의『책 읽어주는 남자』등이 있다.

권세훈 고려대학교 독문과에서 박사 과정을 수료한 후 독일 함부르크 대학교에서 박사 학위를 받았다. 고려대학교, 동국대학교, 한양대학교 강사를 거쳐, 주독일 한국문화원장을 역임했다. 옮긴 책으로는『릴케 단편집』,『영혼의 수레바퀴』, 논문으로는 「테오도르 레싱과 신화로서의 역사」, 「모더니즘과 포스트모더니즘의 시간구조」, 「카프카 작품에 나타난 포스트모더니즘 경향」 등이 있다.

프로이트 전집 8

꼬마 한스와 도라

발행일	1997년 10월 30일 초판 1쇄
	2002년 4월 10일 초판 3쇄
	2003년 9월 30일 2판 1쇄
	2019년 10월 20일 2판 12쇄
	2020년 10월 30일 신판 1쇄
	2023년 12월 15일 신판 2쇄

지은이 **지크문트 프로이트**
옮긴이 **김재혁 · 권세훈**
발행인 **홍예빈 · 홍유진**
발행처 **주식회사 열린책들**

경기도 파주시 문발로 253 파주출판도시
전화 031-955-4000 팩스 031-955-4004
홈페이지 **www.openbooks.co.kr** 이메일 **humanity@openbooks.co.kr**

Copyright (C) 주식회사 열린책들, 1997, 2020, *Printed in Korea.*
ISBN 978-89-329-2056-6 94180
ISBN 978-89-329-2048-1 (세트)

이 도서의 국립중앙도서관 출판예정도서목록(CIP)은 서지정보유통지원시스템 홈페이지(http://seoji.nl.go.kr)와 국가자료공동목록시스템(http://www.nl.go.kr/kolisnet)에서 이용하실 수 있습니다.(CIP제어번호:CIP2020039777)